BLÜTE DES MITTELALTERS

Große Kulturen in Farbe

BLÜTE DES MITTELALTERS

Die Welt der Ritter und der Mönche

Mit 365 meist farbigen Abbildungen

RVG

Rheingauer Verlagsgesellschaft

Herausgeber Joan Evans

Die deutschsprachige Volksausgabe wurde auf Grund von »Blüte des Mittelalters« von Fanny Litten bearbeitet

Die Miniatur aus den *Très Riches Heures* (gegenüber Titelseite), dem von den Brüdern von Limburg für den Duc de Berry geschaffenen Stundenbuch, zeigt dessen Burg Saumur so, wie sie im späten 14. Jahrhundert aussah. Sie weist die typisch französischen runden Ecktürme auf, zinnenbewehrte, mit Schießscharten versehene Brustwehren, von denen aus man Steine auf die Angreifer hinunterwerfen konnte, sowie eisenvergitterte Fenster im Untergeschoß. Die Toreinfahrt im Vordergrund hat eine Zugbrücke, die offensichtlich noch in Gebrauch ist. Das seltsam aussehende Bauwerk links davon, mit den vielen Kaminen, ist die Burgküche. Saumur war zweifellos für Verteidigungszwecke angelegt. Dennoch wirkt es mit seinen Zinnen und Türmchen, Schießscharten und vergoldeten Wetterfahnen auf uns wie ein Märchenschloß aus dem Bilderbuch.

Lizenzausgabe für RVG Rheingauer
Verlagsgesellschaft mbH., Eltville am Rhein 1986
Umschlaggestaltung: Atelier Blaumeiser
Printed in Germany
ISBN 3 88102 077 2

Inhalt

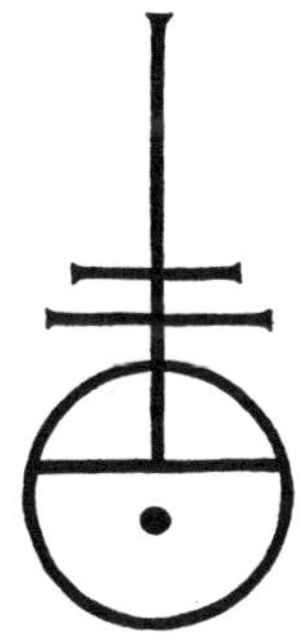

Vorwort

Noch vor fünfzig Jahren betrieb man das Studium der Geschichte fast ausschließlich auf Schulen und Universitäten. Geschichte – darunter verstand man Kriege, politische Bündnisse, Revolutionen, Kämpfe um fortschrittlichere Verfassungen. Bei ihrer Erforschung stützte man sich in erster Linie auf schriftliche Dokumente, und auch Sozialgeschichte studierte man nur an Hand von Dokumenten. Die meisten historischen Werke waren nicht illustriert.

Das hat sich geändert. Heute bemühen sich die Lehrer, ihren Geschichtsunterricht zu beleben und etwa durch Diapositive historische Fakten zu beleuchten. Fachhistoriker und Archivare untersuchen natürlich auch weiterhin – mit Recht – jeden Einzelaspekt ihres Forschungsgebietes an Hand von dokumentarisch belegbaren Details. Die meisten Menschen jedoch verstehen unter »Geschichte« etwas viel Umfassenderes, und sie erwarten vom Historiker, daß er ihnen historische Dokumente interpretiert: Sie wollen das Leben der Vergangenheit nicht nur als Folge von Schlachten und politischen Intrigen dargestellt haben, sondern in seiner ganzen Vielfalt und Dynamik.

Dieser Wandel in der Geschichtsdarstellung ist weniger vom Fachhistoriker ausgegangen, er ist vielmehr das Ergebnis einer gewandelten Einstellung des Leserpublikums.

Seit dem Ende des 19. Jahrhunderts, seit man begann, bedeutende Bauwerke zu photographieren, hat das Studium der Architektur und der bildenden Kunst eine Revolution erfahren; und auch die großen archäologischen Entdeckungen jener Zeit haben das Interesse eines breiten Publikums erweckt. In unseren Tagen sorgen Farbphotographien und Kunstdrucke dafür, daß dieses Interesse ständig größer wird. Und wenn sich Bildung auch immer noch in erstaunlichem Maße auf reines Buchwissen gründet, so haben doch unsere »Freizeitbeschäftigungen« – Reisen, Film und Fernsehen etwa – unsere Wahrnehmungsfähigkeit erheblich geschult. Diese Entwicklungstendenzen in ihrer Gesamtheit machten es erforderlich, auf eine neue Art Geschichte zu schreiben, die weniger die politischen Ereignisse behandelt als den sozialen Hintergrund, und ihn durch zahlreiche Bilder zum Leben erweckt.

Der vorliegende Band erscheint in einer Reihe, die es sich zum Ziel setzt, das historische Interesse des heutigen Menschen zu befriedigen. Neun Autoren haben in den neun Kapiteln des Buches jeweils einen Aspekt des sozialen Lebens im Mittelalter abgehandelt. Neben der selbstverständlichen dokumentarischen Fundierung haben die Autoren natürlich versucht, ihre eigene Interpretation zu geben. Parallel zum geschriebenen Text geht die bildhafte Ausdeutung der Themen. Manches Bild ist für ein anderes Kapitel ebenso erhellend wie für das, in dem es steht.

Um 1100 scheint das Abendland eine gewisse Ruhelage erreicht zu haben. Das Schwergewicht der Macht hatte sich nach Westen verlagert, und mit Recht kann man sagen, daß ein gewisses Maß an Stabilität erreicht war: Die Kräfte des Feudalismus, des Mönchtums, der scholastischen Philosophie und der aufblühenden Städte wirkten zusammen, um die Geschichte zu prägen.

Diese Geschichte des Mittelalters dem interessierten Leser möglichst lebendig vor Augen zu führen, ist das Ziel des Buches. Seine Autoren waren bemüht, durch ihre Darstellung bereits bekannter Fakten die Bedeutung der christlichen Kultur im mittelalterlichen Abendland schärfer herauszuarbeiten und damit dem heutigen Leser näherzubringen.

Joan Evans

1

Einleitung

Der Aufbau der mittelalterlichen Gesellschaft

2

3

2, 3 Das größte Unglück, das einem Menschen im Mittelalter zustoßen konnte, war, ein Krüppel zu sein oder aussätzig zu werden. Aus noch nicht völlig geklärten Gründen war die Lepra im mittelalterlichen Abendland außerordentlich verbreitet. Jede größere Stadt besaß ein eigenes Leprosenhaus. Ebenso unerklärlich ging die Krankheit im 15. und 16. Jahrhundert zurück und erlosch mancherorts ganz. Ein Aussätziger mit seinem Napf und der Rätsche, welche die Gesunden vor ihm warnen sollte, und ein Krüppel auf Krücken. Unten rechts: Aussätzige Bettlerin, die den Vorübergehenden flehend zuruft: »Eine milde Gabe, gnädiger Herr, um Gottes willen«

»Ich blickte nach Osten in die hohe Sonne
Und sah einen Turm auf einem Hügel, kunstvoll gebaut.
Ein tiefes Tal lag unten, mit einem Kerker darin,
Und tiefe Gräben ringsum, dunkel und schrecklich anzusehen.
Ein offenes Feld, voll Volkes, erblickt' ich zwischen beiden,
Mit Menschen jeder Art, geringen und hohen,
Arbeitend und umherschweifend, wie die Welt es forderte.«

William Langland, »Die Vision Peters des Pflügers«

Im Sommer des Jahres 1210 machte eine Schar von zwölf zerlumpten Bettlern dem Beherrscher der Christenheit, Papst Innozenz III., ihre Aufwartung. Sie erbaten von ihm die Erlaubnis, nach einer Ordensregel leben zu dürfen, die sie zum Gehorsam, zur Keuschheit und einer so völligen Armut verpflichtete, wie bisher noch keine Ordensregel sie auferlegt hatte. Der Papst gab eine mündliche Zusage. Wenn die Legende, die Giotto durch sein Fresko in der Oberkirche von Assisi berühmt gemacht hat, auf Wahrheit beruht, so hatte den Papst ein Traum zu diesem Zugeständnis veranlaßt: Er sah den Lateranpalast, die Papstresidenz seit den Tagen Kaiser Konstantins, in Gefahr einzustürzen, und ein armer, verachteter Bettler stützte ihn (Abb. 1).

1 »Ein kleiner, armer Mann, von geringer Größe und demütigem Aussehen, stützte sie mit seinem eigenen Rücken und rettete sie vor dem Einfallen« – der Traum Papst Innozenz' III. von der zusammenstürzenden Lateransbasilika und dem heiligen Franziskus, der ihren Einsturz verhinderte (Fresko von Giotto in Assisi). Diese Hingabe an die Armut nach dem Vorbild Christi, wie sie der heilige Franziskus übte, ist ein Aspekt der mittelalterlichen Einstellung gegenüber dem weltlichen Reichtum

Der Gegensatz zwischen arm und reich, wie er sich in dieser Geschichte dartut, wirkte auf die Menschen der damaligen Zeit, und auch wir verstehen seine Sprache. Indessen unterscheidet sich unsere heutige Einstellung zu Armut und Not grundlegend von der eines heiligen Franziskus (Abb. 8) und eines Papstes Innozenz, denn für uns ist die Armut keine unausweichliche Gegebenheit mehr. Eine Wohlstandsgesellschaft kann es sich zum Ziel setzen, die Armut abzuschaffen. In einer Gesellschaft aber wie der des westlichen Abendlandes im Mittelalter, die sich noch in der Entwicklung befand, war »Vollbeschäftigung« unmöglich. Ein hoher Prozentsatz der Bevölkerung mußte sich mit saisonbedingten Beschäftigungen oder mit gelegentlichen Hilfsdiensten für das Gefolge großer Herren abfinden, mit langen Tagen der Untätigkeit und auch mit Hungersnot, wenn die Ernte schlecht ausgefallen war. Für die große Zahl derer, die kein Land besaßen, konnte die Armut zur unzertrennlichen Gefährtin werden (Abb. 2, 3, 5). Immerhin war für einen gewissen Ausgleich gesorgt: Es galt als selbstverständlich, daß man einander in Zeiten der Not half, und die Kirchen wurden nicht müde, die Reichen auf ihre Verpflichtung hinzuweisen, den Armen großzügig Almosen zu spenden.

Wohltätigkeit und Hoffnung auf das Himmelreich

Aber auch das Los der Reichen war nicht beneidenswert. Schnell und unvorhergesehen konnte auch über sie ein Unglück hereinbrechen, das ihre Reichtümer in Nichts auflöste, und die Prediger betrachteten es als ihre Pflicht, die Zuhörer immer wieder daran zu erinnern, »daß leichter ein Kamel durch ein Nadelöhr gehe, denn daß ein Reicher ins Himmelreich komme«. Immerhin war die positive Bewertung des Reichtums viel zu tief verwurzelt, als daß das Schicksal des

4 Der heilige Martin von Tours teilte seinen Mantel mit einem Bettler nach dem Vorbild Christi – »Was du getan hast einem unter diesen meinen geringsten Brüdern, das hast du mir getan«

5 Eine Art primitiver Krücken für Lahme zeigt die kleine Zeichnung des Gerald von Wales. Der Mann hat verkrüppelte Füße; er schleppt sich auf den Knien vorwärts und hält sich dabei mit Hilfe hölzerner Stützen halb aufrecht

6 Auch dem Reichen blieb die Hoffnung auf die ewige Seligkeit: War er wohltätig und spendete er freigebig Almosen, dann konnte wohl auch einmal ein Reicher in den Himmel gelangen. Der Duc de Berry wird vom heiligen Petrus mit der seinem Rang zukommenden Achtung empfangen

7 Der Geiz, die übermäßige Liebe zum Geld wie die Sparsamkeit beim Geldausgeben, war eine Todsünde. Dieser Einstellung entsprang nicht nur die Verurteilung des Zinswuchers, sie war auch Ursache der großzügig geübten Nächstenliebe wie der unglaublich verschwenderischen Geldausgaben für reines Schaugepränge. Der von einem Teufel gepeinigte Geizhals (Steinmetzarbeit des 12. Jahrhunderts) stammt aus einer burgundischen Kirche

8 Das Porträt des heiligen Franziskus in der Unterkirche von Assisi wird Cimabue zugeschrieben

5

6

4

7

8 ▷

9

reichen Mannes im Evangelium den Schlaf eines Reichen auf längere Zeit hätte stören können. (Abb. 4). Man war ja allgemein, wenigstens in der Theorie, der Ansicht, Reichtümer seien anvertrautes Gut, das man weniger besitze als verwalte. Spendete ein Reicher freigebig Almosen, so war die Kirche es zufrieden (Abb. 6, 11). Wirkliche Sünden aber waren nach mittelalterlicher Ansicht der Geiz und sein Gefährte, der Wucher (Abb. 7). Der Reiche sollte sein Geld ausgeben, nicht anhäufen noch gegen Zins ausleihen. Anderseits verlangte die Welt verschwenderische Prachtentfaltung und großzügige Gastlichkeit von ihm. Vergröbert ausgedrückt sah man in Wohlhabenheit und Prachtentfaltung eines der Zeichen göttlicher Gunst, und das galt auch für Reichtum und Pomp der

9, 10 Der heilige Franziskus starb im Jahre 1226 im Alter von 44 Jahren, glücklich darüber, daß »er bis an sein Ende der Frau Armut die Treue gehalten hatte«. Sein Leichnam wurde nach Assisi zurückgebracht, und auf dem Weg dorthin »kamen sie an der Kirche von San Damiano vorbei, wo zu jener Zeit die edle Jungfrau Klara, die nun im Himmel verklärt ist, mit ihren Schwestern im Kloster lebte; und dort blieben sie eine Zeitlang und setzten den Leichnam nieder«. Giottos Bild macht aus San Damiano eine reichgeschmückte Kirche. In Wirklichkeit ist der Bau bescheiden, ärmlich und schmucklos

11 »Es war aber ein reicher Mann, der kleidete sich mit Purpur und köstlicher Leinwand und lebte alle Tage herrlich und in Freuden: es war aber ein Armer mit Namen Lazarus, der lag vor seiner Tür voller Schwären und begehrte sich zu sättigen mit den Brosamen, die von des Reichen Tische fielen; doch kamen die Hunde und leckten ihm seine Schwären« (Lukas, XVI, 19–21). Die Geschichte des reichen Mannes und des armen Lazarus. Relief in der Kathedrale von Moissac. Der reiche Mann sitzt bei einer üppigen Mahlzeit, Lazarus gibt seinen Geist auf, seine Seele wird von Engeln zum Himmel emporgetragen

10

Kirche. Wenn auch seit dem 11. Jahrhundert Roms Liebe zum Golde ein beliebtes Thema der Satiriker war, so fand man es doch wiederum selbstverständlich, daß Kirchenfürsten sich mit Pracht umgaben. Und als der heilige Franziskus vor Papst Innozenz in Lumpen erschien, wollte er damit keineswegs am Papst Kritik üben: Sein Leben und seine Schriften beweisen, wie bedingungslos er das Papsttum in seiner damaligen, schon mit manchem Tadel bedachten Form anerkannte. Es gab eben Paläste und es gab Elendshütten, und auch die Kirche, wie Franziskus sie sah, mußte als Spiegel dieser Welt ihre Fürsten und ihre Bettler haben.

Der evangelische Theologe Paul Sabatier, ein Franzose, schreibt in seiner Biographie des heiligen Franziskus: »Auf einem Fresko in der Oberkirche von Assisi hat Giotto die heilige Klara und ihre Gefährtinnen dargestellt, wie sie sich vor der Kirche San Damiano anschicken, den Leichnam ihres geistlichen Vaters zu küssen, der zu seiner letzten Ruhestätte getragen wird. Mit der Freiheit des Künstlers hat er aus der ärmlichen Kapelle eine prächtige marmorne Kirche gemacht (Abb. 10). Zum Glück steht das echte San Damiano noch (Abb. 9). Wie die Lerche unter das Heidekraut, so schmiegt sie sich unter einige Oliven. Die unebenmäßigen Mauern sind aus denselben Steinen gefügt, mit denen man die umliegenden Felder eingefaßt hat. Was ist nun schöner, der der Phantasie entsprungene ideale Tempel oder die schlichte Kapelle, wie sie wirklich existiert? Kein Gemüt wird darüber im Zweifel sein.«

Ähnlich gegensätzlich wie das Leben der Bettler und der Fürsten ist die Ausstattung der Kirchen. Anfang des 12. Jahrhunderts zog der Wanderprediger Pierre de Bruys durch Südfrankreich und verkündete seine radikalen Lehren, die auf eine Spiritualisierung der Kirche hinausliefen, und natürlich verdammte er auch die reich geschmückten Gotteshäuser. Dasselbe tat zur gleichen Zeit Bernhard von Clairvaux, anders als Pierre de Bruys ein strenger Verfechter der katholischen Orthodoxie. Mit allen Künsten der lateinischen Rhetorik prangerte er – der Vertreter eines neuen monastischen Ideals – die Prachtentfaltung der Abtei von Cluny an. Die übrigen Kirchen des Zisterzienserordens hatten zu Lebzeiten Bernhards kahle Wände, Fenster aus einfachem Glas und Holzaltäre. Es gab weder Bilder noch Wandgemälde, kein Silber, kein Gold, keine Edelsteine. Das Gemüt der Mönche sollte vom irdischen Prunk weg und hin zu den Herrlichkeiten des Himmels gelenkt werden.

12

12–14 Abt Suger, dargestellt auf einem farbigen Glasfenster in Saint-Denis. Schon als Kind trat er im Jahre 1090 in das Kloster ein und diente ihm sein Leben lang. Von den Schätzen, die er für das Kloster erworben und ausführlich in einer autobiographischen Schrift beschrieben hat, sind noch manche erhalten. »Wir haben für die Gottesdienste an dem vorher genannten Altar auch einen kostbaren Abendmahlskelch, aus einem einzigen Sardonyx geschnitten, erworben. Und weiterhin haben wir mit Hilfe von Gold und Silber eine Porphyrvase zu einem Altargerät umarbeiten lassen; die Hand eines Bildhauers und Polierers hat ihr, die viele Jahre ungenutzt in einer Kiste gelegen hatte, eine treffliche Gestalt verliehen und sie aus einer Flasche in einen Adler verwandelt«

13

Zur selben Zeit aber verfochten andere, ebenso markante Persönlichkeiten des religiösen Lebens die traditionelle Haltung. Ein Beispiel ist Abt Suger von Saint-Denis. In einem autobiographischen Werk beschreibt er seine Verdienste um die alte Königsabtei, die unter ihm zum künstlerisch-geistigen und auch politischen Zentrum Frankreichs aufsteigt. Er spricht über »das Wachstum, das der allmächtige Gott in seiner Güte dieser Kirche … gewährt hat … « Er führt an, daß beim heiligen Abendmahl die kostbarsten und teuersten Geräte verwendet werden sollten. Er erzählt, wie unter seiner Prälatur mit Gottes Hilfe Gebäude errichtet, Gold, Silber, kostbare Edelsteine und prächtige Wandteppiche angesammelt wurden. Vertreter der entgegengesetzten Ansicht halten ihm dawider, daß »ein reines, frommes Gemüt und ein gläubiger Vorsatz« allein zählten. Suger gibt zu, daß sie von größter Wichtigkeit seien, aber, so meint er, »wir behaupten, daß wir sowohl mit dem Schmuck der Gefäße … dienen sollten« als auch mit der Reinheit des Herzens.

Gesalbte Könige

Abt Suger, ein Mann von außergewöhnlicher Begabung, war nicht nur Abt, sondern auch Geschichtsschreiber, Diplomat und Staatsmann (Abb. 12, 13, 14, 15). Während Ludwigs VII. Kreuzzug war er von 1147 bis 1149 Reichsregent. Als er im Alter ganz seinen Erinnerungen lebte, fand er Zeit, einen Bericht über die Regierung seines ersten Gönners, Ludwigs VI. von Frankreich (1108–1137), niederzuschreiben, eines energischen, gewissenhaften und ritterlichen Mannes, welche Eigenschaften Abt Suger getreulich schildert. Die Sommerzeit verbrachte der König auf Kriegszügen, und vor allem versuchte er, die Gesetzwidrigkeiten und die Seeräuberei des unbotmäßigen Adels niederzuhalten. Seine Gerechtigkeit war weit und breit berühmt, so daß sich auch die halb unabhängigen Fürsten, die das übrige Frankreich beherrschten, bei Streitigkeiten gelegentlich seinem Urteil unterwarfen. Ludwig war, wenn er auch den Königstitel trug, mehr *primus inter pares* als Monarch im späteren Sinne. Immerhin verkörperte der König von Westfranzien, der gesalbte König, eine große Vergangenheit: Er galt und fühlte sich als Nachfolger Karls des Großen, der über den größten Teil des westlichen Abendlandes geherrscht hatte. Die anderen Fürsten erkannten ihn bis zu einem gewissen Grade als ihren obersten Lehnsherrn an. Auflehnen konnte man sich gegen einen König, doch empfand man vor der geweihten Person so viel Achtung, daß eine Absetzung oder gar eine gewaltsame Beseitigung sehr ungewöhnlich war.
Als der deutsche König Heinrich V., Kaiser des Heiligen Römischen Reiches, im Bund mit dem englischen König, Heinrich I., der sein Schwiegervater war, 1124 mit einem großen Heer einen Überraschungsangriff auf Reims machte, folgten jene denkwürdigen Ereignisse, die uns der Geschichtsschreiber Suger schildert, und in denen wir wohl die Anfänge eines französischen Nationalbewußtseins sehen dürfen. »Als König Ludwig«, schreibt der Abt, »durch seine Freunde Kunde von diesem Angriff erhielt, setzte er energisch und kühn ein Truppenaufgebot in Bewegung, das allerdings dem Feind niemals hätte standhalten können, sammelte seine Adeligen um sich und erklärte, was bevorstand. Der König wußte, daß der heilige Dionysius der besondere Schutzheilige des Landes und nächst Gott der einzigartige Beschützer des Königreiches war.« Die Reliquien des heiligen Dionysius und seiner Gefährten befanden sich in Sugers Abtei Saint-Denis. Der König eilte hin und bat die Heiligen um ihren Schutz. Die Feldherrnkunst des Königs und die Kraft der Reliquien erwiesen sich als unüberwindlich. Truppen aus vielen Teilen Nordfrankreichs sammelten

sich in Reims. Diesem Ansturm war das deutsche Heer nicht gewachsen, und Ludwig kehrte im Triumph nach Paris zurück. »Während der ganzen Zeit lagen die heiligen und verehrungswürdigen silbernen Schreine ... auf dem Hochaltar. Die Mönche (von Saint-Denis) zelebrierten Tag und Nacht die Messe, und Scharen frommer Männer und Frauen strömten zum Bittgebet für das Heer herbei. Und so trug der fromme König (bei seiner Rückkehr) in kindlicher Anhänglichkeit und unter vielen Tränen seine Herren und Schutzheiligen auf seinen eigenen Schultern auf ihren Platz zurück und belohnte sie für diese und andere gute Werke mit ungezählten Landschenkungen und anderen Stiftungen.« Soweit Abt Suger.

Irdische Kronen: Der weltliche Monarch

König Heinrich I. von England dagegen führte die Niederlage seines Schwiegersohnes auf die Unzulänglichkeit des kaiserlichen Heeres zurück und gab ihm deshalb den Rat, eine Steuer zu erheben und mit dem Geld Söldnertruppen anzuwerben, über die er mehr Verfügungsgewalt habe als über die in seinem eigenen Herrschaftsgebiet und dem seiner Bischöfe und Adeligen ausgehobenen Truppen. Das Deutsche Reich, obgleich damals das größte und mächtigste im westlichen Abendland, war wirtschaftlich dennoch relativ schwach. Außerdem hatte Heinrich V. nicht die Handlungsfreiheit seines Schwiegervaters (Abb. 16).

Heinrichs I. von England Vater, Wilhelm der Eroberer, hatte die Normandie als ererbtes Land beherrscht, hatte sich England, auf das er berechtigte Ansprüche zu haben glaubte, untertan gemacht, das Land völlig neu geordnet, auf der Grundlage des alten angelsächsischen Reiches ein starkes Königtum geschaffen und ein straffes Lehnssystem errichtet. Als Gegenleistung für die den Bischöfen und Baronen zu Lehen gegebenen Ländereien forderte er militärische Dienstleistungen. Wo immer es möglich war, gründete er neue Baronien und schuf so

14

neue Lehnsbindungen. Befestigte Burgen, ein schlagkräftiges Heer, Barone, die sich zur Treue verpflichtet hatten – das waren die Pfeiler, auf die sich die Herrschaft Heinrichs I. stützte (Abb. 17).

Ähnlich stand es für die französische und die deutsche Monarchie. Allerdings hatten beide geringere Geldmittel, so daß sie bei der Aufstellung ihrer Heere stärker von ihren Lehnsleuten abhängig waren als der englische König. Die in den Stämmen verwurzelten deutschen Herzöge hatten eine ziemlich unabhängige Stellung, denn sie waren keine Geschöpfe des Königs.

Im 11. Jahrhundert hatte sich innerhalb der Kirche und im Verhältnis zwischen der römischen Kirche und den Staaten ein tiefgreifender Wandlungsprozeß vollzogen. Unter dem Schlagwort »Freiheit der Kirche« wurde die Herrschaft der Kirche

◁ **15** »42 Mark an Gold, ein mannigfaltiger Reichtum an kostbaren Edelsteinen, Hyazinthen, Rubinen, Saphiren, Smaragden und Topasen und eine stattliche Reihe großer Perlen.« Die von Abt Suger im 12. Jahrhundert gegebene stolze Beschreibung des Hochaltars von Saint-Denis läßt ebenso deutlich die der franziskanischen Armut engegengesetzte Einstellung erkennen. Der Bildausschnitt (aus einem Gemälde des 15. Jahrhunderts) zeigt Sugers Altar, überragt vom Kreuz des heiligen Eligius

16 Die deutsche Krone war immer noch Trägerin der symbolischen Macht des Heiligen Römischen Reiches. Die Ideale dieses Reiches aber wurden selten verwirklicht. So genoß Deutschland nie die Vorzüge einer starken, unangefochtenen, zentralen Regierung. Die Laufbahn des Staufers Heinrich VI., eines der bedeutendsten deutschen Kaiser, bietet ein anschauliches Beispiel sowohl für die großangelegten Konzeptionen als auch für die Mängel, welche diesem Reich anhafteten. 1165 geboren, erbte Heinrich von seinem Vater, Kaiser Friedrich I., Deutschland, durch seine Gemahlin Konstanze den Thron des Normannenstaates von Sizilien, womit die Herrschaft über Unteritalien verbunden war. Heinrich versuchte, beide Länder zu regieren und knüpfte daran den Traum einer Weltherrschaft als Erbmonarchie. Ein Kreuzzug sollte auch den Vorderen Orient in seine Einflußsphäre bringen. Aber Heinrichs Position war ständig gefährdet, im Norden durch den Widerstand der deutschen Fürsten, im Süden durch die Kämpfe um das sizilianische Reich. Dennoch war das Gebiet, auf das er Anspruch erheben konnte, weit größer als das jedes anderen Herrschers im Abendland

17 Alptraum eines Königs: Die drei Stände haben sich gegen ihn erhoben und wollen ihn vernichten. Johann von Worcester berichtet, daß Heinrich I. von England einst träumte, eine Schar von Bauern mit Sensen und Heugabeln stehe an seinem Bette und »knirschte mit den Zähnen« (oben). Dann kam ein Trupp Soldaten, mit Schwertern und Lanzen bewaffnet, die »aussahen, als ob sie ihn töten wollten« (Mitte). Zuletzt erschienen Bischöfe und Äbte, »die ihre Amtsstäbe auf ihn richteten«. Daß solche Befürchtungen nicht gegenstandslos waren, haben die Bauernaufstände, der Konflikt zwischen Heinrich II. und Thomas Becket, dem Erzbischof von Canterbury, und der endlose Kampf zwischen Königen und Baronen bewiesen

16

17 ▷

über den Staat gefordert, vor allem ging es um die rigorose kirchliche Forderung nach Aufhebung der sogenannten Laieninvestitur, also um das Verbot der Einsetzung von Bischöfen und Äbten durch den König.
Zu Beginn des 12. Jahrhunderts versuchten die Könige von England, Frankreich und Deutschland, sich gegen das päpstliche Verbot der Laieninvestitur aufzulehnen. Von den damals tragenden Staatsrepräsentanten beugte sich Ludwig VI. von Frankreich. Heinrich I. von England ließ es wegen der Laieninvestitur zunächst zum Bruch mit dem Erzbischof Anselm von Canterbury kommen, der die Ideen des Reformpapstes Gregors VII. vertrat. Als Heinrich aber erkannt hatte, daß er auf die Investitur verzichten konnte, solange ihm das Recht blieb, mitzubestimmen, wer Bischof wurde, stand einer Versöhnung nichts mehr im Wege. Kaiser Heinrich V. von Deutschland lehnte die Unterwerfung unter das Investiturverbot ab. Da nun der Papst die Krönung verweigerte, nahm Heinrich ihn samt den Kardinälen gefangen und erzwang ein Privileg, wonach ihm die Ausübung der Investitur gestattet wurde. Kaum war er nach Deutschland zurückgekehrt, wurde der Vertrag widerrufen und der Kaiser gebannt. Beigelegt wurde der Investiturstreit erst elf Jahre später, 1122, durch das Wormser Konkordat. Heinrich verzichtete auf die Belehnung mit Ring und Stab, erhielt aber das Recht, in Deutschland die gewählten Bischöfe und Reichsäbte mit den *weltlichen* Besitzungen ihrer Kirchen zu belehnen. So rückten die geistlichen Reichsfürsten an die oberste Stelle der Kronvasallen. Der Kompromiß von 1122 war vielleicht vom englischen Vorbild beeinflußt.

Die päpstliche Monarchie

»Päpstliche Monarchie?« Im 11. Jahrhundert bildete sich nach und nach jene Regierungsstruktur heraus, durch die bis zur Reformation dem Papsttum und der kirchlichen Hierarchie eine in der Geschichte des Christentums bisher kaum gekannte Macht verliehen wurde (Abb. 18). Die »päpstliche Monarchie« ist, obwohl absolut, eine Wahlmonarchie. Bis zum 11. Jahrhundert erfolgte die Wahl des Papstes durch Klerus und Volk von Rom, unter Assistenz der Nachbarbischöfe (Abb. 19). Seit 1059 lag die Wahl des Papstes jedoch ausschließlich bei den Kardinälen. Als Papst Gregor IX., ein leidenschaftlicher Antipode des deutschen Kaisertums, auf dem Sterbebett lag, war er fest entschlossen, dafür zu sorgen, daß sein Nachfolger den Kampf zwischen Papst und Kaiser fortsetzte, der Gregors ganzes Pontifikat über, von 1227 bis 1241, angedauert hatte. 1241 gab es nur zwölf Kardinäle, die aber so verschiedene Ansichten vertraten, daß Gregor fürchten mußte, sie würden einen Nachfolger wählen, der den Krieg mit dem Kaiser nicht mit der nötigen Entschlossenheit weiterzuführen bereit war. Deshalb erteilte Gregor dem römischen Senator Matteo Orsini geheime Instruktionen. Als der Papst gestorben war, schaffte Orsini mit Gewalt alle erreichbaren Kardinäle ins Septizonium, einen Prachtbau am Fuße des Palatin, den Kaiser Septimius Severus errichtet hatte. Sie durften das Septizonium nicht verlassen, ehe sie einen Papst gewählt hatten. Nach einigen Wochen gelang es ihnen durch eine List, der Gefangenschaft zu entkommen. Einer der Kardinäle war schon gestorben, ein zweiter lag im Sterben. Eilends wählten sie ihn zum Papst, ehe er das Zeitliche segnen konnte, und waren somit frei. Zwei Jahre stand der päpstliche Stuhl verwaist, dann wählten die Kardinäle in Anagni den Kardinal Sinibald Fiesci, der den Namen Innozenz IV. annahm und von 1243 bis 1254 Papst war. Innozenz, als Kardinal Anhänger einer durchaus gemäßigten Politik gegenüber dem deutschen Kaiser, wandelte sich als Papst zu einem ebenso unerbittlichen, konsequenten Verfechter der päpstlichen Ansprüche, wie es Gregor IX. gewesen war.

Die Kardinäle, der »Senat« des Heiligen Stuhls

Durch die gewaltsame Einschließung der Kardinäle im Septizonium hatte Senator Orsini das erste eigentliche Konklave geschaffen. Ungeachtet der Umstände seiner Entstehung wurde es sehr bald zu einem festen Bestandteil des Wahlvorgangs (Abb. 20, 21).

19

20

21

18 Die Hierarchie der kirchlichen und weltlichen Macht hat Andrea da Firenze auf einem großen Fresko in der Spanischen Kapelle in Florenz sehr sinnfällig dargestellt: Den Hintergrund bildet die Kirche selbst (als Modell diente der damals noch unvollendete Dom von Florenz). In der Mitte davor stehen die beiden Statthalter *(vicarii)* Christi auf Erden, Papst und Kaiser, neben ihnen, hierarchisch geordnet, die Träger kirchlicher und weltlicher Macht. Zu ihren Füßen liegen die Schafe Christi, Symbol der christlichen Gemeinde, die vor den Wölfen, den Ketzern, durch schwarzweiße Hunde, die Dominikaner (vielleicht *Domini canes*, ›Hunde des Herrn‹), bewahrt werden sollen. Im Bildvordergrund Vertreter aller Stände

19 Die ›päpstliche Monarchie‹ ist, obwohl absolut, eine Wahlmonarchie. Bis zum 11. Jahrhundert geschieht die Wahl des Papstes durch Klerus und Volk von Rom unter Assistenz der Nachbarbischöfe. Seit 1059 (berühmtes Papstwahldekret) lag die Wahl des Papstes jedoch ausschließlich bei den Kardinälen. Die Miniatur aus dem 14. Jahrhundert, aus den Dekretalen Bonifaz' VIII., zeigt den Papst mit dem Heiligen Kollegium

20, 21 Das Konklave hat den Papst gewählt, nun wird er, die Schlüssel Petri in der Rechten, mit der Tiara gekrönt. Die beiden Illuminationen stammen aus der *Cronaca Villani*

22

23

22, 23 Die Herrscherweihe mit Salbung in Anwesenheit geistlicher und weltlicher Würdenträger fand in Frankreich in Reims, in England in Westminster statt. Oben: Englische Krönung aus dem 13. Jahrhundert. Darunter der Krönungsstuhl aus dem Jahr 1300, der noch heute in der Westminster Abbey steht

24 Das heilige Krönungsritual ist das Thema der Buchmalerei aus einem englischen Krönungs*ordo*, der zwischen 1272 und 1325 niedergeschrieben wurde. Die Darstellung hat sich wohl keine tatsächliche Begebenheit zum Vorbild genommen, sondern will vielmehr das Idealbild einer Krönung mit den daran teilnehmenden Höflingen und Priestern festhalten. Interessant sind die Details: Der königliche Thron ist wohl mit Sicherheit eine Kopie des Krönungsstuhls in der Westminster Abbey. Der König trägt drei Zeremonialgewänder: das bis zu den Füßen reichende weiße *Colobium sindonis*, dessen Ärmel die Handgelenke eng umschließen, darüber eine rote Tunika mit knopfbesetzten Ärmeln und zuoberst eine prächtige Dalmatika (ein weitärmeliges Gewand) in Gelb und Blaßviolett. Der braune Mantel ist mit Feh gefüttert und wird über der Brust mit einer goldenen Sechsblattbrosche zusammengehalten. Die Krönung ist bereits vollzogen: Der Herrscher hält in der Rechten ein goldenes Zepter, das von einem Blätterknauf gekrönt ist, die Linke umfaßt den Reichsapfel mit einem weißen Kreuz

Die umgebenden Personen lassen sich mit einiger Sicherheit identifizieren. Im Hintergrund links ein Richter oder sonstiger juristischer Würdenträger im pelzbesetzten Talar, die weiße Kappe auf dem Kopf; daneben der Bischof von Rochester, dessen grünen Bischofsstab ein goldenes Kreuz krönt. Unmittelbar hinter dem Thron der Erzbischof von Canterbury, dessen linke Hand die Königskrone berührt, während er mit der Rechten ein goldenes Gefäß öffnet, das ihm dargereicht wird.
Auf der rechten Seite dem König zunächst der Abt von Westminster; dann der Erzbischof von York, der ebenfalls die Krone berührt, die Linke hält ein Kreuz; neben ihm der Sakristan von Westminster, und als letzter ein bärtiger, barhäuptiger Mann, vielleicht der Großkämmerer.
Im Vordergrund, ebenfalls von links beginnend, ein weltlicher Krönungsteilnehmer mit entblößtem Haupt, der dem König ein Paar weißer Handschuhe überreichen will. Zu beiden Seiten des Königs geistliche Würdenträger, über deren Funktion man sich noch nicht im klaren ist: Beide halten schalenförmige Gefäße mit Fuß und Deckel, doch scheinen die Gefäße leer zu sein. Ganz rechts wiederum ein Richter oder Rechtsgelehrter. Den Hintergrund bildet ein aus Quadraten zusammengesetztes Gittermuster. Bei näherem Hinsehen unterscheidet man in jedem der Quadrate ein zwar primitiv gezeichnetes, aber deutlich erkennbares menschliches Gesicht – eine symbolische Darstellung der Menge, des gemeinen Volkes, das die Krönung seines Herrschers von weitem verfolgt und durch ein Eisengitter von ihm getrennt ist

24 ▷

Das Amt des Kardinals geht bis ins 6. Jahrhundert zurück, aber erst im Zuge der päpstlichen Reformen wurden die Kardinäle, die aus dem ganzen christlichen Abendland kamen, zu einem Kollegium der engsten Berater des Papstes. Durch das Papstwahldekret von 1059 beschränkte Papst Nikolaus II. die Papstwahl, die ja bisher bei »Klerus und Volk« gelegen hatte, auf die Kardinalbischöfe und legte damit bedeutende Macht in ihre Hände. Seit der Mitte des 13. Jahrhunderts bildeten die Kardinäle das ständige päpstliche Konzil und das Wahlkollegium bei der Papstwahl. Zur selben Zeit wurde ihnen der Kardinalshut verliehen, ein lediglich heraldisches Abzeichen ihrer Würde.
Die Unabhängigkeit der Kardinäle barg aber eine neue Gefahr: Es konnte der Fall eintreten, daß sie vom Papste selbst unabhängig sein wollten. Als im 14. Jahrhundert die Päpste für zwei Generationen ihre Residenz nach Avignon verlegten, maßte sich eine kleine Gruppe von Kardinälen Machtbefugnisse und einen fürstlichen Lebensstil an und betrachtete den Papst nur noch als *primus inter pares*. Nach der Rückkehr des päpstlichen Hofes nach Rom wählte eine kleine Gruppe von Kardinälen den Kurienbeamten Bartolomeo Prignano, Erzbischof von Bari, von dem sie annahmen, er würde sich auch als Papst Urban VI. von ihnen gängeln lassen. Darin hatten sie sich allerdings getäuscht. Urban trat mit solcher Strenge gegen die Kardinäle auf, daß die meisten nach Avignon flohen, Urbans Wahl für ungültig erklärten und aus ihren eigenen Reihen einen Gegenpapst wählten, Clemens VII., der seine Residenz in Avignon aufschlug. Dieses Große Abendländische Schisma dauerte von 1378 bis 1417.

Die Königserhebung

Die Erhebung eines Königs ging nach einem strengen Zeremoniell vor sich. Hinter dieser Fassade müssen sich jedoch sehr unzeremonielle Diskussionen und Intrigen abgespielt haben. In Rudimenten erhalten ist die mittelalterliche Königswahl noch im englischen Krönungszeremoniell, wenn der Erzbischof von Canterbury dem Volk den neuen Souverän zur Billigung und Anerkennung vorstellt (Abb. 22, 23, 24). Üblicherweise jubelten die Menschen jedem zu, den ihnen der oberste Würdenträger des Reiches präsentierte, und er präsentierte ihnen den Mann, der vom letzten König beizeiten bestimmt, designiert, worden war: entweder den ältesten Sohn des Königs oder einen nahen Verwandten, der geeignet erscheinen

25 In diesem allegorischen Fresko des Ambrogio Lorenzetti (Palazzo Pubblico, Siena) hat der Maler seine Heimatstadt Siena als Greis personifiziert. Über ihm schweben *Fides* (der Glaube), *Caritas* (die Nächstenliebe) und *Spes* (die Hoffnung), ihm zur Seite thronen *Prudentia* (die Klugheit) und *Magnanimitas* (die Hochherzigkeit)

26 Kirchen, die im Besitz von Reliquien waren, hielten am Tage des Heiligen, dessen Überreste sie aufbewahrten, eine Gedenkmesse ab (wie in einzelnen Fällen heute noch üblich). Die Reliquiare, von den ausgezeichnetsten Künstlern aus kostbarem Material gearbeitet, wurden ausgestellt, damit die Gläubigen sie bewundern und verehren konnten. Seite aus einem Brevier des 15. Jahrhunderts. Auf dem großen Bild wird die Messe zelebriert; links auf einem Tisch sind die Reliquien ausgesetzt; im Vordergrund predigt ein Priester. Der Text ist der Beginn der Messe der *Reliquiarum Sacrarum;* die kleineren Bilder illustrieren bestimmte Teile daraus

mochte. Wahl, Salbung und Krönung eines Nachfolgers noch bei Lebzeiten eines Königs – wie dies etwa bei den Kapetingern üblich war – bedeuteten nicht, daß der König zurücktreten mußte, sondern lediglich die verständliche Sorge um die Erhaltung der Kontinuität der Dynastie und die Vermeidung blutiger Thronstreitigkeiten. Von den großen abendländischen Königreichen war einzig das deutsche eine Wahlmonarchie geworden.

Heiratspolitik

In den meisten Königreichen des Abendlandes hatte sich im späten Mittelalter die Thronfolge auf Grund des Geblütsrechtes durchgesetzt. Jemanden zum König zu wählen, der nur durch die Zufälligkeit seiner königlichen Geburt zum Herrscher bestimmt war, ist ein merkwürdiges Verfahren. Aber die Vorliebe der Menschen für die Mächtigen dieser Welt, dazu die Notwendigkeit, Thronstreitigkeiten zu vermeiden, verliehen diesem Verfahren eine bemerkenswerte Kraft. Die Einstellung des Mittelalters zu Armut, Königtum und göttlichem Willen veranschaulicht eine Episode, die in einer im 12. Jahrhundert geschriebenen Vita Edwards des Bekenners (1042–66) enthalten ist: Ein Krüppel aus Irland wallfahrtete nach Rom, um dort Heilung zu suchen. Man ließ ihn wissen, Heilung könne ihm nur dann zuteil werden, wenn ihn König Edward von England auf seinem Rücken von der Westminster Hall zur Westminster Abbey trage. Der fromme König gab seine Zustimmung. Auf dem Weg spürte der Krüppel, wie »seine Nerven sich lockerten und seine Beine sich streckten«. Das Blut aus seinen Wunden floß auf die Gewänder des Königs, der ihn aber trotzdem bis zum Altar der Abtei trug. Dort war er geheilt, konnte aus eigener Kraft von dannen gehen und hängte zum Gedenken an dieses Wunder seine Krücken in der Kirche auf.

Die Könige und der Adel hatten naturgemäß den Wunsch, ihr Herrschaftsgebiet durch Kriege und kluge Heiraten zu konsolidieren und zu erweitern. So wurde die Eheschließung zu einer Art dynastischen Spiels. Die Unterordnung der Heirat unter die Erfordernisse der Grundbesitzvermehrung hatte zumindest eine segensreiche Folge: Seit Jahrhunderten predigte die Kirche die Einehe. Nichtsdestoweniger hatte der Urgroßvater Wilhelms des Eroberers zwei Frauen zugleich gehabt, sein Vater dagegen überhaupt keine Ehe geschlossen. Er selbst – also ein Bastard – war der erste seiner Familie, der einer einzigen Frau die Treue hielt. Frömmigkeit, Zuneigung und die Erinnerung an seine eigene schreckliche Kindheit mochten dabei eine Rolle spielen. Daneben war er sich aber wohl auch im klaren, daß seine Kinder zu Erben großer und hochwichtiger Besitzungen bestimmt waren. Vermutlich war es dieses Faktum, die Sicherung der Erbfolge, das die weltliche Gesellschaft in England noch strikter als die Kirche auf der Einehe bestehen ließ, indem sie den Grundsatz erzwang, daß nur ein legitim gezeugter Erbe eine Erbschaft antreten könne.

Eines der aufsehenerregendsten Ergebnisse des adeligen Heiratsmarktes war das Reich Heinrichs II. von England (1154–89). Von seinem Vater, dem Grafen Gottfried von Anjou, hatte er Anjou, Maine, Touraine, von seiner Mutter die Normandie geerbt. Seine Verheiratung mit Eleonore von Aquitanien, die vorher mit dem von Abt Suger geschilderten französischen König Ludwig VI. vermählt gewesen war, brachte ihm Poitou, Guyenne und die Gascogne, also einen beträchtlichen Teil Südfrankreichs ein. Diese glückliche Heirat Heinrichs trug viel zur Einstellung seiner Höflinge der Ehe gegenüber bei.

Grundbesitzer und Städter

In den meisten Gegenden des mittelalterlichen Abendlandes bildete der Grundbesitz die Basis für den Lebensunterhalt, für Reichtum, gesellschaftliche Stellung und Herrschaftsposition. Der Bauer ernährte sich von dem, was er anbaute. Das Einkommen des Schwertadels floß aus den Überschüssen seines Landes oder den Pachtgeldern; seinen Rang verdankte er der Größe seines Besitzes, der Anzahl seiner Pächter und seiner Gefolgsleute. In der feudalen Gesellschaftsordnung waren die sozialen Bindungen sowie der gesamte Rechtsstatus unlösbar mit dem Besitz von Grund und Boden verbunden. Doch gab es in jedem Land auch Städte, und in einigen Teilen des Abendlandes waren sie von weit größerer Bedeutung als das flache Land mit seinen Dörfern. In den Städten befand sich der Sitz der Regierung, dort waren Reichtum und Wirtschaft des Landes zentriert; sie bildeten den Mittelpunkt des Gemeinschaftslebens. Vor allem auf die bedeutenden Städte Nord- und Mittelitaliens sowie auf die der Niederlande traf dies zu (Abb. 25).

resta quesumus
omnipotens deus
ut sancte dei geni
tricis semp & virginis marie
& sanctor tuor quor relique
in hac continentur ecclesia

◁ **27** Die Pilgerfahrt konnte ein Akt der Buße sein, ein Beweis der Frömmigkeit, für manche aber auch eine Art Ferienreise. Reich und arm traten sie an – die Welt des Abtes Suger und die des heiligen Franziskus trafen zusammen. Der Pilger verzichtete auf jeden weltlichen Luxus. Die heiligen Stätten aber, an denen er vorbeikam, erstrahlten in der Pracht kostbarer Reliquiare und herrlicher Kunstwerke. Im Kreuzgang von Santo Domingo de Silos, an der Pilgerstraße nach Compostela gelegen, ist Christus im Pilgergewand, mit Pilgertasche und Muschel, dem Symbol der Compostela-Wallfahrt, dargestellt

28–31 Der heilige Jakob – Santiago – wurde zum Schutzpatron der spanischen Soldaten in den langandauernden Kämpfen gegen die Mauren. Im 9. Jahrhundert entdeckte man in Compostela im nordwestlichen Spanien angeblich seine Gebeine. Compostela wurde daraufhin zu einem der am meisten verehrten Wallfahrtsorte des Abendlandes. Die große Kathedrale entstand im 12. Jahrhundert. Im Herzen des Volkes besaß der Heilige seinen Platz neben einem anderen großen Volkshelden aus dem Krieg gegen den Islam – Roland, einem Paladin Karls des Großen, der in der Schlacht bei Roncesvalles fiel. Rechts Mitte: Der Heilige als *matamoros*, ›Verderber der Mohren‹, auf einem Tympanon der Kathedrale; darunter: Roland, wie er einen feindlichen Ritter angreift. (Relief auf einem Kapitell in Estrella)

28

29

30

31

Nach und nach ging eine Verschiebung der Machtverhältnisse vor sich. Aus Bündnissen zwischen Handelsherren, die über den größeren Reichtum verfügten, und Landedelleuten, deren Stärke sich in befestigten Wohnsitzen manifestierte, entstanden Machtgruppen in den Städten. Die Bündnisse wurden anfänglich oft dadurch begünstigt, daß manche Mitglieder beider Bündnispartner derselben Familie entstammten. Noch enger wurde die Bindung, als die Ritter ihre burgähnlichen Wohnstätten innerhalb der Stadtmauern erbauten, wofür heute noch die Bauten in Siena und San Gimignano Zeugnis ablegen. Sehr oft führten diese engen Beziehungen jedoch zur Parteienbildung und zum Krieg, und überdies strebten mit der Zeit die Interessen der Kaufleute, der Handwerker und der Grundbesitzer immer mehr auseinander. Zudem war es den Städten gelungen, Regierungen zu bilden, die von ihrem höchsten Oberherrn unabhängig waren. Der lombardische Städtebund verteidigte mit wechselndem Erfolg seine Unabhängigkeit gegenüber den Staufenkaisern. Schließlich wurden die Städte völlig unabhängig von jeder äußeren Macht, und die größeren unter ihnen wie Venedig, Florenz, Genua wurden zu kleinen Staaten. Sie konnten ihre weitgespannte Handelspolitik verfolgen, ohne auf lokalen Ehrgeiz oder das Machtstreben einer feudalen Aristokratie Rücksicht nehmen zu müssen.
Ritter und Bürger haben einander immer nur schwer verstanden. Nördlich der Alpen erkannte man jedoch häufiger die gemeinsamen Interessen, und daher waren hier die Bündnisse auch dauerhafter als in Italien. Könige und hoher Adel widmeten sich nun mit Vorliebe der Gründung von Städten. In Südfrankreich und nicht nur dort gibt es Hunderte von Städten, die planmäßig angelegt worden sind.
Im frühen Mittelalter war dem Grundbesitzer in erster Linie daran gelegen, daß er genügend Krieger zur Verfügung hatte. Später wurde ihm Geld wichtiger, das ihm erlaubte, die Bedürfnisse seines verfeinerten, auf Abwechslung bedachten Geschmacks zu erfüllen, Vorräte einzukaufen und im Kriegsfall Söldner zu dingen. Zwischen dem 11. und dem 13. Jahrhundert stieg der Geldbedarf steil an. Der Lebensstandard des Adels hob sich, aber nach wie vor wurde Geld hauptsächlich für Bauten und für die Kriegführung verwendet. Der Geldbedarf erklärt auch den Schutz, den sie den Städten angedeihen ließen: Auf deren Märkten verwandelte sich der Ertrag der Böden in Silber, mit dem sie ihre Luxusbedürfnisse befriedigten.

Wege zum Seelenheil: Pilger und Kreuzfahrer

Die Lust am Bauen einerseits und die Erfordernisse der Verteidigung anderseits schufen die mittelalterliche Burg. Aber auch für den Bau von Klöstern und Kirchen, in denen die inbrünstigen Fürbitten um das Seelenheil ihrer Stifter ohne Unterlaß zum Himmel emporstiegen, wurden ungeheure Summen aufgewendet.
Nach dem Kirchenbau war unter all den herkömmlichen Methoden, sich einen Platz im Himmel zu sichern, die Wallfahrt die verbreitetste. Die geistlichen Schätze des mittelalterlichen Abendlandes waren unerschöpflich. Jede Kirche hatte ihre Reliquien (Abb. 26), die meisten großen Kirchen hatten ein Reliquiar mit den Gebeinen eines Lokalheiligen, der Pilger aus dem ganzen Lande anzog. Rom war mit Reliquien am reichsten versehen und wurde deshalb im frühen Mittelalter mehr als Heimat der Heiligen, als Wallfahrtszentrum betrachtet denn als Sitz der Kirchenregierung. An zweiter Stelle stand Santiago de Compostela in Nordwestspanien (Abb. 27–31). Die Pilgerstraßen durch Südfrankreich und Nordspanien führten die Pilger an den Reliquiaren ungezählter Heiliger vorüber,

die an Bedeutung dem Apostel Jakob wohl nachstanden, aber keineswegs unbedeutend waren. Wem der Sinn nach Abenteuern stand oder wer eine besonders schwere Sündenlast zu sühnen hatte, konnte eine Pilgerfahrt ins Heilige Land unternehmen.

Im Laufe der Jahrhunderte fühlte man in zunehmendem Maße die Notwendigkeit, Lanze und Schwert einzusetzen, um das Werk Gottes zu vollbringen. Die Päpste des späten 11. Jahrhunderts entwickelten, anknüpfend an Augustins Theorie vom *bellum iustum,* vom gerechten Krieg, die Idee eines heiligen Krieges zur Verteidigung des Christentums, zur Verteidigung oder Rückeroberung von Land, das einst christlich gewesen war, insbesondere von Jerusalem und Palästina – eines Krieges, zu dem Gott seinen Segen geben würde, weil er seinen Zwecken diente; und Segen und Erlösung würde er denen gewähren, die daran teilnahmen. Eine besondere Breitenwirkung verlieh dieser Idee die Vorstellung, daß eine Zeit der Entscheidung nahe, in der sich mit Gottes Segen Männer erheben wür-

32 Der heilige Krieg gegen die Ungläubigen wurde an vielen Fronten geführt – in Spanien gegen die Mauren, in Palästina gegen die Sarazenen, in Osteuropa gegen die Ungarn und die heidnischen Slawen. All diese Kriege waren ein Zeichen dafür, daß die christliche Idee sich immer weiter ausbreitete und das mittelalterliche Abendland neue Einheit und Stärke gewann. Jerusalem war eine reale Stätte, welche die Kreuzfahrer zurückerobert hatten, aber auch die Stadt Gottes, die nach der Wiederkunft Christi verheißen war. Beide Bedeutungen sind in dieser venezianischen Miniatur des 13. Jahrhunderts vereinigt. Der Stil ist, charakteristisch für die venezianische Kunst, stark byzantinisch beeinflußt. Golden wölbt sich der Himmel über der Heiligen Stadt, die gegen angreifende Krieger verteidigt wird. Christus, unter einem Baldachin mit Dreipaßbogen, erhebt segnend die Hand

33 »Ich glaube, daß die ihm zu wenig Ehre erwiesen, die ihn nicht unter die Schar der Märtyrer einreihten, obgleich sie die großen Schmerzen mitangesehen hatten, die er auf der Pilgerfahrt des Kreuzes erleiden mußte ... denn so wie Gott am Kreuze starb, so starb auch er, denn er war ein Kreuzfahrer und trug das Kreuz, als er in Tunis starb.« Ludwig IX., der Heilige, König von Frankreich, brach im Juli des Jahres 1270 zu seinem zweiten Kreuzzug auf, starb aber schon acht Wochen später an der Pest. Auf der Miniatur verläßt er Paris, umgeben von seinen Rittern; eine Prozession von Mönchen folgt ihm nach

34 »Befehlt, daß man ein großes Feuer anzünde, und ich werde mit Euren Priestern in das Feuer hineingehen, damit Ihr so erkennen möget, welcher Glaube mehr Sicherheit hat ...« Die Herausforderung des Sultans von Ägypten durch Franziskus ist Thema eines weiteren Freskos von Giotto

32
33

den, um seine Feinde zu vernichten. Gerechterweise muß man sich allerdings ins Gedächtnis rufen, daß die führenden Männer der Kirche mit einem sehr schwierigen Problem fertig werden mußten – nämlich die gewalttätigen Instinkte einer Gesellschaft zu zügeln, die das Kriegshandwerk gelernt hatte, und zugleich ihren Idealismus zu wecken. Die Päpste selbst hatten nicht nur eine berechtigte Angst vor den Konsequenzen eines militärischen Erfolges der Türken, sie setzten auch großes Vertrauen in die irdischen Waffen, die das erfüllen sollten, was sie als göttlichen Willen ansahen. Der erste Kreuzzug war außerordentlich erfolgreich: Jerusalem wurde zurückerobert und blieb nun fast ein Jahrhundert lang in den Händen der abendländischen Christen (Abb. 32, 33).

Der Bettler und der Papst

Eine der Legenden um den heiligen Franz von Assisi berichtet, wie Franz sich einem Kreuzzug anschloß und in seinem Glaubenseifer keine Furcht hatte, sich ins Heer der Sarazenen zu begeben und ihnen das Wort Gottes zu verkündigen – mit wenig Erfolg. Dann bat ihn der Sultan insgeheim, Gott anzuflehen, ihm durch ein Wunder zu offenbaren, welches die beste Religion sei. Franz soll sich angeboten haben, mit den Priestern des Sultans durch ein großes Feuer zu schreiten, um die Wahrheit seines Glaubens zu bezeugen. Der Sultan lehnte jedoch klugerweise ab, und so fand die Missionsarbeit des heiligen Franz rasch ein Ende (Abb. 34).

Die Missionsidee und -tätigkeit ging aber auch neben den Kreuzzügen weiter. Im 11. Jahrhundert war die Bekehrung Skandinaviens, Ungarns und Polens abgeschlossen, im 12. Jahrhundert wurde in weiten Gebieten Mittel- und Nordeuropas missioniert. Im 13. Jahrhundert erreichten Berichte über das Mongolenreich des Dschingis Khan das Abendland. Die Päpste träumten von einer großangelegten missionarischen Strategie. Die Länder des Islam sollten eingekreist werden. Schließlich jedoch scheiterte das Unternehmen.

Es sind manchmal gerade die Ausnahmegestalten, die ein vergangenes Zeitalter am lebendigsten wiedererstehen lassen, wofür der heilige Franz von Assisi ein Beispiel ist (Abb. 8). Bei ihm dürfen wir freilich nicht die Denk- und Handlungsweise des Mannes von der Straße vermuten. Er läßt vielmehr die Sehnsüchte und Postulate seines Zeitalters sichtbar werden – veredelt und vertieft durch eine ungewöhnliche Menschenliebe und erhellt durch eine glühende Imagination.

Franz, Sohn des reichen Kaufmanns Pietro Bernadone in Assisi und einer Mutter aus vornehmem französischem Hause, hieß ursprünglich Giovanni und erhielt von seinem Vater wegen seiner Fertigkeit im Gebrauch der französischen Sprache den Beinamen Francesco. Bis zu seinem zwanzigsten Jahr lebte er das unbeschwerte Dasein eines reichen jungen Mannes. Im Zusammenhang mit dem Städtekrieg Assisi–Perugia erfolgte seine Bekehrung: statt zu genießen wollte er fortan nur mehr dienen, als Knecht Gottes und der Menschen. Sein Vater verstieß ihn. Zwei Jahre lebte er als Einsiedler, dann entschloß er sich zu einem armen Leben in der Nachfolge Jesu als Wanderprediger (Abb. 35). Bald schlossen sich ihm Gleichgesinnte an, die er paarweise ausschickte wie Jesus seine Jünger, Sünder zu bekehren und Kranke zu pflegen. Als Franz die Gewohnheit annahm, einen Wurm auf seinem Wege vorsichtig beiseite zu tragen, trieb ihn nicht nur das Entsetzen des mittelalterlichen Heiligen beim Anblick der geschundenen Kreatur. Der Wurm war von jeher Symbol für den Heiland: Das Wort aus dem 22. Psalm »Ich aber bin ein Wurm und kein Mensch« bezog man auf Jesus selbst. Als er die Vögel lehrte, ihr Lied zu Gottes Lob zu singen, war das keine sentimentale Schwärmerei: Er wollte die Menschen zu seiner eigenen Überzeugung bekehren, daß die Welt Gottes Welt sei, Teil des Wunders seiner Schöpfung. Hieraus sprach ein neues, aber durchaus religiös bestimmtes Naturgefühl. Weil Gott die Welt geschaffen hat, darum ist sie gut, so verdorben sie auch als Folge des Sündenfalles sein mag.

Die Vorstellung, daß die Welt gut sei, mußte zu einer Zeit und in einem Lande, das an die Predigten der Katharer oder Neu-Manichäer gewöhnt war, mit einigem Nachdruck vertreten werden. Im 12. und 13. Jahrhundert fiel die Lehre der Katharer im westlichen Abendland deshalb vornehmlich auf so fruchtbaren Boden, weil sie einer überkommenen, tiefverwurzelten Einstellung Gott und der Welt gegenüber entsprach: Gott war der Richter, die Schlechtigkeit der Welt war von seiner Güte so weit entfernt, daß alles menschliche Tun von Sünde befleckt war. Auch Jesus betrachtete man als göttlichen Richter. Daß er einst als Mensch auf Erden gewandelt war, trat in dieser Vorstellungswelt zurück. Die Katharer leugneten sogar, daß er Mensch gewesen war: Die Menschwerdung war nur eine Erscheinung, Jesus ein Geist in menschlicher Gestalt. Doch gerade zu der Zeit, als die Lehre der Katharer sich des höchsten Ansehens erfreute, wandte man sich erneut dem

35 »Dann streifte er seine Schuhe von den Füßen, legte seinen Stab nieder, warf seine Geldtasche und sein Geld weg, gab sich mit einem ärmlichen Überrock zufrieden und umgürtete sich, nachdem er seinen Gürtel abgelegt hatte, mit einem Strick.« Die Miniatur aus dem 14. Jahrhundert zeigt den heiligen Franziskus, wie er das grobe Gewand zuschneidet, die Kutte der Franziskaner, die seither fast unverändert geblieben ist. Nur war sie zunächst grau, heute ist sie dunkelbraun. Von dem Strick, der als Gürtel dient, hängt ein Rosenkranz aus siebzig Perlen herab

Menschen Jesus zu. Hierin verriet sich gleichermaßen die Anteilnahme an den göttlichen Eigenschaften der menschlichen Natur und – auf theologischer Ebene – auch an den menschlichen Werten.

Ordensgemeinschaften von Männern, die ihr Leben in Armut zu verbringen gelobten, hatte es bereits in der Kindheit des heiligen Franz von Assisi in Italien und Frankreich gegeben. Manche – etwa die Waldenser, deren Stifter Waldus war, ein reicher Kaufmann aus Lyon – waren aus der katholischen Kirche hervorgegangen und hatten sich zu einer kirchenfeindlichen, ketzerischen Bewegung weiterentwickelt. Sie lehnten die Verehrung des Kreuzes ab, verwarfen Fegefeuer und Ablaß und sind in manchem als Vorläufer der protestantisch-puritanischen Lehre zu betrachten. Albigenser und Katharer predigten apostolische Armut, strenge Askese und standen allen kirchlichen Lehren und Institutionen ablehnend gegenüber. Die südfranzösischen Ketzergemeinden bildeten eine eigene Hierarchie und traten zeitweise offen als mächtige Rivalen der katholischen Kirche auf. Auch in Westdeutschland, den Niederlanden und Nordfrankreich hatten sie zahlreiche Anhänger. Die Kirche fühlte sich zu Zwangsmaßnahmen genötigt. Die Ermordung des päpstlichen Legaten Peter von Castelnau im Jahre 1208 bildete den Anlaß zu den mit unerhörter Grausamkeit geführten Albigenserkriegen, in deren Verlauf Südfrankreich grauenhaft verwüstet wurde.

In Franz von Assisi aber war der Grundsatz des Gehorsams gegenüber der kirchlichen Hierarchie fest verwurzelt. Daß er sich an den Papst wandte, als eine Gemeinschaft Gleichgesinnter sich um ihn versammelt hatte, und auch in späteren Jahren noch, geschah nie, damit ihm Privilegien gewährt würden, sondern damit der Papst ihn darin unterstützte, innerhalb der kirchlichen Hierarchie das Ideal seines Ordens aufrechtzuerhalten. Eine Säule der Ordensregel war der Gehorsam – kein weltverneinender, passiver Gehorsam jedoch, sondern ein Gehorsam im Sinne freier Unterwerfung. »Heiliger Gehorsam ... macht einen Menschen allen Menschen dieser Erde untertan, und nicht allein den Menschen, sondern auch den Tieren auf dem Felde, so daß sie mit ihm machen können, was sie wollen – soweit es ihnen der Herr im Himmel gewährt.« Und in einer Fassung seiner Regel schrieb Franz: »Die Brüder sollten sich freuen, wenn sie unter demütigen, verachteten Menschen leben, unter den Armen und Schwachen, Kranken, Aussätzigen und Bettlern.« Dies mußte mit allem Nachdruck betont werden: Jeder Erfolg, den die Bettelmönche erringen mochten, hing davon ab, daß sie von den Armen als ihresgleichen angenommen wurden. Sogar für den heiligen Franziskus war das nicht einfach zu erreichen.

Mit dieser Anschauung fügte Franz von Assisi einer durchaus herkömmlichen Grundhaltung der Gesellschaft, in der er lebte, eine neue Dimension hinzu. Sich einem Leben in Armut zu verschreiben, war auch bisher nichts Ungewöhnliches gewesen, wie auch die Auffassung nicht neu war, daß es zwischen der mächtigen, autoritären und reichen Hierarchie der Kirche und der armen, unwissenden Masse des Volkes kaum Berührungspunkte gab. Franz von Assisi fand auch hier neue Wege, zwischen beiden Verbindungen herzustellen. Was ihm vorschwebte, war, alle Christen zu einer Einheit zu verschmelzen und ihnen das Gefühl der Zusammengehörigkeit zu geben. Die Geschichte des Franziskanerordens und der Kirche in den folgenden Jahrhunderten beweist jedoch, daß den franziskanischen Ideen in diesem Bezug kein voller Erfolg beschieden war. Deshalb aber zu sagen, Franz sei gescheitert, wäre ebenso unsinnig wie die Behauptung, Rembrandt sei gescheitert, weil er völlig mittellos starb.

1 »Lasset uns unser Teil zum Psalmengesang beitragen, damit Herz und Stimme zusammenklingen«, schrieb der heilige Benedikt von Nursia. Einen großen Teil des Tages verbrachten die Mönche in der Kirche beim Chorgesang. Zwischen halb drei Uhr morgens und halb acht Uhr abends wurden sieben Gottesdienste abgehalten, die zu besuchen Pflicht war: Laudes, Prim, Terz, Sext, Non, Vesper, Complet

2

Die Welt der Klöster

Der kulturelle Beitrag der Orden

»Indem wir so leben ... wandeln wir den Pfad von Gottes Geboten in unaussprechlich lieblicher Süße; so daß wir, wenn wir niemals Seine Schule verlassen, sondern im Kloster bis zum Tode in Seiner Lehre verharren, durch unsere Geduld teilhaben am Leiden Christi und so verdienen, in Sein Königreich einzugehen.«

Einleitung zur Regel des heiligen Benedikt

»Einst lebte ein ehrwürdiger Mann mit Namen Benedikt... Er entstammte einer vornehmen Familie aus der Gegend von Nursia (dem heutigen Norcia) und wurde nach Rom auf die Schulen gesandt. Aber ... er verachtete seine Studien, ließ das Elternhaus und seines Vaters Reichtum hinter sich und trachtete danach, ein geistliches Leben zu führen, weil er Gott allein gefallen wollte.« – Mit diesen Sätzen beginnt eine Lebensgeschichte des heiligen Benedikt, die Papst Gregor I., der Große, der Heilige, um 593 schrieb. Eine im 11. Jahrhundert in Monte Cassino entstandene Handschrift dieses Heiligenlebens enthält Illuminationen (Abb. 2), die der heilige Gregor selbst kommentiert hat.

Benedikt von Nursia steht am Beginn des abendländischen Coenobitentums, das heißt, er betrachtete das Kloster nicht mehr als Zusammenschluß von Eremiten, deren jeder in Buße und Gebet seinem eigenen Seelenheil lebte, sondern als Gemeinschaft, die durch eine Regel zu gemeinsamem Leben verpflichtet war und gemeinsame Ziele anstrebte.

Als Benedikt um 480 geboren wurde, war das Weströmische Reich zusammengebrochen. Das nördliche und das mittlere Italien standen unter der Herrschaft der Ostgoten, das südliche wurde vom oströmischen Kaiser verwaltet. Es war eine böse, trostlose Zeit. Die Neuordnung des Mönchtums durch Benedikt war ein Versuch unter anderen, ihren Schrecknissen durch Intensivierung eines geordneten religiösen Lebens zu begegnen. Es galt, die kirchliche Macht zu konsolidieren, kulturelle Werte zu bewahren; und schließlich sollten die Mönchsorden auch für die Ausbildung von Missionaren sorgen, die das Christentum in die noch heidnischen Gegenden tragen würden.

Benedikt hatte zunächst drei Jahre als Einsiedler in einer Höhle bei Subiaco gelebt. Um 529 siedelte er auf den Monte Cassino in Süditalien über, und dieses Kloster, für das er seine berühmte Regel, die *Regula Sancti Benedicti,* verfaßte, wurde zur Wiege des Benediktinerordens und die Regel Benedikts, eine Sammlung weiser Vorschriften, zur Grundlage einer durchgreifenden Reformation des gesamten abendländischen Mönchswesens. Geboren aus dem Geiste römischer Disziplin, forderte sie Verbleiben im Heimatkloster, Abkehr vom weltlichen Leben, Streben nach Vollkommenheit und unbedingtem Gehorsam gegenüber dem Abt. Im Mittelpunkt des Klosterlebens steht der Gottesdienst (Abb. 1, 7, 8). Daneben aber wird von allen Ordensmitgliedern ernsthafte und nützliche Arbeit verlangt. Die *Regula Benedicti* bedeutete eine Abkehr vom Individualismus und der Maßlosigkeit östlichen Anachoretentums und hat damit das klösterliche Leben des Abendlandes zutiefst geprägt – bis heute.

Unter Karl dem Großen und seinen Nachfolgern hatten die Klöster auf religiösem, geistigem und künstlerischem Gebiet eine einzigartige Führungsstellung erlangt: Nur dort wurden Lehrer, Schreiber und Diplomaten ausgebildet, sie allein pflegten die Gelehrsamkeit und bewahrten nicht nur die Evangelien und die Schriften der frühen Kirchenväter, sondern auch vieles von der Kultur der klassischen Antike.

Der Zerfall des karolingischen Universalreiches hatte eine Epoche politischer und wirtschaftlicher Anarchie zur Folge, in der man diese Werte nur mühsam erhalten konnte. Die kriegerischen Einfälle von Normannen und Slawen, das egoistische, rücksichtslose Vorgehen der Herrscher oder Teilherrscher und die manchmal sehr schwierigen Lebensbedingungen waren nicht der Boden, auf dem kontemplatives Leben sich entfalten konnte. Klöster wurden ausgeplündert und niedergebrannt, häufig mußten die Mönche flüchten und konnten froh sein, das eigene Leben, ihre geringe Habe und ihre Reliquien zu retten. Unter solchen Umständen war es schwer, wenn nicht unmöglich, die Ordensregel einzuhalten. Daß dennoch das monastische Leben und mit ihm die abendländische Kultur vor dem vollständigen Zerfall gerettet werden konnten, verdanken wir einigen glaubensstarken und mutigen Männern, die es sich zur Aufgabe machten, wiederum sittliche Maßstäbe aufzustellen, indem sie die Klöster reformierten.

Wenn sich im 10. Jahrhundert die abendländischen Klöster in einem so beklagenswerten Zustand befanden, so war das nicht ausschließlich eine Folge von Krieg und Anarchie. Als die *Regula Sancti Benedicti* sich ausbreitete, zeigte sich, daß ihr manche Schwächen anhafteten. Da nach Benedikts Konzeption die einzelnen Klöster vollständig autark waren, drohte den Klöstern die Isolierung. Daß der Mönch lebenslang in seinem Kloster verbleiben mußte, kam der Disziplin sehr zugute, führte anderseits aber auch zu einem Mangel an Kontakt zwischen den Klöstern, was wiederum Einmischungen von außen erleichterte. Wie die Regel es vorschrieb, wählten die Mönche ihren Abt selbst, der dann vom Bischof bestätigt wurde. Papst Gregor der Große, der die Bedeutung freier Wahlen im Kloster wohl zu würdigen wußte, hatte den Bischöfen jede Einmischung verboten, aber dies Verbot wurde bald mißachtet. Noch häufiger als die Bischöfe griffen mit der Zeit weltliche Stifter ein, besonders, wenn sie mächtige Herren waren. In vielen Fällen wurde so der Abt zum Werkzeug einer Laiengewalt, und das hatte einen Verfall von Disziplin und Sitten zur Folge (Abb. 14, 15).

Cluny: Der Geist der Reform

Die Reform des benediktinischen Mönchtums ging vom Kloster Cluny aus, der Urzelle einer neuen monastischen Lebens-

2 Das Niederschreiben der Regel. »Denn er schrieb eine Regel für die Mönche, die sowohl wegen ihrer Weisheit als auch wegen der Klarheit ihres Stils einzigartig ist. Plötzlich überfiel ihn ein Fieber, das ihn mit seiner Glut verzehrte, und er wurde von Tag zu Tag schwächer ... Dann stand er mit zum Himmel erhobenen Händen, während ihm seine Schüler die schwachen Glieder stützten, und sandte mit dem letzten Hauch seines Mundes Worte des Gebets empor. Er wurde in der Kapelle des heiligen Johannes des Täufers begraben, die er selbst erbaut hatte, nachdem er den Altar des Apoll zerstört hatte.«

»An diesem Tag hatten zwei seiner Mönche, der eine im Kloster, der andere weit entfernt, dieselbe Vision. Sie sahen einen Pfad, der mit kostbaren Teppichen belegt war und im Licht unzähliger Lampen erstrahlte und der sich östlich von ihrem Kloster bis in den Himmel hinein erstreckte. Und seitlich über ihm stand ein Mann in ehrwürdigen Gewändern, der sie fragte, wessen Pfad das sei, den sie hier sahen. Als sie zugaben, daß sie es nicht wußten, sagte er: ›Dies ist der Pfad, auf dem Benedikt, den Gott liebt, zum Himmel emporgestiegen ist.‹«

»Eine Frau wurde geisteskrank und erreichte einen solchen Grad von Wahnsinn, daß sie Tag und Nacht über Berg und Tal, durch Feld und Wald wanderte und nie ruhte, außer wenn die völlige Erschöpfung sie dazu zwang. Eines Tages, als sie weiter als sonst umhergeirrt war, kam sie zu der Höhle dieses seligen Vaters (es handelt sich um die Höhle bei Subiaco, in der Benedikt als Einsiedler gelebt hatte), trat nichtsahnend ein und brachte die Nacht darin zu. Am nächsten Morgen verließ sie dieselbe völlig geheilt und gesund, so, als ob sie niemals an Wahnsinn gelitten hätte; und bis an ihr Lebensende blieb ihr die gute Gesundheit erhalten, die sie so empfangen hatte.« Der heilige Gregor schließt sein ›Leben des Benedikt‹ ab: »Ich muß nun für eine Weile schweigen, so daß ich durch die Stille meine Kräfte wiedergewinne und fähig bin, die Wundertaten anderer zu berichten«

quid

4

5

6

3

7

8

3 Fra Angelico (1387–1455), einer der bedeutendsten Maler der ausklingenden italienischen Gotik, war ein Dominikanermönch (1407 Eintritt in das Dominikanerkloster in Fiesole). Zu seinen Hauptwerken gehören die Fresken in den Mönchszellen im Kloster San Marco in Florenz. Das Bild zeigt die Verklärung Christi. Links Maria und der heilige Dominikus

4–8 Immer neue geistliche Orden entstanden – so im 13. Jahrhundert die Mendikanten- oder Bettelorden der Franziskaner und Dominikaner, die sich der Seelsorge und der Ketzerbekämpfung annahmen, so daß ihr Wirken nicht mehr auf das Kloster allein beschränkt blieb. Die Ordensgemeinschaften unterschieden sich äußerlich durch ihr Habit. Auf den Medaillons: Karmeliter, Franziskaner, Dominikaner und Benediktiner. Ein Novize erhält sein Ordenskleid und treibt dadurch den Teufel der Weltlust aus

9 Die Klosterpforte (Torbau in Thornton Abbey, Lincolnshire): »Lasset an der Klosterpforte einen weisen alten Mann seinen Platz haben, der Rede und Antwort stehen kann und seines Alters halber seinen Posten nicht verlassen wird«

10 Der Abt (Durandus von Moissac): »Der Abt soll allen die gleiche Liebe entgegenbringen und alle sollen, ungeachtet ihrer Verdienste, derselben Disziplin unterworfen sein«

11 Das Kapitelhaus (Bristol): »Muß im Kloster über gewichtige Dinge verhandelt werden, so soll der Abt die ganze Ordensgemeinschaft zusammenrufen lassen und vorschlagen, daß der betreffende Gegenstand erörtert werde«

10

9

11

12

14

15 Den religiösen Reformgeist des 10. Jahrhunderts und die Einmischung weltlicher Instanzen in klösterliche Angelegenheiten veranschaulicht die Geschichte von der Einführung der Benediktinerregel im Kloster Mont Saint-Michel. Eine Gruppe von Mönchen, berüchtigt wegen ihrer Zügellosigkeit, war viele Jahre lang im Besitz des Klosters gewesen. Da beschloß im Jahre 966 Herzog Richard von der Normandie, Mont Saint-Michel den Benediktinern zu übertragen. Die Insassen leisteten Widerstand und konnten nur mit Gewalt vertrieben werden. Auf dieser Zeichnung aus der Urkundensammlung der Abtei aus dem 12. Jahrhundert thront in der Mitte der neue Abt Maynard, ihm zur Seite sitzt Herzog Richard. Den am unteren Bildrand versammelten Mönchen wird symbolisch die Regel des heiligen Benedikt hinabgereicht. Die drei Gestalten am linken Rand sollen vermutlich die unwürdigen und nunmehr enteigneten Vorgänger darstellen. Gerade in solchen Fällen aber, in denen eine Abtei alles einem reichen weltlichen Schutzherrn und Gönner verdankte, kam es später zu schweren Machtkämpfen zwischen Kirche und Staat

12 Die Küche (Fontevrault): »Die Brüder sollen einander dienen, dergestalt, daß keiner sich von der Arbeit in der Küche befreien kann, es sei denn, es geschähe aus gesundheitlichen Gründen«

13 Das Refektorium (Royaumont. Man beachte die Kanzel für die Schriftlesung an der Wand): »Zweierlei Gerichte müssen für alle Brüder genügen, und wenn Obst oder junges Gemüse vorhanden ist, so mag dies als dritter Gang zum Mahle hinzukommen. Ein Pfund Brot pro Tag sollte genügen ... Wir glauben, daß ein Schoppen Wein pro Tag für jeden ausreicht ... Während die Brüder bei Tische sind, sollte eine Schriftlesung stattfinden«

14 Die Büßer. Ein Mönch und seine Geliebte im Block, satirische Darstellung auf dem Rand einer Buchseite. Aus einem Werk, das für Augustiner-Chorherren bestimmt war

15

13

16–18 »Unter allen Abteien jenseits der Alpen tut sich in erster Linie Cluny hervor … Zweifellos übertrifft es alle anderen Klöster, auch die ältesten.« Diese Worte sprach Papst Gregor VII. auf dem Konzil zu Rom im Jahre 1077. Cluny war im Jahre 910 von Herzog Wilhelm von Aquitanien gegründet worden und wurde unter einer Reihe außerordentlich befähigter, frommer und langlebiger Äbte – Odo (926–42), Odilo (994–1049) und Hugo (1049–1109) – Ausgangspunkt einer streng zentralisierten Reformbewegung des benediktinischen Mönchtums, welche bis zum 12. Jahrhundert etwa 1500 Klöster umfaßte. Die dritte und größte der Abteikirchen von Cluny wurde 1088 von Abt Hugo begonnen. Um 1095 war der Ostteil fertiggestellt und wurde von Papst Urban II., selbst einst Mönch zu Cluny, geweiht. Auf der Miniatur unten ist die Weihezeremonie im Bild festgehalten. Die Kirche, von Süden gesehen, ist nur im Umriß wiedergegeben, deutlich erkennbar sind dagegen der Ostteil der

16

17

18

Kirche mit dem Kapellenkranz (rechts im Bild), in dem sich Abt Hugo mit seinen Mönchen versammelt hat. In der Mitte, unter der Vierung, befindet sich der Altar, daran schließt sich links das (zur Zeit der Einweihung noch nicht existierende) Mittelschiff an. Der Papst, vor den Mitgliedern seines Hofstaates stehend, erteilt Abt und Mönchen den Segen. Zwei Seitenansichten von einem der erhaltenen Kapitelle im Chor. Die Figuren (Abb. 17, 18), ohne vergleichbares Beispiel in der romanischen Kunst, stellen zwei Tonarten der Gregorianischen Kirchenmusik dar – eine Erinnerung daran, welche bedeutende Rolle die Musik in der cluniazensischen Liturgie spielte

19 Als das Kloster Monte Cassino 585 von den Langobarden geplündert wurde, sollen die Gebeine des heiligen Benedikt gerettet und nach Fleury gebracht worden sein; Saint-Benoît-sur-Loire, wie Fleury seit damals genannt wird, wurde ein berühmtes Wallfahrtszentrum. Der östliche Teil der Kirche (links) stammt aus den Jahren 1070–80

20 Paray-le-Monial, eine Tochtergründung von Cluny

form, der die abendländische Kultur ungemein viele und nachhaltige Antriebe verdankt. Dieses burgundische Kloster, 910 von Herzog Wilhelm dem Frommen von Aquitanien gegründet, sollte unmittelbar Rom unterstehen, so daß einer lokalen Einmischung von vornherein der Boden entzogen war. Unter einer Reihe außerordentlich befähigter und langlebiger Äbte wurde Cluny Ausgangspunkt einer streng zentralisierten Reformbewegung des benediktinischen Mönchtums (Abb. 16–18). Die frühen Äbte führten die Reformen nicht nur in Frankreich durch, sondern auch im Heiligen Römischen Reich, in Italien, Spanien und England. Die reformierten Abteien behielten zunächst zwar ihre Autonomie, doch entstand allmählich eine enge Bindung zwischen ihnen und Cluny als dem Mutterkloster einer großen Klosterfamilie oder »Kongregation«. So war die Unabhängigkeit der Benediktinerabteien durch eine Organisation zentralistischen Charakters ersetzt worden. Dies war die Geburtsstunde des Cluniazenserordens, dessen Verfassung in der Amtszeit des Abtes Hugo (1049–1109) von Papst Urban II. offiziell bestätigt wurde. Um diese Zeit gehörte schon eine große Anzahl bedeutender Abteien im gesamten Abendland dem Cluniazenserorden an (Abb. 20).

Der Cluniazenserorden war seinem Wesen nach aristokratisch, da die meisten Mönche adeliger Abkunft waren. Handarbeit galt nicht mehr als angemessene Beschäftigung. Die meiste Zeit verbrachten die Mönche mit Gebet und Gottesdienst. Der Abt von Cluny war ein absoluter Herrscher, der häufig selbst seinen Nachfolger ernannte. Wie an der Spitze der damaligen Gesellschaft der König stand und unter ihm auf der Stufenleiter Barone, Ritter und niederer Adel, so war auch der Abt des

19

20

21 Einem Novizen wird die Tonsur geschoren. Das Kahlscheren des Kopfes (›tondere‹ bedeutet ›scheren‹) war in römischen Zeiten das Zeichen des Sklaven. Aus diesem Grunde wurde es von den ersten Mönchen übernommen. Es entwickelte sich in der westlichen Kirche im 7. Jahrhundert zu einer eigenen Zeremonie, die stattfand, wenn die Eltern ihre jungen Söhne dem Dienste Gottes weihten. Auf der Zeichnung aus dem späten 12. Jahrhundert ist dargestellt, wie Guthlac, ein früher englischer Heiliger, von der Hand seines Bischofs die Tonsur erhält. Hinter dem Bischof steht der Schreiber mit einem Buch, auf der anderen Seite eine Äbtissin mit zwei Nonnen

21

Cluniazenserordens das Haupt einer ganzen Hierarchie nachgeordneter Glieder. Er ernannte die Prioren der fünf privilegierten Priorate, der »fünf Töchter von Cluny«, und deren Prioren ernannten wieder die Prioren der von ihnen abhängigen Klöster. Die Verbindung mit Cluny war eng: Jeder Mönch mußte wenigstens einmal in seinem Leben nach Cluny kommen, denn alle Novizen wurden dort im Mutterkloster in den Orden aufgenommen (Abb. 21).

Von der Mitte des 10. Jahrhunderts an verbreitete sich der Cluniazenserorden mit außerordentlicher Geschwindigkeit. Auf dem Höhepunkt seiner Bedeutung, zu Beginn des 12. Jahrhunderts, gehörten dem Orden rund 1500 Klöster an. Weniger wohlgesinnt als die damaligen Päpste aber war Cluny der Weltklerus. Manche Bischöfe verübelten es dem Orden besonders, daß er sich ihrer Diözesangewalt zu entziehen gewußt hatte. Adalbero, der Bischof von Laon – er starb 1030 –, hat seine Mißbilligung Clunys in einem satirischen Gedicht ausgedrückt, worin die cluniazensischen Bräuche mit beißender Ironie gegeißelt wurden.

Das Schwergewicht dieser Bräuche lag bei der Pflege der Liturgie. »Das Singen von Psalmen und liturgischen Gebeten, dazu noch Kirchenlieder, Lobgesänge, Responsorien und Choräle an Festtagen ..., füllte einen großen Teil des Tageslaufs der Cluniazenser aus« (Joan Evans). Sogar Petrus Damiani, ein strenger Reformer, war der Ansicht, der Stundenplan der Cluniazenser sei zu sehr ausgefüllt und stelle daher zu hohe Anforderungen an den einzelnen. Übrigens erblickt man gerade in diesem Übermaß an Zeremoniell, das eine gewisse barocke Lebens- und Kunstform mit sich brachte, einen Hauptgrund für den Niedergang der Cluniazenser seit der zweiten Hälfte des 12. Jahrhunderts. Immerhin erfolgte dieser Niedergang erst, nachdem der Orden sich zwei Jahrhunderte lang über das ganze Abendland ausgebreitet und dieser Epoche seinen Stempel aufgeprägt hatte.

Bis an die Grenzen der Christenheit

Der cluniazensische Orden breitete sich zwar bis Rom aus, konnte aber in Italien nicht richtig Fuß fassen. Dieses Land mit seiner starken Mischung von Rassen und Kulturen besaß einige Klöster ganz ungewöhnlicher Art. So hatte man etwa die berühmte Abtei St. Bonifatius und St. Alexis auf dem Aventin in Rom sowohl für griechische wie für lateinische Ordensgemeinschaften gegründet. Von dort zogen viele Missionare nach Osteuropa, und hier lebte auch Adalbert von Prag, der Freund Ottos III., als Mönch, ehe er 997 bei der Bekehrung der Preußen den Märtyrertod fand.

In den Teilen Italiens, in denen die Herrschaft oder der Einfluß von Byzanz fortdauerte, bestanden mindestens bis zur Mitte des 13. Jahrhunderts griechisch-katholische Basilianerklöster. Auch die Normannen, die im Laufe des 11. Jahrhunderts Süditalien und Sizilien eroberten, unterstützten Cluny nicht. Jedoch wurde in Cava dei Tirreni bei Salerno ein Orden gegründet, der die cluniazensischen Bräuche nachahmte. Dieser *Ordo Cavensis,* der die Unterstützung der normannischen Herrscher genoß, beherrschte Sizilien und den Süden, während das Gebiet nördlich von Neapel bis nach Rom unter dem Einfluß von Monte Cassino stand. Monte Cassino, die Wiege des abendländischen Mönchtums, wurde im 10. Jahrhundert nach dem Vorbild Clunys wiederaufgebaut und entwickelte sich zu einem Mittelpunkt des religiösen und künstlerischen Lebens. Als der Monte Cassino 585 durch die Langobarden geplündert worden war, sollen die Gebeine des heiligen Benedikt in das französische Kloster Fleury, das heutige Saint-Benoît-sur-Loire, gerettet worden sein (Abb. 19).

In keinem Land außerhalb Frankreichs war der Einfluß der Cluniazenser so stark wie in Spanien (Abb. 22). Bedeutende spanische Abteien übernahmen die cluniazensische Reform, viele neue Klöster wurden schon als cluniazensische Priorate gegründet. Im Deutschen Reich ging die cluniazensische Reform auf verschiedenen Wegen vor sich. Unmittelbaren Einfluß übte wohl eine Gruppe von Klöstern mit Hirsau an der Spitze, doch erreichten die cluniazensischen Gebräuche Deutschland auch auf dem Umweg über Italien.

In den neu zum Christentum bekehrten Ländern war die Arbeit der Klöster von größter Bedeutung. Die Bekehrung der skandinavischen Länder war den missionierenden deutschen und englischen Mönchen zu verdanken. König Stephan von Ungarn stand mit Cluny und den lothringischen Zentren der Reformbewegung in Verbindung und unterstützte Mönche und Klöster nach bestem Vermögen. Nicht nur das Christentum brachten die Klöster den neubekehrten Ländern, sie waren zugleich die Vermittler von Wissenschaft und Künsten und brachten die Kenntnis manches Handwerks in die einst heidnischen Gebiete.

22 Harpyien, aus dem Kreuzgang des Klosters Silos in Spanien. Bernhard von Clairvaux hatte ihre Darstellung ebenso verdammt wie die der »fürchterlichen Kentauren«

23 Erste Versuche, marmorne Monumentalplastiken zu schaffen, gab es zu Beginn des 11. Jahrhunderts. Türsturz in Saint-Génis-des-Fontaines (um 1020), geschaffen nach dem Vorbild von Buchilluminationen

Die Kunst eines neuen Zeitalters

Die romanische Kunst wurde in den Klöstern geboren. Die ersten architektonischen Versuche im sogenannten frühromanischen Stil wagten die norditalienischen Benediktinerklöster. »Es war, als ob die ganze Erde, nachdem sie alles Alte abgeschüttelt hatte, sich nunmehr in ein weißes Gewand von Kirchen hüllte«, schrieb Radulf Glaber, ein Cluniazensermönch aus Dijon, um das Jahr 1003. Durch die Berührung mit der mozarabischen Baukunst in Spanien ergaben sich bedeutende architektonische Neuerungen, besonders eine Verbesserung der Technik des Gewölbebaus, die man beim Bau einer Reihe von Benediktinerklöstern anwandte. Im südfranzösischen Roussillon mit seiner halb spanischen, halb französischen Bevölkerung und in Katalonien wagte man sich auch erstmals an marmorne Monumentalplastiken. Der Türsturz von Saint-Génis-des-Fontaines und Skulpturen ähnlicher Art in den Klöstern der Umgebung sind nur bescheidene künstlerische Leistungen, die aber dennoch einen Markstein in der Geschichte der Bildhauerei setzen: Nach jahrhundertelanger Vernachlässigung hatte man sich wieder der Bauplastik zugewandt (Abb. 23).

In Deutschland vollzog sich zur gleichen Zeit eine architektonische Entwicklung, die sich auf ganz andere Traditionen gründete. Die ottonischen Bauwerke, zum Teil frühchristlichen Basiliken nachgebildet und byzantinisch beeinflußt, zeigen einen völlig eigenständigen monumentalen Charakter. Infolge bischöflicher Gewalt und kaiserlicher Gönnerschaft sind die deutschen Dome aus dieser Zeit besonders grandiose Bauwerke. Mainz, Worms und Speyer wurden zwar in ottonischer Zeit begonnen, aber im romanischen Stil fertiggestellt und erweitert.

Der französische Kunsthistoriker Lefèvre-Pontalis führte 1912 die Bezeichnung »Benediktinischer Grundriß« ein: Gemeint ist ein dreischiffiger Kirchenraum mit Chor und zwei Apsiden, einem Querschiff, dessen Arme ebenfalls in Apsiden enden, einem Turm über der Vierung und zwei dem Hauptschiff vorgelagerten Westtürmen. Diesen Bautypus zeigen, wenn auch nicht alle, so doch viele Benediktinerkirchen.

Die Pilgerstraße nach Compostela

Während der »Benediktinische Grundriß« sich im ganzen Abendland durchsetzte, entstand ein weiterer eindrucksvoller Typus der Klosterkirche, die Wallfahrtskirche. Die schönsten dieser Wallfahrtskirchen liegen an der Straße nach Santiago de Compostela, der romantischsten aller mittelalterlichen Pilgerstätten. Die Legende, man habe dort die Gebeine des Apostels Jakobus gefunden, machte Santiago im Laufe der Zeit zu einem Wallfahrtsort von hoher Bedeutung. Cluny hatte entlang der Pilgerstraße eine Unzahl von Cluniazenserprioraten eingerichtet, es trifft jedoch nicht zu, daß die plötzliche Popularität von Santiago ein Werk Clunys gewesen sei. Santiago verdankte seine außergewöhnliche Popularität dem Zeitgeist. Die *Chansons de geste,* epische Heldenlieder um historische Ereignisse oder Sagengestalten aus der Frühzeit der französischen Geschichte, beflügelten die Phantasie der Wallfahrer. So dürften wohl Rolands kühne Heldentaten und sein Tod im Kampf mit den heidnischen Mauren ein wichtiger Antrieb für die Pilgerfahrten gewesen sein. Häufig kam es vor, daß Compostelapilger sich einem Kreuzzug gegen die Araber anschlossen.

Die Pilger waren auf den Straßen des Abendlandes ein gewohnter Anblick. Die Reichen waren verschwenderisch mit ihren Opfergaben, so daß viele Wallfahrtszentren zu großem Wohlstand gelangten. Die ärmeren Reisenden dagegen lebten von den Almosen der Städte und Klöster, an denen ihr Weg sie vorüberführte.

Die Pilgerbewegung setzte einen Umbau der Kirchen voraus, die so umgestaltet und vergrößert werden mußten, daß sie den Riesenstrom der Pilgerscharen zu fassen vermochten. Diese Kirchen sowie die Kathedrale von Santiago weisen dieselben architektonischen Charakteristika auf: weiträumige Seitenschiffe, die sich im Chor als Umgang fortsetzten, so daß die Gläubigen am Reliquienschrein vorbeiziehen konnten, der hinter dem Hochaltar ausgestellt war.

Die Vollendung: Cluny

So eindrucksvoll die Wallfahrtskirchen auch sein mögen – Saint-Martin in Tours, Saint-Martial in Limoges, Sainte-Foy in Conques, Saint-Sernin in Toulouse –, der größte Sakralbau der damaligen Zeit war die dritte Abteikirche von Cluny, Cluny III genannt, die Abt Hugo 1088 begann (Abb. 16–18). Leider sind Kirche und Klostergebäude größtenteils verschwunden, aber durch Professor Conants Ausgrabungsarbeit sowie durch alte Beschreibungen und Zeichnungen sind wir recht gut unterrichtet. Diese dritte Abteikirche von Cluny war eine fünfschiffige Basilika mit zwei Querschiffen, einem Chor mit Umgang und Kapellenkranz (Abb. 24). Ungewöhnlich war die Vielzahl der Apsiden, nicht nur am Chor, sondern auch entlang der Ostmauer der Querschiffe. Der massige, gleichwohl harmonisch gegliederte Komplex muß einen atemberaubenden Anblick geboten haben. Ein Fresko im Chor, Christus in der Glorie, beherrschte den Raum.

Zu den wichtigsten Zeugnissen der frühromanischen Plastik in Frankreich gehören die Figurenkapitelle von Cluny, heute im Museum in Cluny. Für die Zeit ihrer Entstehung um 1095 sind sie sowohl im Gegenstand wie im Stil schon äußerst raffiniert (Abb. 17, 18). Als erste Anklänge an die Gotik finden wir Spitzbogen. Als Gesamtanlage weicht Cluny kaum vom üblichen Schema ab, wie ein Vergleich mit dem aus karolingischer Zeit stammenden Plan des Klosters St. Gallen zeigt. In Frankreich fand die Anlage von Cluny III keine Nachahmung. Dagegen war Cluny III das Vorbild für das Mutterhaus der englischen Cluniazenser, das Priorat von Lewes in Sussex. Cluniazensische Einflüsse auf die Sakralbaukunst in England lassen sich auch in Benediktinerabteien feststellen, die offensichtlich keine Verbindung zu Cluny hatten, wie in Canterbury (Abb. 25). Die ursprüngliche Kirchenanlage zeigt eine Zeichnung aus der Mitte des 12. Jahrhunderts, heute in der Bibliothek des Trinity College in Cambridge (Abb. 26). Dieser Grundriß hat den gotischen Kirchenbau in England stark beeinflußt: Die meisten Kathedralen ahmten die Anlage von Canterbury mit den zwei Querschiffen nach.

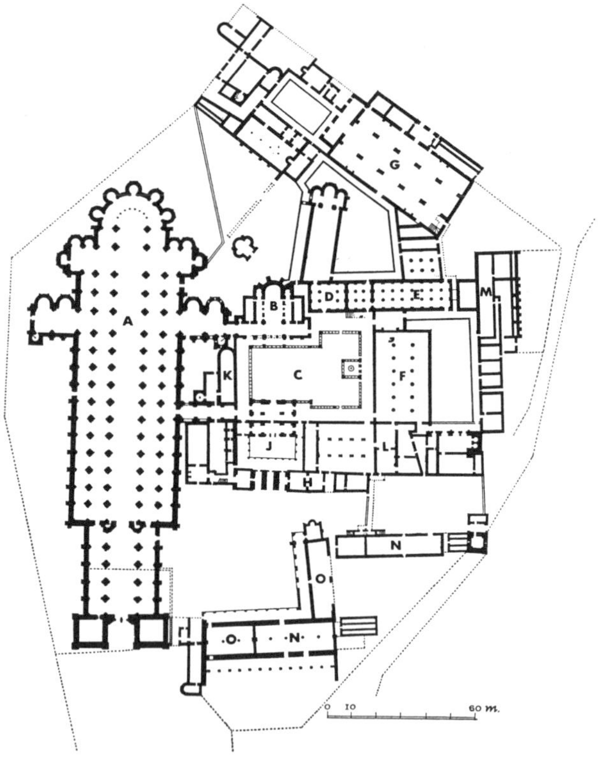

24 Das Kloster Cluny während seiner Blütezeit in der Mitte des 12. Jahrhunderts. Die Klosteranlage bestand aus einer Anzahl von Gebäuden, die zu verschiedenen Zeiten errichtet worden waren, die ältesten zu Beginn des vorhergehenden Jahrhunderts. Die Kirche (A) war 1085 begonnen und 1130 vollendet worden. Der dritte, an derselben Stelle errichtete Kirchenbau (in der Geschichte der Baukunst Cluny III genannt), war das großartigste Bauvorhaben, das in dieser Zeit in der christlichen Welt verwirklicht wurde – ein fünfschiffiges Langhaus, zwei Querschiffe, Chor und Umgang mit Kapellenkranz. Die Vorhalle wurde erst im 13. Jahrhundert vollendet. Von der vorausgehenden Kirche, Cluny II, ist der Chor noch teilweise erhalten (B), alles übrige aber hatte man zerstört, um auf diese Weise Raum für einen erweiterten Kreuzgang zu schaffen (C). Um diesen Kreuzgang waren die Klostergebäude, entsprechend der üblichen Anordnung in allen Benediktinerklöstern, gruppiert – Kapitelsaal (D), Dormitorium (E) und Refektorium (F). Das Krankenhaus (G) lag im Osten und hatte einen eigenen Kreuzgang. Der Abt von Cluny bewohnte südlich der Kirche palastartige Gemächer (H) mit eigenem Hof (J) und eigener Kapelle (K). In anderen Gebäuden waren die Küche (L), die Latrine (M), die Stallungen (N) und das Gästehaus (O) untergebracht

25 Ein flammenspeiender Löwe – Kapitell aus der Krypta der Kathedrale von Canterbury. Die Bildhauerarbeiten in den Klöstern liefern ein wunderschönes Bestiarium

Von England abgesehen war die Wirkung von Cluny III nicht groß. Bevor der Bau vollendet war, war Clunys große Zeit vorüber. Die künstlerische Initiative ging von Burgund auf das Herrschaftsgebiet der französischen Krone über, auf Paris und die Île-de-France. Der Benediktinerabtei Saint-Denis und vor allem ihrem in Kapitel 1 schon erwähnten Abt Suger verdanken wir das erste gotische Bauwerk. Fassade wie Chor von Saint-Denis sind für die weitere Entwicklung der Baukunst und der Plastik von größter Tragweite. In Saint-Denis erscheint zum erstenmal ein sogenanntes Königsportal mit Gewändestatuen, eine architektonische Eigenheit, die das Erscheinungsbild der französischen Kathedralen für Jahrhunderte bestimmen sollte. Noch umwälzender dagegen war der Chor – der erste gotische Bau, den man als solchen bezeichnen kann.
Mit dem von Abt Suger beschriebenen Wiederaufbau von Saint-Denis – Saint-Denis war seit dem 7. Jahrhundert die Begräbnisstätte der französischen Könige – geht ein Zeitalter zu Ende. Das Gesetz des Handelns ging nun von den Klöstern auf die Städte über. Die Klosterschulen wurden nach und nach durch eine neue schulische Einrichtung ersetzt: die Universität. Neuerungen und bauliche Experimente erprobte man nun an den städtischen Kathedralen. Die vormals ortsungebundenen Künstler hatten sich in den Städten niedergelassen und begannen sich in Zünften zu organisieren. Mit der sinkenden Bedeutung der Klöster fiel das Ende der romanischen Kunst zusammen.

Rückkehr zur Einfachheit

Cistertium ist der lateinische Name für Cîteaux, eine Stätte in wilder, abgelegener Gegend südlich von Dijon in Burgund. Dort wurde 1098 das Mutterhaus eines neuen Ordens gegründet. Eine Gruppe von einundzwanzig Benediktinermönchen mit Abt Robert an der Spitze ließ sich dort nieder. Sie kamen aus dem Kloster Molesme in Burgund. Ihr Ziel war, das Klosterleben zu reformieren und zur strengsten Beachtung der Regeln des heiligen Benedikt zurückzukehren. Nachdem Abt Robert nach Molesme zurückgekehrt war, bestand die Gemeinde in Cîteaux weiter. Unter Abt Stephan nahm die Idee eines neuen Ordens, der von der *Regula Benedicti* ausging, sich vom Benediktinerorden aber doch in manchem unterschied, konkrete Gestalt an. Die *Charta Caritatis* (Urkunde der Liebe) von 1119, wodurch die Trennung der Zisterzienser von den Benediktinern vollzogen wurde, ist die Satzung der Zisterzienser, der Weißen Mönche, wie sie wegen ihres Habits genannt wurden. Im Gegensatz zu den Benediktinern und noch mehr zu den autokratisch regierten Cluniazensern strebten die Zisterzienser wenigstens theoretisch nach einer etwas demokratischeren Organisation. Die asketischen Ziele der Gründer ver-

26 Ein Kloster, wie es tatsächlich um die Mitte des 12. Jahrhunderts aussah. Diese einzigartige Darstellung aus Canterbury, ein Plan für die Anlage einer neuen Wasserleitung, zeigt neben den technischen Angaben auch die Kathedrale und die Klostergebäude aufs exakteste in sämtlichen Details. Die Aufrisse sind jeweils im rechten Winkel zu den Grundrissen gezeichnet, so daß man den Plan, wenn man ihn richtig lesen will, von verschiedenen Seiten betrachten muß. ▷
Der Beschauer blickt nach Süden: Am oberen Bildrand die Kathedrale, daran anschließend zwei Kreuzgänge. Der Kreuzgang zur Rechten grenzt an *Cellarium* (den Weinkeller), Refektorium, Dormitorium und an das Kapitelhaus (unterhalb des Refektoriums die Küche, an deren Wänden Reben emporranken). Im zweiten Kreuzgang, der sich an das Dormitorium anschließt, steht, als Mittelpunkt der neuen Wasserleitung, ein Wasserturm. Dieser Kreuzgang ist durch einen Zaun abgeteilt, die eine Hälfte dient als Küchengarten. Östlich davon das Siechenhaus, nördlich das *Necessarium,* die Abortanlagen

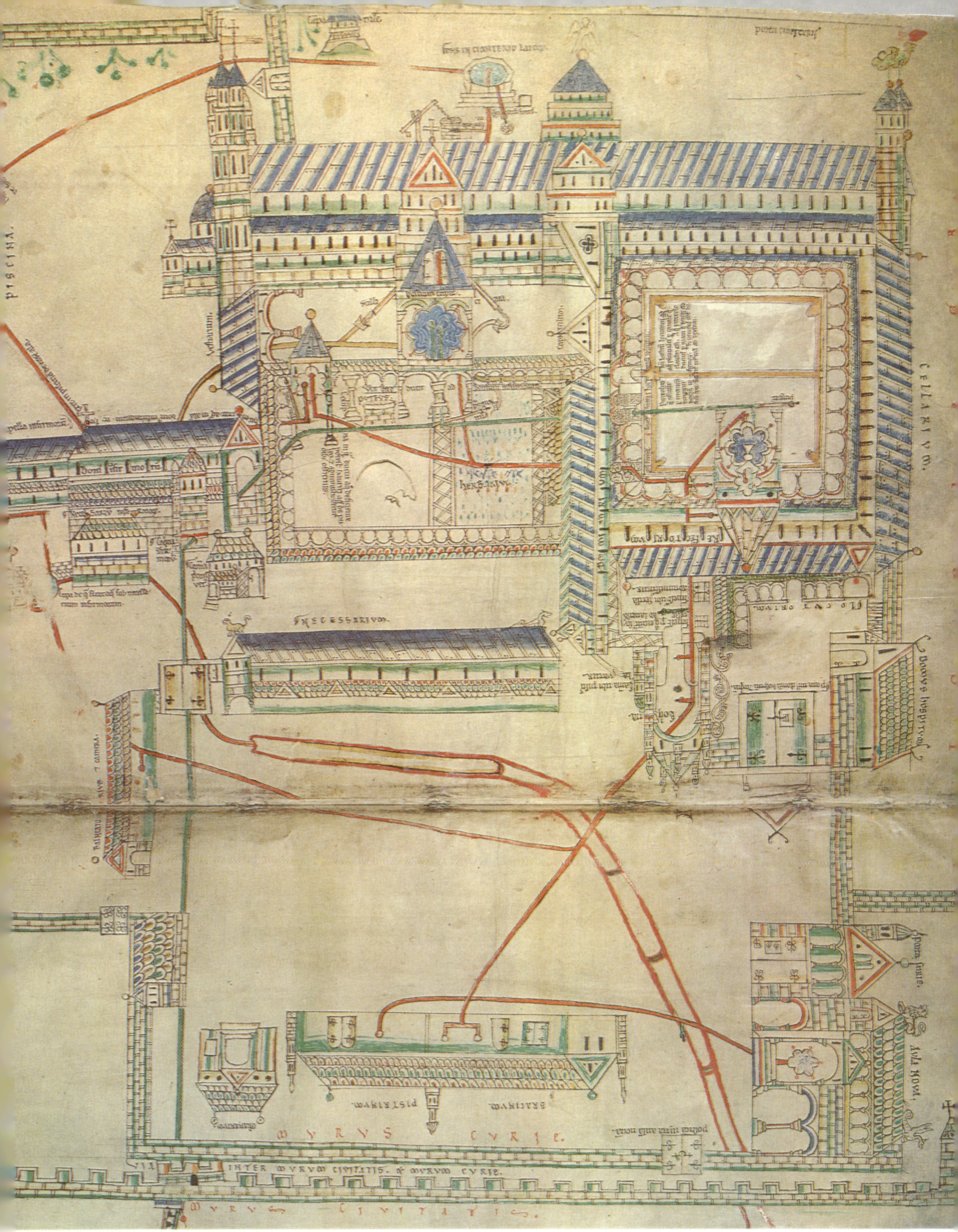
PISCINA
CELLARIVM
NECESSARIVM
MVRVS CVRIE
INTER MVRVM CIVITATIS. ET MVRVM CVRIE
MVRVS CIVITATIS

langten, daß die Mönche möglichst weit von den Zentren der Macht und des Reichtums leben sollten, was eine Rückkehr zum früheren Benediktinerideal bedeutete, das die Cluniazenser aufgegeben hatten (Abb. 27, 28, 29).
Die Zisterzienser gingen jedoch noch einen Schritt weiter. Durch Verkürzung und Vereinfachung der Liturgie gewannen sie Zeit für die Arbeit auf den Feldern und in den Werkstätten. Es überrascht deshalb nicht, daß die Zisterzienser mit ihrer ausgezeichneten Organisation und ihrer Hingabe an die Arbeit als Kultivatoren des Bodens sehr bald für die Landwirtschaft in ganz Europa von außerordentlicher Bedeutung wurden. Ende des 12. Jahrhunderts, also hundert Jahre nach seiner Gründung, besaß der Orden 530 Häuser. Im nächsten Jahrhundert stieg die Zahl auf 742, wozu noch etwa 900 Nonnenklöster kommen. Die ersten deutschen Zisterzienserklöster waren Campen, Ebrach, Pforta, Salem, Maulbronn, um nur einige zu nennen. Die Klöster wiesen zumeist denselben Grundriß auf (Abb. 31).

27 Die Tochtergründungen des Zisterzienserordens standen in enger Verbindung mit dem Mutterhaus in Cîteaux. Alcobaça in Portugal zeigt den rein vom Zweck bestimmten Baustil der Zisterzienser, der unberührt blieb von lokalen Stilausprägungen

28, 29 In ihrem Streben nach völliger Abgeschiedenheit suchten sich die Zisterzienser die einsamsten und unwirtlichsten Gegenden aus. Ihre Klöster sind immer weitab von menschlichen Siedlungen erbaut, so daß die heute oftmals verfallenen Stätten mit dem Hauch besonderer Erhabenheit umgeben scheinen. Die Bauten sind nahezu schmucklos, eine Entsprechung zu dem Leben, das darin geführt wurde – pflichtbewußt, einfach und glaubensstark. Abb. 28: Fossanova bei Rom, 1187 begonnen – nach Italien versetzte französische Gotik. Abb. 29: Pontigny, zweite Tochtergründung von Cîteaux (1114). 1186 wurde ein neuer Ostflügel angebaut, der bei aller Einfachheit bereits eine Auflockerung der zisterziensischen Strenge ankündigt

30 Die ersten Zisterzienser, eine Gruppe von zwanzig Benediktinermönchen des Klosters Molesme in Burgund, mit dem Benediktinerabt Robert an der Spitze, gründeten 1098 in der Wildnis von Cîteaux (Cistercium) ein Kloster. Ihr Ziel war es, das verweltlichte Klosterleben zu reformieren, zur strengsten Beachtung der Regeln des heiligen Benedikt zurückzukehren und allem Reichtum und jeder äußeren Prachtentfaltung völlig zu entsagen. 1113 trat der heilige Bernhard in den Orden ein, 1115 gründete er das Kloster Clairvaux, dessen Abt er wurde. 1118 vollzog Abt Stephan Harding (1109–34) durch eine neue Ordensregel, die *Charta caritatis* (›Urkunde der Liebe‹), die Trennung der Zisterzienser von den Benediktinern, wobei jedoch die Regel des heiligen Benedikt unverändert beibehalten wurde. Der Zisterzienserorden breitete sich rasch aus und machte, was Ansehen und Einfluß betraf, bald Cluny den Rang streitig

Die strenge Regel des heiligen Bernhard

Die große Zeit der Zisterzienser war ohne Zweifel das 12. Jahrhundert. Es muß wohl ein echtes Bedürfnis nach einem Orden bestanden haben, in dem Gebet und Arbeit gleichermaßen dem Heil der Seele wie des Leibes dienen sollten. Daß der Orden jedoch in erstaunlich kurzer Zeit weiteste Verbreitung fand und großes Ansehen erlangte, war das Verdienst einer Persönlichkeit, die ihrem Zeitalter die Signatur aufprägte: die des heiligen Bernhard von Clairvaux (Abb. 30). Im Jahre 1112 trat Bernhard mit dreißig Edelleuten in den Orden ein. Drei Jahre später gründete er auf Veranlassung des damaligen Abtes, des Engländers Stephan Harding, mit zwölf Mönchen die Abtei Clairvaux, deren erster Abt er wurde. Als Bernhard 1153 starb, hatte Clairvaux nicht weniger als achtundsechzig abhängige Abteien aufzuweisen. Ungewöhnlich war der Einfluß, den Bernhard auf das religiöse Leben seiner Zeit gewann. Er war ein religiöses Genie und gleichzeitig ein Mann der Tat, der das ganze Abendland bereiste, Häretiker bekämpfte und durch seine Kreuzzugspredigt den zweiten Kreuzzug anregte. Zudem war er Reformer, Kritiker, Verfechter, aber auch Mahner des Papsttums, Philosoph und Schriftsteller. Er hinterließ nicht weniger als 350 Predigten, mehr als 500 Briefe sowie eine Anzahl von Traktaten, und dies alles vollbrachte er neben seiner Tätigkeit als Vorsteher einer Abtei mit 700 Mönchen.
Der Zisterzienserorden hatte seinen Ursprung in der tiefen Unzufriedenheit über den Verfall des Ordenslebens. Der heilige Bernhard, weder tolerant noch rücksichtsvoll, trat bald mit einem Angriff gegen die Cluniazenser hervor. Seine berühmte, 1127 entstandene *Apologia* ist eine Anklageschrift gegen Cluny wegen seines angeblichen Verrates des Benediktinerideals. Zweifellos war die Kritik weitgehend berechtigt. Dennoch wirken die Cluniazenser samt all den eingerissenen Mißständen ihrer größeren Menschlichkeit und Wärme wegen sympathischer auf uns als die in Glaubens- und Lebensformen strengeren, unerbittlichen Zisterzienser. So fand Peter Abaelard, der große Scholastiker, nach seinem Sündenfall mit Héloise in

27

28

29

Saint-Denis, einem Cluniazenserkloster, Zuflucht, und Petrus Venerabilis, der damals Abt war, nicht Bernhard, tröstete ihn und erteilte ihm die Absolution.

Die Satzungen der Zisterzienser verboten in ihren Kirchen Malerei und Plastik, die Verwendung von Farbe, Edelmetallen und feinen Geweben. Glockentürme aus Stein waren verboten, man begnügte sich mit einem Dachreiter (Abb. 27–29). Ziel war die Rückkehr zur Einfachheit des klösterlichen Lebens, wie es Benedikt von Nursia angestrebt hatte. So greift denn Bernhard von Clairvaux in der *Apologia* die klösterliche Kunst der Benediktiner heftig an (Abb. 22, 23, 25, 32, 33), womit er nicht nur seine eigene Ansicht, sondern auch die offizielle Stellungnahme seines Ordens zum Ausdruck brachte. Schon sehr früh in der Geschichte des Zisterzienserordens hat sich ein einheitlicher Plan für alle Kirchen durchgesetzt, der sogenannte »Bernhardinische Plan« (Abb. 34). Cîteaux und Clairvaux wurden während der Französischen Revolution zerstört. Die am besten erhaltene, wenngleich auch säkularisierte Zisterzienserabtei in Burgund ist Fontenay. Die Zisterzienser pflegten ihre Abteien in reizvollen Gegenden anzulegen, in der Nähe eines Flüßchens oder eines Teiches, während die Benediktinerabteien in der Regel auf Anhöhen oder Bergen lagen (Monte Cassino!). Die landschaftliche Schönheit, in die Fontenay, Fountains, Fossanova, Bebenhausen (Abb. 28) und viele andere Zisterzienserabteien gebettet sind, ist unvergeßlich.

Kaum war der heilige Bernhard gestorben, da gingen die Mönche daran, den Chor der Abteikirche in Clairvaux zu erweitern. An die Stelle des schlichten Bernhardinischen Baues trat eine Apsis mit Umgang und einem strahlenförmig angeordneten Kranz von neun Kapellen im Stil der nordfranzösischen Gotik. Bald folgten auch andere Abteien in Burgund diesem Beispiel. Noch erhalten ist die Apsis von Pontigny, ein wunderbar schlichter und doch eleganter Bau, in dem der gotische Stil den Forderungen der Zisterzienserregel in bewundernswerter Weise angepaßt ist (Abb. 29).

Ein Ideal stirbt

Im Gegensatz zur Nüchternheit der Zisterzienserkirchen sind die ältesten Handschriften, die in Cîteaux entstanden, reich mit Buchmalereien ausgestattet (Abb. 35, 36), was wohl auf den persönlichen Geschmack des Abtes Stephan Harding zurückgeht, dessen Bibel ebenfalls zahlreiche Spuren englischen Einflusses aufweist: So etwa die Initialen mit kleinfigurigen Darstellungen (Abb. 41). Was die künstlerische Aussagekraft angeht, so lassen sich diese Initialen durchaus den Buchmalereien von Canterbury, Rochester und anderen englischen Stätten an die Seite stellen (Abb. 39, 40). Mit anderen Büchern derselben Zeit aus Cîteaux hat die genannte Bibel eine Besonderheit gemein, die man bei diesem ernsten, humorlosen Orden nicht erwartet: die satirische Darstellung von Mönchen bei ihrer Tätigkeit (Abb. 35–37). Um die Mitte des 12. Jahrhunderts entstanden in Cîteaux einige bemerkenswerte illuminierte Bücher, in denen der byzantinische Einfluß vorherrscht, doch machte sich um diese Zeit bereits die kompromißlose Einstellung des Ordens gegenüber jeder figürlichen Kunst bemerkbar. Die Bücher weisen nur noch schlichteste Ornamente auf. Als sich im späteren Mittelalter die strenge Ordensdisziplin lockerte, erschienen auch wieder Buchmalereien, doch mußte man – wie schon früher – berufsmäßige Buchmaler beschäftigen, wie aus einem urkundlich belegten Fall der Abtei Clairmarals hervorgeht.

Die ursprüngliche Forderung nach Einfachheit und Strenge, was das Ordensleben und das Bauen angeht, stand in krassem Widerspruch zu den Schenkungen, die man von reichen und mächtigen Gönnern annahm. So hätte die Abtei Royaumont, die König Ludwig der Heilige und seine Mutter, Blanca von Kastilien, 1228 als Familienmausoleum stifteten, gewiß den Abscheu des heiligen Bernhard erregt. Die Stifter von Zisterzienserabteien durften, von Königen abgesehen, zunächst nicht innerhalb der Kirchen bestattet werden. Als man diese Einschränkung später nicht mehr beachtete, reihte sich in Cîteaux zum Beispiel ein prächtiges Grabmal an das andere. Der heilige Bernhard hätte sicherlich nicht nur die Grabstätten beanstandet, sondern auch die laxe Einstellung gegenüber anderen Verboten – etwa die herrlichen Glasfenster aus dem 14. Jahrhundert in der Zisterzienserabtei Amelungsborn in Niedersachsen (Abb. 38), die nicht nur den verfeinerten Geschmack der Mönche verraten, sondern auch den Schluß zulassen, daß für die Ausstattung der Kirche reichliche Geldmittel zur Verfügung standen. Gegen Ende des Mittelalters kümmerte man sich überhaupt nicht mehr um die früheren Gebote. Die

30

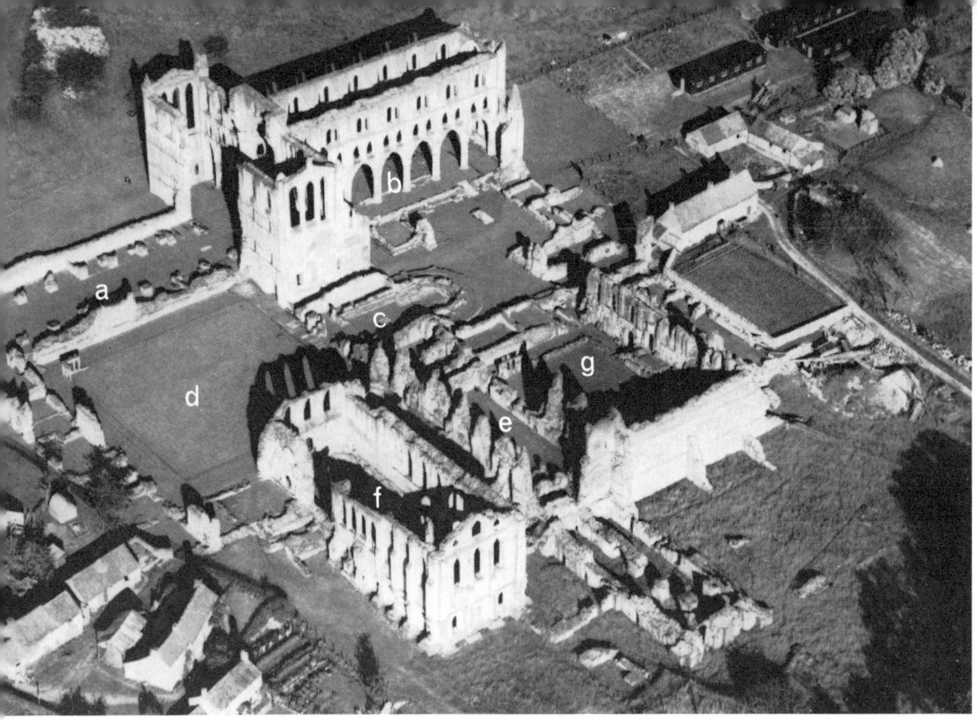

31

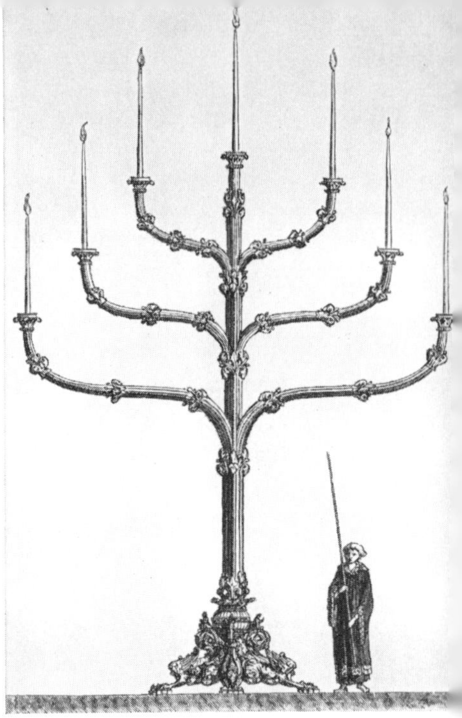

32

31 Die Klöster wiesen zumeist denselben Grundriß auf, der seit dem 9. Jahrhundert im wesentlichen unverändert geblieben ist. Die Luftaufnahme des Zisterzienserklosters in Rievaulx zeigt, allerdings als Ruinen, einige der wichtigsten Bauteile: (a) und (b) Mittelschiff und Chor der Kirche; (c) Kapitelhaus; (d) Kreuzgang; (e) Krypta unter dem Dormitorium; (f) Refektorium; (g) Klosterspital

32 »Dann gibt es Leuchter wie Bäume aus massiver Bronze, mit unglaublicher Kunstfertigkeit gebildet, deren Edelsteine nicht weniger hell funkeln als die Kerzen, die sie tragen. Was, glaubst du wohl, soll dies alles bezwecken? Soll die Reue der Sünder oder die Bewunderung der Betrachter erweckt werden?« Von dem riesigen Leuchter aus Saint-Remi in Reims ist nur noch der mächtige Fuß erhalten. In ganzer Höhe maß er vier Mannslängen

33 »Die Kirche ist mit edelsteinverzierten Kronleuchtern geschmückt – nein, mit wagenradgroßen, lichterbesteckten Lüstern, die obendrein noch im Schein der kostbaren Edelsteine erstrahlen, mit denen sie besetzt sind.« Der Radleuchter befindet sich in St. Michael in Hildesheim. Er symbolisiert das Himmlische Jerusalem

34 Der zisterziensische Klosterbau-Grundriß entsprach dem benediktinischen bis auf kleine Abweichungen. Auf diesem Grundriß des 1131 gegründeten Klosters Rievaulx entsprechen die Buchstaben denen auf der Luftaufnahme: Kirche (A, B), Kapitelsaal (C), Kreuzgang (D), Dormitorium (E), Refektorium (F) und Krankenhauskreuzgang (G). Die spezifische Eigentümlichkeit der Zisterzienserbauten war, daß die Refektorien im rechten Winkel zum Kreuzgang, anstatt parallel zu ihm, errichtet wurden. Alle Abteien des Ordens waren der Jungfrau Maria geweiht

35, 36 Mönche bei der Feldarbeit: Die frühen Zisterzienser-Ordensgemeinschaften erzeugten alles zum Lebensunterhalt Notwendige selbst. Die zwei Miniaturen (Handschriften aus Cîteaux, frühes 12. Jahrhundert) zeigen Zisterziensermönche in zerschlissenen braunen Kutten. Später erhielten sie, wie es heißt, auf eine wunderbare Weisung der heiligen Jungfrau hin, weiße Gewänder

33

Ideale, die die Mönche von Molesme dazu bewogen hatten, die Einsamkeit von Cîteaux zu suchen, waren gestorben.

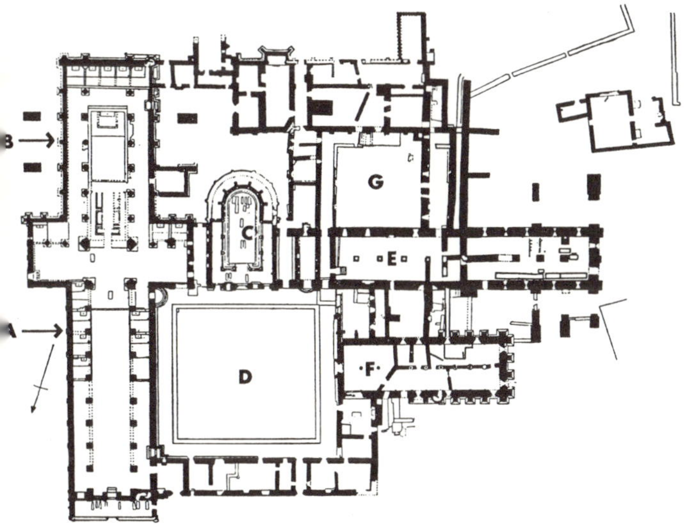

34

35

36

Klöster für Männer und Frauen

Stifts- und Kathedralkanoniker, die nach Mönchsart ein gemeinsames Leben führten und einer Disziplin unterworfen waren, hat es schon vor der Gründung des Benediktinerordens gegeben. Seit dem Laterankonzil 1059 lebten diese regulierten Chorherren – *canonici regulares* – nach einer Regel, die auf Schriften des heiligen Augustinus fußte. Daher ihr Name Augustiner-Chorherren. Besonderer Volkstümlichkeit erfreuten sich die Augustiner im 12. Jahrhundert. Das klosterähnliche Gemeinschaftsleben ohne die Härten der strengen Klosterzucht sicherte den Klerikern ein würdigeres Leben als bisher und verschaffte ihnen allgemeines Ansehen. Im Laufe der Zeit bildeten sich zahlreiche Reformkongregationen wie der Orden der Victoriner, eine Gemeinschaft der Ordensgeistlichen von Saint-Victor in Paris, aus der einige der bedeutendsten Gelehrten und Schriftsteller des 12. Jahrhunderts hervorgingen, darunter Abt Hugo von Saint-Victor, der nicht nur Gelehrter, Theologe und Philosoph war – »Der zweite Augustinus« –, sondern auch als Mystiker Bedeutung erlangte. In England gründeten die Victoriner die Abtei Wigmore, deren Abt Andrew einen berühmten Kommentar zum Alten Testament verfaßte.

Der heilige Norbert von Xanten, ein deutscher Kanoniker, gründete einen von Cîteaux beeinflußten Orden, die Prämonstratenser oder Norbertiner, genannt nach Prémontré in der Champagne, wo 1120 die erste Ordensgemeinschaft entstand. Die Regel dieses Ordens war weit strenger als die der Augustiner-Chorherren. Besondere Bedeutung gewannen die Prämonstratenser für die Missionierung und Kultivierung der Gebiete östlich der Elbe.

Nur ein einziger religiöser Orden hatte seinen Ursprung in England, der der Gilbertiner, gegründet vom heiligen Gilbert, Pfarrer von Sempringham in Lincolnshire. Es gab einen männlichen und einen weiblichen Zweig: Die Nonnen lebten nach den Regeln des heiligen Benedikt, die Männer hatten die der Augustiner-Chorherren übernommen und wirkten als Hausgeistliche der Nonnen. Die Laienbrüder unterstanden der Zisterzienserregel. Von den sechsundzwanzig Häusern des Ordens waren elf für Mönche und Nonnen gemeinsam. Solche Doppelklöster, in denen die Mönchspriester sich des Seelenheils der Nonnen annahmen, waren in Ägypten entstanden und im 6. Jahrhundert im westlichen Abendland eingeführt worden. In Gallien gab es eine ganze Anzahl solcher Klöster, und in Spanien bestanden im frühen Mittelalter zweihundert.

Die Kongregation von Fontevrault in der Nähe von Angers, die um 1100 von Robert von Abrissel auf Grund der Benediktinerregel für Nonnen, Laienschwestern und deren Hausgeistliche gegründet wurde und dem eine Äbtissin vorstand, trat die Nachfolge dieser frühen Doppelklöster an und hatte augenblicklich Erfolg: In weniger als zwanzig Jahren umfaßte sie eine Gemeinschaft von 3000 Nonnen. Die Mitglieder der Kongregation gehörten der Aristokratie an, die Äbtissinnen waren im allgemeinen von königlichem Geblüt, die Nonnen entstammten dem Hochadel. Bemerkenswert ist an der Abtei außer der romanischen Kirche die Klosterküche (Abb. 12), die eindrucksvollste Anlage dieser Art aus der Zeit der Romanik, sowie die Grabmäler der Plantagenet, darunter Heinrichs II. und Richard Löwenherz'.

Doppelklöster wurden von der Kirche zwar geduldet, aber nie gefördert, weil man fürchtete, sie könnten Anstoß erregen.

37

38

37 Der Kellermeister: Im Kloster fanden sich immer Gäste ein – arme Pilger, aber auch Ritter und Barone, die am Tisch des Abtes saßen. Für die Vorräte war der Kellermeister verantwortlich, und er hatte auch die Schlüssel für Weinkeller und Vorratsräume in Verwahrung. Die Darstellung links scheint mit den Augen eines mißgünstigen Mitbruders gesehen, dem es nicht möglich war, sich solche heimlichen Genüsse zu verschaffen

38 Der Orden nahm zu an Macht und Wohlstand, die Klöster wurden zahlreicher. Mächtige Gönner sorgten dafür, daß die von ihnen besonders bevorzugten Abteien zu immer größerem Reichtum gelangten. So verlief die Entwicklung des Zisterzienserordens ähnlich wie die der Cluniazenser: Der reformerische Eifer erlahmte, und um das 15. Jahrhundert hatten die ehemaligen Gebote, die Einfachheit und Mäßigkeit verlangten, weithin an Kraft verloren. Die Zisterzienser gaben nun ebenso teuere Kunstwerke in Auftrag wie irgendein anderer Orden. Bemaltes Kirchenfenster aus dem 14. Jahrhundert, vermutlich für die Abtei Amelunxborn in Niedersachsen geschaffen

39, 40 Die engen Bande, auch auf künstlerischem Gebiet, zwischen Cîteaux und England während des frühen 12. Jahrhunderts sind vermutlich auf eine persönliche Vorliebe des Abtes Stephan Harding zurückzuführen, der selbst Engländer war. So weisen etwa die zwei illuminierten Initialen – die eine, ein A, aus einer Josephus-Handschrift, entstanden zwischen 1120 und 1140 in Canterbury, die andere, ein G, aus einer Ausgabe von *›De civitate Dei‹* des Augustinus, entstanden zwischen 1100 und 1120 in Cîteaux – den gleichen charakteristischen Drachen auf: das Fabelwesen hat spitze Ohren, der Rücken ist gekrümmt, die Füße sind mit drei Klauen und einem Sporn versehen, der Schwanz läuft in ein Blattbüschel aus

41 Die Kunst der Zisterzienser – ein Begriff, der eigentlich den Vorstellungen des heiligen Bernhard zuwiderläuft – stand seit den Anfängen des Ordens in Blüte. Den Schreibern wurde die Feldarbeit erlassen, und viele Regeln wurden zu ihren Gunsten gemildert. Ausschnitt aus der Bibel des Abtes Stephan Harding (um 1110). Das ›I‹ (In principio) in der rechten Schriftspalte ist aus der Gestalt des Evangelisten Johannes gebildet – im weißen Habit der Zisterzienser, mit seinem Symbol, dem Adler, der ihm die Krallen in Augen, Nase, Mund und Ohren gräbt, zum Zeichen dafür, daß sich das Wort Gottes all seinen Sinnen tief eingeprägt hat ▷

40

39

Aus diesem Grund fand die Einrichtung auch nicht überall Verbreitung. Im späten Mittelalter, um 1346, wurde unter der Leitung der heiligen Brigitta von Schweden ein letzter Versuch zur Wiederbelebung der Doppelgemeinschaften gemacht. Die Brigittiner besaßen in England in Syon ein berühmtes Kloster, das 1415 von Heinrich V. gegründet wurde.

Das kontemplative Leben

Das Einsiedlerleben zur Pflege der Kontemplation, das im 5. und 6. Jahrhundert von vielen Mönchen, anfänglich auch vom heiligen Benedikt, geführt wurde, ging auf ostkirchliche Vorbilder zurück. So ist es nicht verwunderlich, daß die Wiederbelebung des Eremitenlebens von Italien ausging, und zwar vom byzantinisch beherrschten Süden. Der heilige Nilus, ein Kalabrese, war zunächst Mönch in verschiedenen Basilianerklöstern. (Der heilige Basilius, Gründer des Ordens, »Lehrer der Kirche«, wurde 357 Einsiedler in Pontus und 370 Bischof von Cäsarea. Er förderte das Mönchswesen, das besonders durch ihn in der griechischen Welt eingeführt wurde.) Im Jahre 1004 ging der heilige Nilus weiter nach Norden und gründete das Basilianerkloster in Grottaferrata bei Rom. Einer der Äbte war der berühmte griechische Gelehrte Johannes Bessarion, der 1472 starb. Grottaferrata wurde zum Zentrum der griechischen Kloster- und Einsiedlertradition, die sich von hier aus nach Norden ausbreitete.

Der Drang zum mönchischen Einsiedlerleben ist nicht als unmittelbare Reaktion auf Cluny zu verstehen, entsprang aber dem Wunsch nach einer anderen Lebensführung als der des Cluniazenserordens mit seinem Übermaß an Vorschriften und Regeln. Der heilige Romuald aus dem Geschlecht der Herzöge von Ravenna war selbst Cluniazenser gewesen und Abt von Sant'Apollinare in Classe vor den Toren seiner Geburtsstadt. Von dem Wunsch beseelt, ein Leben in strengerer Askese zu führen, trat er von seinem Amt zurück, sammelte Gleichgesinnte um sich, gründete eine Niederlassung von Eremiten in Fonte Abellana in den Apenninen und stiftete 1012 das Kloster zu Camaldoli bei Arezzo, das zur Keimzelle des Camaldolenserordens werden sollte.

Ein Orden noch strengerer Observanz wurde um 1038 von dem heiligen Johannes Gualbertus gegründet, der Orden der Vallombrosaner, nach Vallombrosa südlich von Florenz. Er vereinigte Einsiedlerleben und benediktinisches Klosterleben, legte den Mönchen strengstes Stillschweigen auf und verlangte absolute Armut. Handarbeit war verboten, die Verwaltung des Klosters war Laienbrüdern anvertraut. Der Wunsch nach strengerer Lebensführung, als die bestehenden Mönchsorden zu bieten hatten, blieb das ganze Mittelalter hindurch lebendig und führte zu Ordensreformen oder Neugründungen. Aus Eremitengemeinschaften wurden oft Klöster, manchmal auch wurde es Mönchen gestattet, in Einsiedeleien außerhalb ihres Klosters zu leben. Von längstem Bestand und am bedeutendsten unter den Einsiedlerorden waren die Kartäuser.

Der Kartäuserorden

Als Philipp der Kühne, Herzog von Burgund, im Jahre 1379 beschloß, in Champmol bei seiner Residenzstadt Dijon eine Grabstätte für die Herzöge der Dynastie Valois zu bauen, bestimmte er, daß sich dort Kartäusermönche als deren Hüter niederlassen sollten. Daß ein weltlich gesinnter Mann wie Philipp gerade den Kartäusern den Vorzug gab, beweist, in welch hohem Ansehen der Orden wegen seiner strengen Einhaltung der Ordensregel stand.

Als die Chartreuse, die Kartause von Champmol, erbaut wurde, war der Kartäuserorden schon dreihundert Jahre alt. Die Re-

42 Auf den ersten Blick läßt sich feststellen, daß der Grundriß der Kartäuserklöster sich völlig von dem aller anderen Klosteranlagen unterscheidet. Der Grund hierfür ist bei den äußerst strengen Vorschriften des Ordens zu suchen, der kein klösterliches Gemeinschaftsleben benediktinischer Art kannte. Anstelle von Dormitorium und Refektorium gibt es hier eine Anzahl kleiner Häuser, die Zellen, in denen jeweils ein Mönch lebte. Das typische Beispiel einer Kartause ist Mount Grace in Yorkshire. Um einen großen Kreuzgang (A), der zu einem Teil als Friedhof diente, liegen fünfzehn Zellen (B), jede mit eigenem Garten (C). Die Kirche (D), in der sich die Brüder dreimal am Tag zur Messe versammelten, ist verhältnismäßig unbedeutend, ebenso wie der Raum (E), in dem sie an Festtagen gemeinsam, jedoch schweigend, speisten. Um einen Außenhof (F) gruppieren sich ein paar weitere Häuser und Gärtchen, außerdem ein Gästehaus (G), ein Kornspeicher (H) und Stallungen (J). Die Wohnung des Priors (K), kaum größer als die eines Mönchs, lag westlich der Kirche

43 Der Templerorden, 1118 gegründet, erlebte seine Glanzzeit im frühen 13. Jahrhundert, aber nach 1291 war sein Niedergang besiegelt. Der Orden hatte große Reichtümer angesammelt, und das rief die Mißgunst namentlich des französischen Staates hervor. König Philipp IV., der Schöne, von Frankreich erreichte es denn auch mit Hilfe der Johanniter, daß man sie der Ketzerei und Gotteslästerung beschuldigte und auf Grund von erpreßten Geständnissen verurteilte. Auf dem Bild: Die Templer als Angeklagte vor König und Papst

44, 45 Die eigenartige Templerkirche Vera Cruz bei Segovia besitzt in der Mitte des Innenraums ein Sanktuarium, welches das Kirchendach überragt

46 Die geistlichen Ritterorden entstanden während der Kreuzzüge als eine Verbindung geistlicher und kriegerischer Lebensform. Ihre Mitglieder legten Mönchsgelübde ab, gelobten aber gleichzeitig den Kampf gegen die Ungläubigen und taten anfangs auch als Krankenpfleger Dienst. Am bekanntesten sind die Johanniter, die Templer und die Ritter des Deutschen Ordens. Als das Königreich Jerusalem verloren war, zogen sich die Johanniter zuerst nach Zypern, dann nach Rhodos zurück (Saal im Hospital)

47 Krak des Chevaliers war eine der am stärksten befestigten Kreuzritterburgen des Mittelalters. Die Johanniter hatten sie zu Beginn des 12. Jahrhunderts erbaut, um die hochwichtigen Pässe, welche die östlichen Landschaften und die Mittelmeerküste verbinden, überwachen zu können. Die Burg, ein wuchtiger, breit hingelagerter Bau, besitzt eine doppelte Ringmauer und im äußeren Mauerring Basteien. Das Bild zeigt die Ansicht von Südosten, rechts der alte Aquädukt. Krak des Chevaliers wurde in einer Zeit unausgesetzter Kämpfe hundertfünfzig Jahre lang gehalten. Die Burg wurde nie erobert, mußte aber 1271 von den Rittern aufgegeben werden

42

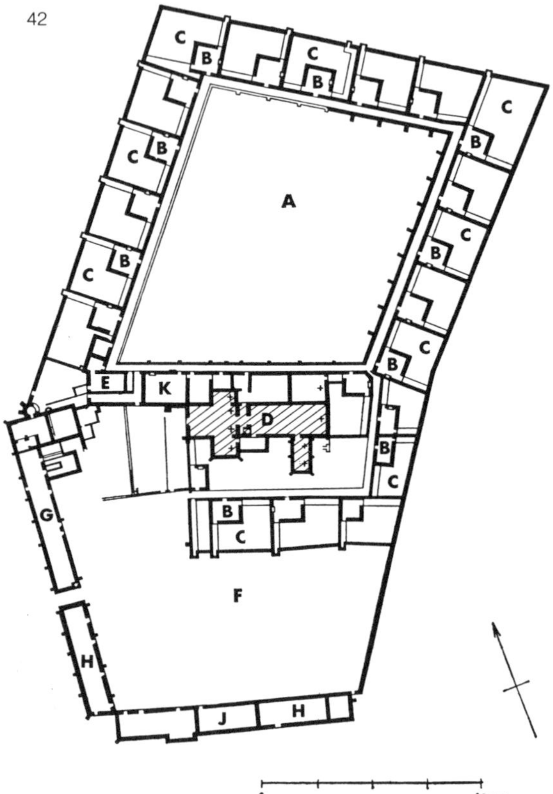

43

44

46
47

gel wurde noch ebenso streng befolgt wie zur Zeit der Gründung durch den heiligen Bruno von Köln (1040–1101). Er gab sein Lehramt an der Kathedralschule von Reims auf, ließ sich 1084 mit einigen Schülern in der Bergwildnis von Chartreuse (Cartusia) bei Grenoble nieder und gründete dort eine Einsiedlergemeinschaft. In Kürze gab es zahlreiche solcher Kartausen, auch für Frauen. Die Statuten des Ordens wurden im frühen 12. Jahrhundert schriftlich niedergelegt. Vieles hatte man von den Zisterziensern übernommen, so die weiße Tracht und die äußere Organisation. Die Mönche verbrachten ihr Leben in Einzelzellen – die manchmal Einzelhäuschen mit Gärtchen waren – um einen Kreuzgang geordnet. Sie durften ihre Zellen nur dreimal täglich zur Messe und zu den kirchlichen Gebeten verlassen. Gesprochen wurde nur beim wöchentlichen Spaziergang und sonntags, Fleischgenuß war verboten. Den Handwerkern unter den Mönchen war gestattet, ihr Handwerk auszuüben.
Wie die Mönche von Vallombrosa wurden auch die Kartäusermönche von Laienbrüdern unterstützt, die zusammen in einem Hause wohnten (Abb. 42). Zwar fand der Orden wegen seiner Strenge keine weite Verbreitung, mußte sich aber auch niemals einer Reform unterziehen. Der Orden verbreitete sich auch nach England, und seit dem 14. Jahrhundert wuchs die Zahl der Kartäuser in Italien ständig. Nahezu jede große Stadt hatte in ihrer Nachbarschaft eine Certosa, von denen die Certosa di Pavia am berühmtesten ist. Die Mehrzahl der Bauten und Kunstwerke, denen sie ihren Ruf verdankt, gehören allerdings der Frührenaissance an.

Ordensritter

Der erfolgreiche Verlauf des ersten Kreuzzuges, der mit der Einnahme von Jerusalem 1099 seine Krönung fand, warf für die dortigen Christen eine ganze Anzahl schwieriger Probleme auf. Eines davon waren die Pilgerscharen, die die Reise übers Meer wagten. Die Anstrengungen der Pilgerfahrt, das ungewohnte Klima und die dadurch hervorgerufenen Krankheiten – das waren einige der Gefahren, die alle Abendländer im Heiligen Land bedrohten. Eine noch größere Gefahr jedoch lauerte auf den endlosen ungeschützten Straßen Kleinasiens, wo die Pilger den Angriffen der Muslime schutzlos ausgeliefert waren. Um für Obdach, Sicherheit und ärztliche Betreuung aller zu sorgen, die als Pilger in das Lateinische Königreich Jerusalem kamen, gründete man geistliche Ritterorden, eine der Zeit entsprechende Verbindung geistlicher und kriegerischer Lebensform.
Der älteste dieser Ritterorden, der Johanniterorden, verdankt seine Entstehung Kaufleuten aus Amalfi, die um die Mitte des 11. Jahrhunderts in Jerusalem im Anschluß an ein Kloster ein altes Pilgerhospital wiedererrichteten: Es bildete sich ein freier religiöser Orden mit der Verpflichtung, Pilger zu betreuen und Kranke zu pflegen. Bald rückte neben den karitativen Aufgaben der Kriegsdienst zur Verteidigung des Heiligen Landes in

Aus den Regeln des heiligen Benedikt

»Das Kloster sollte nach Möglichkeit so angelegt sein, daß alles zum Leben Notwendige hervorgebracht werden kann ..., so daß für die Mönche keine Veranlassung besteht, herumzuziehen, denn dies ist ihrer Seele in keiner Weise förderlich.«

»Lasset an der Klosterpforte einen weisen alten Mann seinen Platz haben, der Rede und Antwort stehen kann und seines Alters halber seinen Posten nicht verlassen wird.« (Abb. 9)

»Der Abt soll allen die gleiche Liebe entgegenbringen, und alle sollen, ungeachtet ihrer Verdienste, derselben Disziplin unterworfen sein.« (Abb. 10)

»Muß im Kloster über gewichtige Dinge verhandelt werden, so soll der Abt die ganze Ordensgemeinschaft zusammenrufen lassen und vorschlagen, daß der betreffende Gegenstand erörtert werde.« (Abb. 11)

»Die Brüder sollen einander dienen, dergestalt, daß keiner sich von der Arbeit in der Küche befreien kann, es sei denn, es geschähe aus gesundheitlichen Gründen.« (Abb. 12)

»Müßiggang ist der Feind der Seele. Und deshalb sollen die Brüder zu bestimmten Zeiten mit Handarbeit beschäftigt werden.«

»Zweierlei Gerichte müssen für alle Brüder genügen, und wenn Obst oder junges Gemüse vorhanden ist, so mag dies als dritter Gang zum Mahle hinzukommen. Ein Pfund Brot pro Tag sollte genügen ... Wir glauben, daß ein Schoppen Wein pro Tag für jeden ausreicht ... Während die Brüder bei Tische sind, sollte eine Schriftlesung stattfinden.« (Abb. 13)

»Im Winter sollen die Brüder in der achten Stunde der Nacht aufstehen, so daß sie sich erfrischt erheben können, wenn sie bis kurz nach Mitternacht geruht haben.«

48 Daß der Templerorden im Heiligen Land gegründet wurde, beeinflußte nicht nur den Grundriß seiner Kirchen (Vorbild war die Grabeskirche in Jerusalem, ein Zentralbau), sondern bisweilen sogar den architektonischen Schmuck. Das Detail aus der Templerkirche von Garway in Herefordshire verrät deutlich den islamischen Ursprung

49 Wie die Templer und Johanniter traten auch die Deutschordensritter zunächst als Verteidiger des Heiligen Landes in Erscheinung. 1225 wurde dem Orden jedoch ein neues Arbeitsfeld eröffnet, als Herzog Konrad von Masowien die Deutschherrn um Unterstützung gegen die heidnischen Preußen anging. Als Gegenleistung bot er ihnen das Kulmer Land an, außerdem sicherte er ihnen die Einwilligung zur Eroberung aller preußischen Gaue zu. Im Verlauf von drei Jahrzehnten waren weite Gebiete längs der Ostseeküste vom Deutschherrenorden unterworfen worden. Rechts: Die Marienburg (im zweiten Weltkrieg zerstört, von Polen wiederaufgebaut), seit 1309 Sitz des Hochmeisters (1291–1309 Venedig). Seine Gemächer befanden sich im sogenannten Mittelschloß

48

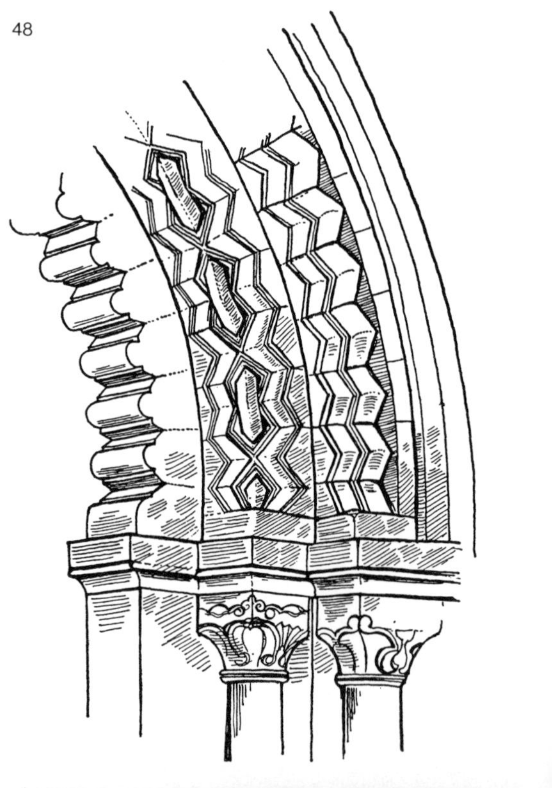

den Vordergrund. Der durch zahlreiche Schenkungen reich gewordene Orden verlegte nach der Eroberung Jerusalems durch Sultan Saladin (1187) seinen Sitz nach Akkon, später nach Ptolemais, dann nach Zypern. 1310 eroberten die Johanniter Rhodos, 1530 gab ihnen Karl V. die Insel Malta zu Lehen unter der Bedingung, daß sie weiterhin gegen die Ungläubigen kämpften.

Ihre Rivalen, die Tempelritter – kurz Templer –, begannen 1119 ihre Tätigkeit in bescheidenem Rahmen in Jerusalem. Sie nannten sich nach dem ehemaligen Tempel Salomons, an dessen Stätte sich eine islamische Moschee, der Felsendom, erhob. 1126 bestätigte Papst Honorius die im wesentlichen von Bernhard von Clairvaux redigierte Ordensregel. Durch päpstliche Privilegien von allen Abgaben und Zöllen befreit, gelangte der Templerorden rasch zu großem Reichtum. Zur Zeit seiner höchsten Blüte Mitte des 13. Jahrhunderts gehörten zu seinem Besitz rund 9000 Burgen und Rittergüter. Man teilte das Ordensgebiet in neun Provinzen auf, deren jede von einem Großprior regiert wurde. Die Ordensmitglieder hatten nach Ablegen des Gelübdes der Keuschheit, des Gehorsams und der Armut gelobt, ihr Leben dem Kampf gegen die Ungläubigen zu weihen. Nach dem Fall von Jerusalem kämpften sie in Syrien weiter, nach der Schlacht von Akkon verlegte der Orden seinen Sitz nach Zypern.

Mit Reichtum und Wohlleben indessen stellten sich bei den Templern rasch Zeichen des Niedergangs ein. König Philipp der Schöne benutzte den sittlichen Verfall als Vorwand, den ihm unbequemen Orden zu vernichten und die zahlreichen in Frankreich gelegenen Güter der Templer einzuziehen. Der Sittenlosigkeit und der Ketzerei angeklagt, wurden 1307 ungefähr zweitausend Templer in Frankreich verhaftet und von ihnen auf Geheiß des Erzbischofs von Sens am 12. Mai 1310 vierundfünfzig verbrannt, denen man durch die Folter Geständnisse erpreßt hatte (Abb. 43). Auf dem Konzil von Vienne hob dann der damals schon in Avignon residierende Papst, vom König bedrängt und bedroht, den Orden auf. Die französischen Ordensgüter fielen größtenteils an die Krone, die deutschen an die Johanniter.

Templern und Johannitern verdanken wir eine ganze Anzahl bedeutender Bauten, darunter befestigte Burgen im Abend- und Morgenland. Eine der am stärksten befestigten Burgen war das von den Johannitern Anfang des 12. Jahrhunderts erbaute Krak des Chevalliers im Heiligen Land (Abb. 47). Die Burg wurde in 150 Jahren nie erobert, mußte aber 1271 aufgegeben werden. Als Vorbilder für die Kirchen der Johanniter und der Templer dienten, so wird heute allgemein angenommen, die Grabeskirche in Jerusalem, ein Rundbau aus konstantinischer Zeit, und der polygonale Felsendom in Jerusalem; Zahlreiche Ordenskirchen waren Rundbauten (Abb. 44, 45, 48).

In Deutschland, England und Frankreich hatten die Ritterorden kaum andere Pflichten, als ihren Besitz zu verwalten. An-

49

50 Der heilige Dominikus gründete 1215 den zweiten Bettelorden. Den ersten hatte der heilige Franziskus 1210 gestiftet. Die Gründung der Bettelorden stellte die letzte der grundlegenden Reformen des Mönchswesens dar. Dominikus, um 1170 in Spanien geboren und mit fünfundzwanzig Jahren Kanonikus und bischöflicher Sekretär, war von völlig anderer Wesensart als der sanfte, allen Geschöpfen in Liebe zugetane Franz von Assisi: Dominikus war ein Gelehrter, ein Organisator, ein erbarmungsloser Kämpfer gegen die Ketzerei. Sein Porträt, das Guido da Siena zugeschrieben wird, entstand erst nach seinem Tode

51 Die umherziehenden Bettelmönche erregten häufig den heftigen Unmut der ortsansässigen Geistlichkeit, weil sie sich angeblich deren Aufgaben anmaßten. Zeichnung auf dem Rand einer Handschrift, einem Werk des Erzbischofs von Armagh. Dominikaner und Franziskaner; dem letzteren sitzt ein Teufel im Nacken

52 Neben und mit den Mönchsorden entstanden auch weibliche Ordensgemeinschaften, und zwar in fast ebenso großer Zahl. Es gab einen weiblichen Zweig des Benediktinerordens, die Benediktinerinnen, der heilige Dominikus gründete den Orden der Dominikanerinnen, der heilige Franz von Assisi und die heilige Klara stifteten 1212 den Orden der Klarissen oder Armen Frauen. Unten: Klarissen bei Tisch. Wie es die Ordensregel vorschreibt, liest eine der Nonnen bei der Mahlzeit aus den heiligen Schriften. Die Vorleserin, Beata Umiltà, eine seliggesprochene Klarissin, ist zum Zeichen ihrer besonderen Würde mit einem scheibenförmigen goldenen Heiligenschein dargestellt

53 Idealdarstellung eines Nonnenklosters, Miniatur aus einer französischen Handschrift des frühen 14. Jahrhunderts. Im oberen Bildteil wird die Messe abgehalten. Hinter dem Priester und den Ministranten die Äbtissin mit dem Krummstab und eine Nonne, die die Glocken läutet. Die Nonne links davon mit dem großen Schlüsselbund am Handgelenk ist die Kellermeisterin. Aus den Fenstern des oberen Stockwerks blicken drei Novizinnen herab. Die Szene darunter zeigt die Äbtissin und ihre Nonnen bei einer Prozession im Kreuzgang des Klosters

50

51

52

53 ▷

ders in Spanien und Portugal, die dabei waren, die Muslimherrschaft abzuschütteln, welcher Aufgabe die Ritterorden sich selbstverständlich annahmen. Zu den bedeutendsten Bauwerken der Johanniter gehört das im gotischen Stil errichtete große Hospital auf Rhodos (Abb. 46). Da die Johanniter und besonders die Templer auf Grund ihrer Verbindung mit den Zisterziensern keine großen Förderer der Künste waren, sind ihre Gebäude reine Zweckbauten mit sehr bescheidenem Schmuck.

Die Deutschordensritter

Dieser jüngste der drei großen, im Heiligen Land entstandenen Ritterorden gelangte zu außerordentlicher Macht und nahm solchen Einfluß auf das politische Geschehen des Abendlandes, daß die Auswirkungen heute noch spürbar sind. 1190 gründeten Lübecker und Bremer Kaufleute vor Akkon ein Feldlazarett und eine Hospitalgenossenschaft, die zunächst unter der Aufsicht der Johanniter stand, 1198 aber von deutschen Fürsten in einen geistlichen Ritterorden umgewandelt und 1199 von Papst Innozenz III. als selbständiger Orden privilegiert wurde. Von nun an übernahm der Orden neben der Krankenpflege auch die Aufgabe des Kampfes gegen die Ungläubigen. Er erwarb bald reichen Besitz, vor allem in Deutschland.
Politische Bedeutung gewann er unter dem Hochmeister Hermann von Salza (1210–39). Andreas von Ungarn gab dem Orden 1211 das Burgenland zu Lehen, dafür sollten die Deutschherren den Ungarnkönig gegen die heidnischen Kumanen unterstützen. Da der Orden jedoch König und Adel zu eigenmächtig wurde, wies man ihn bereits 1225 aus Ungarn aus. Um dieselbe Zeit wandte sich Herzog Konrad von Masowien an die Deutschherren und erbat ihre Hilfe im Kampf gegen die heidnischen Preußen. Als Gegenleistung bot er ihnen das Kulmer Land an. 1230 sandte Hermann von Salza den Landmeister Hermann Balk zur Eroberung nach Preußen. Mit Hilfe zahlreicher Kreuzfahrer aus Deutschland und nach vielen wechselvollen Kämpfen war die Eroberung nach 1280 vollendet. Schon 1237 hatten die Deutschherren in Livland Fuß gefaßt. Litauen blieb trotz aller Grenzkämpfe und Bekehrungsversuche unbezwungen. Erst 1386 nahm Litauen das Christentum an und vereinigte sich mit Polen.
Die eigentliche Blütezeit des Ordens fällt unter die Herrschaft des Hochmeisters Winrich von Kniprode (1351–82). Die Kulturleistung des deutschen Ordens ist unbestritten. Sie dokumentiert sich in seiner hochentwickelten Verwaltungskunst, der reich entfalteten Bau- und Bildkunst, in vielen Ordensburgen, in zahlreichen Dichtungen und einer vielseitigen Geschichtsschreibung. Die nachhaltigste Leistung war die planmäßige Kultivierung und Besiedlung des Ordenslandes. Durch die berühmte Goldene Bulle von Rimini hatte 1226 Kaiser Friedrich II. den Orden zu eigener Herrschaft im Sinne von Landeshoheit in dem von ihm unterworfenen und bekehrten Land ermächtigt. Den Leistungen stehen rücksichtslose Diplomatie und autokratische Regierung gegenüber, womit der Orden sich allmählich die Kirche, den Landadel und die Städte zu Feinden machte.
Mit der Christianisierung Litauens 1386 hatte der Orden seine Missionsaufgabe verloren. Da er seine »Heidenfahrten« dennoch nicht einstellte, kam es 1409 zum Krieg zwischen dem Deutschen Orden und Polen. In der Entscheidungsschlacht bei Tannenberg am 14. Juli 1410 wurde Hochmeister Ulrich von Jungingen geschlagen. Land, Städte und Klerus fielen vom Orden ab und huldigten dem Polenkönig, die Bürger kapitulierten. Ordensmeister Heinrich von Plauen versuchte zwar eine Reform des Ordens, aber der Niedergang war nicht aufzuhalten. Im Anschluß an die Reformation wurde der Ordensstaat säkularisiert. Markgraf Albrecht von Brandenburg-Ansbach verwandelte ihn 1525 in ein erbliches Herzogtum, für das er die polnische Lehnshoheit anerkannte. Die Marienburg, das Schloß des Deutschen Ordens (Abb. 49), war 1274 gegründet worden und wurde Ordenshaupthaus, als der Hochmeister seinen Sitz von Venedig hierher verlegte. Im Zweiten Weltkrieg wurde die Marienburg weitgehend zerstört, nach dem Krieg von den Polen wiederaufgebaut.

Franziskaner und Dominikaner

Am Ende des 12. Jahrhunderts war die Blütezeit der Klöster im Mittelalter vorüber. Einzelne Klöster und Orden bewahrten

54

55

zwar weiterhin ein hohes Niveau, aber der Geist fehlte, der einst ihre Gründer beflügelt hatte. Ihr Wohlstand war der strengen Disziplin nicht förderlich.
Die Bettelmönche sollten die bisherigen Mönchsorden ablösen. Der Orden der Franziskaner oder »Minderbrüder«, von Franz von Assisi gegründet und 1210 von Papst Innozenz III. bestätigt, verlangte völlige Armut, nicht nur des einzelnen, sondern des ganzen Ordens (Abb. 5, 51). In einem schnell wachsenden Orden war es jedoch schwierig, dieses Armutsideal aufrechtzuerhalten. Schon zu Lebzeiten des heiligen Franziskus wollte die Mehrzahl der Brüder die Besitzbeschränkungen abgeändert haben. Die »Spiritualen« jedoch, eine Gruppe, die sich die Gedanken des kalabrischen Abtes Joachim von Fiore zu eigen gemacht hatte, beharrten auf der Forderung des strengen Armutsideales. Der Konflikt zwischen den beiden Richtungen hielt das ganze Mittelalter über an.
Mit welcher Heftigkeit der Kampf von beiden Seiten geführt wurde, veranschaulicht der Fall des Wilhelm von Ockham, des scholastischen Theologen, Philosophen und Kirchenschriftstellers, Mitglied des Franziskanerordens, der 1328 exkommuniziert wurde, weil er die Anschauungen des Papstes angegriffen hatte. Ockham unterwarf das ganze System der traditionellen Theologie einer scharfen Kritik, indem er radikal zwischen geoffenbartem Glauben und natürlichem Wissen unterschied. Ockham war nicht der einzige Franziskanergelehrte von Rang. Duns Scotus und noch früher der heilige Bonaventura sind zwei hervorragende Vertreter der franziskanischen Theologie des Mittelalters. Nichts zeigt deutlicher den Unterschied zwischen den früheren Klöstern, die sich völlig von der Welt abschlossen, und den durch die Bettelmönche eingeführten Neuerungen als die Tertiarier und Tertiarierinnen, Vereinigungen von Weltleuten, die sich als »3. Orden« an manche Männer- und Frauenorden anschließen und ein asketisch-frommes Leben führen, ohne sich darum ganz aus der Welt zurückzuziehen. Dieser Geist der Güte und Menschenliebe, der auch nichtkirchliche Kreise erfaßt hatte, entsprang dem Leben und Wirken des heiligen Franziskus.
Die Dominikaner wurden 1216 durch den spanischen Priester Dominikus als Predigerorden gestiftet und von Papst Honorius III. bestätigt (Abb. 6, 50). Der Orden, der zunächst die Regeln der Augustiner-Chorherren übernahm, wurde bald als Bettelorden kenntlich. Wie die Franziskaner lehnte auch er jeden persönlichen Besitz des einzelnen wie des Ordens ab, doch waren seine Forderungen nicht ganz so streng wie die der Franziskaner. Schon im 13. Jahrhundert war der Orden über das ganze Abendland verbreitet, sogar in Asien und Nordafrika gab es Niederlassungen. Die berühmtesten deutschen Klöster waren in Köln, Straßburg, Magdeburg, Regensburg, Freiburg und Konstanz. Viele Lehrstühle an den Universitäten hatten Dominikaner inne. Durch die besondere Pflege der Philosophie und der Theologie gewannen sie starken kirchlichen Einfluß, wie denn das Hauptverdienst des Ordens auf dem Gebiet der Wissenschaft und der Erziehung lag. Albertus Magnus und Thomas von Aquin, die Mystiker Ekkehart, Tauler und Seuse waren Dominikaner. 1232 wurde den Dominikanern von Papst Gregor XI. die Inquisition übertragen, wodurch sie auch politisch zum einflußreichsten Orden des Mittelalters wurden.
Neben und mit den Mönchsorden entstanden auch weibliche Ordensgemeinschaften, und zwar in fast ebenso großer Zahl. Es gab die Benediktinerinnen, Dominikus gründete den Orden der Dominikanerinnen, der heilige Franz und die heilige Klara stifteten 1212 den Orden der Klarissen oder Armen Frauen (Abb. 52–54).
Ein dritter Bettelorden entstand um die Mitte des 13. Jahrhunderts, der der Karmeliter oder Brüder unserer Lieben Frau vom Berge Karmel, der ursprünglich als Einsiedlergenossenschaft von einem Kreuzfahrer 1155 auf dem Berge Karmel gegründet wurde. Von den Sarazenen bedrängt, mußte der Orden sich ins Abendland zurückziehen, wo er sich zum Bettelorden wandelte. Später spaltete er sich in die beschuhten und die unbeschuhten Karmeliter, die eine verschärfte Regel angenommen hatten (Abb. 4).
Franziskus starb 1226 und wurde schon 1228 heiliggesprochen. Unmittelbar danach wurde die großartige Basilika San Francesco in Assisi und eine weitere Kirche in Portiuncula in Angriff genommen. Diese beiden Bauten stehen am Beginn der Geschichte der franziskanischen Baukunst. Der einfache

56

54 Klarissen im Chorgestühl: Von den Nonnen wurde nicht erwartet, daß sie es an Gelehrsamkeit mit den Ordensbrüdern aufnahmen. Sie benutzen daher beim Gesang ein Missale, während die Mönche die Liturgie auswendig kennen (vgl. Abb. 1)

55 Der Schreiber: Eadwine, ein Mönch aus Christchurch in Canterbury. Selbstporträt aus einem von ihm geschaffenen Psalter, entstanden um 1150. Die Farben sind heiter und lebhaft, wenn es auch ungewöhnlich ist, daß ein Miniaturist Haare und Gesicht blau bzw. grün malte. Das Kopieren von Büchern lag im 12. Jahrhundert fast ausschließlich in den Händen von Mönchen. Ein *Scriptorium,* das so groß und berühmt war wie jenes von Canterbury, genoß im ganzen Abendland Ansehen

56 Ausschnitt aus dem Kleinodienverzeichnis der Abtei St. Albans (13. Jahrhundert). Jeder einzelne Gegenstand ist abgebildet, beschrieben und mit einer Bemerkung über den Stifter versehen. Der Ring oben links hat in der Mitte einen Saphir, der von vier Perlen und vier Granaten umgeben ist. Von besonderem Interesse ist der geschnittene Stein unten: Es handelt sich eindeutig um eine antike römische Kamee, die der Miniaturist ziemlich getreu wiedergegeben hat. Der Stein war der Abtei von König Ethelred vermacht worden und sollte angeblich Frauen zu einer glücklichen Niederkunft verhelfen

Grundriß der Mutterkirche in Assisi wurde auch andernorts nachgeahmt, doch entwickelten weder Franziskaner noch Dominikaner einen so charakteristischen Kirchentyp wie etwa die Zisterzienser. Ein allen Kirchen der Bettelorden gemeinsames Merkmal sind die Weiträumigkeit wie die Schlankheit der Säulen, die den Blick auf den Altar nicht verstellen sollen. Werke der Bildhauerkunst oder der Malerei, die man als franziskanisch, dominikanisch oder karmelitisch bezeichnen könnte, gibt es nicht, obwohl alle drei Orden Maler und Bildhauer aus dem Laienstand beschäftigten, oft sogar die größten Meister ihrer Zeit wie etwa Giotto, der die berühmten Fresken in San Francesco in Assisi malte (Kap. 1, Abb. 1).
Gelegentlich gab es auch unter den Bettelmönchen einen Künstler, der seine Kunst unbehindert ausüben durfte. Der Dominikaner Fra Angelico, einer der bedeutendsten Maler der ausklingenden italienischen Gotik, schuf nicht nur für sein eigenes Kloster San Marco in Florenz das Altargemälde für die Kirche und die Fresken für die Mönchszellen (Abb. 3), er erhielt auch die Erlaubnis, in Rom und an anderen Orten Kirchen auszumalen und Schüler auszubilden. Dieselben Freiheiten genoß ein anderer berühmter Maler desselben Klosters, der etwa hundert Jahre später lebende Fra Bartolomeo, Fra Filippo Lippi (1406–69) war Karmeliter in Florenz und legte als Fünfzehnjähriger das Mönchsgelübde ab. Er muß seine Kunst als Mönch erlernt haben.
Der Beitrag der Bettelorden zur bildenden Kunst und zur Baukunst läßt sich nicht mit dem der älteren Ordensgemeinschaften vergleichen. Aber das ist selbstverständlich, weil der Schwerpunkt ihrer Tätigkeit auf anderem Gebiet liegt: bei Predigt, Erziehung und Missionsarbeit.

Die Herstellung von Büchern

Ohne Übertreibung läßt sich behaupten, daß das geistige Leben des Abendlandes bis zur Entwicklung der Universitäten hauptsächlich von den Klöstern getragen wurde. Gerade der Benediktinerorden, der Gebet, Handarbeit und Studium gleichwertig nebeneinanderstellte, bot die besten Bedingungen für das Studieren. Einige Orden, wie die Victoriner, gründeten eine gelehrte Tradition. Ganz besonders verdient um Studium und Gelehrsamkeit machte sich der Dominikanerorden.
Für eine geistige Betätigung aber waren nicht nur Zeit, sondern vor allem Bücher erforderlich. Natürlich wurden in den Schreibstuben der Klöster fortwährend Bücher kopiert (Abb. 55): Im 11. und 12. Jahrhundert beschäftigten große Klöster wohl bis zu einem Dutzend Kopisten. Im Laufe des 12. Jahrhunderts standen jedoch immer mehr Berufsschreiber aus dem Laienstande zur Verfügung, so daß die Klöster nicht mehr alle Bücher selbst abschreiben mußten, sondern sie erwerben konnten. Man hat ausgerechnet, daß ein durchschnittlicher Kopist drei bis sechs Folioseiten pro Tag abgeschrieben hat und daß ein ganzes Jahr erforderlich war, um die Bibel abzuschreiben. Wie groß die Zahl der Bücher in einigen Klosterbibliotheken war, wissen wir aus Katalogen und Bücherlisten, die die Bibliothekare führten. Cluny besaß im 12. Jahrhundert etwa 570 Bücher, die Reichenau etwa 1000. Viele Bücher waren mit Initialen geschmückt oder illuminiert. Schreiber und Buchmaler waren gewöhnlich nicht dieselbe Person; häufig war ein Buch sogar das Werk mehrerer Schreiber und Buchmaler. In welchem Umfang die Kunst der Buchmalerei von Mönchen ausgeübt wurde, läßt sich unmöglich feststellen. Von einigen kennen wir ihre Signaturen und bisweilen sogar ihre Porträts. Malende Nonnen tauchen in den schriftlichen Zeugnissen nur ganz selten auf, wie etwa Klara Gatterstedt aus dem St.-Jakobs-Kloster in Kreuzberg, die im 14. Jahrhundert die Porträts der Äbte von Fulda malte. Die von den Nonnen am häufigsten ausgeübten Künste waren die weiblichen Handarbeiten in jeder Form. Die aus England stammende Stickerei, das *opus anglicanum,* war während der Gotik im ganzen Abendland hochgeschätzt. Der Priesterrock aus Syon aus dem frühen 14. Jahrhundert – heute im Victoria and Albert Museum –, ein herrliches Stück, ist hierfür ein besonders schönes Beispiel.

»Mit wunderbarer Kunstfertigkeit hergestellt«

Daß von Mönchen Metallarbeiten verfertigt wurden, geht aus zahlreichen Berichten hervor. Offensichtlich galt die Arbeit des Gold- und Kunstschmiedes als ein besonders vornehmes Handwerk, da so viele Chronisten seine Ausübung bedeutenden Heiligen zuschreiben, und zwar nicht nur dem heiligen Eligius, Bischof von Noyon, dem Schutzheiligen der Goldschmiede. In diesen Berichten scheint allerdings manches frei erfunden. In der Mitte des 11. Jahrhunderts soll in Bury St. Edmunds ein Mönch gelebt haben, dessen handwerkliches Können so groß war, daß er, bereits Abt von Abingdon, vom deutschen Kaiser beauftragt wurde, ihm eine Krone zu schmieden. Abgesehen von der unglaubwürdigen Geschichte, der Abt sei mit den ihm für die Arbeit ausgehändigten Juwelen entflohen, ist es höchst unwahrscheinlich, daß ausgerechnet ein Deutscher eine Goldschmiedearbeit im Ausland in Auftrag gegeben haben sollte, denn gerade auf diesem Gebiet leisteten bekanntlich die Deutschen im Mittelalter Hervorragendes. Ein englischer Historiograph beschreibt im 11. Jahrhundert eine Chorschranke in Beverley als *opus teutonicum,* womit eine Kunstschmiedearbeit gemeint ist.
Wie groß nun auch der Anteil der Handwerker im Mönchsgewand an den Kunstschmiedearbeiten gewesen sein mag – fest steht jedenfalls, daß Metallarbeiten die geschätztesten Kunstgegenstände waren, und das nicht nur wegen der Verwendung kostbarer Metalle, Edelsteine und Perlen (Abb. 56). Reliquiare, die im allgemeinen aus Gold waren, wurden wegen des Inhalts verehrt, den sie umschlossen. Die goldgetriebenen Altarantependien, die Leuchter und Kreuze für den Altar, die goldenen, mit kostbaren Steinen besetzten Deckel der Evangeliare, die Abendmahlskelche und Patenen, die Reliquiare und später die Monstranzen – sie alle waren Kultgegenstände oder eng mit der Liturgie verbunden und daher besonders kostbar. Die unglaubliche Geschicklichkeit, mit der sie hergestellt waren, fand offenbar viel Bewunderung. Der schon mehrfach zitierte Abt Suger von Saint-Denis erwähnt in seiner Beschreibung des goldenen Altars in Saint-Denis die getriebene Reliefarbeit, die sowohl wegen ihrer Form als auch wegen ihres Materials bewundernswert sei. Und sogar Bernhard von Clairvaux, der doch ein wahrhaft unerbittlicher Kritiker der Künste war, findet, wenn er über Metallarbeiten spricht, Ausdrücke wie »mit wunderbarer Kunstfertigkeit hergestellt und von Juwelen und edlem Gestein prächtig glitzernd«. Selbst er also konnte sich dem Eindruck der Schönheit künstlerischer Vollendung nicht entziehen.

1 Zwölf Kirchen stifteten Girart de Roussillon und seine Gemahlin Berthe zu Ehren der zwölf Apostel, nachdem sie alle ihre Kinder verloren hatten. Die Miniatur aus einer französischen Handschrift des Jahres 1448 zeigt verschiedene Arbeiten beim Kirchenbau. Es war allgemein üblich, daß bei den Kirchen mit dem Bau des Ostchors begonnen wurde, der oftmals bereits fertiggestellt und geweiht war und in dem dann bereits die Messe gelesen wurde, während an Quer- und Mittelschiff die Arbeit weiterging. Die Mauern wurden aus Ziegeln aufgeführt und mit Sandstein verblendet. Die Dreipaßsäulen an den Portalen bestanden oftmals, wie auch hier im Bild, aus abstechendem, dunklerem Stein

3

Die Kunst des Steinmetzen

Romanische und gotische Architektur

»Meister des Steinmetzhandwerks, Stab und Handschuh in den Händen, befehlen anderen ›Meißle mir das so, wie ich dir's sage‹ und arbeiten selbst nichts; und dennoch erhalten sie einen höheren Lohn.«

Nicolas de Biard, Sermon

Die Faszination, die das Mittelalter auf uns Menschen von heute ausübt, geht in erster Linie von seinen Kunstwerken aus, die trotz unersetzlicher Verluste noch in großer Zahl erhalten sind. Wie jede Kunst, so ist auch jene, die sich im Abendland zwischen dem Untergang des Römischen Reiches und dem Beginn der Renaissance entwickelte, sichtbarer Ausdruck der Weltanschauung des Zeitalters und seiner Gesellschaft. Kunst ist der stoffliche Niederschlag der Gedanken und Vorstellungen des Menschen, ins Leben gerufen durch die Fertigkeit seiner Hände und die von ihm ersonnenen Werkzeuge.
Hier befassen wir uns in erster Linie mit der Kunst des westlichen Abendlandes, das begrenzt wird von Island und Irland, Polen und Ungarn, Norwegen, Portugal und Italien, von den Ländern also, die das römische Christentum angenommen hatten. Zeitlich handelt es sich um die Jahrhunderte zwischen dem Zusammenbruch des Weströmischen Reiches im 5. Jahrhundert und der bewußten Neuerweckung der Antike im 15. Uns interessiert hier nur die zweite Hälfte dieses tausend Jahre umfassenden Zeitraums.

»Groß Bauen«: ein neues Konzept

Neben der Kontinuität der byzantinischen Kunst, neben der unerhört feinfühligen und ausgeglichenen Kunst Chinas oder dem Glanz des frühen Islams, die alle eine in langen Jahrhunderten gereifte Tradition von Wissenschaft und Technik besaßen, muß der Beitrag Nordwesteuropas zwischen 500 und 900 bestenfalls provinziell erscheinen. Selbst die größten Kathedralen, Klöster und Paläste der Franken, Goten, Angelsachsen und Skandinavier sind im Vergleich zu den römischen Ruinen oder auch zu den großartigsten Bauwerken des 1. Jahrhunderts unbedeutend. Selbst wenn wir uns die Hypothese nicht zu eigen machen, daß jene Generationen, die an das Weltende im Jahr 1000 glaubten, an großen Projekten kaum noch Interesse hatten, so bleibt doch die Tatsache bestehen, daß sich im 11. Jahrhundert ein grundlegender weltanschaulicher und politisch-rechtlicher Umschichtungsprozeß vollzog. Das seit dem Verfall der karolingischen Universalmonarchie wieder aus kleineren staatlichen Gebilden bestehende Abendland erlebte eine Umgestaltung, kleinere Fürstentümer und Teilreiche wurden zusammengefaßt. Sicher ist, daß im 12. Jahrhundert der Begriff der Koordination nicht nur auf politischem, sondern auch auf wirtschaftlichem und technischem Gebiet geläufig war, und daß erst dadurch, im Wettstreit der einzelnen Länder, erhabenere Großbauten möglich wurden.
Auch die größten Bauwerke der karolingischen Zeit, etwa Pfalz und Kapelle Karls des Großen in Aachen, hatten Dächer von relativ geringer Spannweite und waren primitiv, wenn sie nicht römischen oder byzantinischen Bauwerken genau nachgebildet waren. Die Fähigkeit, in größerem Maßstab zu planen und zu entwerfen, zeigt sich erst zu Beginn des 11. Jahrhunderts. Eine umwälzende Entwicklung, oder, besser gesagt, eine Reihe von Umwälzungen war im Gang. Zunächst versuchte man im großen Stil, wenn auch noch unvollkommen zu bauen. Dann errichtete man noch größere Bauten und legte mehr Wert auf die Feinheiten des Entwurfes. Diese Stufe dauerte die ganze zweite Hälfte des Jahrhunderts an, wurde aber um 1100 von einer dritten abgelöst, die noch größere Vollendung in der Ausführung erstrebte. Die Meisterwerke des späteren Mittelalters sind den im Laufe des 11. Jahrhunderts erworbenen handwerklichen Fähigkeiten zu verdanken.
Fest steht jedoch, daß die neue Schaffenskraft, die damals in die Kunst des nordwestlichen Abendlandes einströmte, von außerhalb kam. Selbst im frühen Mittelalter hatte es gelegentlich, wie Lichtblicke, Werke von höherem ästhetischem und technischem Rang gegeben: Man hat in der westgotischen, der britischen und irischen Kunst sowohl syrische als auch armenische Einflüsse nachgewiesen. Jedoch waren in der Frühzeit solche Berührungspunkte minimal und ihre Wirkungen geringfügig. Unmittelbare Kontakte zwischen Osteuropa und den hochkultivierten Mittelmeerländern folgten der Eroberung Süditaliens und Siziliens durch die Normannen nach 1042. Ein Heer aus Normannen und Franzosen machte zahlreiche mauri-

2

3
4

2, 3 Das Gewölbe: Kreuzgewölbe (Abb. 2: die Krypta in Canterbury, um 1105). Es entsteht, wenn zwei Tonnengewölbe einander rechtwinklig schneiden. Die Schnittstellen heißen Grate, daher wird dieses Gewölbe auch Kreuzgratgewölbe genannt. Beim Kreuzrippengewölbe (frühes Beispiel aus Bayeux, um 1075) spannen sich anstelle der Grate Rippen, die die eigentlichen Träger der Last sind. Im Gegensatz zu dem voll ausgemauerten und daher schwer lastenden Kreuzgratgewölbe genügte es hier, die Zwischenräume mit dünnem Mauerwerk auszufüllen

4–7 Das Kapitell: Einfaches Würfelkapitell und unbeholfen nachgeahmte ionische Schnecke mit Blattmotiv – eine frühe und relativ primitive Verwendung romanischer Formen. Beide Kapitelle stammen aus dem 11. Jahrhundert, das erste aus dem schwäbischen Kloster Hirsau, das zweite aus der Burg von Durham. Hundert Jahre später entstand ein unerhört reichhaltiger Formenschatz. Zweites Bild von oben: Akanthuskapitell aus Königslutter. Darunter ein Figurenkapitell, das vornehmlich in Frankreich zu finden ist. Unser Beispiel stammt aus Wien, die Figurengruppe stellt Samson im Kampf mit dem Löwen dar

8 Die Bauplastik war reich und zeigte in jedem Land andere Erscheinungsformen. Westportal von Saint-Trophîme in Arles. Hier wird das römische Vorbild besonders deutlich: Dreiecksgiebel über der Archivolte, ein Figurenfries, von Säulen gestützt, Hochreliefstatuen der Apostel in klassischen Togen

5

6

7

8

sche Gefangene und sandte Tausende von ihnen nach Frankreich, nach Rom und nach Konstantinopel. Wahrscheinlich waren unter den Gefangenen nicht wenige Handwerker, die ein technisches Können besaßen, wie es bis dahin nördlich der Alpen und der Pyrenäen unbekannt gewesen war. Diese Berührung zwischen Normannen und Sarazenen erklärt zu einem großen Teil das umfangreiche Bauprogramm der nachfolgenden Generationen im nördlichen Frankreich und in England. Das späte 11. Jahrhundert entwickelte indessen nicht nur einen neuen Baustil, den romanischen, sondern auch neue Größenordnungen. Die Kirchen wurden weiträumiger als je seit der frühchristlichen Epoche und auch in technischer Hinsicht sehr viel kühner. Klöster und Paläste wurden großzügiger geplant.

Der romanische Stil

Der romanische Stil umfaßt die Zeit von etwa 1100 bis in die erste Hälfte des 13. Jahrhunderts. Eine Epoche politischer und wirtschaftlicher Stabilität konnte es wagen, an die Verwirklichung größerer Bauvorhaben heranzugehen. Die romanische Baukunst knüpft, bei aller Eigenständigkeit, konstruktiv und formal in vielem an die altrömische Architektur an. Auch die Prägung des Stilbegriffs Romanik geht auf sie zurück. Die wesentlichen Kennzeichen des romanischen Stils – wuchtiges Mauerwerk, die Überwölbung des Innenraums mit Tonnen- oder Kreuzgewölben (Abb. 2, 3) sowie der Rundbogen auf Säulen – waren am Ende des 11. Jahrhunderts voll entwickelt. Bis zur Ablösung der Romanik durch die Gotik änderte sich nichts Wesentliches: Die architektonischen Formen reiften aus, der plastische Schmuck wurde reicher (Abb. 4–7). Noch stärker als später in der Gotik waren in der romanischen Kunst die nationalen Varianten ausgeprägt (Abb. 8). Selbst innerhalb eines Landes können die einzelnen Provinzen sich durch lokale Sonderformen stark voneinander unterscheiden (Abb. 10, 11). Einige der herrlichsten romanischen Bauten entstanden auf dem Boden von Burgund (Abb. 9). In England orientierte sich die Romanik zunächst an normannischen Vorbildern (Abb. 12).

Arbeit und Transport

Die politische Einigung zum Beispiel Englands unter den Normannenkönigen nach 1066 und die Unterordnung des Lehnswesens unter die königliche Gewalt machten es möglich, größere Geldsummen an architektonische Vorhaben zu wenden. Jedoch hätten gesicherte Finanzen allein nicht genügt, ein so

9 Einige der herrlichsten romanischen Bauwerke entstanden auf dem Boden Burgunds. Mittelschiff und Chor (1170–1201) der Abteikirche Sainte-Madeleine in Vézelay. Sie ist durch besonders reichen Skulpturenschmuck ausgezeichnet. Die Verwendung von braunem und weißem Mauerwerk erhöht den Eindruck von Reichtum und Fülle. Der Chor besitzt ein Kreuzrippengewölbe, die Betonung der Vertikalen weist bereits auf die Gotik voraus ▷

10, 11 Variationen über ein Thema: Noch stärker als in der Gotik waren in der romanischen Kunst die nationalen Varianten ausgeprägt. Selbst innerhalb eines Landes können sich die einzelnen Provinzen durch lokale Sonderformen stark voneinander unterscheiden.
Baptisterium, Dom und Campanile von Pisa veranschaulichen die spezifisch mittelitalienische Ausprägung des romanischen Baustils. Besonders erwähnenswert sind die Verwendung von Marmor und die Zwerggalerien an der Domfassade und am Schiefen Turm. Der Dom zu Worms – rheinische Romanik mit dem charakteristischen, der Fassade vorgelegten Westwerk zwischen flankierenden Rundtürmen. Anlage und Proportionen sind gänzlich verschieden, dennoch wurden bei den italienischen Bauten wie bei dem deutschen Dom dieselben Bauelemente verwendet

10

11

phantastisches Bauprogramm wie das englische in die Wirklichkeit umzusetzen. Die dafür verantwortlichen Meister mußten in der Lage sein, nicht nur zu planen und zu entwerfen, sondern auch ausreichende Arbeitskräfte zu beschaffen und riesige Materialmengen zu erwerben und zu transportieren. Wie man Arbeitskräfte für größere Projekte beschaffte, ist nicht ganz klar. Im späteren Mittelalter preßte man häufig Menschen zur Arbeit. Der Transport des Baumaterials stellte große Anforderungen an die rechnerischen Fähigkeiten der Meister. Da der Überlandtransport außerordentlich kostspielig war, wurde viel Erfindungsgeist darauf verwandt, Wasserwege zu suchen. Als kurz nach 1100 die Abtei Abingdon wiederaufgebaut wurde, schaffte man die großen Stämme für die Dekkenbalken und die Dachsparren aus Shrewsbury in sechs von je zwölf Ochsen gezogenen Wagen herbei, und es heißt, die Reise hin und zurück habe sechs oder sieben Wochen gedauert.

Die normannischen Steinmetzen der früheren Zeit besaßen noch nicht genügend Kenntnisse, um die großen Bauwerke richtig zu planen. Eine ganze Anzahl der hohen Türme stürzte zusammen, und trotz einiger Versuche, solche Katastrophen der göttlichen Vergeltung oder teuflischer Einmischung zuzuschreiben, gab es immer wieder Zeitgenossen, die die Vermutung äußerten, daß Unzulänglichkeit handwerklichen Könnens oder schlechte Fundamente daran schuld seien. Auch wurde erst nach und nach das Kalkbrennen so weit vervollkommnet, daß brauchbarer Mörtel hergestellt werden konnte. Und die primitiv behauenen Steine ersetzte man allmählich durch regelmäßige Quadern. Mörtelfugen wurden nun sehr schön ausgeführt, und ein Chronist konnte von einem 1102 begonnenen englischen Bauwerk berichten, die Steine seien so sorgfältig aufeinandergepaßt, daß man die Verbindungsstellen gar nicht sehen könne und das ganze Werk wie aus einem einzigen Felsblock gehauen erscheine. Diese außerordentliche Verbesserung der Arbeitsmethode weist darauf hin, daß man wiederum vom Osten gelernt hatte, und das gilt für das ganze westliche Abendland. Nicht zufällig handelte es sich um die Zeit nach dem ersten Kreuzzug.

Die Ursprünge des gotischen Baustils

Die neuen östlichen Herrschaftsgebiete der »Franken« – so nannte man die westlichen Kreuzfahrer – wurden durch eine Kette von Burgen verteidigt, bei deren Bau Militärbaumeister und Steinmetzen ihre ganze Kunst einsetzen mußten. Zweifellos geht manche Entwicklung im Festungsbau auf die in den Kreuzzügen gewonnene Erfahrung zurück, wo man die Möglichkeit hatte, byzantinische, armenische und arabische Verteidigungsanlagen genau kennenzulernen. Übrigens können die abendländischen Baumeister nur durch östliche Vorbilder den Spitzbogen kennengelernt haben, der das Symbol und Hauptmerkmal des gotischen Baustils werden sollte. Ob die Erfindung des Kreuzrippengewölbes ebenfalls aus dem Osten stammt, sei dahingestellt. Im Abendland erscheint es jedenfalls zum erstenmal in der 1104 vollendeten Kathedrale von Durham (Abb. 13). Immerhin ist es ein sehr merkwürdiger Zufall, wenn es überhaupt ein Zufall ist, daß das erste Kreuzrippengewölbe im Abendland gerade innerhalb jener fünf Jahre geschaffen worden ist, die der Einnahme Jerusalems folgten.

Das genaue Datum für das Erscheinen des ersten Spitzbogens im Westen ist noch umstritten. Es wird allgemein angenommen, daß gotische Baugedanken erstmals bei der dritten Abteikirche von Cluny verwirklicht wurden, die 1100 fertig war. Der Spitzbogen erscheint bisweilen schon an romanischen Bauten, so in der Kathedrale von Autun. Der erste gotische Bau, den man so bezeichnen kann, ist der Chor der Abteikirche von Saint-Denis, die von 1140–43 erbaut wurde. Der gotische Baustil bedeutet nicht nur einen Fortschritt in der Bautechnik durch die systematische Ausschöpfung aller architektonischen und statischen Möglichkeiten des Spitzbogens, des Rippengewölbes und des Strebepfeilers, sondern durch einen Wandel im ästhetischen Bewußtsein – ein Streben nach größerer Schwerelosigkeit und einer betonten Aufwärtsbewegung. Zweifellos fand das Mittelalter in diesem Stil einen Ausdruck für seine tiefe Gläubigkeit. Gleichzeitig aber war man sich bewußt, daß – wie es einer der Baumeister des Mailänder Domes ausgedrückt hat – »Kunstfertigkeit ohne Wissen wertlos ist« (Abb. 14). Die ungeheure Anstrengung, die es bedeutete, einen Dom mit den primitivsten mechanischen Hilfsmitteln zu erbauen, vermögen Illustrationen aus der Zeit nur unvollkommen zu zeigen (Abb. 15).

Maß und Entwurf

Man hat oft versucht, die Maßsysteme zu rekonstruieren, deren sich der mittelalterliche Baumeister bei der Zeichnung eines Grund- oder Aufrisses bediente.

Die beiden gebräuchlichsten Systeme waren die »Quadratur«, die das Quadrat, und die »Triangulatur«, die das gleichseitige Dreieck zur Grundlage hatte. Viel Unsinn ist über die mittelalterliche Baukunst geschrieben worden, und verschiedene weit verbreitete Vorstellungen sind schief, etwa die, daß die großen Bauten völlig ohne Bauzeichnungen entstanden seien. Es steht fest, daß kein Gebäude von der Größe einer Kathedrale ohne exakte Zeichnung hätte ausgeführt werden können.

Meist übertrug man die Risse, wenigstens teilweise, aus der kleinen Werkzeichnung im Maßstab natürlicher Größe auf den Boden, und mit dieser Praxis mag es zusammenhängen, daß die meisten frühen Bauzeichnungen verschwunden sind. In den Kathedralen von Wells und York haben sich die eigens zu

12

13

14

15

12 In England orientierte sich die Romanik zunächst an normannischen Vorbildern. Im Westen entwickelte sich jedoch ein lokaler Stil, der, wohl auf Grund der Kontakte der Klöster untereinander, burgundisch beeinflußt ist. Seine charakteristischen Merkmale sind wuchtige, hohe Rundpfeiler, wie sie besonders eindrucksvoll die Kathedrale von Gloucester aufweist. Triforium und Lichtgaden kommen neben den Riesenarkaden kaum zur Geltung. Das Deckengewölbe entstand erst weit später (1242–45); ursprünglich besaß Gloucester, wie die meisten romanischen Bauwerke, eine Holzdecke

13 Das erste voll ausgebildete Kreuzrippengewölbe in Europa dürfte das der Kathedrale von Durham sein. Die Gewölbe des Chors waren gegen 1104 vollendet, die des Mittelschiffs gegen 1133. Proportionen und Ornamentik, so etwa die Zickzackverzierungen auf den Rippen, sind noch typisch romanisch, doch zeigen die in leichtem Spitzbogen zusammentreffenden Gurtrippen, die die einzelnen Joche voneinander trennen, bereits Anklänge an die Gotik

14 Die verwickelte Entstehungsgeschichte des Mailänder Doms kann noch heute in den Sitzungsprotokollen des Kirchenrats nachgelesen werden. Der Dom, in riesigem Maßstab geplant, wurde 1387 begonnen. Die Obrigkeit wollte nicht, daß das Werk nur einem einzigen Mann anvertraut würde. So wurden endlose Konferenzen abgehalten, Steinmetzmeister aus dem ganzen Abendland berufen, Baumeister ernannt, als nicht geeignet befunden und wieder entlassen. Der Bau zog sich über Generationen hin und war im 19. Jahrhundert immer noch unvollendet. Italienisch ist, daß sich der Dom nicht in die Höhe streckt, sondern in die Breite dehnt; Details dagegen, wie der Chor mit seinem Maßwerk im ›Style Flamboyant‹, stammen aus der Gotik nördlich der Alpen

15 Aus einem flämischen Stundenbuch des späten 15. Jahrhunderts. Links die Bauhütte, ursprünglich einfach Obdach der Bauhandwerker. Der Kran wird mit einem Handrad betrieben. Man beachte den Greifer, das mit Riemen gebundene Baugerüst sowie die hölzerne Schablone für den Bogen

16 »Ich bin in vielen Ländern gewesen«, so schrieb um 1235 der französische Baumeister Villard de Honnecourt, »aber an keinem Ort habe ich jemals einen solchen Turm erblickt, wie den von Laon.« Seine Zeichnung, der ein genauer Plan beigefügt ist, sollte vermutlich als Modell für eigene Arbeiten dienen. Offensichtlich fasziniert war er von den übereck gestellten säulengetragenen Baldachinen mit den herauslugenden Ochsen

17, 18 Entwurf für eines der Joche in der Kapelle des Bischofs Fox in der Kathedrale von Winchester, vermutlich von Thomas Bartu. Bartu (oder Berty), geboren um 1480, gestorben 1555, gestaltete den östlichen Teil der Kathedrale im ›Perpendicular Style‹ um. Bartu baute zwar im wesentlichen spätgotisch, übernahm aber in späteren Werken Renaissanceelemente. Abb. 18: Bartus Unterschrift auf einem Pachtvertrag aus dem Jahre 1543

19 Kennzeichnend für die spanische Hochgotik ist die ungeheure Weiträumigkeit, so wie das extreme Streben zur Höhe charakteristisch für die französische, die gewaltige Längenausdehnung für die englische Gotik ist. Die Kathedrale von Gerona: Im Jahre 1416 vereinte man Chor und Seitenschiffe zu einem einzigen riesigen Kirchenschiff von fünfundzwanzig Meter Breite

20, 21 Baumeisterdynastien waren im Mittelalter häufig, denn das Handwerk vererbte sich vom Vater auf den Sohn. Die Familie Parler aus Schwäbisch Gmünd (Parler ist ein Berufsname und hieße in heutiger Fassung ›Polier‹) spielte im 14. Jahrhundert eine führende Rolle in Mitteleuropa. Peter Parler, um 1325 geboren, wurde 1353 von Karl IV. nach Prag berufen, um den begonnenen Dombau von St. Veit weiterzuführen. Im Chortriforium hat er seine Porträtbüste angebracht. Abb 21: Entwurfzeichnung für ein Turmfenster

16

17

18

diesem Zweck angefertigten Gipsplatten mit den Bauzeichnungen erhalten. In Straßburg wurde eine solche Zeichnung bis zum 18. Jahrhundert verwendet. In Frankreich, Deutschland und Österreich dagegen sind zahlreiche Bau- und Detailzeichnungen aus dem 13., 14. und 15. Jahrhundert erhalten, viele davon hervorragend ausgeführt. Von den überlieferten Zeichnungen füllen die kostbarsten das sogenannte »Album« eines pikardischen Meisters namens Villard de Honnecourt. Das Werk wird heute in der Bibliothèque Nationale aufbewahrt (Abb. 16). Offenbar waren die Zeichnungen für den Gebrauch einer Bauhütte bestimmt, denn viele von ihnen sind nicht nur sehr sauber ausgeführt, sondern auch von umfangreichen schriftlichen Erläuterungen begleitet.

Die soziale Stellung des Baumeisters

Wie angesehen der Stand des Baumeisters war, zeigt der Umstand, daß unter den ersten Studenten des Winchester College die Söhne des Meistersteinmetzen Wynford und des Meisterzimmermanns Hugh Herland waren. Richard Bertie (oder Bartu), der Sohn des Meistersteinmetzen der Kathedrale von Winchester (Abb. 17, 18), wurde 1534 als Sechzehnjähriger zum Corpus Christi College in Oxford zugelassen, heiratete nach einer glanzvollen Karriere die verwitwete Herzogin von Suffolk und wurde dadurch zum Stammvater einer der bedeutendsten Familien des englischen Hochadels. Für das spätere Mittelalter gibt es ausführliche Finanzberichte, aus denen hervorgeht, wie hoch bezahlt die bedeutenden Baumeister waren und wohin sie überall gerufen wurden, um Rat zu erteilen. Wir lesen von Zusammenkünften, zu denen die Baumeister von überallher zusammengeholt wurden, wenn es galt, schwierige technische Probleme zu lösen. 1416 versammelten sich in Gerona in Spanien zwölf Baumeister, von denen einige mehr als 1500 Kilometer zurückgelegt hatten, um über den Entwurf für das Schiff der Kathedrale zu beraten (Abb. 19). Die nach Hütten und Haupthütten organisierten Steinmetzen des Heiligen Römischen Reiches reisten bis zu 350 Kilometer, um an den regelmäßigen Tagungen ihres Handwerks teilzunehmen. Auf diese Weise läßt sich erklären, weshalb stilistische Neuerungen so relativ rasch Verbreitung fanden. Die umwälzende Kunst der Familie Parler zum Beispiel verbreitete sich innerhalb eines Jahrhunderts über ganz Mitteleuropa (Abb. 20, 21).

Aber nicht nur die allgemeinen Ansichten über mittelalterliche Baumethoden sind falsch, sondern auch die allgemeinen Vorstellungen vom Leben in dieser Epoche. Aus zahlreichen Quellen weiß man, daß die europäischen Wohnverhältnisse im 17. und 18. Jahrhundert sehr unhygienisch waren und die Straßen meist in einem erbärmlichen Zustand, der das Reisen erschwerte. Daraus schloß man fälschlich, daß die Lage der Dinge im Mittelalter noch viel schlimmer gewesen sein müsse. Es ist jedoch erwiesen, daß man zur gotischen Zeit in den Städten sehr um gepflasterte Straßen, ausreichende Wasserversorgung, öffentliche sanitäre Einrichtungen und städtische Hygiene bemüht war. Auch reiste man, wie schon dargetan, über weitere Entfernungen und viel häufiger. Dagegen fehlte ein künstlerisches Urheberrecht. Die großen, auf Pergament gezeichneten Entwürfe, wie sie heute noch in Straßburg und Wien existieren, konnten kopiert werden und wurden auch kopiert und für andere Bauwerke verwendet. So waren die durchbrochenen Turmhelme der Kathedrale von Burgos in Spanien, 1442 von dem deutschen Meister Hans von Köln (Juan de Colonia) entworfen, von den Bauplänen für den Kölner Dom inspiriert (Abb. 22, 23), was erst erkannt wurde, als man 1880 den Kölner Dom nach den Originalentwürfen, die verloren waren und später wiederaufgefunden wurden, vollendete.

Zwei Einrichtungen der damaligen Zeit hatten insbesondere ausgedehnte Reisen zur Folge. Einmal die Pilgerfahrten nach Rom, Jerusalem oder Santiago de Compostela; zum andern die Wanderjahre der jungen Handwerker unmittelbar nach ihrer Lehrzeit. Bei vielen ausländischen Handwerkern, deren Namen noch auf Abrechnungen erhalten sind, handelt es sich zweifellos um junge Männer auf der Wanderschaft.

Man darf sich das Abendland zur Zeit der Gotik nicht als einen Flickenteppich vorstellen, der aus selbständigen Königreichen und Fürstentümern bestand, die durch schwer überwindliche Schranken voneinander getrennt waren, sondern als eine verhältnismäßig vereinigte und vereinheitlichte Welt, in der selbst in Kriegszeiten viel Reiseverkehr herrschte und in der eine allgemeine Vorstellung von dem bestand, was in der gesamten Christenheit vor sich ging. Und die Christenheit war noch nicht einmal die Grenze der westlichen Kultur: Nicht nur die Wissenschaft basierte in hohem Maße auf Rückübersetzungen antiker Autoren nach arabischen Versionen, sondern auch ein großer Teil der technischen Erfindungen der Zeit kam aus dem

19

20

21

Osten. Die Kontakte zwischen westlichen Christen und Muslimen in Spanien, in Sizilien und in der Levante und auch der Handelsweg, der von den Bettelmönchen und durch Marco Polo quer durch Asien hindurch eröffnet wurde, gewannen eine entscheidende Bedeutung für den ständigen Strom der Ideen.

Eine der grundlegenden Veränderungen, die die Eigenart der gotischen Baukunst am deutlichsten von der der romanischen trennt, ist eine spürbare Betonung des Individuellen. Keine überkommenen Regeln schnürten die neue Kunst in eine Zwangsjacke ein, und die Meister entfalteten ihr Erfindungstalent in vollem Umfang, obwohl sie gegenseitig voneinander Ideen ausliehen. Die Entwicklung der Kunst begann von innen heraus angeregt zu werden, bis sie eine Form annahm, die sich von allem bisher Dagewesenen radikal unterschied. Wir können die gotischen Baumeister der frühesten Generation vielleicht nicht mehr mit Namen identifizieren, aber die differenzierten Stile mit bestimmten individuellen Zügen lassen sich durchaus erkennen.

Steinmetzzeichen

Gislebertus, Bildhauer, möglicherweise aber auch Baumeister, dessen Signatur das Tympanon von Saint-Lazare in Autun trägt, war der erste große Individualist in der Kunst des 12. Jahrhunderts. Er arbeitete sowohl in Autun als in Vézelay und hatte wahrscheinlich bei den Arbeiten in Cluny Erfahrungen gesammelt (Abb. 9). Unter den Handwerkern, die um 1145–50 am Königsportal in der Westfront der Kathedrale von Chartres arbeiteten, war ein Rogerus Artifex, der ebenfalls seine Werke signierte und der sehr wahrscheinlich vorher an der Abteikirche des Abtes Suger in Saint-Denis gearbeitet hatte.

Schon von Anfang an stand die Epoche der Gotik nicht im Zeichen der Anonymität, sondern der klar umrissenen und nachdrücklich betonten Persönlichkeit. Die Steinmetzzeichen waren individuelle Erkennungszeichen, die angaben, daß ein bestimmter Steinmetz einen bestimmten Stein behauen hatte. Es gibt sie seit grauer Vorzeit und noch heute, aber in der Epoche der Gotik kommen sie häufig vor. Sie weisen auf eine persönliche Verantwortlichkeit für eine geleistete Arbeit hin, und man findet sie am häufigsten dort, wo viele einander fremde Steinmetzen zusammenkamen, um an einem großen Werk zu arbeiten.

Es gibt nicht viele Anhaltspunkte, die darauf hinweisen, daß die Bauhütten des Mittelalters (Abb. 15) irgend etwas von der esoterischen Bedeutung hatten, die man mit den Freimaurerlogen verbindet. Die Bauhütte war eine Bau- und Schutzhütte und zugleich ein Zeichenbüro, vielleicht ein stabiles Gebäude mit einer Gipsplatte, auf der die einzelnen Teile des Werkes festgehalten werden konnten. Es kann kein Zweifel bestehen, daß die mittelalterlichen Steinmetzen ein relativ hohes Ansehen genossen, was auch durch die mittelalterliche Ikonographie bewirkt wurde, in der Gott Vater als Schöpfer das Universum mit einem Zirkel entwirft (Abb. 26). Im Abendland gab es verschiedene Formen einer hochentwickelten Organisation des Steinmetzhandwerks. Im ganzen Reich und darüber hinaus bestand eine Rechtsprechung unter der Aufsicht des Meisters der Straßburger Bauhütte, mit untergeordneten Gebieten, die von Bern, Köln und Wien aus gelenkt wurden. Wien erstreckte seine Herrschaft sowohl über ganz Ungarn als auch über die österreichischen Herzogtümer. Obwohl das Quellenmaterial nur spärlich ist, reicht es doch aus, zu beweisen, daß mittelalterliche Steinmetzen nicht in einer gesetzlosen Isolierung arbeiteten.

22 23 ▷

22, 23 Um 1440 wanderte ein deutscher Baumeister aus dem Rheinland, Hans von Köln, nach Spanien aus und ließ sich als ›Juan de Colonia‹ in Burgos nieder. Er entwarf die schwerelose Steinmetzenarbeit der spitzen Turmhelme auf den Westtürmen der Kathedrale (begonnen 1222, nach französischen Vorbildern). Sie wurde vollendet von Simón, dem Sohn des Hans von Köln. Von Simón stammt auch die reich dekorierte Kapelle des Konnetabel mit achteckigem Grundriß (oben), erbaut zwischen 1482 und 1494, von dessen Sohn Francisco der um 1540 entstandene Vierungsturm der Kathedrale

Die Geburt der Gotik

Seit Beginn des 12. Jahrhunderts läßt sich das Aufkommen gotischer Stilelemente und ihre allmähliche Vervollkommnung über etwas mehr als ein Jahrhundert verzeichnen. Bald nach dem Jahr 1200 bestand eine völlig einheitliche gotische Kunst, die besonders durch die Erfindung von Maßwerkfenstern gekennzeichnet ist (Abb. 24). Es folgt ein Jahrhundert des klassischen Gleichgewichts, in dem die internationale gotische Kunst ihren Höhepunkt erreichte und vollendete Formen der Kathedrale, der Burg und des Palastes schuf, die mit Malereien, bemaltem Glas, gemusterten Fliesen und figürlichen Plastiken ausgeschmückt waren.

Die charakteristischen Merkmale des gotischen Baustils in Italien unterscheiden sich sehr stark von denen in anderen Ländern (Abb. 25, 27, 28, 29). In Süditalien war der echte gotische Stil ein Fremdkörper, französisches oder spanisches Importprodukt, während es in Mittelitalien, im Umkreis von Rom und im ganzen Kirchenstaat so gut wie keine Gotik gegeben hat. Nur in den drei nördlichen Provinzen – der Toskana, der Lombardei und Venedig – gab es echte gotische Stilrichtungen, aber ihre ästhetischen Qualitäten unterscheiden sich stark von der andernorts in Europa geltenden Norm. Waren die Bau-

24
25

werke der Gotik im allgemeinen aufstrebend und hoch, so waren sie in Italien niedrig und geräumig (Abb. 27). Die völlig mit traditionellen römisch-antiken Formen durchdrungene italienische Kunst konnte sich niemals zur Ausdehnung in Länge oder Höhe, zur Spitze und zur Eckigkeit der mittelalterlichen Bauwerke entschließen. Die sonst allgemein abgelehnte Kuppel wurde angenommen; Farbe an den Außenwänden ersetzte das Spiel von Licht und Schatten (Abb. 29). Nur in der venezianischen Gotik spielen Gesimse und Maßwerk eine bedeutende Rolle.
Frankreich blieb fast bis zum Ende des Mittelalters in konservativer Weise dem frühen, internationalen ästhetischen Ideal

24 Maßwerk, steinernes Filigran, bietet sich in der unendlichen Vielfalt des gotischen Formenreichtums dar. Es diente, vor allem in der Spätgotik, als Gerüst für die farbig verglasten, immer breiter und höher werdenden Fensterflächen. In der Romanik erinnert an Maßwerk von ferne die Ornamentik der Radfenster in den Portalfronten der Kirchen. Die Frühgotik kannte nur das schmale, hohe Fenster ohne Maßwerk (vgl. Abb. 34, Coutances). Später wurden die Ornamente aus der Wand herausgemeißelt, doch blieb die Mauerfläche zwischen den Zierformen erhalten. Für Radfenster, bei denen von einem Zentrum strahlenartige Gebilde ausgehen (›style rayonnant‹), finden sich Beispiele in Bourges, Paris und Reims. Die Fensterrose in Lincoln (um 1320), ›Bishop's Eye‹ genannt, zeigt einen Stil, der ›curvilinear‹, krummlinig, hieß. Für die Spätgotik ist bezeichnend die ›Fischblase‹, in Frankreich ›Style Flamboyant‹ genannt. Links: Fensterrose im südlichen Querschiff von Amiens

25 Die reichen Stadtstaaten Nord- und Mittelitaliens schmückten sich mit Bauten von außerordentlicher Pracht. Der Palazzo Pubblico in Siena, begonnen 1289. Nur das Maßwerk im Bogenfeld der Fenster erinnert an die nordische Gotik

26 Gottvater als Baumeister ist eine Vorstellung, die auf das Mittelalter zurückgeht. Häufig findet man Darstellungen dieser Art in illuminierten Bibeln (aus einer französischen Bibel des 13. Jahrhunderts). Abgesehen von den theologischen Konsequenzen, die sich aus dieser Vorstellung ergeben, läßt sich daran ablesen, wie angesehen der Beruf des Baumeisters war. Von Anbeginn an galten sie als Ausübende einer freien Kunst und nicht nur als Handwerker. Der Beruf des Baumeisters, der nur freien Männern offenstand, erforderte eine lange Lehrzeit und darüber hinaus Kenntnisse in Mathematik und Geometrie. Die Steinmetzzünfte gehörten von jeher zu den am besten organisierten mittelalterlichen Berufsgenossenschaften, die nicht jeden in ihre Reihen aufnahmen. »Hier erschafft Gott den Himmel, die Erde, die Sonne, den Mond und alle Elemente«, so lautete die Überschrift in Altfranzösisch über der Miniatur. Sie illustriert das erste Buch der Genesis: »Am Anfang schuf Gott Himmel und Erde. Und die Erde war wüst und leer.« (1. Mose 1, 1–2) (die formlose Masse in der Mitte des Kreises) ... »Und Gott sprach: Es werde eine Feste zwischen den Wassern ... und Gott nannte die Feste Himmel« (s. Mose 1, 6, 8) – (das wellige Blau stellt die »Wasser über der Feste« dar) ... »Und Gott machte zwei große Lichter: ein großes Licht, das den Tag regiere, und ein kleines Licht, das die Nacht regiere, dazu auch Sterne.« (1. Mose 1, 16). Der Zirkel, mit dem Gott die Grenzen des Universums absteckt, ist ein typisches Arbeitsgerät des Mittelalters. Er ist keineswegs übertrieben groß gezeichnet, wie es auf den ersten Blick scheinen könnte. Der Steinmetzmeister übertrug damit den Bauplan von der kleinen Werkzeichnung in den Maßstab natürlicher Größe. Es ist seit langem nachgewiesen, daß die Vorstellung, die großen Klöster und Kathedralen seien stets von Geistlichen oder Mönchen errichtet worden, unhaltbar ist. Jedem mittelalterlichen Bauwerk von einiger Größe haben mit Gewißheit exakte Baupläne und Bauzeichnungen zugrunde gelegen, und ein Fachmann hat die Oberaufsicht über den Bau geführt. Einige dieser Zeichnungen sind noch erhalten, die Namen der Baumeister lassen sich bisweilen aus den überlieferten Texten erschließen. Dennoch ist es unmöglich, ein Bauwerk ausschließlich als schöpferische Leistung eines einzelnen zu betrachten. Dazu waren die Bauzeiten zu lang – meist zogen sie sich über viele Jahrzehnte, in einzelnen Fällen sogar über Jahrhunderte hin –, die handwerklichen Fähigkeiten, die verlangt wurden, zu vielseitig. So müssen die Bauten der Romanik und der Gotik, auch wenn sie keineswegs so anonym sind, wie man früher zu glauben geneigt war, im wesentlichen als gemeinsame Schöpfungen einer Gruppe genialer Talente angesehen werden, denen es gelang, in ihren Werken Geist und Glauben eines ganzen Zeitalters zum Ausdruck zu bringen

verbunden (Abb. 31) und nahm nur zögernd den reichverzierten Stil der Spätgotik, den *Style Flamboyant*, in seine Tradition auf. Charakteristisch wurde dieser Stil für Flandern und die Niederlande, von wo aus er nach Spanien gelangte. In Frankreich entfaltete sich vor 1150 eine Baukunst, die in ihren Elementen deutlich gotisch war. Den frühgotischen Stil des Zisterzienserordens, dem strenge Regeln jeden nebensächlichen Schmuck verbieten, kann man beispielsweise an Pontigny sehen (Kap. 2, 29).

Ein großartiges Bauwerk ist auch die Kathedrale von Laon (Abb. 16), die um 1205 vollendet war. Immer noch wuchtig und klassisch leiten Notre-Dame in Paris und die wiederaufgebaute Kathedrale von Chartres (Abb. 30) über zu den in reinerem gotischem Stil erbauten Kathedralen von Reims (Abb. 33) und Amiens (Abb. 32).

In der Zwischenzeit hatte man beim Bau der Kathedrale von Bourges einen weit originelleren Bauplan entwickelt (Abb. 35, 36). Der Baumeister von Bourges machte sich als erster von der traditionellen französischen Bauweise frei und schleuderte ungeheuer hohe Säulen empor, die von schlanken Diensten umgeben waren. Dadurch wurde die Wirkung einer Höhe erzielt, die wirklich himmelan zu drängen schien. Auf Bourges folgten zwei weitere Kathedralen, die von ihrem Vorbild profitierten: Le Mans (Abb. 41), das in den Jahren 1217–54 erbaut wurde, und Coutances in der Normandie (erbaut ungefähr 1220–50), eine Kathedrale, die von den Kunsthistorikern merkwürdigerweise vernachlässigt wird, die aber wahrscheinlich das reinste Beispiel des frühgotischen Baustils ist und dazu vielleicht den edelsten Turm besitzt, der je errichtet worden ist (Abb. 34).

Das »klassische« Jahrhundert

Vor dem Einsetzen des spätgotischen Stils in England und seiner deutschen Entsprechung, der »Sondergotik«, verging noch ein weiteres Jahrhundert, und in diesem Jahrhundert, dem 13., verwirklichte sich seit dem ersten Drittel der Höhepunkt des »klassischen« gotischen Baustils. In England, wo die Gotik in Wells (Abb. 37) eingeleitet worden war, erreichte die schlanke, vertikale Linienführung des »Early English« ihren Gipfel in der Kathedrale von Salisbury (Abb. 38, 39). Das Mittelschiff der Kathedrale von Lincoln, wo zum erstenmal ein Fächergewölbe in vollendeter Ausführung auftaucht (Abb. 42), entstand zwischen 1220 und 1237. Der Entwurf wurde fast gleichzeitig bei dem neuen Chor in Ely (Abb. 43) übernommen, der zwischen 1234 und 1250 erbaut wurde. Ein Beispiel für die Spätstufe des Early English ist der »Engelchor« der Kathedrale von Lincoln. Im Gegensatz zu den französischen Kathedralen ist die Fassade der englischen von erheblicher Breitenausdehnung (Abb. 37), und die ganz nach

27 Die italienische Gotik nimmt in Europa eine Sonderstellung ein. Unter der Einwirkung Frankreichs konnte sich der gotische Stil nur in bedingtem Ausmaß durchsetzen und wurde bereits zu Beginn des 15. Jahrhunderts von der Renaissance abgelöst. Der italienischen Gotik fehlen fast immer die strikte Betonung der Vertikalen, die komplizierten Gewölbeformen, die wuchernden Steinmetzarbeiten, die Türme und Außenmauern überziehen. Dafür zeigen die Kirchenräume eine ruhige, würdevolle Geschlossenheit, in der antikes Erbe fortlebt. Links: Die Dominikanerkirche SS. Giovanni e Paolo in Venedig. Anstelle der Strebepfeiler und -bögen stützen Balken das Backsteingewölbe

28 Zweifellos französisch beeinflußt ist die Westfassade des Domes von Siena, deren Entwurf von Niccolò und Giovanni Pisano stammt. Der Turm aus zweifarbigem Marmor, der polychrome Dekor und die Mosaiken in den Dreiecksgiebeln der Fassade sind jedoch unverkennbar italienisch

29

30

29 Die Republik Venedig schuf eine völlig eigenständige Baukunst – hell, farbig und prächtig, ein Zusammenspiel von gotischer, islamischer und byzantinischer Kunst. Die Ca' d'Oro zeigt (wie z. B. auch der bekannte Dogenpalast) die typischen Loggien mit den Kielbogenarkaden

30 Der Strebebogen entwickelte sich vom anfangs einfachen Halbbogen (wie hier bei der Kathedrale von Chartres) schließlich zu einer kühn sich wölbenden, durch das durchbrochene Maßwerk schwerelos wirkenden Stütze

31, 32 Die herrlichen französischen Kathedralen des ›klassischen Jahrhunderts‹ betritt man durch ein prachtvolles, von wuchtigen Türmen flankiertes Portal mit reichem Skulpturenschmuck. Diese Gestaltung der Westfassade stammt aus der Normandie. Die Kirche La Trinité in Caen (11. Jahrhundert), die von der Gemahlin Wilhelms des Eroberers gestiftet wurde. Noch verlaufen die Linien der Blendarkaden ziemlich willkürlich, steht die Höhe der Türme nicht im richtigen Verhältnis zur Abschlußmauer des Mittelschiffs. In Amiens (erbaut um 1220; Abb. 32) haben die Gewände der Portale mehr Tiefe, Fialen und Fensteröffnungen wirken plastischer, die Wimperge über den Portalen durchbrechen die Horizontale in einer triumphierenden Aufwärtsbewegung

33 Die Kathedrale von Reims, die Krönungskirche der französischen Könige, wurde 1211 begonnen, der größte Teil der Westfassade, deren Entwurf von Bernard de Soissons stammt, wurde in der Zeit zwischen 1255 und 1290 erbaut. 1427 stellte man den Bau der Türme ein. Hier wirkt die Dynamik noch selbstbewußter und kraftvoller als in Amiens. Die eingeglasten Flächen sind um einiges größer – so weisen beispielsweise die Tympana große Fenster auf –, jeder verfügbare Raum, Portalgewände, Wimperge, Strebepfeiler und die quergereihten Nischen unterhalb der Türme, ist mit Figurenschmuck versehen, der flammengleich nach oben zu streben scheint, ebenso wie die steinernen Kriechblumen und Fialen ▷

31

32

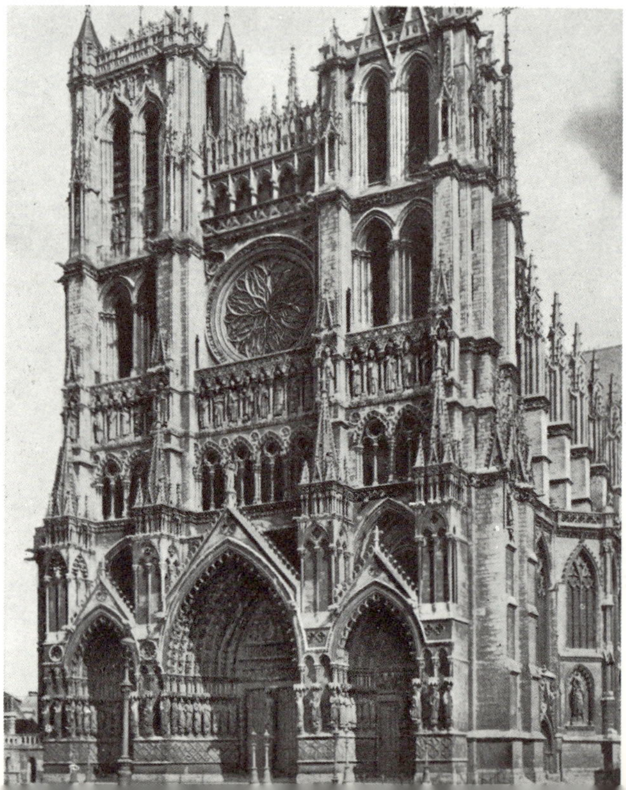

außen gerückten Türme erreichen niemals solche Höhen wie in Frankreich oder in Deutschland.

Auch auf dem Kontinent entwickelte sich die Gotik weiter. Zwischen 1226 und 1276 entstand der Dom von Siena (Abb. 28). Zweifellos französisch beeinflußt ist die Westfassade des Domes; der Turm aus zweifarbigem Marmor, der mehrfarbige Dekor und die Mosaiken in den Dreiecksgiebeln der Fassade sind jedoch unverkennbar italienisch. Santa Maria della Spina, am Arno-Ufer in Pisa, ein Bau, der in seiner Zierlichkeit beinahe wie ein Reliquiar wirkt, entspricht eher den nordischen Vorstellungen von Gotik. In Spanien begann man 1227 mit dem Bau der erzbischöflichen Kathedrale in Toledo, die französisch inspiriert und vermutlich von einem französischen Meister entworfen worden ist, die aber dennoch zum spanischen Typus der Kathedrale wurde. Sie strebt nicht so sehr in die Höhe wie die französischen Vorbilder, sie zeigt vielmehr eine Tendenz zur Breite, indem der Grundriß durch Seitenkapellen erweitert wird.

Der Charakter der großen Kirchen in Südfrankreich hatte sich bisher sehr stark vom Stil des Nordens unterschieden. Weiträumige überwölbte Kirchen oder Hallenkirchen waren in allen südlichen Gebieten, die ans Mittelmeer grenzten, sowie in Zentralfrankreich üblich. Durch Jean de Champs, der mit Clermont-Ferrand begann, gelangte der neue Baustil bis an die Grenzen des Landes. Unterdessen reifte im Norden Frankreichs der Baustil weiter aus, wie die prachtvolle Westfassade

34

35

34 »Wer war der erhabene Verrückte, der es wagte, eín solches Bauwerk in die Luft emporzuschleudern?«, so fragte Vauban, der französische Festungsbaumeister (1633–1707), angesichts des Vierungsturms von Coutances. Da die Kirche innerhalb einer einzigen Generation erbaut wurde (1220–50), zeigt der Bau die Merkmale des frühgotischen Stils besonders klar ausgeprägt und ist überdies von einzigartiger Homogenität. Die Ansicht von Osten läßt das komplizierte Gewirr der Strebepfeiler und Strebebogen am Chor der Kirche erkennen

35, 36 Der Meister von Bourges zeigte unter allen Baumeistern vielleicht die persönlichste Handschrift. Mit dem Bau der Kathedrale wurde vor 1195 begonnen, gegen 1265 war das Mittelschiff fertiggestellt. Die Pfeiler haben eine Höhe von zwanzig Metern, so daß die Seitenschiffe, mit eigenem Triforium und Lichtgaden, so hoch sind, wie das Mittelschiff der meisten Kathedralen. Die Vertikale wird besonders dadurch betont, daß die Dienste vom Boden bis zum Deckengewölbe geführt wurden. Im Ostteil sind die farbigen Glasmalereien aus dem 13. Jahrhundert noch vollständig erhalten (Ausschnitt aus dem Steinmetzenfenster, auf dem die Tätigkeiten am Bau und die Geschichte des reichen Mannes dargestellt sind). Die Westfassade, zwar unvollendet, ist mit dem reichen Skulpturenschmuck dennoch außerordentlich eindrucksvoll

von Reims zeigt, die Bernhard von Soissons etwa zwischen 1255 und 1290 erbaute (Abb. 33).
Im westlichen Deutschland entstanden die Entwürfe für das Straßburger Münster. Mit dem Bau der Westfassade wurde 1276 begonnen. Alle Meister von Straßburg waren Deutsche, obwohl der Bau stark von französischen Beispielen beeinflußt ist.

Abweichende Stilrichtungen

Etwa im letzten Jahrzehnt des 13. Jahrhunderts war ein Wendepunkt erreicht. Bis dahin war der gotische Baustil völlig von Meistern beherrscht worden, die entweder in Frankreich arbeiteten oder von dorther stammten. Wie zu Anfang der romanischen und der gotischen Epoche begann wieder eine Entwicklungsstufe mit der Einführung neuer Ideen aus dem Osten. Während des 13. Jahrhunderts war der Sturm der Mongolenhorden über das Abendland hinweggefegt. Als sie zurückgewichen waren, bestanden zunächst etwas gespannte Beziehungen zwischen dem Westen und den unermeßlich großen, friedlichen Herrschaftsgebieten des großen Khan, die sich aber bald besserten. 1293 trafen christliche Missionare aus Italien in China ein. 1295 kehrte Marco Polo mit Vater und Onkel von Peking aus glücklich nach Venedig zurück. Der Vizekönig der westlichen Herrschaftsgebiete der Mongolen mit Persien als Mittelpunkt hatte Gesandtschaften nach Westen geschickt, 1289 auch eine nach England, die Edward I. mit einer Ge-

sandtschaft unter Sir Geoffrey Lanley erwiderte. Daß derartige Kontakte mit dem Osten tatsächlich westliche Bauwerke beeinflußten, beweist der große Saal im Palazzo della Ragione in Padua, den Frater Giovanni, ein Augustiner, 1306 entworfen hat. Er war auf seinen Reisen weit im Abendland und in Asien herumgekommen und »brachte Pläne und Zeichnungen aller Gebäude mit, die er gesehen hatte.«
Unter seinen Zeichnungen befand sich auch eine vom Dach »eines großen Palastes in Indien jenseits des Meeres«, die Bruder Giovanni beim Entwurf des riesigen Daches als Modell benutzte. Sicher ist, daß gegen Ende des 13. Jahrhunderts in England neue Motive in der Ornamentik erscheinen, die sehr viel Ähnlichkeit mit den persischen Rautenornamenten aufweisen. Das ungewöhnliche Nordportal an der Vorhalle von St. Mary Redcliffe in Bristol (Abb. 44) – erbaut ab 1320 – ist im ganzen westlichen Abendland das bemerkenswerteste Beispiel für die Einwirkung orientalischer Ideen. Im sechseckigen Grundriß der Eingangshalle wird das Vieleck des neuen Rautenmusters nachgeahmt. Auch der sogenannte Eselsrückenbogen dürfte durch Kontakte mit dem Orient ins Abendland gekommen sein. Man erkannte sehr bald die Möglichkeiten, mit diesem Bogen die einzelnen Kreisformen des Maßwerks zusammenzuschließen. Dieses netzartige Maßwerk wurde häufig für Fenster, aber auch als reines Ornament verwendet (Abb. 24). In England wurde dieser Stil, nachdem er sich fünfzig Jahre lang außerordentlicher Beliebtheit erfreut hatte, durch den spätgotischen »Perpendicular Style« verdrängt. Auf dem Kontinent dagegen wurde er aufgenommen und in Frank-

37

reich und Flandern noch weiterentwickelt zu den verschlungenen und gewundenen Formen des »Style Flamboyant« (Abb. 24).

Der englische Beitrag

Obwohl der »Perpendicular Style« (Vgl. Abb. 44–53) wie alle Stile auf vorhergehenden Stilformen basiert, muß er als ganz spezifische Neuschöpfung William Ramseys, des Steinmetzmeisters aus Norwich, angesehen werden. Heute weiß man mit Sicherheit, daß die Einfachheit und sogar Kahlheit des neuen Stils nicht auf Armut und mangelndes handwerkliches Können zurückgehen. Vorboten des Perpendicular Style, das senkrechte Stabwerk als Gliederungssystem der Fenster, finden sich schon im südlichen Kreuzgang der Kathedrale von Norwich (Abb. 47), sowie an dem neuen Kreuzgang und dem Kapitelhaus für St. Paul in London (begonnen 1332) (Abb. 50). An allen diesen Bauwerken war der Baumeister William Ramsey beteiligt. Stabwerk erscheint auch in der Kathedrale von Gloucester (Abb. 51) im Südfenster des Querschiffs und nirgends sonst, so daß dies Fenster wie ein nachträglicher stilistischer Einfall anmutet. Und auch diese Stilwendung in England scheint auf Anregung aus dem Osten zurückzugehen. Zusammen mit anderen charakteristischen Zügen des Perpendicular Style findet man diese Formen in Kairo in dem Mausoleum des Mustafa Pascha (Abb. 46). Daß Pilger, darunter Künstler, in der zweiten Hälfte des dreizehnten Jahrhunderts die muslimischen Länder besucht haben, geht aus Reiseberichten hervor. Außerhalb Englands wurde der Perpendicular Style nirgends

38

39

37 Im Gegensatz zu den französischen Kathedralen ist die Fassade der englischen Kirchen von erheblicher Breitenausdehnung, die ganz nach außen gerückten Türme erreichen niemals solche Höhe wie in Frankreich oder auch in Deutschland. In Wells verdeckt die Fassade Haupt- und Seitenschiffe vollständig. Die Fassade entstand etwa 1230 bis 1260, die Türme zwischen 1365 und 1435

38, 39 Die Gotik setzte in England im Jahre 1174 ein, als ein französischer Baumeister, Wilhelm von Sens, den Auftrag erhielt, den Chor der Kathedrale von Canterbury wiederaufzubauen, der durch Feuer zerstört worden war. Dieser ganz nach französischem Muster erbaute Chor kennzeichnet den Beginn des sogenannten ›Early English‹, des Stils der englischen Frühgotik. Eines seiner Hauptwerke ist die Kathedrale von Salisbury. Der herrliche Vierungsturm mit dem hohen Spitzhelm ist eine Hinzufügung des 14. Jahrhunderts nach einem Entwurf von Richard von Farleigh. Die Strebepfeiler haben keinerlei Stützfunktion mehr. Der Innenraum zeigt die nüchterne Klarheit des ›Early English‹ – weite Arkaden, schlichte Kapitelle, Verkleidung der röhrenförmigen Dienste mit poliertem schwarzem Purbeck-Marmor (eine Manier, die von Canterbury ausging). Mit Ausnahme des Turms ist Salisbury, wie Coutances, ein Bauwerk aus einem Guß, geschaffen innerhalb einer einzigen Generation von 1220–66

40

41

42

43

44

40–43 Im Laufe der Zeit wurden die Gewölbe zunehmend komplizierter. Die künstlichen Gebilde, die am Ende dieser Entwicklung standen, haben mit baulicher Logik nichts mehr zu tun. Auch die Kirche von Sens besitzt – wie im 12. Jahrhundert allgemein üblich – ein Kreuzrippengewölbe mit sechs anstatt vier Rippen. Drei Beispiele aus dem 13. und 14. Jahrhundert. Französisches Kreuzrippengewölbe, jedes Joch mit vier Gewölbekappen. Chor der Kirche in Le Mans (1217–54). Lincoln, Kathedrale St. Mary (um 1235–40). Von den Diensten sich fächerartig ausbreitende Rippen, die auf eine Scheitelrippe (Lierne) treffen. Ely (Cambridgeshire), Kathedrale der Heiligen Dreifaltigkeit, Chor (um 1335). Sterngewölbe

44 Außenansicht des Nordportals von St. Mary Redcliffe in Bristol, erbaut um 1320–30. In dem sechseckigen Grundriß drückt sich ein neues Raumgefühl aus, das für den ›Decorated Style‹ charakteristisch ist. Das Gewölbe des Innenraums ist ebenfalls sechseckig, aber gegen die Wände versetzt. Die fremdartige Archivolte weist mit ziemlicher Sicherheit auf östliche Einflüsse hin. Dagegen gehören die Wimperge mit den Kielbogen und die reiche naturalistische Blattornamentik zum üblichen architektonischen Schmuck einer gotischen Kathedrale

45 Die Abbildung zeigt den Chor der Kathedrale von Gloucester. Um die Mitte des 14. Jahrhunderts wurde der normannische Bau mit einer Blendgliederung, Stabwerk im ›Perpendicular Style‹, überzogen, ein sehr großes Ostfenster eingebrochen und die Decke durch eine Gewölbekonstruktion verkleidet. Der neue Stil findet hier erstmals reifen Ausdruck. Das Stabwerk verwischt die alte Einteilung der Wand in Arkade, Galerie und Lichtgaden mit der Absicht, den Chor als räumliche Einheit wirken zu lassen

46–53 Die Entwicklung des ›Perpendicular Style‹. Die Umwandlung der geschwungenen und Halbkreisformen des Maßwerks in geradlinige Sechsecke ist bereits in islamischen Bauwerken, wie dem Grabmal des Mustafa Pascha in Kairo, vorweggenommen. Man weiß, daß Reisende aus dem Abendland um diese Zeit die mohammedanischen Länder besucht haben: ein gewisser Robert, genannt der Bildhauer, begab sich im Jahre 1292 in die Türkei und nach Persien, zwei Franziskaner, einer davon ein Künstler, suchten im Jahre 1323 Kairo und Palästina auf. Es ist durchaus möglich, daß sie von dort Skizzenbücher mitgebracht haben. Eine der Schlüsselfiguren bei der Entwicklung des neuen Stils ist

45

46

47

48

49

50

51

52

53

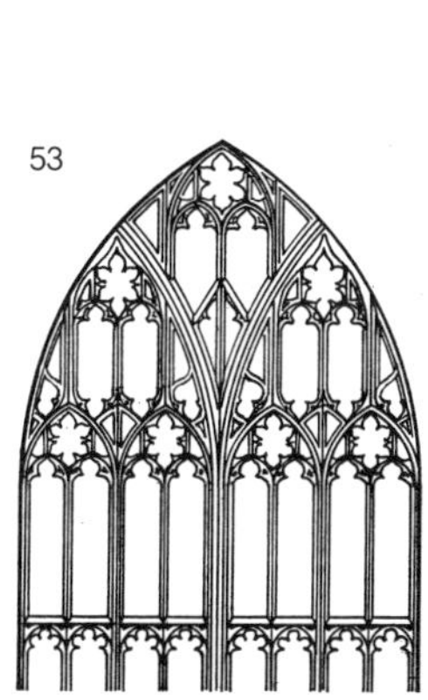

William Ramsey aus Norwich. Sein Maßwerk im Südkreuzgang der Kathedrale, obwohl noch dem ›Curvilinear Style‹ zugehörig, enthält bereits den Keim zum ›Perpendicular Style‹. Zwischen 1322 und 1336 zeigt der neue Chor von Ely eine ähnliche Entwicklungstendenz: die Bogen sind einem rechteckigen Feld eingepaßt. Bei den Fenstern der Marienkapelle ziehen sich vertikale Stäbe, ausgehend von zwei Kielbogen, bis zum oberen Rand der Umrahmung, wodurch der Eindruck einer Täfelung entsteht. Im Jahre 1332 war Ramsey in London an einem neuen Kapitelsaal und Kreuzgang für St. Paul tätig; dort ist die vertikale Linienführung noch weit augenfälliger. Die drei Fenster unten zeigen die Endstufe dieser Entwicklung. Das Fenster des südlichen Querschiffs von Gloucester wurde gegen 1335 gebaut. Noch zeigt das Maßwerk geschwungene Formen, doch tauchen am oberen Rand nahezu regelmäßige Sechsecke auf, ähnlich wie im Kreuzgang von St. Paul. Das Ostfenster von Wells (etwa 1335–39) bringt in abgewandelter Form denselben Baugedanken, während er bei dem großen Ostfenster von Gloucester (etwa 1337) bis zur letzten Konsequenz durchgeführt ist. Der ›Perpendicular Style‹ blieb in England im wesentlichen bis zur Renaissance unverändert

46 Wand mit dem Mihrab, vom Grabmal des Mustafa Pascha in Kairo. Mitte des 13. Jahrhunderts

47 Südlicher Kreuzgang der Kathedrale von Norwich, von William Ramsey um 1324 erbaut

48 Chor der Kathedrale von Ely. 1322–36

49 Marienkapelle in der Kathedrale von Ely, etwa aus dem Jahre 1330 stammend

50 Kreuzgang der alten St.-Pauls-Kathedrale von William Ramsey. Der Entwurf stammt aus dem Jahre 1332

51 Fenster im südlichen Querschiff der Kathedrale von Gloucester. Um 1335

52 Ostfenster der Kathedrale von Gloucester. Etwa 1337

53 Ostfenster der Kathedrale von Wells. Etwa 1335–39

übernommen, wenn man von den wenigen Bauwerken absieht, die englische Baumeister in Schottland, Irland und Calais errichteten.
Bedeutender war der englische Beitrag beim Gewölbebau. Im Laufe der Zeit wurden die Gewölbe zunehmend komplizierter. Das ursprüngliche Rippengewölbe, das für die ersten gotischen Bauwerke charakteristisch war, hatte aus einem einzigen Paar diagonaler Rippenbögen bestanden, die einander im Mittelpunkt des Bogens kreuzten. Die künstlichen Gebilde, die am Ende dieser Entwicklung standen, haben mit baulicher Logik nichts mehr zu tun (Abb. 40–43). Die beiden wichtigsten For-

54

54 Die englische Hochgotik, der sogenannte ›Decorated Style‹ (um 1270 bis um 1350), zeichnet sich aus durch die reiche Verwendung von Zierformen, besonders an Gewölben, Fenstern und Portalen.
Ein Beispiel für spätgotische Gewölbe in Deutschland bietet Schwäbisch Gmünd (spätes 15. Jahrhundert)

55

55 Ein solches Fächergewölbe erscheint erstmals um 1370 im Kreuzgang der Kathedrale von Gloucester. Von einem Punkt ausgehend, breiten sich die Rippen fächerförmig aus

56 Peter Parler, von Karl IV. nach Prag berufen, um den begonnenen Dombau weiterzuführen, schuf nicht viel mehr als den Chor des Veitsdoms. Aber aus seinem Werk spricht die Originalität einer ganzen Epoche: Die Rundsäulchen des Triforiums scheinen durch das schräg abgedachte Mauerwerk durchzuwachsen und sich im Stabwerk der darüberliegenden Spitzbogenfenster fortzusetzen. Sehr ungewöhnlich die schräggestellten Bogenfensterchen

57 Querschnitt durch den Chor der Kathedrale von Bristol. Es handelt sich um eine Hallenkirche, einen Bautypus, der in Westfrankreich und Deutschland weit verbreiteter ist als in England. Ihr Kennzeichen ist, daß Mittelschiff und Seitenschiff von gleicher Höhe sind. Der Schub des Hauptgewölbes wird durch ein kompliziertes Gerüst von Streben und Stützen abgefangen, wodurch die einander durchdringenden Räume entstehen, wie sie die Abbildung zeigt. Die verschlungenen Gewölberippen und das unruhige Maßwerk des Ostfensters verstärken die Wirkung. Nimmt man dazu die architektonischen Neuerungen in St. Mary Redcliffe (Abb. 44) und das eindrucksvolle spätgotische Gewölbe der Vorhalle der Berkeley-Kapelle, so läßt sich erkennen, daß Bristol in der ersten Hälfte des 14. Jahrhunderts für die Entwicklung der europäischen Baukunst von außerordentlicher Bedeutung war

58 Der Tinell in Barcelona, erbaut zwischen 1359 und 1370

56

57

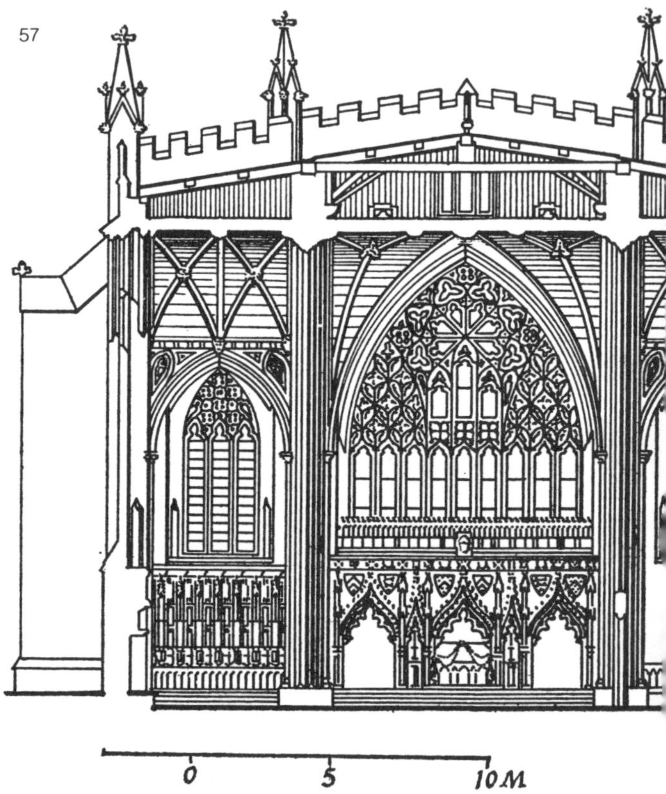

men sind das Sterngewölbe (Abb. 43) und das Netzrippengewölbe (Abb. 54). Eine Eigentümlichkeit des Perpendicular Style ist das Fächergewölbe (Abb. 42, 43, 55), dessen Rippen sich von einem Punkt fächerförmig ausbreiten. Sowohl Netzgewölbe wie Fächergewölbe wurden von deutschen Meistern des 14. Jahrhunderts nachgeahmt und zu wesentlichen Bestandteilen des neuen Stils kontinentaler Prägung, der von den Baumeistern der Parler-Dynastie über ganz Mitteleuropa ausgebreitet wurde. Das Meisterwerk dieser Schule dürfte der Prager Veitsdom sein, der von Matthias von Arras im französischen Stil begonnen und dann unter Peter Parler weitergeführt wurde (Abb. 56). Die Vorhalle der südlichen Fassade enthält ein Fächergewölbe. Manche Details weisen auf die Abstammung von englischen Bauprinzipien hin.

Bedeutende Werke der Hochgotik

Während des späteren Mittelalters beherrschten wenige, durch ihre Größe und ihre künstlerischen Qualitäten besonders eindrucksvolle Baudenkmäler die Szene und wurden überall nachgeahmt. Wie schon erwähnt, war das Kopieren im großen und ganzen ein durchaus übliches Verfahren. Die Auftraggeber hatten den Wunsch, ihre eigenen Gebäude einem schon bestehenden Bauwerk nachzubilden und das Vorbild möglicherweise noch zu übertreffen. Dieser Wetteifer führte zu einer ständigen Weiterentwicklung und Verfeinerung einiger weniger Grundbaupläne. Während des 14. Jahrhunderts entstanden die großen Vorbilder. Neben Köln und Straßburg, die einen ungeheuren Einfluß ausübten, gab es ein südlicher gelegenes Zentrum in Freiburg im Breisgau. Der Turm des dortigen Münsters – zwischen 1310 und 1350 erbaut – wurde Vorbild für zahlreiche Entwürfe in Süddeutschland und in der Schweiz. Einen andern deutschen Kirchentyp, den der Hallenkirche (Abb. 57), verkörpert die Wiesenkirche von Soest in Westfalen, geschaffen von Johann Schendeler.
In Spanien brachte das 14. Jahrhundert eine rege Bautätigkeit. Kennzeichnend für die spanische Hochgotik ist die ungeheure Weiträumigkeit (Abb. 58). Im Jahre 1416 vereinte man Chor- und Seitenschiffe der Kathedrale von Gerona zu einem einzigen riesigen Kirchenschiff von fünfundzwanzig Meter Breite (Abb. 19). Frankreich, dem das 14. Jahrhundert Zwietracht im eigenen Land und darauf den Hundertjährigen Krieg mit England brachte, verlor die führende Stellung in der Baukunst des Westens. Ein großer Teil der bedeutenden Bauarbeiten wurde jedoch fortgesetzt, vor allem der Bau des königlichen Palastes, des Louvre, der 1362 unter Raymond du Temple, einem der größten französischen Baumeister und Begründer einer Dynastie, begonnen worden war. Man kann sagen, daß die zweite Hälfte des 14. Jahrhunderts den Höhepunkt europäischer Kunst erlebte. Nicht nur ganze Bauwerke, sondern jeder Teil waren im Verhältnis zum Ganzen und zu menschlichen Maßstäben so wohlproportioniert, daß man den Eindruck hat, völlig ausgereiften Werken gegenüberzustehen. Ein Ausdruck von Ekstase – kein weltlicher Pomp, keine besonders vollkommene Ausschmückung – ist es, was die größten Bauwerke beseelt und ebenso die dazugehörigen Plastiken, Gemälde und Stickereien, die sich zu einer rauschenden Symphonie vereinigen. Dieser Ausdruck, der sehr wahrscheinlich auf östliche Vorbilder zurückgeht, zeigt sich auch in den Bauten von Venedig, die John Ruskins Begeisterung in so hohem Maße erregten (Abb. 29).
Die Republik Venedig schuf eine völlig eigenständige Baukunst – hell, farbig und prächtig, ein Zusammenspiel von gotischer, islamischer und byzantinischer Kunst. Andernorts finden wir hauptsächlich in den Kirchen die gelungensten Einfälle gotischen Geistes, in Venedig aber sind es das herrschaftliche Wohnhaus und der Palast, die an der Spitze stehen. Die prachtvolle Fassade des Dogenpalastes wurde 1343 von Pietro Baseggio begonnen und 1404 vollendet. Man baute also mehr als zwei Generationen lang, und in dieser Zeitspanne erreichte die aufs höchste verfeinerte, prächtige, großartige und kraftvolle Kunst ihren Gipfelpunkt.
Ein erstaunliches Neuerwachen der Kunst geschah in England beim Wiederaufstieg des Landes zu einer großen europäischen Macht. Ungewöhnliche, manchmal sogar fremdartige Entwürfe wie etwa das Oktagon der Kathedrale von Ely tauchen in der ersten Hälfte des 14. Jahrhunderts auf (Abb. 59, 48, 49). Die kunstvolle Holzkonstruktion und die riesige »Laterne« waren das Werk William Hurleys, eines der bedeutend-

58

59

60

59 Um die Wende des 13. Jahrhunderts setzte der sogenannte ›Curvilinear Style‹ ein und löste den ›Geometrical Style‹ ab. Beide sind Entwicklungsstufen des ›Decorated Style‹. Im ›Curvilinear Style‹ sind die Bauglieder nicht mehr streng voneinander abgesetzt, das Maßwerk macht sich frei von geometrischer Formenstrenge, Fenster werden schräg eingeschnitten, Masse, Raum und Licht mit einer bisher nicht gekannten Freiheit behandelt. Eines der glänzendsten Beispiele des ›Curvilinear Style‹ ist das Oktagon von Ely – eine riesige ›Laterne‹ aus Holz, die 1322 nach dem Einsturz des alten Normannenturms über der Vierung errichtet wurde. Die eigentliche Konstruktion ist nicht sichtbar – schwerelos scheint das Türmchen über den emporstrebenden Gewölberippen zu schweben. Sein Erbauer war William Hurley

60 Deutlicher als in den früheren Entwicklungsstufen treten in der Spätgotik, insbesondere beim Maßwerk, die nationalen Eigentümlichkeiten hervor. Spitzbogenfenster im Kloster von Batalha in Portugal. In Batalha zeigen sich mancherlei Anklänge an die englische Spätgotik (englische oder irische Steinmetzen arbeiteten dort im späten 14. Jahrhundert), doch ist dieser Stil mit seinen üppig wuchernden Pflanzen- und Tiermotiven eine Entwicklung, die auf Portugal beschränkt blieb

61

sten englischen Zimmerleute, der aus London kam, um die Arbeiten zu planen und zu überwachen. Später im selben Jahrhundert entstand nochmals eine Fülle edler Kunstwerke: Die herrlichen Prunkgemächer von Kenilworth Castle, geschaffen für Edwards III. Sohn Johann von Gaunt, begründeten eine neue Richtung. Kathedralen und größere Kirchen wetteiferten miteinander, im neuesten Stil zu bauen oder umzubauen. Der königliche Steinmetz Henry Yevele und der Zimmermann Hugh Herland erneuerten in den Jahren 1394–1400 die Westminster Hall. Herlands eichene Dachkonstruktion ist noch erhalten. Diese Dachkonstruktion ist zwar das außergewöhnlichste Werk, das in dieser Art je ausgeführt wurde, aber nicht nur in England baute man große Hallen. Der Tinell im Palast des Königs von Aragón entstand zwischen 1359 und 1370 (Abb. 58).

Ende des Jahrhunderts und zu Beginn des 15. entstanden in allen Hauptstädten des Abendlandes die bedeutendsten Werke der Gotik. In England überstrahlt die Westfassade des Münsters von Beverley nahezu alles, was vordem auf diesem Gebiet geschaffen worden war. 1392 wurde mit dem Bau des riesigen Turmes des Ulmer Münsters begonnen. Die Arbeiten zogen sich ein Jahrhundert lang hin, dann brach man das Werk ab. Vollendet wurde es erst im vorigen Jahrhundert von 1849–90, nach den Plänen Matthäus Böblingers, der einer der Baumeister war.

Der Beitrag Portugals war das prachtvolle Kloster Batalha, das an die Schlacht erinnert, in der Portugal seine Unabhängigkeit erlangte. Verschiedene charakteristische Merkmale in Batalha erinnern stark an die englische Gotik. Zweifellos wirkte das Bündnis zwischen England und Portugal über das Politische hinaus. Das größte spanische Unternehmen war der Bau der Kathedrale von Sevilla (Abb. 62). Sie war bewußt auf Größe und Besonderheit geplant. »Eine neue Kirche soll errichtet werden, die so gut ist, daß keine ihr ebenbürtig sei«, heißt es in einem Memorandum. Die Kathedrale von Sevilla stellt die Summe der Gotik auf der Pyrenäenhalbinsel dar. Sie lieh sich die Ideen von Toledo, von Barcelona und von Nordfrankreich aus.

Es ist schwierig, wenn nicht unmöglich, charakteristische Züge aufzuzeigen, die allen Bauten der Spätgotik gemeinsam sind. So wirkt die Backsteinkirche in der südfranzösischen Stadt Albi auf uns ausgesprochen ungotisch (Abb. 61). Sie wurde zwischen 1282 und 1390 erbaut in einem Lande, das von den Albigenserkriegen verwüstet war. Die Kathedrale sollte eine Festung gegen die Ketzerei sein, mit nur einem einzigen Eingang, ohne Fensteröffnungen im Erdgeschoß und mit schmalen Schießscharten in dem massiven Westturm.

Zu Beginn des 15. Jahrhunderts verschlechterte sich die politische Lage im Abendland. In England hatte die widerrechtliche Machtergreifung durch das Haus Lancaster 1399 böses Blut gemacht. In Böhmen brachen wenig später die Hussitenkriege aus. Frankreich wurde durch das Wiederaufleben des Hundertjährigen Krieges verwüstet. Viele große Bauarbeiten muß-

61 Es ist schwierig, wenn nicht unmöglich, charakteristische Züge aufzuzeigen, die allen Bauten der Spätgotik gemeinsam sind. So wirkt die Backsteinkirche in der südfranzösischen Stadt Albi auf uns ausgesprochen ungotisch. Sie wurde zwischen 1282 und 1390 in einem Lande erbaut, das, verwüstet von den Albigenser-Kriegen, der Römischen Kirche gegenüber noch immer eine feindselige Haltung einnahm. Die Kathedrale von Albi sollte eine Festung gegen die Ketzerei sein, mit nur einem einzigen Eingang, ohne Fensteröffnungen im Erdgeschoß und mit schmalen Schießscharten in dem massiven Westturm

62 »So groß und von solcher Art« sollte die Kathedrale von Sevilla sein, »daß diejenigen, die sie sehen, denken sollen, wir seien verrückt.« Dies wurde 1401 gesprochen; 1506 war die Kathedrale vollendet und damals tatsächlich die größte Kirche der Welt. Die Ansicht von Süden zeigt die dreifachen Strebebogen des Mittelschiffs, die Fassade des Querschiffs und die Capella Real, die 1551–75 angebaut wurde

63

63 In Flandern folgte man, mit geringfügigen Abweichungen, dem französischen Vorbild. Die großartigsten Bauten entstanden im späten Mittelalter, zur selben Zeit, als auch der flandrische Handel die Zeit seiner höchsten Blüte erlebte. Mit dem Bau der Kathedrale Saint-Bavon in Gent wurde im Jahre 1274 begonnen, der Turm, ursprünglich mit spitzem Helm versehen, jedoch erst 1533 fertiggestellt

64 Für immer dahin ist jene heitere Farbigkeit, die einst der mittelalterlichen ▷ Baukunst Leben und Glanz verlieh. Diese Miniatur, für den Duc de Berry begonnen und von Jean Colombe für Karl I. von Savoyen vollendet, zeigt die Weihnachtsmesse in der Karlskapelle in Chambery. In die Initiale ist die Geburt Christi hineinkomponiert, in das Rankenwerk, das die Miniatur umgibt, die Anbetung der Hirten

uer natus
est nobis et
filius datus
est nobis cuius imperium
super humerum eius et vo
cabitur nomen eius ma
gni consilij angelus. Ps
Cantate domino canti

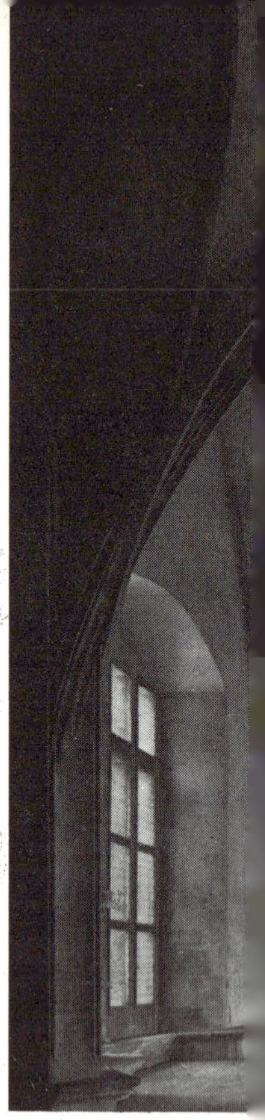

65

68

69

66

67

70

71

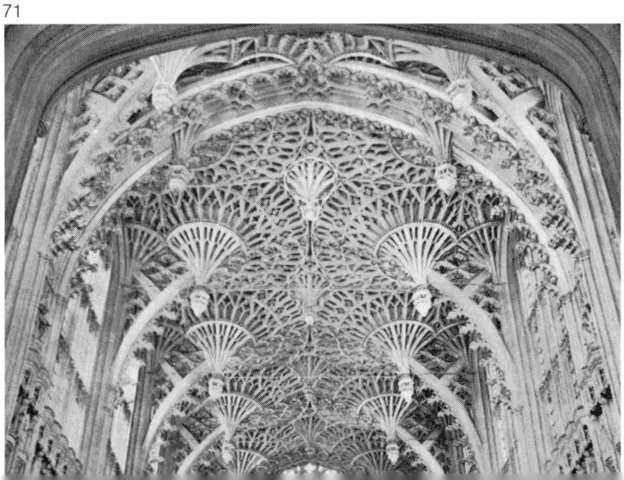

65 Brügge, nur wenige Kilometer von Gent entfernt, war eines der reichsten Handelszentren des Abendlandes im späteren Mittelalter. Das 1376 begonnene Rathaus zeugt von selbstbewußtem Bürgerstolz, der sich später in der barocken Pracht des ›Ancien Greffe‹ (links neben dem Rathaus) verkörpert

66 Ungewöhnlich sind die verschlungenen Gewölberippen in der Vladislav-Halle im Hradschin zu Prag. 1493 von Benedikt Ried entworfen – Zeugnisse einer rokokohaft verspielten Phantasie

67 In der deutschen Gotik existieren nebeneinander reichste Prachtentfaltung neben nahezu nüchterner Schlichtheit. Braunschweiger Dom um 1469. Man beachte die eigenwilligen Gewölberippen, die gewundenen Dienste und die gezackten Kapitelle

68 Die erhabenste Kathedrale der Christenheit – in Beauvais – wurde um die Mitte des 13. Jahrhunderts begonnen, später allerdings umgebaut und erweitert. Über die Vierung hinaus wurde sie niemals fortgeführt. Die prachtvolle Fassade des südlichen Querschiffes – wohl der absolute Höhepunkt des ›Style Flamboyant‹ in Frankreich – schuf 1499–1549 Martin Chambiges

69, 70 Der ›Bell Harry‹, der Vierungsturm, reckt sich stolz über der Kathedrale von Canterbury. Er wurde 1493–1505 von John Wastell erbaut und vollendete das Bauwerk, das 1379 von Henry Yevele begonnen worden war. Yevele hatte am Bau verschiedener Königsschlösser und am Mittelschiff der Westminister Abbey mitgewirkt, ehe er das neue Mittelschiff von Canterbury entwarf (Abb. 70)

71 Eine Schöpfung der englischen Spätgotik war das Gewölbe mit Abhänglingen, das den Gesetzen der Schwerkraft zu trotzen scheint und vom Baumeister ein Höchstmaß an Können verlangte. Die Kapelle Heinrichs VII. in der Westminster Abbey wurde von Robert und William Vertue entworfen und zwischen 1503 und 1509 erbaut

ten unterbrochen werden. Einige bedeutende Sakralbauten entstanden in den Randgebieten des Abendlandes: in Norddeutschland, Skandinavien und den Ostseeländern. In Mittel- und Süddeutschland stammen mehrere große Pfarrkirchen aus dieser Zeit, darunter die Frauenkirche in München, die zwischen 1469 und 1488 nach einem Entwurf von Jörg Ganghofer erbaut wurde.

Das wiederentfachte Feuer

Gegen Ende des Jahrhunderts entfachte jedoch der Atem künstlerischer Kraft noch einmal die bereits verglühende Gotik zu einer letzten lodernden Flamme. In jedem europäischen Land – ausgenommen Italien, wo längst die Renaissance eingesetzt hatte – entstanden zwischen 1480 und 1550 viele Bauwerke, die zum Herrlichsten gehören, was in der Baukunst je geschaffen wurde. Neben den Sakralbauten sind es Burgen, Paläste, Herrenhäuser, Universitäten und Zunfthäuser, die die reiche Ernte dieser Jahrzehnte ausmachen.

Zu dieser Zeit war die Vorrangstellung auf Flandern übergegangen oder richtiger auf die mächtigen Valoisherzöge von Burgund, die nicht nur über ein großes Gebiet im östlichen Frankreich, sondern auch über das ganze heutige Belgien, Holland, Luxemburg und die angrenzenden Teile des nordöstlichen Frankreich herrschten. Innerhalb ihrer Herrschaftsgebiete entwickelte sich ein prachtvoller Stil, der auf dem späten französischen Stil des 14. Jahrhunderts aufbaute, jedoch üppiger war, vereinzelt sogar überladen. Die Westfassade der riesigen Kathedrale von Antwerpen entstand zwischen 1422 und 1474. In Gent wurde zwischen 1461 und 1533 das Mittelschiff und der Turm von St. Bavon erbaut (Abb. 63). Brügge, nur wenige Kilometer von Gent entfernt, war eines der reichsten Handelszentren des Abendlandes im späteren Mittelalter. Das 1376 begonnene Rathaus zeugt von selbstbewußtem Bürgerstolz (Abb. 65).

Flämische Meister bereisten Spanien und England. Von dem leuchtenden und farbigen Prunk der Spätgotik entstand zweifellos vieles unter ihren Händen (Abb. 64). Dies waren jedoch nicht die einzigen Einflüsse, die auf künstlerischen Austausch zurückgehen. Simón de Colonia, Sohn des schon erwähnten Erbauers der Kathedrale von Burgos (Abb. 23), eines Auswanderers aus Köln, vollendete die Bauarbeiten, erbaute die Kapelle Santa Anna und die Kapelle des Konnetabel (Abb. 22). Auch andernorts in Spanien wirkten die beiden Baumeister.

Baumeister von hervorragender Begabung traten überall hervor. In Böhmen schuf Benedikt Ried eine geradezu rokokohaft verspielte Gotik mit gewundenen Gewölberippen. Ried, der Schöpfer des Vladislav-Saals im Hradschin (Abb. 66), war wohl der letzte geniale gotische Baumeister Mitteleuropas. Im gegen 1469 erbauten Braunschweiger Dom fallen die eigenwilligen Gewölberippen, die gewundenen Dienste und die gezackten Kapitelle auf (Abb. 67). Für das ganze Ostgebiet ist für den gleichen Zeitraum ein Nachsommer gotischer Kunst zu verzeichnen. Auch in Frankreich wirkt nochmals eine Generation bedeutender Baumeister. Einzelne Kathedralen erhielten Fassaden im Stil der späteren Gotik. Die letzte der großen Kathedralen wurde 1489 von Jean Chesneau in Auch begonnen. In Rouen entwarf Roulland le Roux 1509 die Westfassade der Kathedrale von Rouen. Das Spiel von Licht und Schatten auf ihr hat den Impressionisten Monet entzückt.

Le Roux' größter Rivale, Martin Chambiges aus Paris, schuf unter anderem die prachtvolle Fassade des südlichen Querschiffes von Beauvais, die wohl den absoluten Höhepunkt des Style Flamboyant in Frankreich bildet (Abb. 68). Chambiges hat wohl auch den letzten Traum der französischen Gotik inspiriert, den etwa 170 Meter hohen Vierungsturm von Beauvais, den Jean Vast d. J. ausführte. Er wurde 1569 vollendet, stürzte aber vier Jahre später ein und wurde nicht wieder aufgebaut. Das Feuer des gotischen Strebens war erloschen.

Zwischen 1471, in welchem Jahr Edward IV. aus dem Exil heimkehrte, und 1540, als Heinrich VIII. die letzten Klöster aufhob, erlebte das Land nochmals einen phantastischen Ausbruch der Bauwut. Unter der großen Zahl von Steinmetzen und Zimmerleuten ragten einige Männer von besonderer schöpferischer Begabung hervor. Zu ihnen gehörte John Wastell, der den »Bell Harry«, den Vierungsturm der Kathedrale von Canterbury, entwarf (Abb. 69) und damit das von Henry Yevele 1379 begonnene Bauwerk vollendete (Abb. 70). Die Gebrüder Robert und William Vertue waren die königlichen Meistersteinmetzen unter Heinrich VII. und Heinrich VIII. Sie entwarfen unter anderem die Kapelle Heinrichs VII. in Westminster (Abb. 71) und erbauten sie zwischen 1503 und 1509: Die Gewölbe mit Abhänglingen scheinen jeder Schwerkraft zu trotzen. Von William Vertue stammt auch der Entwurf des Corpus Christi College in Oxford. Das Dach über der Halle in Christ Church College des bedeutenden Zimmermannes Henry Coke ist der letzte Triumph englischer Zimmermannsarbeit der Gotik.

Die beste Zeit der Gotik war vorüber: Ihr kompliziertes Proportionssystem fand keinen Anklang mehr bei den Dilettanten eines neuen Zeitalters, die berauscht waren von der Idee römischer Größe und die eine Überdosis simplifizierten Vitruvs geschluckt hatten. Das Irrlicht einer Pseudo-Antike lockte wohlhabende Auftraggeber von jenen Architekten weg, die sich noch auf die traditionelle Baukunst verstanden, und setzte an die Stelle der Pergamentpläne und Gipsplatten ausländische Musterbücher. Die unmodern gewordenen großen Bauwerke wurden nur zu oft zu Steinbrüchen degradiert, aus denen man sich mit Baumaterial versorgen konnte. Doch trotz des ungeheuren Ausmaßes der Zerstörung, die in der Mitte des 16. Jahrhunderts begann und bis in unsere Zeit andauerte, ist noch genug erhalten, was Zeugnis ablegen kann. Was die Riesenmengen an Material und umbautem Raum anbelangt, so ragt das Zeitalter der Gotik ganz offensichtlich unter allen Kulturepochen heraus: Das Ergebnis einer glühenden religiösen Begeisterung, mag sie auch bisweilen fehlgeleitet worden sein. Die Kreuzzüge nur als reinen Ausdruck christlichen Geistes zu rechtfertigen, ist schwierig. Wir müssen aber zugeben, daß auch die bedeutendste Kunst, die die Welt je gesehen hat, eben hier ihren Ursprung hat. Und wenn wir uns der Kreuzfahrer erinnern, so sollten wir auch ihrer Festungsbaumeister gedenken, die zu den begabtesten Künstlern und Handwerkern des damaligen Abendlandes gehörten. Sie teilten mit den anderen Gefahren und Hitze des Tages und fanden trotzdem noch Zeit und Muße, sich Aufzeichnungen über bauliche Einzelheiten oder unbekannte Künste zu machen. Denen, die zurückkehrten und diese Früchte einbrachten, verdanken wir eine große und bleibende Ernte: die wunderbare Welt der gotischen Kunst.

1 Der König von Portugal (Mitte) und Johann von Gaunt, Herzog von Lancaster, zu seiner Rechten, speisen zusammen im Grenzgebiet zwischen Portugal und Galicien. Die übrige Tischgesellschaft setzt sich aus zwei Edelleuten, einem Erzbischof sowie drei Bischöfen zusammen. Der Tisch ist ein einfacher Schragen; die Bischöfe sitzen auf einer Bank. Von links bringen Bedienstete die Speisen, die man ihnen aus der Küche reicht. Wandbehänge und Fußbodenfliesen bringen Farbe in den für unsere Begriffe kärglich ausgestatteten Raum.

4

Könige und Burgen

Höfisches Leben in Krieg und Frieden

2

»Hübsche Türmchen waren dazwischengesetzt, mit vielen Schießscharten, die so kunstvoll ersonnen waren, daß man sie fest verschließen konnte. Niemals hatte Gawain eine bessere Festung erblickt. Des weiteren sah er den Palas, hoch aufragend, mit Türmen ringsum, dessen künstlich durchbrochene Spitzen in den Himmel stachen. Auf den Turmdächern konnte sein Auge viele weiße Kamine erkennen, gleißend wie Kalkfelsen im Sonnenlicht. Und überall wuchsen fröhlich bemalte Spitztürmchen hervor und drängten sich zwischen den Fenstern des Schlosses übereinander, und das Ganze sah aus, als sei es aus Papier ausgeschnitten.«

Sir Gawain und der Grüne Ritter

Die mittelalterliche Gesellschaft war sozial und politisch streng gestuft. Freilich variierte die Gesellschaftsordnung von Land zu Land, je nach Auswirkung ihrer germanischen oder romanischen Tradition. Es kam zu dieser Gesellschaftsordnung, als nach dem Zusammenbruch des Weströmischen Imperiums beim Aufbau des Großfränkischen Reiches das Streben nach Sicherheit auf der einen, wirtschaftliche und militärische Gründe auf der anderen Seite zur Ausbildung des sogenannten Feudalismus führten. Als spezifische Ausbildung des Feudalismus entwickelte sich im Fränkischen Reich und seinen Nachfolgestaaten das Lehnswesen. Es hat die abendländische Gesellschaftsordnung und die europäischen Staatensysteme, auch die Kirche, bis ins Spätmittelalter hinein getragen und hat bis weit in die Neuzeit – eigentlich bis zur Französischen Revolution – das soziale Leben geprägt.

Nur einige Momente dieser Ordnung seien hervorgehoben. Die Gesellschaft zerfiel in Freie und Unfreie oder Leibeigene. Lehnsrecht, Treuegelöbnis und wechselseitige Verpflichtungen, die durch Tradition, durch Gesetz oder durch beides gestützt waren, banden beide Klassen aneinander. Die Leibeigenen, die das Land ihres Herrn bestellten, bezahlten mit ihrer Arbeitskraft für militärischen Schutz und Belehnung mit einem Gut auf Lebenszeit. Der Lehnsherr seinerseits konnte wiederum an einen höheren Adeligen gebunden sein, etwa an einen Kronvasallen, einen Baron. Der König wurde finanziell und militärisch durch den Adel unterstützt, der seinen Landbesitz von ihm zu Lehen erhielt. Alle Klassen dieser weltlichen Hierarchie, die unteren wie die oberen, wurden zu militärischen Pflichten herangezogen. Die echten mittelalterlichen Krieger jedoch, die gepanzerten Reiter, die Ritter, bildeten im hohen Mittelalter einen eigenen Stand. Der Wohnsitz eines Gutsbesitzers aber, ob er nun Edelmann oder Baron war, Graf, Herzog oder der König selbst, mußte aus Gründen der Sicherheit stets befestigt sein.

Eine sichere Feste

Städte (Abb. 2) und Burgen durch Befestigungsanlagen zu schützen, ist keine Besonderheit des Mittelalters. Es war ein allgemein geübtes, sinnvolles militärisches Verfahren, das seit grauer Vorzeit und bis ins letzte Jahrhundert bestand. Das

2 Eine Miniaturstadt aus vergoldetem Kupfer bildet den Deckel dieses deutschen Pokals aus dem späten 15. Jahrhundert

3 Chepstow, an der Mündung des Wye in Monmouthshire gelegen, mit einem riesigen Palas, war als militärischer Stützpunkt zur Eroberung von Südwales im 11. Jahrhundert angelegt worden. Die Außenmauern aus dem 13. Jahrhundert, bei deren Anlage man alle Gegebenheiten des Geländes nutzte, erheben sich an der Stelle einer ursprünglichen Palisadenumwallung. In Zeiten der Belagerung konnte die Burg vom Fluß aus versorgt werden

Mittelalter kannte eine Vielzahl von Bezeichnungen für die verschiedenen Typen fester Bauten. Ausdrücklich aber unterschied man nur zwischen Gebäuden, die – oder deren Mauern – Wehrgang und Zinnen aufwiesen, und solchen, die nichts dergleichen besaßen. Manche Burgen bestanden lediglich aus einer riesigen Halle im Obergeschoß, wie dies um 900 in Frankreich üblich war. Sie hatte einst eine Einfriedung, die größtenteils verschwunden ist, aber nicht sehr furchteinflößend gewesen sein kann. Dagegen konnte man die aus Stein erbaute Halle nicht einfach in Brand stecken. Eine steinerne Halle allein machte natürlich noch keine Burg aus. Aber Chepstow (Abb. 3) zum Beispiel, in Monmouthshire im 11. Jahrhundert als militärischer Stützpunkt zur Eroberung von Südwales angelegt, oder der Tower in London sind zweifellos als Burgen im eigentlichen Sinne anzusprechen, da sie eindeutig militärischen Zwecken gedient haben. Beide Burgen waren mit Befestigungsanlagen verbunden.

Dieser Burgentypus wurde in England, in Sizilien und in den Kreuzfahrerstaaten eingeführt. Die meisten der mittelalterlichen Befestigungen entwickelten sich jedoch um den Bergfried als Ausgangspunkt. Ein hoher schlanker Turm kann, solange es keine Artillerie gibt, wegen seiner geringen Grundfläche von wenigen Männern verteidigt werden. Solche Türme wurden sogar in den meisten irischen Klöstern errichtet. In vielen italienischen Städten waren sie einst auch die ins Auge fallenden Attribute reicher Wohnsitze.

Ein Turm allein macht aber noch keine Burg aus, so wenig wie eine steinerne Halle. Wesentlich ist, daß eine Burg Kriegern und Pferden für längere Zeit genügend Platz bieten kann. Der Pferde wegen mußte unbedingt ein befestigter Auslauf vorhanden sein, und weil zu einer Burg eine Besatzung gehört, konnte der Wohnsitz eines einfachen Ritters niemals als Burg bezeichnet werden.

Der Aufstieg des Rittertums

Die militärische Organisation des Karolingerreiches und auch der englischen Kleinkönigreiche hatte sich als untauglich erwiesen, mit den dänischen, normannischen, ungarischen und sarazenischen Eindringlingen fertig zu werden, die urplötzlich zu Pferde oder zu Schiff auftauchten. In diesen Fehden war deutlich geworden, daß eine erfolgreiche Verteidigung unter örtlichen Oberbefehl gestellt werden mußte, und daß der Träger dieser Verteidigung der gerüstete Reiter, der Ritter, war. Die Kunst des Kämpfens zu Pferde scheint damals vorwiegend in Frankreich und Deutschland entwickelt worden zu sein. Die Angelsachsen, die 1066 bei Hastings zum Kampf gegen die Normannen vom Pferde abstiegen, waren verloren, weil sie nicht mit der militärischen Entwicklung Schritt gehalten hatten. Der Ritter war ein Spezialist, der gründlich geschult und ständig in Übung gehalten werden mußte. So war denn um das Jahr 1000 ein großer Teil des europäischen Bodens in kleine Rittergüter aufgeteilt, von denen jedes so viel an Pacht einbrachte, daß die Familie eines Ritters davon leben konnte, während er selbst seine Zeit der Verwaltung und den ritterlichen Übungen widmete, und, wenn es nottat, auch als Lehnsmann in den Krieg zog.

Unter dem Zwang der Verhältnisse – ein Ritter konnte schon in jungen Jahren das Leben verlieren, und seine Familie blieb dann unversorgt zurück – wurden die ritterlichen Lehnsgüter erblich. Für die jüngeren Söhne aus Kriegerfamilien war aber auch damit nicht gesorgt. Viele von ihnen waren gezwungen, in den Dienst der Kirche zu treten; sie blieben also unverheiratet und ohne Nachkommen. Die, die nicht in den Kirchendienst eintraten, bildeten eine Klasse von Rittern ohne Land, die an den Höfen des Adels herumlungerten und nur dann eine Ehe schließen konnten, wenn ihnen die Gunst ihres Gebieters die Hand der wohlhabenden Witwe eines Ritters gewährte. Handwerk und Handel waren Tätigkeiten, die für einen Ritter nicht in Frage kamen, und gut bezahlte Ämter waren nicht ausreichend vorhanden. Einiges spricht für die Annahme, daß der Adel deshalb die Größe seiner legitimen Familie oft bewußt einschränkte. An Mitgliedern scheint es dem Ritterstande trotzdem nie gemangelt zu haben.

Der Krieg gegen die Ungläubigen, den die Kirche immer wieder forderte, eröffnete mit einem Schlage Aussichten auch für die, denen im eigenen Land alle Möglichkeiten verschlossen waren. Den Skandinaviern waren Gedankengänge dieser Art schon seit Jahrhunderten vertraut. Es waren ja auch Norman-

3

4

5

6

4 Ritterschaft konnte man nur erwerben, wenn man eine sorgfältige Standeserziehung genoß. Bedingung für die Aufnahme in den Kreis der ritterlichen Geschlechter war die Ritterbürtigkeit, das heißt die Abstammung von ritterlichen Eltern und Großeltern. Vom siebten bis zum vierzehnten Lebensjahr wurde der künftige Ritter von einem Zuchtmeister zu körperlichen Übungen angehalten. Nach dem vierzehnten Lebensjahr trat der Jüngling als Knappe meist in den Dienst eines angesehenen Ritters oder eines Fürsten. Etwa mit dem einundzwanzigsten Jahr erhielt er den Ritterschlag (vor dem Ende des 12. Jahrhunderts die Schwertleite) und wurde dadurch mündig und wehrhaft.

Während des 13. Jahrhunderts, vielleicht auch schon früher, wurde es üblich, eine Devise, einen Wahlspruch, meist auf fliegenden Bändern, unter oder über dem Wappenschild anzubringen. Bei deutschen Wappen kommen Devisen seltener vor, häufiger bei französischen, am meisten bei englischen. Im Krieg verriet die Devise, unter welchem Anführer ein Ritter diente. Beim ritterlichen Zweikampf dagegen bedeutete sie häufig nichts anderes als die Demonstration romantischer Gefühle. So zeigt der Schild, der vermutlich niemals im Turnier verwendet wurde, einen Ritter, der huldigend vor seiner Dame das Knie beugt. *Vous ou la mort* steht als Devise auf dem verschlungenen Schriftband. Der Tod im Hintergrund soll diesem Wahlspruch Nachdruck verleihen

5, 6 Die Schwertleite oder der Ritterschlag war die wichtigste Zeremonie bei der Erhebung in den Ritterstand. Ganz oben: *Coment Viviens fu fais chevalier,* aus der Handschrift eines *Chanson de geste,* das Guilleaume d'Orange, einen altfranzösischen Sagenhelden, feiert. Oben: Dem Ritter wird sein Schwert vom König verliehen. Miniatur (Initiale) aus einer Handschrift des späten 14. Jahrhunderts

7 Sir Geoffrey Luttrell, ein Ritter aus Lincolnshire, der zu Beginn des 14. Jahrhunderts lebte, zeigt die Buchmalerei aus dem Luttrell-Psalter zu Roß in voller Rüstung vor einer Kriegsfahrt. Gattin und Schwiegertochter nehmen Abschied von ihm

7

nen, die bei der Eroberung Siziliens und der Begründung der Kreuzfahrerstaaten in vorderster Front standen. Die Untertanen des französischen Königs griffen die Kreuzzugsidee eifrig auf, nachdem sie vom König sanktioniert worden war. Deutsche Kolonialkriege gegen die Slawen wurden in ähnlicher Weise zu Kreuzzügen erklärt. Und als bis zum Ende des 12. Jahrhunderts die Überzeugung sich durchgesetzt hatte, daß Ketzer und Schismatiker dieselbe Behandlung verdienten wie die Heiden, wurde der Begriff des Kreuzzuges auch auf die Albigenser- und Waldenserkriege angewandt, ebenso wie auf die Kämpfe gegen das seit 1054 von der Römischen Kirche getrennte Byzantinische Reich. Diese Entwicklungen zeitigten außerdem den Erfolg, daß man Erfahrung in der Führung größerer Heere gewann. Und zweifellos war auf diese Entwicklung die Verbindung von Christentum und Kriegshandwerk zurückzuführen, die den letzten fünf mittelalterlichen Jahrhunderten ihr charakteristisches Gepräge verleiht. Man erdachte kunstvolle Zeremonien, bei denen der Ritter mit seinem Schwert »zur Verteidigung der Witwen und Waisen und zur Förderung der Gerechtigkeit« umgürtet wurde (Abb. 4–7).

Rittertum als Laufbahn

Turniere wurden von Geoffrey de Preuilly, der 1066 starb, ins Leben gerufen. In Frankreich nahm man sie mit großer und anhaltender Begeisterung auf (Abb. 8, 11–13). Nach den ursprünglichen Regeln war der einzige Unterschied zwischen einem Turnier und einer Schlacht der, daß beim Turnier das Ziel darin bestand, den Gegner gefangenzunehmen, nicht aber ihn zu töten. Das Turnier war zwar kein Zweikampf, es wurde aber nicht mit stumpfen Waffen gekämpft, und eine Anzahl bedeutender Leute fand dabei den Tod. Der gefangengenommene Partner verlor sein Pferd und seine Rüstung an den Sieger, und wenn bekannt war, daß er Geld besaß, mußte er auch noch ein Lösegeld zahlen. Wir sind in der glücklichen Lage, in dem *Chanson de Guilleaume Maréchal* die Lebensbeschreibung eines anglo-französischen Turnierhelden des 12. Jahrhunderts zu besitzen, die offensichtlich unmittelbar nach seinem Tode von seinem Herold niedergeschrieben worden ist. Sie enthält einen anschaulichen Bericht über die Schwierigkeiten, in die der Held in jungen Jahren gekommen war, als sein Pferd getötet wurde und er kein Geld hatte, sich ein neues zu kaufen. Es gelang ihm jedoch, das ungebärdigste Pferd im Stall des Konnetabel de Tancarville in der Normandie, mit dem er durch seinen Vater verbunden war, auszuleihen, und nachdem er wiederholt reiche Gegner im Turnier gefangengenommen hatte, konnte er sich bald auf eigene Füße stellen.

Im Laufe des 12. Jahrhunderts nahm übrigens sogar der Krieg in vielem die Form eines Turniers an, da so viele Teilnehmer an Lösegeldern interessiert waren. Aus diesem Grunde verlor der Krieg für den Ritter an Gefährlichkeit, anderseits aber wurden wegen dieser Rückwirkungen die Turniere zu gefährlich. Um das 14. Jahrhundert wurde das Turnier fast völlig durch die Tjoste ersetzt, einzelne Zweikämpfe, bei denen gefährliche Schläge regelwidrig und verboten waren. Verbesserte Rüstungen gaben die Gewähr, daß dieser Kampf kaum schlimmere Folgen haben konnte als heftige blaue Flecken. Aber die Tjoste erforderten große körperliche Kräfte und eine bewundernswerte Herrschaft über das Pferd (Abb. 9, 10). Zugleich waren die Tjoste ein gesellschaftliches Ereignis, das die Chronisten häufig in allen Details überliefert haben. Man kämpfte, bis sich einer der Teilnehmer ergab. Sie waren gewissermaßen ein sportliches Ereignis für Männer, während zu den Treffen, die die Romanzendichter des 13. Jahrhunderts beschrieben haben, ein großes festliches Gelage gehörte, das der Gastgeber veranstaltete und bei dem viele Damen anwesend waren.

Die aufschlußreichsten Dichtungen, die davon handeln, sind wahrscheinlich *Flamenca,* geschrieben im langue d'oc, wie das Provenzalische im Mittelalter genannt wurde, und *Guilleaume de Dôle* in nordfranzösischem Dialekt – zwei köstliche Werke, die in der Form dem modernen Roman sehr ähnlich sind. Eine

8 Die Tjoste erforderte größere Geschicklichkeit. Ernste Verletzungen waren hier jedoch viel seltener. Die Illumination zu den Tjosten von Saint-Ingilbert (15. Jahrhundert) hält das großartige Schauspiel der Parade der Turnierkämpfer fest. Drei französische Ritter wetteiferten damals mit sechsunddreißig ausländischen Herausforderern eine Woche lang um den Sieg

9, 10 Im 14. Jahrhundert stieg die Tjoste in der Gunst und im Ansehen des Adels, nachdem das ›mélée‹ oder Turnier als zu gefährlich erachtet worden war. Die Beteiligung an einer Tjoste galt als Sport, als militärische und Geschicklichkeitsübung. Zugleich war sie ein gesellschaftliches Ereignis, das die Chronisten häufig in allen Details geschildert haben. Der Einzelkampf konnte mit den verschiedensten Waffen ausgetragen werden, zu Pferde oder zu Fuß stattfinden. Man kämpfte, bis sich einer der Teilnehmer ergab. Die Verwundungen waren fast nie tödlich, meist handelte es sich um schwere Quetschungen

11 »Ich bin das Symbol eines bewaffneten Ritters aus Prato ... Blickt in das Angesicht Eurer Untertanen.« Die Handschrift aus dem 14. Jahrhundert ist eine Bittschrift der Bevölkerung von Prato, gerichtet an ihren Schutzherrn Robert von Anjou, König von Neapel. Das ›Schildhaupt‹ (oberer Teil des ritterlichen Schildes) symbolisiert Neapel

8

9

10

11 ▷

ntem deflevam tibi semper uoluz paruum
im dno micchi te dnm q2 te fore gratam
se meum noscas in precinctis quia cerno
x quia uirtutes sequeris nug3 tua sperno
assa · precor dignare preces audire precantis
ponte tibi uero fidei çelo famulantis
taz mea tibi matre preces cu supplia mete
rrigo pro Roma genitrce mea mo ffente
ic eget ipa parens tutela nucqz senatus
nsato senio tee cuius tu trabeatus
iondam consul amor quia scris urbe Senator
rogat ut culpe ne crescat sis medicator
ndiget ipa tui presenti conditione ✠

Supplico puate qui
Hec tua que trudit
Exaudire uelis que
Vt tibi sint grati ui
Gloria lausqz deo tib
Detantiqz datur exi
Res facienda leui ue
Justa salus fore qu
Nuc patrare putent
Ipsa necis dantur s
Vel quasi re mira cor
Vnde retardantur. ne
Resca completa sed
Cumqz mea iusta red
Non fiunt facile que
Donaqz planguntur
Tempus tidebat tee
Vt facias presto tui

✠ Cum manet ancapitimentis luctantis agone
Si uirtute tua quam sperat pace fruetur
Confidas felix qp te fortuna sequetur
Scilicet ipa dei que gra pspera reges
Sublimat fuat letatur condere leges ·

große Anzahl von Nebenfiguren trägt die Namen von Leuten, die wirklich gelebt haben. Obwohl die Schilderungen natürlich stark geschmeichelt sind, ist doch deutlich die Absicht zu erkennen, ein getreues Spiegelbild der vornehmen Welt zu geben. *Guilleaume de Dôle* beschreibt eine über die Maßen tugendhafte Heldin, während *Flamenca* es mit der ehelichen Treue nicht sehr genau nimmt. Die gesellschaftlichen Höhepunkte beider Geschichten bilden immer Turniere, die mit großer Genauigkeit beschrieben werden: sowohl die Tapferkeit der Turnierkämpfer und die Einzelheiten ihrer Kleidung als auch die Art der Festlichkeit und der Lieder, die von den Spielleuten vorgetragen werden. Was die romantischen Damen angeht, so sind sie eine Vision der Dichter des späteren 12. Jahrhunderts. Die Lieblingsthemen des 12. und 13. Jahrhunderts, die Verführung der Schäferin und die taktvolle und anonyme Verehrung verheirateter Damen – die Minne – gehören offenkundig in eine Welt, in der die Adelshöfe voll kräftiger junger Männer waren, deren Zukunft davon abhing, daß sie so lange warteten, bis sie eine Erbin heiraten konnten. Diesem Zustand hat man einen sorgfältig ausgeklügelten Sittenkodex übergestülpt.

Die höfischen Sitten hat man wahrscheinlich von den Arabern übernommen, mit denen die Franzosen in der Levante und die Spanier dauernd in Berührung standen. Phantastische Regeln, die mit der Absicht aufgestellt wurden, Außenseiter von der Gesellschaft fernzuhalten, erscheinen in der Literatur zum erstenmal in dem anglo-normannischen Tristan-Epos. Die dort beschriebenen Bräuche nahmen immer groteskere Formen an. Es erschienen Handbücher, und gegen Ende des 15. Jahrhunderts konnten Kenner der burgundischen Hofetikette genau angeben, wie viele Fachbretter in der Kammer einer Frau, die im Wochenbett lag, für die Zurschaustellung des goldenen Tafelgeschirrs zugelassen waren.

Wer lebte in den Burgen?

Kehren wir zum Ritter und seinem Wohnhaus zurück. Es steht nicht fest, ob es vor dem 13. Jahrhundert im Abendland überhaupt befestigte Wohnstätten gab. In Kriegszeiten kämpfte der Ritter meist weit entfernt von seinem Wohnsitz. Sich ein kompliziert gebautes Haus zu leisten oder ausgebildete Krieger zu bezahlen, die es verteidigen sollten, dazu war er nicht in der Lage. Er konnte jedoch in der Burg eines anderen Ritters als dessen Erbkastellan oder als Mitglied seiner durch Erbrecht bestimmten Besatzung leben. Die Besatzung von Çarcassonne etwa wurde bis ins 18. Jahrhundert hinein theoretisch auf diese Art gestellt. Sowohl Frankreich wie Deutschland können Burgen aufweisen, in denen die Familien, die nach althergebrachtem Recht die Besatzung stellten, auch tatsächlich gewohnt haben. Die berühmte malerische Burg Eltz an der Mosel war von fünf Zweigen einer einzigen Familie bewohnt, die sich

12, 13 Das Turnier war das ritterliche Kampfspiel des Mittelalters. Die Teilnahme an den Turnieren war nur Rittern vorbehalten, die eine bestimmte Anzahl von Ahnen vorweisen konnten. Die Turnierfähigkeit wurde von einem Herold, der im Wappenwesen erfahren war, geprüft. Als Turnierfeld diente ein offener, von Schranken begrenzter Platz. Man unterschied mehrere Kampfarten: Beim Buhurt rannten die Ritter in Scharen ohne Schwert und Panzer Mann gegen Mann geradlinig gegeneinander an. Bei der Tjoste standen sich zwei Ritter gegenüber, die im schärfsten Galopp aufeinander zu ritten, um beim Aufeinanderprall den Gegner aus dem Sattel zu heben. Beim Turnier im engeren Sinn, einer Verbindung aus Buhurt und Tjoste, waren die Teilnehmer in zwei möglichst gleichgroße Scharen geschieden. Kampfziel war der Durchbruch durch den gegnerischen Haufen. Rechts: Die Vorbereitungen zu einem Turnier zeigt eine Miniatur aus dem *Livre des Tournois du Roi René* (15. Jahrhundert). Banner und Helme wurden vor dem Gefecht zur Schau gestellt. Links sind die Ritter versammelt, innerhalb der Turnierschranken stehen ihre Knappen mit den Bannern. Die vier rotgewandeten Gestalten im Vordergrund sind Konnetabeln, rechts erscheinen die Damen des Hofes. Helme und Banner tragen die gleichen Embleme – Tierköpfe etwa, Geweihe, einen winzigen Ritter mit Schild, einen Blumenkorb (der Helm auf dem Boden) usw. Diese Helmzier war auch in dem Getümmel zu sehen (unten), das auf die Eröffnung des Turniers folgte. Die Herolde stoßen in die Fanfaren. In einem umzäunten Platz treffen die Ritter aufeinander. Für die Ritterdamen und die vornehmen Zuschauer sind Tribünen errichtet. Eben verlassen die Standartenträger das Turnierfeld (rechts im Bild). Am Ende des den ganzen Tag dauernden Kampfes, der so lange fortgeführt wurde, bis der Sieger feststand, sah der Turnierplatz bisweilen wie ein Schlachtfeld aus

12

13

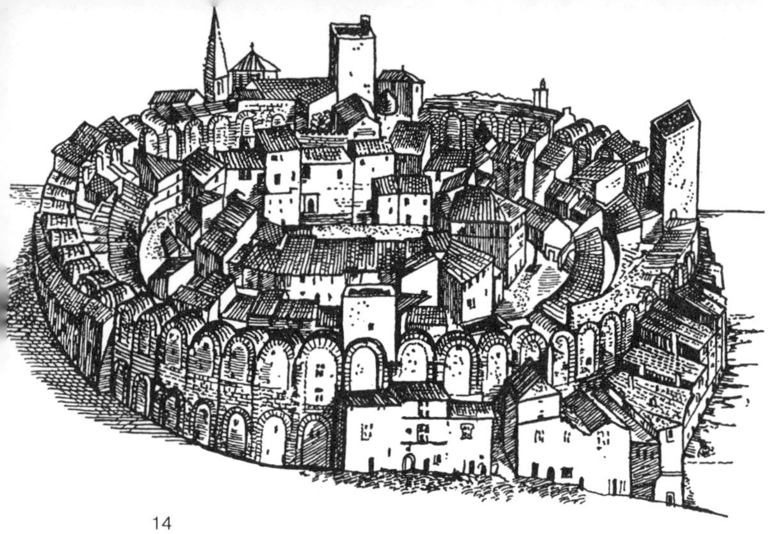

14

16

14 Römische Bauwerke wurden während des Mittelalters für die verschiedensten Zwecke verwendet. Aus Arenen machte man riesige Plätze (so in Lucca, oder in Rom die Piazza Navona); in die Theater baute man Häuserlabyrinthe (noch heute z. T. im Theater des Marcellus zu sehen); Grabmäler wandelte man in Festungen um (die Engelsburg in Rom). Die Amphitheater in Nîmes und Arles gleichen kleinen Städten. Das Amphitheater von Arles wurde im Mittelalter befestigt. Reste dieser Fortifikation sind die auf dem Stich sichtbaren drei Türme. Die in die riesigen steinernen Arkaden hineingebauten Häuser verkamen im Laufe der Zeit immer mehr; um das Jahr 1825 war dort ein ausgesprochenes Elendsviertel entstanden, das gründlich saniert werden mußte

15 Nunney in Somerset war die Burg eines wohlhabenden Ritters, Sir John Delamare. Sie besaß Wehrtürme und einen Wassergraben und glich in allem einer richtigen Burg, doch bot sie ihrer Kleinheit wegen nur wenig Platz zur Unterbringung einer Besatzung und hatte daher so gut wie keine militärische Bedeutung. In Wirklichkeit war Nunney daher kaum mehr als ein stattliches befestigtes Herrenhaus

16 Die Kaiserpfalz Goslar wurde um die Mitte des 11. Jahrhunderts erbaut. Im Jahre 1132, nach einem Einsturz, erfuhr sie eine Umgestaltung. Sie erhielt die Loggia und die große Freitreppe. Die untere Halle wurde im Winter benutzt, die obere (›apla regia‹) mit den Fensterarkaden im Sommer. Links im Bilde die achteckige St.-Ulrichs-Kapelle. Goslar besaß zwar einen Mauerring, war aber nie eine wirkliche Festung

17 Castel del Monte in Apulien, erbaut um 1240, war das bedeutendste der befestigten Schlösser, die in Süditalien für den Hohenstaufenkaiser Friedrich II. errichtet wurden. Castel del Monte, ein vollkommen symmetrisches Oktagon mit gleichgeformten Türmen, sollte nicht in erster Linie Verteidigungszwecken dienen, sondern war als kaiserlicher Jagdsitz gedacht. Der Baumeister ließ sich daher auch nicht so sehr von zweckmäßigen, als von ästhetischen Gesichtspunkten leiten. Besonders interessant ist das Tor mit dem Dreiecksgiebel darüber, der typisch ist für das Auftauchen klassischer Bauelemente im 13. Jahrhundert

18 Die Burg Gravensteen in Gent, Ende des 12. Jahrhunderts erbaut, war die Residenz der Grafen von Flandern. Sie kann auf eine äußerst bewegte geschichtliche Vergangenheit zurückblicken. Berühmt ist der riesige Festsaal in dem wuchtig aufragenden rechteckigen Mittelbau. Der umgebende Wassergraben ist ungewöhnlich breit

15

nach der Burg nannten. Eltz ist noch heute im Besitz derselben Familie.
Ein bekanntes Beispiel für die gleiche Erscheinung in Frankreich war Vergy in Burgund. Dort wurde im 12. Jahrhundert jede der Familien, die die Besatzung der Burg stellten, mit einem Spitznamen genannt, wie Weiß, Grün oder Dick, den ihre Vorfahren in diesem Dienst bekommen hatten. Manchmal hießen sie auch nach der Lage ihres Hauses, etwa »am Tor«. Um die Mitte des 13. Jahrhunderts gerieten diese Einrichtungen in Vergessenheit; die Familien, die einst die Besatzungen gestellt hatten, wohnten draußen auf den Gütern, die mit ihren alten Amtspflichten verbunden waren, und von denen übernahmen sie ihre Namen, denn es klang besser, »de Chazant« genannt zu werden, als »le Gras«, der Dicke. Ihre Häuser innerhalb der Burgmauer verkauften sie. Das berühmteste französische Beispiel ist das Amphitheater in Nîmes, das zur Zitadelle der Stadt geworden war. Auf seinen Sitzreihen hatte man Häuser errichtet, und die Familien, die sie bewohnten, wurden sämtlich »chevaliers des Arènes« genannt und waren für die Verteidigung ihres eigenen Bezirks verantwortlich. Im 12. Jahrhundert spielten sie in der Geschichte der Stadt eine hervorragende Rolle (Abb. 14).

Burgenbauer

Der Bau und die Erhaltung von richtigen Burgen war üblicherweise Sache des höheren Adels und besonders des Königs. Es muß aber betont werden, daß auch sie nicht regelmäßig in ihren Burgen lebten. Erstens waren sie im Mittelalter meist ununterbrochen unterwegs: im Krieg oder auf der Jagd oder bei der Visitation ihrer Besitzungen. Auch ihre Frauen hatten keinen festen Wohnsitz, was man daraus schließen kann, daß zum Beispiel Edwards III. Kinder an verschiedenen Orten zur Welt kamen: drei in Woodstock, zwei im Tower von London, zwei in Windsor Castle und sechs weitere an sechs verschiedenen Orten. Außerdem bewohnten sie wahrscheinlich zu allen Zeiten auch nichtbefestigte Häuser. Das eben erwähnte Woodstock in England oder Goslar in Deutschland (Abb. 16) waren königliche Residenzen, die keinen militärischen Zwekken dienten.
Auch englische Burgen wie Nunney in Somerset (Abb. 15) oder Bodiam in Sussex waren keine eigentlichen Burgen. Sie besaßen die äußeren Kennzeichen von Burgen und waren vielleicht aus Prestigegründen von reich gewordenen Rittern erbaut, aber sie boten nicht genügend Raum für eine Besatzung, das wirkliche Kennzeichen der Burg. In England ließ man sich – anders als in Frankreich – beim Burgenbau von ökonomischen Gesichtspunkten leiten. Jede autonome Gewalt – ob Kö-

nig- oder Herzogtum – strebte danach, im Mittelpunkt des Herrschaftsgebietes einige Burgen zu haben, die dem Herrscher gehörten und hauptsächlich als Schatzkammern, Gefängnisse und Lagerhäuser benutzt wurden; außerdem eine größere Zahl von Burgen an den Grenzen des Gebietes, die der Gefahr feindlicher Angriffe begegnen sollten. Diese Grenzlandburgen gab der Herrscher häufig in die Hände von Leuten in untergeordneten Stellungen, die sie in ihrem eigenen Interesse instand hielten, ohne daß dem Herrn dadurch Kosten erwuchsen.

England war mit seiner Gliederung in annähernd gleich große Grafschaften relativ gut organisiert. Die Burg in der Hauptstadt einer Grafschaft war im normannischen England immer Eigentum des Königs und bildete jeweils das Verwaltungszentrum. Auch Frankreich und Deutschland wurden mit einem Wald von Burgen überzogen, von denen die meisten nicht besonders furchteinflößend waren, denn das Errichten wirklich starker Festungen wäre über die Mittel ihrer Besitzer hinausgegangen. Die mächtigeren Burgen waren auch hier die Sitze vornehmer Edelleute, einschließlich der Bischöfe und der Deutschordensritter, oder sie waren zur Verteidigung der Grenzen bestimmt.

Vom 13. Jahrhundert an gab es anscheinend auch eine Reihe kaiserlicher Jagdsitze. Der berühmteste davon, Castel del Monte in Apulien (Abb. 17), ist kein militärisches Befestigungswerk. Es gibt auch in süddeutschen Wäldern mächtige Bauwerke, die aussehen, als hätten sie militärischen Zwecken gedient, deren Baugelände aber wohl kaum unter militärischen Gesichtspunkten ausgewählt sein dürfte. Die flachen Niederlande boten wenig Möglichkeit für Befestigungen. Die Festungen sind hier im allgemeinen Ringburgen, bei denen befestigte Mauern einen Hofraum umgaben. Die Burg Gravensteen in Gent (Abb. 18), Ende des 12. Jahrhunderts erbaut, war die Residenz der Grafen von Flandern. Sie kann auf eine äußerst bewegte geschichtliche Vergangenheit zurückblicken. Berühmt ist der riesige Festsaal in dem wuchtig aufragenden Mittelbau. Der umgebende Wassergraben ist ungewöhnlich breit. In den anderen europäischen Ländern lagen die Verhältnisse ähnlich.

Arten der Verteidigung

Eine Burg war nicht nur Angriffs- und Verteidigungszentrum, sie diente auch als Wohnsitz für den Burgherrn, der von dort aus seine Besitzungen verwaltete. Wenn das umliegende Land keine Besonderheiten aufweist, ist die Burg im allgemeinen rechteckig (Abb. 19). Die Verteidigungsanlagen wurden im Laufe der Zeit in zahllosen Einzelheiten verbessert, denn sie mußten stark genug sein, der Artillerie der jeweiligen Epoche standzuhalten. Das beste Mauerwerk war natürlich das römische. Das Hadriansgrabmal in Rom, die Engelsburg, die Grabstätte der Caecilia Metella an der Via Appia und viele andere haben den Kern mittelalterlicher Zitadellen gebildet. Die Mauer sollte möglichst auf felsigem Untergrund erbaut sein, so daß sie nicht unterminiert werden konnte. War diese Voraussetzung nicht gegeben, konnte ein mit Wasser gefüllter Burggraben das Unterminieren verhindern (Abb. 18). Gegen die Spitzhacke der Angreifer konnte man den Wehrgang mit Schießscharten versehen oder der Mauer entlang Bastionen vorlagern. Im allgemeinen errichtete man außerhalb des Haupttores eine Vorburg, so daß die sich wieder zurückziehende Besatzung auf einem Raum kämpfte, die von der Burg aus beherrscht wurde.

Beachtete man das alles, dann war eine Burg schwer zu stürmen (Abb. 22). Im allgemeinen waren die Besatzungen der

17

18

Das Torhaus
S Burgkapelle
T Äußere Kammer des Burghauptmanns
U Innere Kammer des Burghauptmanns
W Toreinfahrt
X Außenwerk

A Innenhof
B Keep
C Küche
D Burggraben

Die Privatgemächer
K Saal
L Große Kammer
M Innere Kammer
N Vorzimmer
O Knappensaal
P Knappenkammer
Q Östlicher Saal
R Gästezimmer

Die Staatsgemächer
E Der Große Saal
F Das Staatszimmer
G Bedientenkammer
H Vorratsräume
J Stallungen

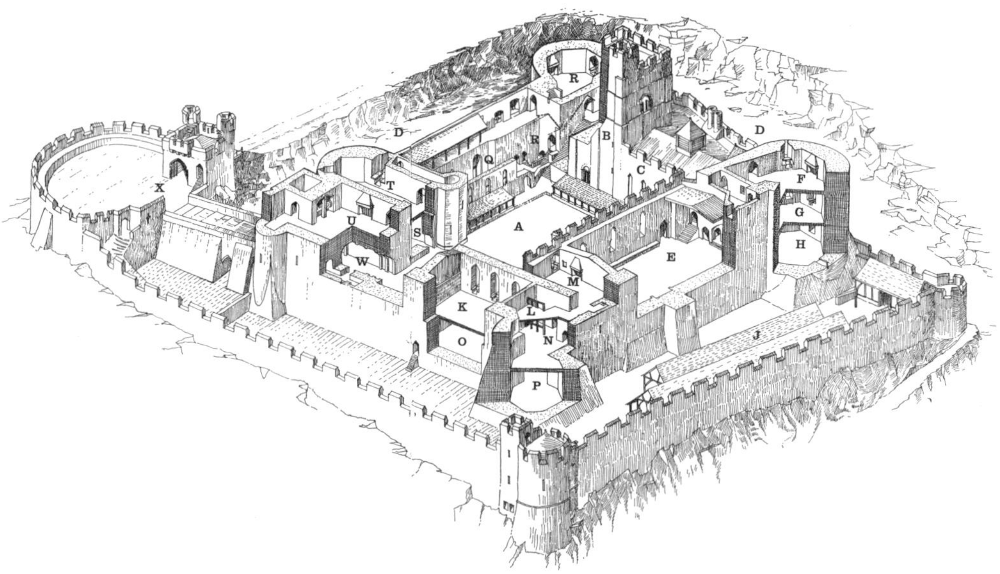

19

20

19 Eine Burg war nicht nur Angriffs- und Verteidigungszentrum. Sie diente auch als Wohnsitz für den Burgherrn, der von dort aus seine Besitzungen in diesem Gebiet verwaltete. In der Zeichnung – Goodrich Castle in Herefordshire – sind die rein militärischen Zwecken dienenden Bauteile weggelassen zugunsten einer detaillierten Darstellung der Inneneinrichtung.

Goodrich wurde zwischen 1300 und 1350 für die Familie de Valence erbaut. Auf einer Bergnase gelegen, ist die Burg im Süden und Osten (oberer Teil der Zeichnung) durch einen in den Fels gehauenen Wassergraben (D), auf der anderen Seite durch den Steilabfall des Felsens geschützt. Der Keep (B) aus älterer Zeit war zwecklos geworden. Die Wohnräume, in vier völlig abgeschlossene Einheiten gegliedert, waren um den Haupthof (A) angeordnet und nur durch ›Pentises‹, gedeckte Gänge, miteinander verbunden.

Das Torhaus: Um in die Burg zu gelangen, mußte man zunächst eine Zugbrücke passieren; dann betrat man durch das äußere Tor das Außenwerk (X) und erreichte über die große Steinbrücke zunächst eine weitere Zugbrücke, dann die mit Verteidigungsvorrichtungen versehene Toreinfahrt (W) und schließlich den Innenhof. Über dem Torhaus lag die Wohnung des Burghauptmanns. Von dort aus konnten die Fallgatter überwacht werden. Neben der Tordurchfahrt, dem Hof zugewandt, die Burgkapelle (S).

Die Staatsgemächer: Der große Festsaal (E) und das Staatszimmer (F) mit eigenen Dienstboten- und Vorratsräumen (G, H) waren für Staatsgäste, manchmal von königlichem Rang, reserviert. Die Räume waren nur durch einen Eingang vom Innenhof her zugänglich.

Die Privatgemächer: Der Earl selbst und sein eigener Haushalt bewohnten ähnliche Räume (L, M) im Nordwestturm. Der Saal (K) diente gleichzeitig als Gerichtssaal; im Vorzimmer (N) konnten die Bittsteller warten. Für die Knappen waren zwei Räume (O, P) vorgesehen, von denen aus durch eine Hinterpforte die Stallungen (J) im Außenhof leicht zu erreichen waren.

Die Gästezimmer: Der dritte Saal der Burg (Q), entlang der Ostseite, war allen Schloßbewohnern zugänglich. Er war von zwei Seiten zu erreichen. Es bestand eine Verbindung zum Südostturm, wo sich weitere Räume für Gäste und Gefolgsleute befanden (R). Neben dem alten Keep lag die große Küche (C), die durch ›Pentises‹ mit allen Teilen der Burg in Verbindung stand.

Alle Privaträume und Staatsgästezimmer waren mit offenen Kaminen versehen, zu jedem gehörte eine Kleiderkammer und ein steinernes Wasserbecken

20 Warkworth in Northumberland zeichnet sich durch einen massiven Wohnturm aus, der um 1400 in einer bereits vorhandenen Befestigungsanlage errichtet wurde. Der Grundriß entspricht annähernd einem griechischen Kreuz. Die Räume sind außerordentlich geschickt in diesen komplizierten Rahmen hineingepaßt. Bemerkenswert war ein großer Festsaal von etwa vierzehn Meter Länge, der durch zwei Geschosse ging

21 Die Pracht der neuerbauten Burgen und Schlösser ist auf zahlreichen Bildern aus der Zeit festgehalten worden. Die Miniatur aus dem frühen 15. Jahrhundert schildert die Ankunft des Grafen von Salisbury bei der Burg von Conway. Auffällig ist der abgewinkelte Palas mit dem blauen Dach

22 Eine belagerte Burg: Mortagne an der Gironde bei Bordeaux, das von den Engländern besetzt war, wurde gegen Ende des Jahres 1377 von Owen von Wales, der in französischen Diensten stand, belagert. Die Buchmalerei aus dem 15. Jahrhundert zeigt Owen von Wales (äußerster rechter Bildrand) mit dem tödlichen Pfeil in der Brust. Der Verrat eines Landsmanns, John Lambe, kostete ihn das Leben. Die von einem Wassergraben geschützte Burg hielt der Belagerung mehr als sechs Monate stand

Burgen nicht groß. Manche wurden von 160 Männern gehalten, manche von 90. Warkworth in Northumberland (Abb. 20), eine hochwichtige Festung an der schottischen Grenze, wurde 1319 von 12 Kriegern gehalten. Conway, mit 30 wehrfähigen Männern, von denen nur 15 Berufskrieger waren, war 1284 eine der Hauptburgen, die das immer noch nicht gänzlich unterworfene Nordwales niederhalten sollten (Abb. 21). Vermutlich wurden konzentrische Anlagen wie Beaumaris mit der Absicht erbaut, zwischen den beiden Mauerringen ein jederzeit bereitstehendes verschanztes Lager für Teile eines Heeres zur Verfügung zu haben, nicht aber die Besatzung der Burg zu vergrößern. Der isoliert stehende Turm oder Bergfried war, wie schon angemerkt, die Befestigung, die die geringste Besatzung benötigte. Seine einzige Tür befand

21

22

sich immer im ersten Stock und ist über eine Zugbrücke oder eine Leiter zu erreichen. Das Erdgeschoß war fensterlos und nur durch eine Falltür zu betreten. In vielen Fällen diente es als Gefängnis, als Burgverlies. Seine Höhe gab dem Turm den strategischen Wert eines Auslugs. Vom 13. Jahrhundert ab wurden die Bergfriede nur noch bei solchen Burgen verwendet, wo sich im Turm gleichzeitig die herrschaftliche Wohnung befand.

Wie sahen die Wohnungen in den Burgen aus?

Eine »Wohneinheit« bestand im mittelalterlichen Nordeuropa aus zwei Räumen: der Halle mit Kamin und der Schlafkammer mit Abort. Im Laufe der Zeit wurde die Schlafkammer durch eine innere Stube, eine Anzahl von Kabinetten und eine Privatkapelle erweitert. Große Herren, die bisweilen Gäste mit eigenem Gefolge beherbergten, mußten ihnen entsprechende Unterkünfte bieten können. In Clarendon waren Halle und Kammer des Königs in einem anderen Gebäude untergebracht als die der Königin. Dieselbe, zweifellos unbequeme Anordnung scheint in den französischen Königspalästen des 13. Jahrhunderts vorherrschend gewesen zu sein, sonst hätten es König Ludwig der Heilige und seine Gemahlin nicht als außergewöhnlich angenehm empfunden, in Pontoise zu wohnen, wo ihre Schlafgemächer direkt übereinander lagen und durch eine private Treppe miteinander verbunden waren. Dadurch konnten sie die hartnäckigen Versuche der Königinmutter, sich in ihr Eheleben einzumischen, vereiteln. Zwischen den Gepflogenheiten der einzelnen Länder scheinen bestimmte Unterschiede bestanden zu haben. So war es in Frankreich und in jenen englischen Kreisen, die französische Sitten nachahmten, üblich, Wohnhalle und Schlafgemach des Herrn im Obergeschoß einzurichten. Die in England sonst übliche Anordnung sah dagegen eine Wohnhalle im Erdgeschoß vor, die Schlafkammer aber befand sich im Obergeschoß eines zweigeschossigen, blockhaft geschlossenen Hauses. Die Deutschen scheinen eine sehr große Halle im zweiten Geschoß und die Schlafkammer im ersten Stock bevorzugt zu haben: So jedenfalls war es im Palas der Wartburg im 12. Jahrhundert und im Prager Hradschin im 15. Dasselbe Schema findet sich, vielleicht unter deutschem Einfluß, auch in den Burgen von Bergen und Akershus in Norwegen. Jedoch ist diese Bauweise nicht spezifisch deutsch, denn die Grundzüge treten auch im sizilianisch-normannischen Palast der Zisa in Palermo auf. Die Burgen mit Räumen für spezielle Zwecke auszustatten scheint jedenfalls in erster Linie französische und englische Sitte gewesen zu sein. In italienischen Bauten sind die Räume verhältnismäßig klein und zahlreicher, aber weniger differenziert gestaltet. In vielen Burgen, darunter fast allen deutschen, ist einfach ein großes Haus nach der ortsüblichen Bauweise in die Umfassungsmauer hineingestellt oder in den am wenigsten zugänglichen Teil der Umfassungsmauer einbezogen. Außer der Wartburg ist dafür ein sehr gutes Beispiel die Marksburg oberhalb von Braubach am Rhein (Abb. 23).
Vom architektonischen Standpunkt aus sind jene Burgen interessant, bei denen der Wohnbau mit dem Bergfried oder mit der Gesamtanlage der Burg eine harmonische Einheit bildet. Der »White Tower« des Londoner Tower bildet eine Verschmelzung der riesigen Steinhalle mit dem wichtigen militärischen Zwecken dienenden Turm. Er ist der erste Bau dieser Art, von dem wir wissen, vielleicht der erste überhaupt. Die Haupträume und die Kapelle befinden sich im zweiten Geschoß statt im ersten, mit Rücksicht auf das bei Türmen übliche fensterlose Erdgeschoß sowie auf die Wirtschaftsräume. So konnte man in die Haupträume relativ große Fenster brechen, denn in dieser Höhe beeinträchtigten sie den Verteidigungswert des Gebäudes nicht.

Klare geometrische Formen

Dem späten Mittelalter scheint eine ausgeprägte Vorliebe für Häuser eigen gewesen zu sein, die äußerlich klare geometri-

23

24

25

sche Formen aufweisen. Häufig, aber irrigerweise, wurde diese Vorliebe sogar mit der Renaissance in Verbindung gebracht. Die rechtwinklig angelegte Burg mit Türmen an den Ecken, die letztlich auf römische Vorbilder zurückgeht, erscheint in der Mitte des 12. Jahrhunderts. Die befestigten Schlösser Kaiser Friedrichs II. in Süditalien im frühen 13. Jahrhundert zeigen häufig diesen Typ, und im späteren Mittelalter ist er fast im ganzen Abendland verhältnismäßig häufig. Vor dem 14. Jahr-

23 Die auf den Höhenzügen über dem mittleren Rheintal strategisch günstig und landschaftlich malerisch gelegenen Burgen haben seit frühester Zeit versucht, die große und wichtige Verkehrsader, den Rhein, zu beherrschen. Der Hauptturm der Marksburg ist romanisch; um ihn herum wuchs nach und nach die Festungsanlage. Die Zeichnung zeigt die Marksburg im 15. Jahrhundert. Wie viele deutsche Festungen ist sie im Grunde nichts weiter als ein großes Haus, das von einer Mauer umschlossen ist. Die Marksburg ist unter allen rheinischen Burgen die einzige, die der Zerstörung entgangen ist

24 Caelaverock im schottischen Grenzgebiet weist wie Poitiers (vgl. Abb. 26) einen dreieckigen Grundriß auf und wurde durch zwei Wallgräben gesichert

25 Eine italienische Bergfestung in der öden Gegend um Siena bildet die Szenerie dieses Freskos aus dem 14. Jahrhundert von Simone Martini, dem sienesischen Maler. Guidoriccio da Fogliano, im Vordergrund links hoch zu Roß dargestellt, hatte einen Aufstand gegen Siena niedergeworfen

26, 27 Hintergrund für friedlichere Beschäftigungen – Schafschur, Ernten und Jagen – bilden Poitiers und Vincennes auf zwei Miniaturen der *Très Riches Heures.* Ungewöhnlich ist die dreieckige Unterburg von Poitiers (es existierte auch eine Oberburg), doch gibt es auch andernorts dafür Beispiele. Vermutlich erforderte das Gelände, ein keilförmiges Stück Land zwischen den Flüssen Clain und Boivre, diese Form der Anlage. Die ursprüngliche Burg aus der Zeit um 1200 wurde gegen Ende des 14. Jahrhunderts vom Duc de Berry wiederhergestellt.
Die Türme von Vincennes waren durch eine Kurtine, einen Zwischenwall, miteinander verbunden. Auf der Miniatur ist sie hinter den Bäumen verborgen

26
27

28

29

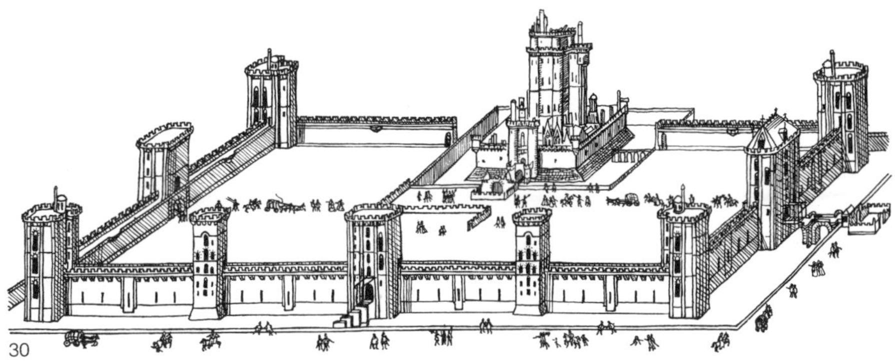

30

28, 29 Die Sainte-Chapelle in Paris, ein bedeutendes Beispiel für eine königliche Privatkapelle. König Ludwig der Heilige gab, ehe er zu seinem ersten Kreuzzug aufbrach, das Bauwerk in Auftrag. Es sollte die Dornenkrone Christi beherbergen, die er vom Kaiser von Konstantinopel gekauft hatte. 1249 war die Sainte-Chapelle fertiggestellt. Ihre Anlage wurde zum Vorbild für die meisten königlichen Kapellen in späterer Zeit. Über einer Unterkapelle, deren eigentliche Funktion ungewiß ist, erhob sich die Oberkapelle, die auf gleicher Höhe mit den Prunkgemächern lag. Die Sainte-Chapelle, von Ludwig ungewöhnlich reich ausgestattet, zeichnet sich vor allem durch die außerordentlich schönen farbigen Glasfenster aus

30 Das königliche Schloß Vincennes im 17. Jahrhundert. (Du Cerceau, von dem dieser Stich stammt, hat eine Anzahl Gebäude, z. B. die Sainte-Chapelle, die innerhalb der Mauern stand, weggelassen und sich auf die Wiedergabe der Festung beschränkt.) Die vermutlich von Johann II. begonnene Burg wurde 40 Jahre später in ihren Hauptteilen von Karl V. vollendet. Der Haupteingang, über eine Brücke zu erreichen, lag rechts. Der Donjon, der turmartige Kernbau, über 50 Meter hoch und mit einer Mauer, die an der Basis 3 Meter dick ist, erhebt sich, nochmals von Befestigungsanlagen umgeben, in der Mitte der Westseite. An den vier Ecken des Donjon befinden sich runde ›tourelles‹, von denen einer die Haupttreppe enthielt

hundert kommt es relativ selten vor, daß die innerhalb des Mauerrings liegenden Gebäude unter Gesichtspunkten der Symmetrie zueinander in Beziehung gesetzt sind (siehe Bild Seite 2 und Abb. 25). Die Idee, die Gebäude um einen quadratischen Hof herum anzuordnen, hatte man seit dem St. Galler Plan aus dem frühen 9. Jahrhundert bei der Anlage von Klöstern übernommen.

Bei den walisischen Burgen, die Ende des 13. Jahrhunderts Meister Jakob von St. George aus Savoyen für Edward I. baute, lag trotz quadratischem Grundriß – Harlech und Beaumaris – der Schwerpunkt immer noch auf der äußeren Gesamtansicht der Burg. Nur im inneren Bezirk von Conway (Abb. 21) gibt es Anzeichen für einen Versuch, die Wohnbauten sowohl zur Außenmauer als auch zum Innenhof in eine bestimmte Beziehung zu setzen. Kennzeichnend sind ferner die Türme, die ein Rechteck begrenzen. Bei der schottischen Burg Caelaverock (Abb. 24) wurde dieser Baugedanke auf einem dreieckigen Grundriß verwirklicht.

Im späteren 13. Jahrhundert entstand eine Anzahl kunstvoll eingeteilter Häuser. Die Fähigkeit, in drei Dimensionen zu konstruieren, ist allein schon verblüffend, die Leistung wird aber noch eindrucksvoller, wenn diese Art Innenarchitektur in einen geometrischen äußeren Rahmen eingepaßt ist. Das gelungenste dieser Bauwerke dürfte der um 1400 in eine bereits vorhandene Festungsanlage eingebaute Wohnturm von Warkworth sein (Abb. 20). Der Grundriß entspricht annähernd einem griechischen Kreuz. Die Räume sind außerordentlich geschickt in diesen komplizierten Rahmen eingepaßt.

Inwieweit diese Strömung auch in Frankreich Wirkungen zeitigte, ist schwer zu sagen, weil so viele Bauten, die Hinweise geben könnten, verschwunden sind, darunter die Unterburg von Poitiers, die aus einer Miniatur in den *Très Riches Heures* des Duc de Berry bekannt ist (Abb. 26). Bauten mit symmetrischer Anlage wie etwa der Louvre waren in Frankreich offenbar selten. Isoliert stehende Türme als Wohnbauten scheinen im Spätmittelalter vorwiegend in England entwickelt worden zu sein, obwohl Karl V. von Frankreich (1364–80) in Vincennes ein prachtvolles Exemplar dieser Art für sich erbaute (Abb. 27, 30). Vincennes wiederum hat für die wenigen Bauten dieser Art auf dem Kontinent vermutlich Modell gestanden, zum Beispiel für die Burg der Dänenkönige im heute schwedischen Helsingborg.

Der königliche Alltag

Karl V. wohnte häufig in Vincennes. Diese Burgen mußten einerseits eine gewaltige militärische Stärke besitzen und andererseits so eingerichtet sein, daß sie eine große zivile Haushaltung aufnehmen konnten. Vincennes lag so nahe bei Paris, daß der größte Teil des Verwaltungsapparates, den die Könige im allgemeinen auf ihren ständigen Reisen mit sich führten, dem König nicht zu folgen brauchte. Bei der Schlacht von Fréteval 1194 verlor Philipp II. August von Frankreich nicht nur eine Schlacht, sondern auch die Urkundensammlungen, die er mit sich führte. Die englischen Urkundensammlungen hatten schon damals eine feste Unterkunft im Tower von London und im Westminsterpalast gefunden. In Frankreich waren im 13. Jahrhundert die königlichen Urkundensammlungen für dauernd in der Schatzkammer untergebracht, die Ludwig der Heilige auf der Nordseite der Sainte-Chapelle in seinem Palast in Paris erbaut hatte (Abb. 28, 29).

Will man sich ein Bild von dem äußeren Rahmen machen, in dem das Leben der königlichen Besitzer ablief, so liest man am besten im *Libro del Infante* des Juan Manuel, Neffe König Alfonsos X., des Weisen, von Kastilien. Juan Manuels Schriften sind unverdächtig, da er ein nahezu unabhängiger Fürst war und weder Kleriker noch Höfling. Sein Programm für den gewöhnlichen Tageslauf eines Königs sieht folgendermaßen aus: Der Morgen ist der Teilnahme an der Messe vorbehalten, worauf militärische Übungen folgen. Das Mittagessen wird in Gesellschaft des ganzen königlichen Gefolges eingenommen; dabei ist Gelegenheit, aus den Heldenepen vorzulesen oder vorzusingen. Es folgen Mittagsruhe und Vespergottesdienst. Danach muß der König sich bis zum Einbruch der Nacht den Staatsgeschäften aller Art zuwenden. Nach dem Nachtmahl verbringt man die Zeit mit leichten Zerstreuungen. Die für schlaflose Nächte vorgesehene Lektüre bilden wiederum die Heldengeschichten aus der Vergangenheit.

Der *Libro del Infante* enthält auch ein Programm für die Prinzenerziehung. Nach Teilnahme an der Frühmesse soll der Junge an Wochentagen bis zum Mittagessen im Lesen, Schreiben, in Sprachen und natürlich in Geschichte unterrichtet werden, desgleichen zwischen Siesta und Nachtmahl. Davon ausgenommen waren Montag, Mittwoch und Freitag, wo morgens gejagt wurde, besonders in den Bergen, wenn nicht militärische Übungen geplant waren (Abb. 12, 13, 31). An Sonntagen muß der Knabe rechtzeitig das Hochamt besuchen: Der restliche Vormittag und der Nachmittag wurden mit Reiten und körperlichen Übungen verbracht. Gejagt wurde jedoch nicht, auch sollte sonntags nicht studiert werden.

König Karl zu Hause

Um sich eine Vorstellung von der Inneneinrichtung mittelalterlicher Burgen zu machen, betrachtet man am besten Inventarverzeichnisse. Ein besonders aufschlußreiches Verzeichnis ist das für Vincennes angefertigte, denn Vincennes steht noch heute und kann besichtigt werden (Abb. 27). Das Schloß von Vincennes bildet ein ungeheuer großes Rechteck (Abb. 30), das von einem breiten Graben und einer Mauer umgeben ist, deren Akzente rechteckige Türme bilden. Vincennes ist im wesentlichen das Werk Karls V. (Abb. 38–40). Der Hauptturm hat einen quadratischen Grundriß, vier Stockwerke und eine Dachstube. An allen vier Ecken ist ein zylindrisches Türmchen angefügt und einem dieser Türmchen ohne jede Rücksicht auf Symmetrie ein länglicher Anbau, in dem die Aborte untergebracht sind. Der Turm ist von einer Mauer mit Schießscharten und von einem Graben umgeben, über den eine Zugbrücke führt.
Die meisten königlichen Wohnräume befanden sich in diesem Hauptturm. Der König hatte ein privates Studierzimmer im oberen Stockwerk des Torhauses. Von hier aus führte eine zweite Zugbrücke zum Eingang des Turms im ersten Stock, der sich auf einen Vorplatz, so tief wie die Mauer, öffnete. Der Vorplatz erweiterte sich an beiden Enden zu Räumen, die in zwei Türmchen lagen: Der eine diente als Wachstube, der andere bildete den unteren Absatz der »Großen Treppe«. Von dort führte eine Tür in die »Große Kammer«, deren Decke gewölbt und, sehr ungewöhnlich, mit Holz verkleidet war. Sie enthielt einen großen Kamin und Nebenkabinette in den beiden anderen Türmchen. Die »Große Treppe« führte nur in das nächste Stockwerk, dessen Räume wie die des darunterliegenden Geschosses angeordnet waren. Die Küchen nahmen das Untergeschoß ein. Von dort aus wand sich eine enge Botentreppe in der Mauer vier Stockwerke empor. Das Geschoß über der »Oberen Kammer« war für die Kinder des Königs bestimmt. In den vier Ecktürmchen waren Kabinette untergebracht, von denen einige Kamine hatten. Das darüberliegende Dachgeschoß war dem Personal vorbehalten. Im Grunde handelt es sich auch in Vincennes um die übliche Burg mit Halle und Kammer in einem Turm, der von einer Mauer umgeben ist, aber alles ist großzügig entworfen. So wurden aus den Kammern zwei sehr große Räume mit Nebenkabinetten. Alle Wünsche nach persönlicher Atmosphäre, nach Sicherheit und Bequemlichkeit sind hier erfüllt. Alle Baulichkeiten bilden eine Einheit, die massiv, nach geometrischen Gesichtspunkten gestaltet und geschickt zu einem Ganzen verbunden ist.
Von der im Jahr 1379 vorhandenen Inneneinrichtung führt das Inventar zuerst den Inhalt verschiedener Truhen auf. Von einer einzigen abgesehen handelt es sich um lauter Wäschetruhen, wobei unter Leinenzeug auch kostbar gemusterte Seiden- und Samtstoffe verstanden wurden. Eine Ausnahme machte die zweifach unterteilte Kiste in der »Großen Kammer«, die mit besonders schönen illuminierten Gebetbüchern, hauptsächlich Brevieren, angefüllt waren. Mit Schmuckgegenständen, Nippsachen und Gemälden werden etwa siebenhundert Gegenstände aufgeführt, meist von der Art, wie man sie in den beiden vergangenen Jahrhunderten in Glasvitrinen, auf Kommoden, Etageren und Kaminsimsen zur Schau gestellt hätte. Dergleichen gab es im Jahr 1379 noch nicht. Aller Wahrscheinlichkeit nach bewahrte man die Gegenstände in verschlossenen Schränken auf und stellte nur wenige auserlesene Stücke und die Gegenstände des täglichen Gebrauchs – Leuchter etwa – auf die Schränke.
Der König scheint in jeder seiner Zimmerfluchten eine Uhr, ein Lesepult, einen Tischleuchter und ein Astrolabium gehabt zu haben. Die Bücher, mit denen der König sich beschäftigte, waren mit Ausnahme der Gebetbücher alle in französischer Sprache geschrieben. Es handelte sich fast ausschließlich um Andachtsbücher – darunter eine französische Bibel, die er immer bei sich hatte – oder um Werke über Astrologie. Seine Bibliothek im Louvre, zu der Gelehrte Zutritt hatten, war vorzüglich. Tafelbilder gab es nur wenige. Das einzige nichtreligiöse Gemälde, ein Polyptichon mit einem Porträt des Königs selbst, befand sich in einem seiner Räume im Hôtel Saint-Pol. Das noch erhaltene Porträt von König Johann, Heinrichs Vater, der in englischer Gefangenschaft starb, war nach allgemeiner Ansicht einer seiner Flügel. Die Bildteppiche, von denen er etwa dreißig zusammengehörige Zyklen besaß, hatten nahezu alle weltliche Motive, häufig Romanzen.

Zimmer ohne Möbel

Was auf dieser Inventarliste völlig fehlt, sind die Möbelstücke aus Holz und die Gegenstände des täglichen Bedarfs, etwa in der Küche. Es gab keine Möbelstücke, die etwa unseren Kommoden entsprächen, und es gab kaum Stühle. An den Wänden fehlten die Bilder. Um die Räume wohnlich zu machen, verkleidete man die Wände mit farbigen Wandbehängen (Abb. 1, 32, 35). Die Tische waren einfache Schragen, man saß auf kissenbelegten Bänken oder auf den Betten, auf Truhen und Fensterbänken. Für Prinzessinnen jedoch und wahrscheinlich auch für Könige wurden je zwei Stühle für notwendig erachtet. Das geht aus dem Aussteuerverzeichnis für die Tochter Edwards III. von England (Abb. 34) hervor, Prinzessin Johanna, worin aufgezählt ist, was sie mitbekam, als sie 1348 im Alter von dreizehn Jahren aufbrach, um Peter den Grausamen von Kastilien zu heiraten. Unterwegs erkrankte das arme Kind an der Pest und starb in der Nähe von Bordeaux.
In unserem Zusammenhang ist es von Interesse, welche Ausstattung für eine englische Prinzessin angemessen erschien, die mit einem standesgemäßen Gefolge eine lange Reise unternahm und damit rechnen mußte, in einer Anzahl mehr oder weniger dürftig möblierter Häuser wohnen und sie für die Zeit ihres Aufenthaltes ihrem Rang entsprechend einrichten zu müssen. Sie nahm die gesamte Ausstattung einer Kapelle mit, zwei Wandteppiche für eine Halle, Vorhänge für zwei Betten, zwei Stühle, Sattelzeug, darunter drei Sättel für feierliche Anlässe, und alles, was man zur Einrichtung einer Küche, eines Anrichteraums, einer Speisekammer und einer Gewürzkammer brauchte, dazu den nötigen Vorrat an Gewürzen.

31 Die Jagd gehörte zu den bevorzugten Unterhaltungen des mittelalterlichen Adels. Sie ist häufig Thema der Darstellungen auf gewirkten Wandbehängen, zum Beispiel dem Hardwick-Teppich: Die Jagd ist zu Ende, die erlegte Hirschkuh aufgebrochen. Nun tauchen die Jäger Brotstücke in das Blut und füttern damit die gierig schnuppernden Hunde. Die Dame im Hintergrund links trägt einen Jagdfalken auf der behandschuhten Linken

32

33

34 ▷

32 Die Ausstattung der Gemächer einer Burg unterscheidet sich von der moderner Räume vor allem durch das völlige Fehlen von Möbelstücken, die in Funktion und Aussehen etwa unseren Kommoden entsprechen. Es gab kaum Stühle, an den Wänden fehlten die Bilder. Um die Räume wohnlich zu machen, verkleidete man die Wände mit farbigen Wandbehängen. Auf einer Miniatur aus den *Chroniques de France et d'Angleterre* (links) des französischen Historiographen Jean Froissart ist ein Festsaal in der Burg des Grafen von Foix in Orthez, der Hauptstadt des Béarn, wiedergegeben. Jean Froissart (1337–1404/10) hielt sich von November 1388 bis zum Februar 1389 in Orthez auf. Die Miniatur zeigt ihn, wie er den Grafen ehrerbietig begrüßt. Der Page hinter ihm trägt ein Buch, das Froissart als Geschenk überreichen will. An der Decke hängt das Wappen von Béarn

33 Hauskapellen gab es in fast allen Palästen und adligen Haushaltungen. Philipp der Gute, Herzog von Burgund, schwarzgekleidet, mit dem Goldenen Vlies, wohnt in einem eigenen Oratorium kniend der Messe bei. Miniatur des 15. Jahrhunderts aus dem *Traité sur l'oraison dominicale*. Der Teppich auf den Altarstufen zeigt das eingewebte Wappen des Herzogs

34 Edward III. von England, ein Zeitgenosse Karls V. von Frankreich, mit dem er und seine Söhne fast ständig im Kriege lagen, auf einem Siegel des 14. Jahrhunderts. In herrscherlicher Haltung, den Reichsapfel in der Linken, so sitzt er auf seinem Thron. Siegel wie dieses besaßen große Bedeutung, denn nur der angehängte Wachsabdruck bezeugte die Rechtsgültigkeit amtlicher Urkunden

35 Die Gemahlin Karls VI. von Frankreich, Isabella von Bayern, in ihrem Gemach. Christine de Pisan, eine französische Schriftstellerin (1363 bis um 1432), überreicht ihr kniend einen Band mit eigenen Dichtungen. Bett, Betthimmel und Wandbehänge sind mit den Wappen von Frankreich und Bayern geschmückt. Eine gewölbte holzverkleidete Decke schließt den Raum nach oben ab

35

Es ist bedauerlich, daß wir kein Verzeichnis der Küchenausstattung von Vincennes haben, denn Karls V. Küchenchef Guilleaume Tirell, mit dem Spitznamen Taillevent, ist eine historische Gestalt. Sein Grabstein zeigt ihn in der Ehrentracht eines Waffenherolds, mit Kesselhaube, Amtsstab und Schild, der drei Kochtöpfe als Wappen trug. Er hat das erste klassische französische Kochbuch verfaßt, das einen wahrhaft phänomenalen Erfolg hatte. Bis zum Jahre 1604 wurde es immer wieder aufgelegt und war eines der ersten gedruckten französischen Bücher. Es wäre recht interessant, zu wissen, wie die Küche gerade dieses Kochs ausgesehen hat. Wenigstens aber können wir noch heute im Untergeschoß von Vincennes die Stätte seines Wirkens sehen.

Kleider für alle Gelegenheiten

Zum Inventarverzeichnis gehört eine Liste von Karls V. besten Gewändern: sieben sechsteilige Gewänder mit Hermelin, sieben dreiteilige Gewänder mit Feh und sechzehn Einzelstücke, ebenfalls mit Feh besetzt, daneben Mäntel und Umhänge, eigenartigerweise sind aber seine Alltagskleider nicht aufgeführt. Mit Kleidung wurde damals ein ungeheurer Aufwand getrieben. Die Mitglieder der englischen Königsfamilie hatten schon als Kinder ihren eigenen Hofschneider. Auch die Brautausstattung der oben erwähnten Prinzessin Johanna ist in allen Einzelheiten beschrieben: Außer den beiden Gewändern mit allem Zubehör, die sie an ihrem Hochzeitstag tragen sollte, nahm sie noch acht vollständige Ausstattungen an Gewändern mit und ein halbes Dutzend weniger festlicher Ensembles. Amüsanterweise kennen wir auch die einzelnen Teile der Brautausstattung von Blanche de Bourbon, die man vom französischen Hof nach Spanien sandte, um ebenfalls Peter den Grausamen zu heiraten, und zwar vier Jahre nach dem schon erwähnten traurigen Ende der Prinzessin Johanna. Wir wissen sogar genaue Details über den zum Besetzen der Gewänder benutzten Pelz, meistens Feh, der Bauchpelz einer nordischen Eichhörnchenart mit grauem Fell. Für die Brautausstattung von Blanche wurden nicht weniger als 11794 Felle verwendet. Sie kosteten zwar nur 18 Deniers das Stück, aber an der damaligen Kaufkraft des Geldes gemessen bedeuteten runde zehntausend Mark eine beträchtliche Summe.

Die Ökonomie der Frömmigkeit

Die größten Möglichkeiten für verschwenderische Prachtentfaltung bot immer die Kapelle. Die kostbaren Gegenstände auf der Inventarliste Karls V. – und aller französischen Dokumente dieser Art – standen alle in Beziehung zur Religion. Die Schränke in den Kapellen und Oratorien waren voll von goldenen, edelsteinbesetzten Heiligenstatuetten und Reliquiaren (Abb. 36). Mindestens eine Kapelle in jedem der Paläste Karls V., in denen Inventaraufnahmen gemacht wurden, wies

◁ **36** Die herrliche Madonnenstatuette aus vergoldetem Silber wurde der Abtei Saint-Denis im Jahre 1339 von Jeanne d'Evreux, der Witwe Karls IV., vermacht – ein Beispiel für königliche Prachtentfaltung auch bei Dingen des kirchlichen Gebrauchsguts. Der Sockel, auf dem die Madonna steht, zeigt auf vierzehn Feldern die Leidensgeschichte Christi in Emailmalerei. Die perlenverzierte Wappenlilie in der Hand der Jungfrau diente als Reliquiar und enthielt einer Inschrift zufolge *Des cheveux Notre-Dame,* Haare unserer Lieben Frau

37 Das ›Goldene Rössel‹ von Altötting war ein Neujahrsgeschenk Isabellas ▷ von Bayern an ihren Gemahl Karl VI. von Frankreich im Jahre 1404. Der König kniet zu Füßen der Madonna, die, wie in einem Rosenhag, vor einem perlen- und juwelenbesetzten Goldgitter thront. Dieses Wunderwerk der Goldschmiedekunst zeigt, wie weit sich solche Dekorationsstücke von ihrer ursprünglichen religiösen Funktion entfernt hatten

◁ **38–40** Porträtähnliche Bilder und Plastiken von Königen und Königinnen gibt es im frühen Mittelalter nicht. Königsdarstellungen sollten in erster Linie die königliche Majestät symbolisieren. Seit dem 14. Jahrhundert wird jedoch nach und nach Porträtähnlichkeit angestrebt. Am Portal der Chapelle des Quinze-vingt, einem Hospital für die Blinden von Paris, das von Ludwig dem Heiligen gegründet worden war, steht diese naturalistische Steinplastik Karls V. von Frankreich (1337–80) im Kostüm Ludwigs des Heiligen, zusammen mit einer Statue seiner Gemahlin Jeanne de Bourbon. Die Miniatur aus *Les Grandes Chroniques de France* zeigt die Krönung der Jeanne de Bourbon im Jahre 1364; unter den Angehörigen des Hochadels auf der linken Seite befindet sich Margarete, Gräfin von Artois. Königin Jeanne erscheint nochmals auf dem Parement de Narbonne, einer Altardecke aus Seide, die mit schwarzer chinesischer Tusche bemalt ist. Sie wurde in der Kathedrale von Narbonne entdeckt und wohl mit Sicherheit in der königlichen Kapelle während der Fastenzeit verwendet

41 Schimmernde Symbole der Macht, der geistlichen und der weltlichen: Kronen, Reichsäpfel, Zepter und Ringe – alle aus kostbarem Metall, besetzt mit Perlen und Edelsteinen – werden noch heute in Schatzkammern gehütet, als Erinnerungen daran, daß das Mittelalter von der Heiligkeit des Königtums überzeugt war.
Prinzessin Blanche, die Tochter Heinrichs IV. von England, heiratete im Jahre 1402 den Kurfürsten Ludwig III. von der Pfalz und brachte diese goldene Krone mit in die Ehe. Die herrliche, mit Diamanten, Saphiren und Perlen besetzte Arbeit entstand schon vor 1399. Sie befindet sich heute in der Schatzkammer der Residenz in München. Ursprünglich war sie wohl im Besitz der Anna von Böhmen, der Tochter Karls IV., welche die Gemahlin Richards II. von England wurde

39

40

41 ▷

ein Minimum an erforderlicher Ausstattung für die Abhaltung der Messe auf, und zwar war diese Ausstattung aus bestem Material und in gutem Zustand. Alle mittelalterlichen Burgen und Paläste hatten eigene Kapellen (Abb. 33), nur Kaiser Friedrich II. und seine Söhne scheinen sie für überflüssig gehalten zu haben. Die bedeutendsten Burgen wie etwa der Tower hatten mindestens zwei, eine gehörte zu den königlichen Gemächern, die andere stand der Burgbesatzung zur Verfügung. Vincennes hatte drei Kapellen. Auf Reisen führten Könige die Einrichtung für eine Kapelle stets bei sich. Burgkapellen waren häufig zweigeschossig, sie hatten Emporen. Dieser Typ, der sich im Westen bis zur Pfalzkapelle Karls des Großen in Aachen zurückverfolgen läßt, scheint rein praktischen Zwecken gedient zu haben. So konnte die königliche Familie dem Gottesdienst beiwohnen, ohne sich hinab bemühen zu müssen. In der Sainte-Chapelle in Paris und der Stephanskapelle im Palast von Westminster gibt es jedoch zwei übereinanderliegende Kapellen, die nicht miteinander in Verbindung stehen. In beiden Kapellen ist die Unterkapelle wenig mehr als eine Krypta. Man weiß nicht, zu welchem Zweck sie benutzt worden sind (Abb. 28, 29).

Die personelle Besetzung solcher Kapellen war unterschiedlich. Bei größeren Königsburgen wie etwa Conway (Abb. 21) gehörte ein Kaplan mit zum Haushalt. Wirklich bedeutende Kapellen wie Aachen, die Sainte-Chapelle in Paris, die Georgskapelle in Windsor waren wohlhabende Kollegiatskirchen mit einem eigenen Dekan und Kanonikern. Im Verlauf des 14. Jahrhunderts scheinen, als Folge der Entwicklung der Polyphonie, die Geistlichen der Kollegiatskirchen zunehmend nach der musikalischen Begabung ausgewählt worden zu sein. Eine beträchtliche Anzahl der bekannten englischen Komponisten des 15. Jahrhunderts waren Kanoniker von St. Georg in Windsor oder von St. Stephan in Westminster. Wie prachtvoll diese Kapellen bisweilen ausgestattet waren, geht ebenfalls aus dem erwähnten Inventarverzeichnis Karls V. hervor. Die dort aufgeführten Meßgewänder waren meist als komplette Garnitur vorhanden, und die Altarbekleidungen paßten in den Farben dazu. Einfarbigen bestickten Seiden- und Samtstoffen war der Vorzug gegeben vor gemusterten Seiden.

Unter den Metallarbeiten ist die bedeutendste das »Goldene Rössel« von Altötting (Abb. 37), ein Neujahrsgeschenk der Isabella von Bayern (Abb. 35) an ihren Gemahl, Karl VI. Die Kunst, gewölbte Oberflächen, wie hier den Pferdeleib, mit Email zu überziehen, beherrschte man erst gegen Ende des 14. Jahrhunderts. Dieses Wunderwerk der Goldschmiedekunst zeigt, wie weit sich solche Dekorationsstücke von ihrer ursprünglichen religiösen Funktion entfernt hatten.

Die Begeisterung für kirchliches Kunstgewerbe scheint eine besondere Leidenschaft des französischen Königshauses gewesen zu sein. Die unzähligen juwelenbesetzten Bildwerke aus kostbarem Metall – Karl V. allein besaß etwa zweihundert goldene oder vergoldete Silberstatuetten der Muttergottes, außerdem noch viele weitere aus Elfenbein und Holz – dienten keinem erkennbaren Zweck (Abb. 42). Sie lagerten meist in Kisten. Unter den Gegenständen in den anderen Räumen des Palastes sind Halsbänder mit goldenen Schnallen für Schoßhündchen aufgeführt, Messer mit edelsteinbesetzten Griffen, Löffel und gelegentlich auch Gabeln.

Mittelalterliche Könige lebten zweifellos gefährlich. Drei englische Könige wurden ermordet, zwei fielen in der Schlacht. Zwei französische Könige wurden auf dem Schlachtfeld gefangengenommen, ein Kaiser wurde ermordet. Fünf Könige von Schottland blieben im Kampf, zwei wurden ebenfalls ermordet. In anderen Ländern waren die Verhältnisse ähnlich. Die Unverletzlichkeit der Könige war eine recht unzuverlässige Angelegenheit. Was man mit Sicherheit wissen wollte, war, wem rechtmäßig die Königswürde zustand. Die Kirche, die sich an der Bibel orientierte, hielt diese Frage durch das Erstgeburtsrecht und den sakralen Akt des Salbens und Krönens für geregelt. Da aber häufig kein legitimer männlicher Nachfolger vorhanden war, gab es Wahlmonarchien. Bei Thronstreitigkeiten kam es sogar vor, daß verschiedene Könige gekrönt und gesalbt wurden. Schwierigkeiten dieser Art versuchte man dadurch beizulegen, daß man verlangte, der König müsse mit der echten Krone – wie im Reich und in Ungarn – gekrönt oder mit dem echten Öl – wie in Frankreich und England – gesalbt werden. Vorschriften dieser Art ließ man jedoch angesichts politischer Fakten fallen. Dennoch lag eine tiefe Bedeutung in der traditionellen Form des Zeremoniells. Die meisten europäischen Länder legten sich daher im Laufe des Mittelalters königliche Insignien zu (Abb. 41).

Natürlich hat jede Tradition irgendwann einmal begonnen: Die königlichen Staatsgewänder und Kronen, die man für eine gültige Krönung als notwendig erachtete, waren unter vielen ausgewählt worden. Karl V. von Frankreich besaß fünfundfünfzig Kronen und Diademe, und die anderen Königshäuser haben vermutlich einen ähnlichen Schatz besessen. Als »echte« Kronen galten die, mit denen bereits ein Vorfahr gekrönt worden war, der später heiliggesprochen wurde, wie Karl der Große, Stephan von Ungarn, der gute König Wenzeslaus, Edward der Bekenner. Diese doppelt geweihten Kronen überstanden im allgemeinen die Stürme der Zeit sehr gut, da es einer religiösen wie politischen Umwälzung bedurfte, um ihre Zweckmäßigkeit zu beseitigen. Daß so herrliche Stickereien wie der Krönungsmantel Stephans von Ungarn und die von Kaiser Heinrich dem Bamberger Dom geschenkten Krönungsmäntel noch erhalten sind, ist ihrer Verbindung mit heiliggesprochenen Königen zu verdanken. In ihrer Schönheit sind sie Denkmäler einer längst versunkenen Welt.

42 An der Madonnenstatuette aus Elfenbein, die seit dem 14. Jahrhundert zum Schatz der Sainte-Chapelle gehört, fällt der fröhliche, unbeschwerte Gesichtsausdruck von Mutter und Kind auf

1 Der gelehrte Dominikanermönch und Prinzenerzieher am Hofe Ludwigs IX., des Heiligen, Vinzenz von Beauvais, beim Schreiben in seinem Studierzimmer. Das Schreibpult – auf Miniaturen des 15. Jahrhunderts häufig anzutreffen – war drehbar. Die mit Bleigewichten beschwerten Schnüre, die über das Pult herunterhängen, dienten dazu, die Seiten niederzuhalten. Auf der Truhe im Hintergrund ein Vergrößerungsglas

5

Summa des Wissens

Universität und Bildung

»Wir sind Zwerge, die auf den Schultern von Riesen stehen,
so daß wir mehr und weiter zu sehen vermögen denn sie;
doch nicht der Schärfe unserer Augen verdanken wir dies,
noch der Größe unseres Wuchses, sondern weil wir
hinaufgehoben
und getragen werden hoch oben auf dieser riesigen Masse.«

Bernhard von Chartres, Kanzler der Kathedrale von Chartres

Die Anfänge der abendländischen Universität

Am Ende des 11. Jahrhunderts lagen die bedeutendsten Bildungszentren in Frankreich, wenn man von Hochburgen der Rechtswissenschaft wie Bologna und der Medizin wie Salerno absieht. Neben den Klosterschulen waren es vor allem die sogenannten Domschulen, die einer Bischofskirche angeschlossen waren. Die in Laon, Chartres, Orléans und Paris genossen im Laufe der Zeit ein Ansehen, das weit über die Stadt hinausreichte. Immer häufiger kam es in jener Zeit intensivierten geistigen Lebens vor, daß der Ruf eines berühmten Lehrers Studenten aus nah und fern anzog. Ging er an eine andere Schule, so folgten ihm oftmals viele Scholaren nach, wofür Peter Abaelard – 1079–1142 – das klassische Beispiel ist. Er eröffnete 1113 in Paris eine Schule, die gewaltigen Zustrom erhielt.

In der zweiten Hälfte des 12. Jahrhunderts waren die Schulen von Paris an die Spitze gerückt, insbesondere die der Kathedrale, der Abtei Sainte-Geneviève und die von Saint-Victor. Die Lehrer dieser drei Schulen wurden zahlreicher und begannen sich korporativ zu organisieren. In den ersten Jahrzehnten des 13. Jahrhunderts wurden Scholaren und Magister von König und Papst rechtlich anerkannt, das heißt, durch Privilegien geschützt. So begann sich aus den Lehrer-und-Schüler-Kommunitäten in Paris ein neuer Schultyp zu formieren, die »Universität«, als eine nicht gegründete, sondern dynamisch gewachsene Institution, die freilich noch nicht den Namen Universität im heutigen Sinne trug. Denn der Begriff *universitas* bezeichnete zunächst nichts weiter als eine Korporation: die *universitas magistrorum et scholarium,* die Gemeinschaft der Magister und Scholaren in Paris. Erst im späteren Mittelalter bürgerte es sich allmählich ein, die Stätte, an der man höhere Bildung erwerben konnte, so zu benennen. Paris wurde das bedeutendste Zentrum für das Studium der Freien Künste, der *artes liberales,* sowie der Theologie, besaß aber auch Fakultäten für Kirchenrecht und Medizin. Die größte Fakultät war die *Artistenfakultät,* die die *artes liberales* als Pflichtfächer für alle Studenten lehrte, und ihr Vorstand, der Rektor, wurde schon im 13. Jahrhundert zum Haupt und Repräsentanten der Gesamtuniversität.

In Italien standen die beiden bedeutendsten Schulen – die Bologneser Rechtsschule und die schon im 10. Jahrhundert blühende Schule der Medizin in Salerno – nicht mit einer Kathedrale in Verbindung. Beide zogen jedoch Studenten aus ganz Europa an. Der Aufstieg der Schule in Bologna hing mit der Wiederentdeckung von Iustinians »Digesten« zusammen. Die

◁ 2

2 Die mittelalterliche Medizin baute auf den Schriften der Griechen und Araber auf. Besonderen Ruf genoß die medizinische Schule in Salerno, die im 12. und 13. Jahrhundert auf die abendländische Medizin außerordentlichen Einfluß ausübte. Mittelalterliche Apotheke, Miniatur aus der französischen Übersetzung der *Chirurgia* des Roger von Salerno, um 1300

3 Bereits im 11. Jahrhundert war Bologna eine Hochburg der Rechtswissenschaft. Die städtische Glossatorenschule wurde Ausgangspunkt für die erste mittelalterliche Universität neben Paris. Die Lehrer der Rechtswissenschaft waren Männer von internationalem Rang, und ihre Leistungen wurden entsprechend honoriert. Einigen errichtete man prachtvolle Grabmäler, die zum Teil noch erhalten sind. Sockel des Grabmals von Guittone Sinibaldi, genannt Cino da Pistoia (1272–1337), in der Kathedrale von Pistoia. Auf dem Flachrelief: Studenten, die der Vorlesung eines Professors zuhören

4, 5 Der mittelalterliche Arzt mit Hochschulbildung (Abb. 5) verließ sich bei Diagnose und Therapie im wesentlichen auf die herkömmlichen Methoden: Abhorchen, Aderlaß, verschiedene Mixturen und Tränke und dergleichen. Konsilium am Krankenbett, Miniatur aus dem 14. Jahrhundert. Abb. 4: Miniatur aus einer französischen Chronik vom Beginn des 14. Jahrhunderts; Ärzte flößen einem König Medizin ein. Wie der dazugehörige Text berichtet, nahm er »so viele verschiedene Tränklein und Pülverchen zu sich ... daß es ein Wunder war, wie er das überhaupt überlebte«

6, 7 Die Segnungen der Chirurgie: Szenen aus einer anderen Handschrift der *Chirurgia* des Roger von Salerno. Oben: Brust und Bauch des Mannes müssen hier geöffnet werden, um einen Pfeil und eine abgebrochene Lanze zu entfernen. Unten: Bauchoperation

5

6/7

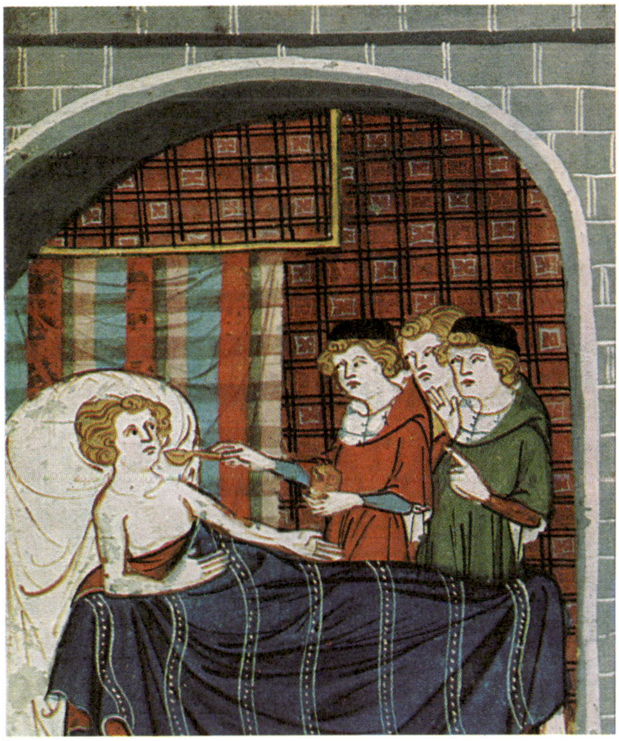

4

3

dortigen Lehrer der Rechtswissenschaft waren Männer von internationalem Rang, und ihre Leistungen wurden entsprechend honoriert. Einigen errichtete man prachtvolle Grabmäler, die zum Teil noch erhalten sind (Abb. 3).
Parallel dazu lief das systematischere Studium des Kirchenrechts oder kanonischen Rechts, das damals zuerst kodifiziert wurde. Die Studenten der Rechtswissenschaft, besonders die außerhalb Italiens, schlossen sich, anscheinend zum gegenseitigen Schutz und zur Selbstverwaltung, zu »Universitäten« oder Zünften zusammen und wählten sich Rektoren. Die Professoren waren von diesen Zünften ausgeschlossen. Im Verlauf des 13. Jahrhunderts wurden diese »Universitäten« auf zwei beschränkt, die der Italiener, der *cismontani,* und die der Ausländer, der *ultramontani.* Sie übten auf die Professoren eine beträchtliche Macht aus.
Bis ins 14. Jahrhundert gab es in Bologna keine theologische Fakultät. Salerno besaß nur eine medizinische Fakultät und entwickelte sich nie zu einer Volluniversität (Abb. 2, 4–7). Bis in die Zeit der ersten abendländischen Universitäten war die Schule von Salerno führend in der Medizin in ganz Europa. Und hier – bezeichnenderweise im süditalienischen kolonialen Normannenstaat mit seiner normannisch-byzantinisch-arabischen Mischkultur – wandte man sich zuerst dem Studium der griechischen und arabischen Medizin zu. In Salerno wurde eine Auswahl von Werken – darunter die »Aphorismen« des Hippokrates, die »Isagoge« des Johannitius, *Mikrotechnum* und *Makrotechnum* des Galen und die Abhandlung des Philaretus über den Puls unter vielem anderen zu einem Sammelwerk zusammengefaßt, der sogenannten *Ars medicinae,* die als Grundlage für den Unterricht an den medizinischen Fakultäten der späteren Universitäten diente.
Die Ausbreitung der Universitäten begann, ehe sie voll durchorganisiert waren, und zwar zuerst in England. Die dortigen Domschulen nach französischem Vorbild besaßen nur lokale Bedeutung. Hohes Ansehen genoß im 12. Jahrhundert die Schule in Lincoln; auch Oxford und Northampton ragten hervor. Oxford stand bald an erster Stelle und erlangte die rechtliche Anerkennung nur wenige Jahre nach seinem Vorbild Paris.
In jenen Tagen, als die Universitäten nur ärmlich ausgestattet waren, noch kein Stiftungskapital und keine eigenen Gebäude besaßen, war es für Lehrer und Studenten ein leichtes, weiterzuziehen, wenn sie sich etwa mit den Stadtbehörden entzweit hatten. Die frühe Geschichte der Universitäten ist durch zum Teil heftige und tätliche Streitigkeiten zwischen den Städten einerseits und den Studenten und Lehrern andererseits gekennzeichnet. Mit einer großen Menge fremder, solidarisch zusammengeschlossener junger Leute fertig zu werden, war für die damaligen Behörden und Instanzen durchaus nicht leicht (Abb. 8). Die mächtigste Waffe bei Unruhen war die Anordnung, die Vorlesungen einzustellen, ein Recht, das 1231 in Paris durch eine päpstliche Bulle feierlich zugestanden worden war. Diese »Einstellung« der Studien führte manchmal auch zum mehr oder minder geschlossenen Auszug der Magister und Scholaren und zu dauerhaften Neugründungen an anderen Orten. So hatte das Einstellen der Vorlesungen 1209 in Oxford und 1222 in Bologna die Ausbildung der Universitäten Cambridge und Padua zur Folge.
Die zunehmende Wertschätzung der neuen Studienorganisation brachte es mit sich, daß man bald Neugründungen nach dem Vorbild der organisch gewachsenen Studien sorgfältig »plante«. Die älteste dieser Gründungen war die Universität Neapel durch Kaiser Friedrich II. im Jahr 1224 als eine Art Staatsuniversität. Ihr folgte die Universität Toulouse 1229 unter der Schirmherrschaft von Papst Gregor IX. Angesichts der albigensischen Ketzerei sollte von hier aus die rechte Lehre verbreitet werden. Für die Gehälter von vierzehn Professoren kam zehn Jahre lang Graf Raymond VII. von Toulouse auf. Von da an wurden alle Universitäten als landesherrliche Stiftungen von weltlichen Obrigkeiten, Fürsten oder Städten zusammen mit dem Papst gegründet.
Die spanischen und portugiesischen Universitäten, die im Verlauf des 13. Jahrhunderts entstanden, wurden alle nach dem Vorbild von Bologna eingerichtet. Die erste mitteleuropäische Universität gründete 1348 Kaiser Karl IV. in Prag. Ihr folgten 1365 die Universität von Wien, eine Stiftung des Habsburgers Rudolf IV., dann die deutschen Universitäten Heidelberg, Köln, Erfurt, Würzburg, Leipzig und Rostock, die erste große Gründungswelle der deutschen Hohen Schulen (Abb. 9). Die Universität Krakau entstand 1364; am anderen Ende Europas, in Schottland, wurden im 15. Jahrhundert die Universitäten St. Andrews, Glasgow und Aberdeen gegründet, und zwar alle drei von Bischöfen, mit königlicher und päpstlicher Zustimmung.
Die Stärke der Universitätsbewegung als einer Woge geistiger Aktivität läßt sich vielleicht nirgends besser erkennen als an dem Einfluß, den sie auf die religiösen Orden ausübte. Nicht nur die Anfang des 13. Jahrhunderts neugegründeten Orden der Franziskaner und Dominikaner wurden davon ergriffen. Vertreter dieser beiden Bettelorden trugen im 13. Jahrhundert geradezu die Pariser Universität – ein Thomas von Aquin, ein Bonaventura! Auch die alten Orden verspürten ihre Auswirkungen. Die Zisterzienser zum Beispiel, die der wissenschaftlichen Betätigung reservierter gegenübergestanden waren, besaßen um die Mitte des 13. Jahrhunderts in Paris ein Collegium, das Collège Saint-Bernard. Augustiner und Karmeliter, die gegen Ende des 13. Jahrhunderts hervortraten, besaßen ein gut aufgebautes Schulsystem, das den Schüler vom

8

9

8, 9 Das Züchtigen eines Schülers oder Studenten, der gegen die Sitte verstoßen hatte, mit Birkenruten war im Mittelalter gang und gäbe. Im Hörsaal einer deutschen Universität des 14. Jahrhunderts (rechts) fanden sich auch Studenten ein, die durchaus nicht mehr jung waren

Studium der Grammatik zum Studium der Logik, der Philosophie und der Theologie führte.

Studenten und Studien

Wie schon angemerkt, verfügten die mittelalterlichen Universitäten über keine oder nur geringfügige Stiftungskapitalien. Derartige Stiftungskapitalien befanden sich hauptsächlich im Besitz der Collegia, die in Paris vor dem Ende des 12. Jahrhunderts entstanden waren: als Wohn- und Studiengemeinschaften. 1180 zum Beispiel kaufte ein Londoner Weinhändler namens Josce bei seiner Rückkehr von einer Pilgerreise nach Jerusalem im Hôtel Dieu einen Raum, der für die Unterbringung von achtzehn Scholaren verwendet werden sollte. Später erwarben diese Scholaren ein eigenes Haus, das als *Collège des dix-huits* bis zur Französischen Revolution fortbestand. Mehr Platz bot das von Robert de Sorbon, Kaplan König Ludwigs des Heiligen, 1257 gegründete Collegium. Es war ursprünglich für sechzehn Theologiestudenten bestimmt, die bereits *magistri artium* waren, eine Voraussetzung zum Erwerb der höheren Grade. Später wurde es durch andere Stiftungen auf sechsunddreißig Plätze vergrößert.

Bis 1500 gab es etwa siebzig weitere Collegia, die alle zwei Haupttypen zeigten: Die einen waren für bedürftige Studenten bestimmt, die anderen ermöglichten es Studenten, die schon einen akademischen Grad besaßen, für ihren langen theologischen Studiengang zu arbeiten. Die ersten Pariser Schulen waren im Schatten der Kathedrale von Notre-Dame auf der Île de la Cité entstanden, breiteten sich aber bald auf das linke Seineufer aus, das noch heute »Quartier Latin« heißt (Abb. 10, 11). Collegia nach Pariser Muster verbreiteten sich vom späten 13. Jahrhundert an auch in Oxford und Cambridge, hatten jedoch größere Selbständigkeit in der Verwaltung ihrer eigenen Angelegenheiten als die Pariser Collegia (Abb. 12). Zur Zeit der Gründung deutscher Universitäten betrachtete man die Collegia als ein wesentliches Element der Hochschulen. Deshalb bildeten in vielen Universitäten die Collegia auch einen Teil der baulichen Anlagen. Denn nur die Collegia boten die Gewähr, daß festbesoldete Lehrer in genügender Anzahl zur Verfügung standen. So baute die Stadt Erfurt für die Magister der Artistenfakultät das *Collegium maius*, das einen Vorlesungssaal sowie Unterkünfte für acht Lehrer und eine Anzahl von Studenten – *bursarii* – umfaßte.

Außerhalb Englands sind die mittelalterlichen Collegia in der Neuzeit verschwunden, abgesehen von letzten Spuren in den Priesterseminaren. Nur das spanische Collegium in Bologna existiert noch; allerdings sind seine mittelalterlichen Gebäude durch moderne ersetzt. Einzig die Gebäude des Jagiellonischen Collegiums in Krakau weisen noch ihre mittelalterliche Gestalt auf (Abb. 13).

Eigene Gebäude besaßen die Universitäten im allgemeinen erst seit dem 15. Jahrhundert. In Paris wurden die Versammlungen der Lehrer vorher in der Kirche Saint-Julien-le-Pauvre abgehalten, später im Mathuriner Konvent, wo auch die Siegeltruhe der Universität aufbewahrt wurde. In Oxford benutzte man zum selben Zweck die Kirche St. Mary, die noch heute Universitätskirche genannt wird. Die Vorlesungssäle

10

a

b

c

d

11

e

f

g

h

wurden von den Lehrern gemietet. Um sich gegen Raummangel zu schützen, konnten die Universitäten verlangen, daß Räume, die einmal Universitätszwecken gedient hatten, für keine anderen Zwecke mehr vermietet werden durften. Bis etwa zum 14./15. Jahrhundert gliederten sich die Scholarenverbände an den ältesten Universitäten in *nationes,* Landsmannschaften.

Im Jahre 1415 baute die kirchenrechtliche Fakultät im Clos Bruneau in Paris zwei Schulen. Der Steinblock mit dem Namen der einen ist noch erhalten. In Oxford waren die Schulen für Kirchenrecht seit 1279 Teil der Universität, die prächtige Theologieschule in Oxford jedoch wurde erst 1426 begonnen (Abb. 12). Außerhalb von Oxford und Cambridge sind nur wenige Universitätsgebäude erhalten.

Die ersten Universitäten standen allen freien Männern offen. Paris war bekannt für die freundliche Aufnahme, die es Gelehrten und Studierenden aus allen Teilen des Abendlandes gewährte. Die drei größten Theologen, die im 13. Jahrhundert dort lehrten, Thomas von Aquin, Albertus Magnus und später Bonaventura, kamen aus Italien und Deutschland (14, 16). Fast alle Erzbischöfe von Canterbury hatten in Paris studiert, und vier von ihnen waren dort auch angesehene Lehrer gewesen. Unter den Lehrern der Freien Künste ragten besonders hervor Siger von Brabant, Boëthius von Schweden und Martin von Dänemark. Erst das erwachende Nationalbewußtsein und der Beginn eines neuen Staatsbewußtseins schränkten die Bewegungsfreiheit, die Freizügigkeit und die »Internationalität« des mittelalterlichen Studienweges weitgehend ein.

Aus welchem Grunde bezog man damals die Universität? Im allgemeinen, um sich auf eine kirchliche oder staatliche Laufbahn vorzubereiten. Nur wenige verblieben als ständige Lehrer an der Universität. Der theologische Studiengang war von allen der längste. Wer Doktor der Theologie werden wollte, brauchte dazu – im Anschluß an ein fünf- bis sechsjähriges Studium der Freien Künste – fünfzehn bis sechzehn Jahre. Viele Theologen waren Mitglieder religiöser Orden, die für ihren Unterhalt sorgten. Die Versorgung weltlicher Theologen während ihrer langen Studienzeit war ja einer der Hauptanlässe für die Gründung der Collegia.

Die Sieben Freien Künste

Die Grundlage der Studien an den Domschulen bildeten die Sieben Freien Künste, eine Fächerkombination, die auf die Karolingerzeit zurückgeht (Abb. 15, 16). Das seit dem 8. Jahrhundert so genannte *trivium,* der Dreiweg, umfaßte Grammatik, Rhetorik und Dialektik. Das schon früher so genannte *quadrivium,* der Vierweg, umfaßte Arithmetik, Geometrie, Musik und Astronomie. Bücher für das Studium dieser Fächer waren kaum vorhanden: Für die Grammatik gab es die Lehrbücher des Priscian, für die Rhetorik vor allem Ciceros *De inventione* und die *Rhetorica ad Herennium,* aber auch den großen spätantiken Lehrmeister Quintilian mit seinem *Orator.* Für die Logik gab es die »Isagoge« des Neuplatonikers Porphyrius, die »Kategorien« und *De interpretatione* des Aristoteles, mit den Kommentaren des Boëthius, außerdem die Logikschriften des Boëthius. Für Arithmetik, Geometrie und Musik

10, 11 Szenen aus dem studentischen Leben, Miniaturen aus einer Handschrift des Ave-Maria-Collegium in Paris: (a) Jede Woche wurde ein Scholar, den man ›Hebdomadarius‹ (den ›Wöchentlichen‹) nannte, ausgewählt, der unter anderem allabendlich die Lampe vor der Statue der heiligen Jungfrau in der Collegiats-Kapelle anzünden mußte. Der Stifter, John of Hubant, hatte angeordnet, daß eine Anzahl armer Leute vom Collegium unterstützt werden sollte; an bestimmten Festtagen erhielt jeder von ihnen nach der Messe ein Quart Wein. (b) Für die Studenten war es Pflicht, täglich Matutin- und Vesper-Gebet zu sprechen und eine Kerze vor dem Altar aufzustellen. Der Hebdomadarius war angewiesen, jeden Samstag die Kapelle auszufegen. (c) Jede Woche mußte der verantwortliche Hebdomadarius seinem Nachfolger Rechenschaft über den Bestand an angeketteten und nichtangeketteten Bibliotheksbüchern ablegen. Sechs Studenten, in einer Reihe aufgestellt, nehmen diese *ostensio,* die Inspektion der Bücher, vor. (d) Wer von den Scholaren morgens als erster erwachte, sollte die Glocke läuten und das Ave Maria beten. Zu den täglichen Pflichten des Hebdomadarius gehörte das Füttern der Stieglitze, einer Vogelart, die im mittelalterlichen Frankreich besonders geschätzt wurde. (e) Das Collegium unterstützte zehn arme Frauen. Hier sind sie, in einer Reihe sitzend, dargestellt, spinnend und plaudernd. (f) Die armen Männer, die ebenfalls von der Wohltätigkeit des Collegium lebten, tragen ihr Handwerkszeug bei sich: ein Schuster, ein Schneider, ein Maurer, ein Weinverkäufer, ein Metzger, ein Zimmermann und ein Schmied. (g) An hohen Festtagen führten die Studenten ein Spiel auf, in dessen Mittelpunkt der Stifter des Collegium und die heilige Jungfrau standen. Der weißgekleidete kniende Scholar stellt die Jungfrau dar, die Gestalt daneben mit der Krone auf dem Haupt den Stifter. Vor die Jungfrau wurden auf den Tisch ein Laib Brot, ein Stück Fleisch, ein Schoppen Wein und eine Schüssel mit Suppe hingesetzt und später an die armen Frauen verteilt. (h) Ein Zug von acht Studenten, im einheitlichen grauen Habit, vor der Statue der heiligen Jungfrau. Jeder Student empfängt den Segen des Jesuskindes

12

12 Einer der ersten Förderer von Oxford war Wilhelm von Wykeham (1367 bis 1404), Bischof von Winchester, der das New College gründete. Im Gegensatz zu den Colleges besaßen die Universitäten vor dem 15. Jahrhundert im allgemeinen keine eigenen Gebäude; die Divinity School in Oxford, der älteste noch erhaltene mittelalterliche Unterrichtsraum, wurde zwischen 1426 und 1488 von Richard Winchcombe erbaut

13

13 Die Universität Krakau. Das Collegium Maius wurde 1494 nach einem Brand wiederaufgebaut

14

15

gab es Abhandlungen, die von Boëthius stammten oder ihm zugeschrieben wurden.
Noch weniger Lehrmaterial war für die Astronomie vorhanden. Zu diesen Schriften kommen hinzu Kommentare über den »Traum des Scipio«, die Teilübersetzung und der Kommentar zu Platons *Timaios* (Abb. 17) und der »Trost der Philosophie« des Boëthius (Abb. 18). Es gibt keinen Lehrplan, der diese Bücher aufführt, doch lassen die mittelalterlichen Bibliotheks- und Autorenkataloge sowie die häufige Zitierung auf ihren Gebrauch schließen. In der frühesten Fassung seiner *Theologia*, der sogenannten *Theologia Summi Boni*, benutzt Abaelard diese Texte als Quellen, um zu zeigen, inwieweit heidnische Philosophen im Besitz einiger christlicher Wahrheiten waren. Er zitiert auch einmal den lateinischen Schriftsteller Lukian, und in seiner sogenannten »Leidensgeschichte«, einem frühen autobiographischen Werk in Form eines Briefwechsels mit Heloïse, weitere lateinische Dichter, die zeigen, welche Kenntnis des Vergil, des Horaz, des Ovid, Iuvenal, Persius und Statius man im 12. Jahrhundert von einem gebildeten Manne erwarten konnte. Besonders die gelegentlichen Zitate und Anspielungen bei Bernhard von Clairvaux, der sich von der weltlichen Bildung ab- und der Meditation zugewandt hatte, beweisen, daß solche Kenntnisse Grundsubstanz der höheren Bildung waren.
Weit weniger verbreitet war die Kenntnis der lateinischen Prosaschriftsteller. Allgemein gelesen wurden Sallusts »Catilinarische Verschwörung«, sein »Iugurthinischer Krieg«, Ciceros Schriften »Von der Freundschaft«, »Vom Greisenalter« und einige Schriften von Seneca, die philosophischen Schriften Ciceros jedoch kaum.
In der Theologie diente das Studium der Heiligen Schrift als Grundlage für den Unterricht. Um sie entstand ein riesiger Apparat an Kommentaren und Paraphrasen. Im Zivilrecht war, wie schon erwähnt, die Wiederentdeckung von Iustinians

14 Der Ruf eines berühmten Lehrers zog Studenten aus allen Teilen des Abendlandes an. Albertus Magnus (um 1200–1280), Philosoph, Theologe und Naturforscher, trat 1223 in den Dominikanerorden ein, war seit etwa 1244 Lehrer an der Universität Paris und leitete von 1248–1254 das neugegründete *studium generale* seines Ordens in Köln

15 Steinplastiken an der Kathedrale von Chartres, die Freien Künste darstellend (Ausschnitt). Die Grammatik wird durch einen Lehrer mit der Rute symbolisiert, zu dessen Füßen zwei Schüler kauern. Die Gestalt darunter stellt vermutlich den römischen Grammatiker Donatus dar. Das Mittelalter teilte die Freien Künste ein in das Trivium, den Dreiweg (Grammatik, Rhetorik, Dialektik), und das Quadrivium, den Vierweg (Arithmetik, Geometrie, Astronomie und Musik)

16 Auf dem Fresko des Andrea da Firenze ›Der Triumph des heiligen Thomas‹ in der Spanischen Kapelle der Kirche Santa Maria Novella in Florenz thront Thomas von Aquin im Mittelpunkt einer allegorischen Darstellung der Gelehrsamkeit (Ausschnitt nebenstehend). Über seinem Haupte schweben die vier Kardinaltugenden (Weisheit, Mäßigkeit, Tapferkeit und Gerechtigkeit) und die drei christlichen Tugenden Glaube, Liebe und Hoffnung (nur zum Teil sichtbar). Thomas zeigt dem Beschauer ein aufgeschlagenes Buch, die Weisheit Salomonis, beginnend mit den Worten: »Ich betete, und mir ward Weisheit verliehen.« Zu seinen Füßen kauern Sabellius, Arius und Averroës, von Thomas bekämpfte Häretiker. Zu beiden Seiten die Evangelisten und Propheten (links der Evangelist Johannes). Die auf reichgeschnitztem gotischem Gestühl thronenden Frauengestalten in der unteren Reihe sind Verkörperungen der Sieben Freien Künste und der Sieben Wissenschaften (nur zum Teil sichtbar). Jeder freien Kunst und jeder Wissenschaft war ein Vertreter zugeordnet. So vertritt Augustin die Mystik, Johannes Chrysostomos die Ethik, Hieronymus die Geschichte, Kaiser Iustinian das bürgerliche Recht. Der Maler hat also versucht, das ganze Gefüge der mittelalterlichen Gelehrsamkeit im Bilde darzustellen – zu versinnbildlichen, wie eng in damaliger Zeit die Verbundenheit zwischen antiker und christlicher Wissenschaft, zwischen Philosophie und Theologie war ▷

Digesten (Gesetzessammlung) um 1070 der neue Ausgangspunkt, der zu zahlreichen, teils bedeutenden Kommentaren führte.
Die Lehrmethode war in allen Fächern dieselbe. Der Lehrer las den Text vor und kommentierte ihn, die Studenten, oder wenigstens einige von ihnen, machten Notizen. Schon zu Beginn des 12. Jahrhunderts wuchs die Nachfrage nach zuverlässigen Leitfäden, sozusagen Vorlesungsskripten. Zahlreiche Lehrerkommentare des späten 12. und 13. Jahrhunderts enthalten Anzeichen dafür, daß sie aus solchen Vorlesungsskripten entstanden sind.
Neben der Vorlesung beherrschte die Disputation in verschiedenen Formen allmählich das akademische Leben. Die Themen für die Disputation ergaben sich aus Fragen, die in Vorlesungen oder Lehrbüchern aufgeworfen wurden. Im letzten Viertel des 12. Jahrhunderts war die Diskussion von »Fragen« eine unabhängige Übung geworden. Später wurden genaue Regeln dafür festgelegt. Die Disputation wurde zur akademischen Übung schlechthin: Die »Lösung« einer Frage krönte die Laufbahn eines Baccalaureus, durch sie wurde er Magister.
Auch in die schriftlichen Abhandlungen drang die Technik der Disputation ein, und am Ende des 13. Jahrhunderts beherrschte sie die Durchführung jedes Themas. Die Summa theologiae des Thomas von Aquin baut sich aus einer Reihe von Artikeln auf. In jedem Artikel sind die Argumente für und gegen angeordnet. Dann wird die Antwort gegeben, die den Hauptteil des Artikels bildet. Zuletzt werden alle Schwierigkeiten beseitigt, die sich noch aus den Gegenargumenten ergeben.
Dies war eine unerbittliche Methode, die aber sehr wirkungsvoll war, wenn ein *Meister* sich ihrer bediente. Allerdings entbehrte sie jeder literarischen Anmut, und in der Hand von unbedeutenden Männern führten diese Unterteilungen und Unterscheidungen, die endlos fortgesetzt werden konnten, zu unfruchtbaren Abhandlungen. Gerade gegen diese abgesunkene und mechanisierte Form des Disputierens protestierten die Humanisten des 15. Jahrhunderts. Ihre Proteste voller Spott und Hohn haben auf unsere eigene Bewertung dieses Systems, selbst in seinen geglücktesten Formen, abgefärbt.
Alle Vorlesungen und Disputationen wurden in lateinischer Sprache gehalten, wie man auch alle Abhandlungen in Latein niederschrieb. Das mittelalterliche Latein wurde von den Humanisten, die zu den älteren klassischen Vorbildern zurückgekehrt waren, ebenso angegriffen und lächerlich gemacht wie die Form des Disputierens. Heute allerdings, da sich der Verfall des klassischen Bildungsideals der Renaissance vollzieht, können wir das mittelalterliche Latein nach seinem eigenen Verdienst würdigen und erkennen, daß es eine durchaus lebende und lebendige Sprache war: In der Hand des heiligen Bernhard war sie ein großartiges Instrument, mit dem sich Gedanken und Gefühle ausdrücken ließen. Bei Thomas von Aquin erlangte sie in der Darstellung abstrakter Gedanken eine vorher nicht gekannte Präzision.
Was uns am Lehrplan des 12. Jahrhunderts am stärksten auffällt, ist der geringe Umfang des Materials für das Studium der Freien Künste. Nur die Logik konnte in aller Gründlichkeit studiert werden, und so konzentrierte sich alles auf sie, die als Grundlage jeder höheren Bildung galt. Sie genoß ein Ansehen, das sie kaum je wieder erlangen kann.

17 Platon und Sokrates, wie das 12. Jahrhundert sie sah. Platon war im Mittelalter nur durch die Fragmente aus dem *Timaios,* einem für ihn nicht gerade charakteristischen Werk, sowie durch zwei weitere Werke bekannt. Auf der Zeichnung scheint Sokrates die Worte Platons niederzuschreiben und nicht, wie zu erwarten, umgekehrt

18 Bibliotheksraum, Miniatur aus einer französischen Übersetzung von *De consolatione philosophiae* des Boëthius, einem der meistgelesenen Bücher des Mittelalters. Jede Bibliothek war mit Lesepulten ausgestattet, zum bequemeren Lesen der riesigen Bände, die häufig Foliogröße hatten. Das Wandgemälde stellt Boëthius und die allegorische Verkörperung der Philosophie in Frauengestalt dar, die ihm Trost zuspricht

19 Mit Zirkel und Winkel konstruiert Richard von Wallingford (um 1292–1336), Abt von St. Albans, ein wissenschaftliches Instrument, vermutlich ein Astrolabium. Links von ihm ein Quadrant. Krummstab und Mitra symbolisieren die Abtswürde

20 Schreiber, Astronom und Mathematiker bei einer Berechnung. Der Astronom hält in der Linken ein Astrolabium hoch, ein astronomisches Instrument zur Bestimmung der Gestirnshöhe

17

18

19

Licht aus der griechischen und arabischen Welt

Von der Logik abgesehen, waren ganze Gebiete der Philosophie – Metaphysik, Moral- und Naturphilosophie – so gut wie gar nicht vertreten. Es gab jedoch Leute, die wußten, daß Griechen und Araber über größeres Wissen verfügten als das Abendland. Zudem war die geistige Welt der Araber in Spanien dem Abendland nahegerückt. Nun galt es, ihre Werke ausfindig zu machen und ins Lateinische zu übersetzen. Die Übersetzer waren meist weitgereiste Männer, die ohne Auftrag aus eigener Initiative arbeiteten. Von mathematischen, astronomischen, astrologischen, medizinischen und philosophischen Schriften waren bis zum Ende des 12. Jahrhunderts zahlreiche Übersetzungen angefertigt (19, 20, 21–23). Die Übersetzer stammten aus ganz Europa: Jakob von Venedig, Adelhard von Bath, Plato von Tivoli, Gerhard von Cremona und viele mehr. Der letztgenannte, Mitglied der bedeutenden Übersetzerschule von Toledo, wo er 1187 starb, hat 71 Werke übersetzt, darunter die »Elemente« des Euklid, Werke des Aristoteles und zahlreiche Schriften, die von Hippokrates und Galen stammen oder ihnen zugeschrieben werden. Er bediente sich beim Übersetzen eines des Arabischen kundigen Dolmetschers. In einer Zeit, in der es weder lateinisch-arabische Wörterbücher noch Grammatiken gab, war dies der einzige Weg, die Bedeutung seltener Worte zu erfahren oder eine schwierige Stelle zu verstehen. In den Anfängen der Übersetzertätigkeit konnte es natürlich nicht ausbleiben, daß manche Werke doppelt übersetzt wurden.

Die Wiederentdeckung des Aristoteles

Die Werke des Aristoteles über Metaphysik und Naturphilosophie waren von den eingefahrenen Gedankengängen der Zeit allzuweit entfernt, als daß man sie ohne jede Vorbereitung hätte in Gebrauch nehmen können. Dagegen fanden die Werke der arabischen Philosophie, des Avicenna zum Beispiel, rasch Widerhall. Sie waren stark neuplatonisch beeinflußt, wie ja auch einige der Kirchenväter, besonders Augustinus, unter dem Einfluß der Neuplatoniker gestanden hatten. Manche Werke vom Ende des 12. oder Anfang des 13. Jahrhunderts unternehmen den Versuch, christliche Ideen mit denen der arabischen Philosophen zu verbinden. Auf vielen Gebieten ließ sich das ohne Schwierigkeiten durchführen. Wurden aber Fragen nach dem Wesen Gottes, der Schöpfung, der Seele erörtert, dann geriet der christliche Glaube in Gefahr. So überrascht es nicht, wenn man 1210 erstmals von einer offiziellen Verdammung von Schriften hört, die an der Universität Paris entstanden waren (Abb. 24). Im selben Jahr 1210 und dann wieder 1215 war es den Lehrern der Freien Künste in Paris verboten worden, über die Physik und die Metaphysik des Aristoteles Vorlesungen zu halten.

Die Wirkung dieser Dekrete war allerdings beschränkt, weil sie den Theologen nicht verboten, die Werke privat zu studieren, und weil sie nur die Universität Paris betrafen. Im Manifest zur Eröffnung der Universität Toulouse wird darauf hingewiesen – als auf eine besondere Attraktion –, daß sich hier Gelegenheit bot, Vorlesungen über die Werke des Aristoteles zu hören. In Oxford waren Vorlesungen über Aristoteles ebenfalls erlaubt, und die Kommentare des Adam von Buckfield auch außerhalb Englands weit verbreitet. Man bemühte sich – auch in Paris – , Aristoteles verständlich zu machen, und erkannte dabei, daß die bisherigen Übersetzungen nicht immer genügten. Mit Hilfe von Handschriften aus Griechenland fertigte man neue an oder verbesserte vorhandene. Die Übersetzungen der naturphilosophischen Werke des Aristoteles zeigen bereits den Erfolg dieser Methode.

Der »gesamte Aristoteles« war nun da, und er galt als der Philosoph schlechthin. Thomas von Aquin, der größte Theologe seiner Zeit, vermochte es, die Lehre des Aristoteles aufzunehmen und umzugestalten (Abb. 16). Sein dominikanischer Mitbruder Albertus Magnus war nicht weniger um die Erfassung des neuen Wissens bemüht (Abb. 14). Konservative Theologen allerdings besaßen nicht die Voraussetzungen, die neuen Gedankengänge zu verarbeiten. Hinzu kam, daß die Lehrer der Freien Künste, die über Aristotelische Texte lasen, in den Augen mancher Kleriker Haltungen einnahmen, die man ihnen als Gefährdung des Glaubens auslegte. Es mußte ein Exempel statuiert werden: Am 7. März 1277 verdammte der Bischof von Paris 219 Lehrsätze als Irrlehren. Die beiden unmittelbar betroffenen Magister der Freien Künste, Siger von

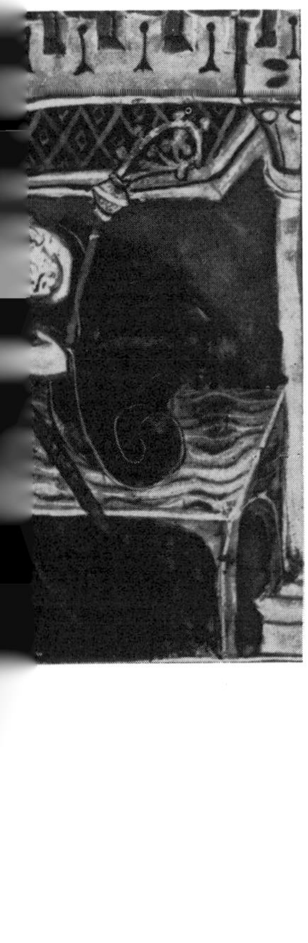

20

Brabant und Boëthius von Schweden, flohen nach Italien und traten nicht mehr in Erscheinung. Aber man spannte den Kreis der verdammenswürdigen Werke sehr weit: Sogar die Lehren des Thomas von Aquin wurden mißbilligt, doch fand er schnell Verteidiger, und so bedeutete es nach nicht allzulanger Zeit keinen Verstoß mehr, die von Thomas bezogene Stellung einzunehmen. 1323 wurde er heiliggesprochen, 1567 zum Kirchenlehrer erklärt. Um so mehr überrascht es, daß Dante in der Göttlichen Komödie Siger von Brabant, das Haupt der von Thomas bekämpften Averroisten, der Anhänger des islamischen Philosophen Averroes, ins Paradies versetzt.

Autorität und Erfahrungswissenschaften

Wenn wir ein Werk des Thomas von Aquin aufschlagen, begegnen wir auf Schritt und Tritt Hinweisen auf die Autoritäten: »wie Augustin sagt«, »wie man bei Aristoteles findet«. In medizinischen Werken finden wir fortwährend Hinweise auf Hippokrates und Galen. Sie waren die maßgebenden, die »authentischen« Autoren, deren Ansichten man nicht widersprechen konnte. Schienen sie falsch oder widersprüchlich zu berichten, so mußte entweder eine Erklärung gefunden oder das Widersprüchliche miteinander in Einklang gebracht werden. Allerdings wußten auch schon mittelalterliche Denker, daß man Autoritäten nicht kritiklos übernehmen durfte.

Abaelard, der eigentliche Vater der scholastischen Denkmethode, riet, sich weniger darum zu kümmern, *wer* etwas sage, sondern *was* gesagt werde. Immerhin war die Hochachtung vor den Autoritäten des Altertums eine Grundhaltung des Mittelalters, und zwar eine durchaus vernünftige in einer Zeit, in der das westliche Abendland soviel von ihnen zu lernen hatte. Anderseits wäre es irreführend, wollte man den Eindruck erwekken, daß mittelalterliche Autoren ihre Augen nicht gebraucht hätten. Man findet in ihren Werken, und nicht nur in denen des Albertus Magnus, viele und originelle Naturbeobachtungen. Von der Beobachtung aber zur Formulierung einer Theorie, die als Grundlage für Versuche hätte dienen können, war ein weiter Weg, und ein Klima, in dem die Autoritäten alles galten, war dem nicht günstig.

Ein weiterer Faktor ist die Vorherrschaft der Logik im mittelalterlichen Denken. Der Schritt von der Logik zur Mathematik ist natürlicher als der zu den anderen Naturwissenschaften. So wandte man sich mit Interesse der Optik zu und erkannte zum Beispiel ganz richtig das Phänomen des Regenbogens. Der englische Franziskanermönch Roger Bacon (1215–94) kann gerade auf dem Gebiet der Optik mit beachtlichen Leistungen aufwarten. Sein Schema des Auges aus einem seiner Werke ist hinsichtlich der Methode völlig wissenschaftlich.

Wirkliche Experimente aber blieben auf die Alchimie beschränkt, die, wissenschaftlich gesehen, in eine Sackgasse führt. Roger Bacon allerdings, seiner Zeit weit voraus, theoretisierte über »unerhörte Maschinen«, Maschinen zur Schiffahrt ohne Ruderer, über Flugmaschinen, über Maschinen, mit denen man sich in Flüssen und im Meer, sogar hinabtauchend, ohne Gefahr für Leib und Leben fortbewegen konnte (Abb. 25). Man möchte diese Gedankengänge beinah für zukunftweisend halten. Wir Modernen haben uns nur so sehr an den raschen Wandel in den Naturwissenschaften und in der Technik gewöhnt, daß wir allzugerne vergessen, wie zögernd

21

22

erste Schritte getan werden. Die Hinwendung zu den Naturwissenschaften war ein charakteristischer Zug der mittelalterlichen Gelehrsamkeit. Einer der bedeutendsten Mathematiker, Physiker und Astronomen, ein Vorläufer der neuzeitlichen Wissenschaft, war Nikolaus von Oresme, der um 1320 geboren wurde und bis 1382 lebte. Er hat die astronomischen Lehren des Aristoteles bekämpft und die tägliche Bewegung der Erde mit einer vor Kopernikus nicht wieder erreichten Klarheit gelehrt, er hat vor Galilei das Fallgesetz aufgestellt und vor Descartes die Grundgesetze der analytischen Geometrie ausgesprochen.

Mittelalterliche Bibliotheken

Auf welche Weise kamen Scholaren und Gelehrte an die notwendigen Bücher? Im Abendland hatte es sechs Jahrhunderte lang keine »Buchhandlungen« gegeben. Daher kam den Bibliotheken so außerordentliche Bedeutung zu. Seit der Karolingischen Renaissance waren die Klosterbibliotheken die großen Vermittler der Bildung. Den Kern einer solchen Büchersammlung bildete ein Bestand an patristischen Texten, Werke der Kirchenväter Augustin, Ambrosius, Hieronymus und Gregor der Große. Dazu kamen im Laufe der Zeit die Werke von Autoren des 12. Jahrhunderts wie Bernhard von Clairvaux und Hugo von Saint-Victor sowie mit Glossen versehene Texte der verschiedenen Teile der Bibel.

In den Bibliotheken Frankreichs, Belgiens, Deutschlands, Österreichs, der Schweiz und Englands sind Hunderte solcher *codices* erhalten. Im 13. Jahrhundert folgten auch die neuen Bettelorden diesem Beispiel. Sie brauchten nicht nur Klosterbibliotheken! Ein Kloster, das einen Studenten zum Studium nach Paris schickte, war verpflichtet, ihn mit den wichtigsten Lehrbüchern zu versehen, dazu mit einer Bibel und dem Sentenzenbuch des Petrus Lombardus, einer Zusammenstellung von Aussprüchen theologischer Autoritäten, die als Lehrbuch hohes Ansehen genoß.

Bis ins späte Mittelalter gab es keine Universitätsbibliotheken im heutigen Sinn. Die ersten Universitätsbibliotheken bauten die Kollegien auf. Die älteste und bedeutendste war die der später so genannten »Sorbonne«, des von dem schon erwähnten Hofkaplan Ludwigs des Heiligen gegründeten Collegiums. Von den Bänden, die für diese Bibliothek gestiftet wurden, stehen 118 noch heute in der Pariser Nationalbibliothek. Der früheste erhaltene Katalog aus dem Jahr 1290 zeigt, daß die Bibliothek 1017 Bände enthielt, der nächste aus dem Jahr 1338 führt 1722 Bände auf, was bereits als sehr große Büchersammlung gelten konnte. Um 1338 wurde eine Aufteilung der Bücher vorgenommen: in die große Bibliothek mit 330 Bänden, einer Sammlung von Nachschlagewerken, einer Präsenzbibliothek, wie wir heute sagen würden, wo die Bücher mit Ketten an den Lesepulten befestigt waren – und die kleine Bibliothek mit 1090 Bänden, die man ausleihen konnte.

Diese Unterteilung wurde vielerorts nachgeahmt. Bücher waren teuer. Trotzdem legten sich manche Leute – vermutlich mehr als wir wissen – umfangreiche Büchersammlungen zu. Einen zufälligen Hinweis darauf finden wir in einem englischen Prozeß des Jahres 1221 über Wegzölle für Karren, die von den Dorfbewohnern von Wychbald in Worcestershire erhoben wurden. Die Zeugen sagten aus, daß sie zwei Karren angehalten hätten, mit Büchern beladen, die Richard, dem Landdekan von Worcester, gehörten. Die älteste Aufstellung, die wir von einer privaten Sammlung besitzen, ist die der 56 Bände, die Papst Cölestin II. (gestorben 1144) der Kathedrale in Città di Castello vermachte. Die Liste enthält neben theologischen Standardwerken zwei Bücher des Peter Abaelard, zu dessen Füßen der Papst einst in Paris gesessen hatte.

Das geschriebene Wort

Nahezu das ganze 12. Jahrhundert hindurch waren ja die Klöster und ihre Schreibstuben die Hauptzentren der Herstellung von Handschriften. Die Klassiker der lateinischen Literatur wurden in den Scriptorien immer wieder abgeschrieben. Die eigentlichen Schreiber waren oftmals Fachleute, über deren Ausbildung und Werdegang wir jedoch kaum etwas wissen. Die Bücher waren insgesamt von hoher Qualität, ob sie nun von Mitgliedern des Ordens oder von Berufsschreibern geschaffen waren. Die Buchseiten sind groß, das Schriftbild ist klar, die Abkürzung der Wörter hält sich in Grenzen, der Buchschmuck ist phantasievoll und abwechslungsreich. Dazu

23

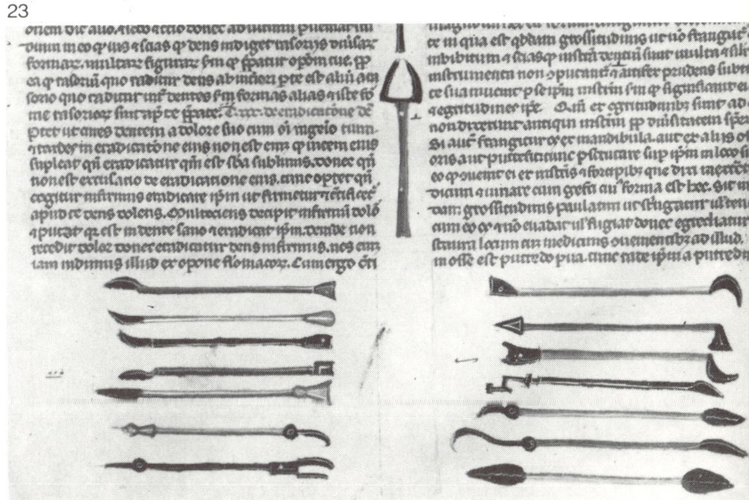

24

21, 22 Seine Kenntnisse von den Pflanzen und von deren medizinischem Heilwert schöpfte das Mittelalter aus griechischen, lateinischen und arabischen Quellen. Lateinisch geschriebenes Kräuterbuch aus dem 12. Jahrhundert, mit Abbildungen von Quecke, Amaryllis und Rosmarin. Aus einem arabischen Pflanzenbuch des Jahres 1328

23 Zahnärztliche Instrumente aus dem Werk des arabischen Schriftstellers Abu el-Qasim von Zakna über Chirurgie, im Abendland als Albukasis bekannt. Die Illustrationen des Originals wurden auch für die Übersetzung verwendet. Diese Abbildung stammt aus einem italienischen Exemplar des späten 13. Jahrhunderts

24 Der Theologe Amalrich von Bena († um 1206) hält in einem Hörsaal der Universität Paris vier Mönchen eine Vorlesung. Amalrichs theologische Lehre wurde von der Universität und vom Papst als Häresie verdammt

25 Als man im Verlauf des 13. Jahrhunderts die wissenschaftlichen Errungenschaften der Griechen und Römer richtig zu würdigen lernte, schrieb man ihnen sogar noch größere Leistungen zu, als sie tatsächlich vollbracht hatten. Roger Bacon glaubte, daß sie Flugmaschinen konstruiert hätten. Unter den Geschichten über Alexander den Großen ist auch eine überliefert, die berichtet, er habe sich ein gläsernes Faß anfertigen lassen und sei zum Studium der Fische damit auf den Meeresgrund hinabgetaucht. »Leider«, so schrieb Alexander Neckam (1157–1217), ein eifriger Sammler naturwissenschaftlicher Erkenntnisse, »hinterließ er uns seine Beobachtungen nicht«

in deutlichem Gegensatz stehen die Buchausgaben der aufstrebenden Universitäten: Die Schrift ist kleiner und enger zusammengedrängt, die Abkürzungen sind weit zahlreicher, und der Buchschmuck ist vereinheitlicht. Die Bücher sind selten datiert und noch seltener signiert.

Zur selben Zeit, als sich in der Ausstattung der Bücher ein Wandel vollzog, kam eine neue Schrift in Gebrauch, die Fraktur genannt wird, weil die Buchstaben eckig statt gerundet sind. Man verwendete sie bis zu dem winzigen Schriftgrad der Taschenbibeln, die auf sehr dünnes, aber undurchsichtiges Papier geschrieben wurden. Einer der Gründe für den Stilwandel war das Bestreben, mehr Text auf kleinerem Raum unterzubringen. Nun ließen sich Werke von drei und vier Bänden in einen Band zusammendrängen.

Wann Bologna und Paris zu bedeutenden Zentren der Buchherstellung wurden, ist nicht belegt. Jedenfalls hatten beide Universitäten um die Mitte des 13. Jahrhunderts versucht, das Buchhandelswesen zu ordnen. Die gewerbsmäßigen Buchhändler, zugleich gewissermaßen »Verleger«, die *stationarii,* standen unter ihrer Kontrolle. Das System war im Grunde sehr einfach: Der Buch- oder Handschriftenhändler besaß ein Exemplar einer Handschrift, ungebunden in Lagen oder Seiten *(pecie),* und vermietete es seitenweise an einen Schreiber zur Abschrift. Die *stationarii* waren verpflichtet, in ihrem Laden eine Liste der *exemplaria,* die sie besaßen, aufzulegen, mit genauer Seitenzahl und dem offiziellen Preis für die Miete der Seiten. Die Universität beauftragte eine Kommission von Lehrern *(peciarii),* die die Arbeit der *stationarii* und die Korrektheit ihrer *exemplaria* zu überwachen hatten. Listen solcher *exemplaria* aus Paris sind aus den Jahren 1275–1304 erhalten. Die Schreiber hatten die Angewohnheit, die Nummern der *pecie* auf den Rändern ihrer Abschriften zu notieren. Das erleichterte die Identifizierung von Büchern, die nach diesem System abgeschrieben wurden.

Eine Anzahl von solchen *exemplaria* sind uns überliefert: Pater Destrez, dem wir unsere Kenntnis von der Anwendung dieses Systems verdanken, hat bei einer Untersuchung von etwa 7000 Handschriften 82 davon identifiziert. Sie unterscheiden sich durch ihr abgenutztes Aussehen, das Pergament läßt erkennen, daß es zusammengefaltet war, die Ränder sind voll von Zeichen, die ein Schreiber anbrachte, um anzumerken, wie weit er gekommen war. Das System war genial, aber die Zerstreuung der Lagen unter eine Vielzahl von Schreibern hatte offensichtliche Nachteile. Wie leicht konnte ein Schreiber eine der *pecie* verlieren oder beschädigen. Zwar hatten nach den Vorschriften die *peciarii* die Stellung von Ersatzseiten zu überwachen, aber nicht selten kam es vor, daß der Ersatz aus einer minderwertigen Abschrift stammte. Doch trotz solcher Mängel funktionierte das System mehr als ein Jahrhundert lang. Außer Gebrauch kam es wahrscheinlich, weil kein Bedarf mehr vorhanden war. Die auf Pergament geschriebenen mittelalterlichen Bücher hatten eine weit längere Lebensdauer als auf Papier gedruckte moderne Bücher. Es stand also ein Grundstock von Texten zur Verfügung, die von Generation zu Generation weitergereicht wurden. Die schon erwähnten Taschenbibeln etwa, von denen Hunderte erhalten sind, wurden nach dem Beginn des 14. Jahrhunderts nicht mehr hergestellt. Die vorhandene Anzahl genügte offenbar, um die Nachfrage zu befriedigen.

Das Ende des *pecie*-Systems bedeutet natürlich nicht, daß damit auch die Herstellung neuer Bücher ein Ende fand. Die heute in unseren Bibliotheken vorhandenen Handschriften aus dem 14. und 15. Jahrhundert übertreffen an Zahl die aus früheren Jahrhunderten bei weitem. Unter den sichtbaren Vermächtnissen des hohen Mittelalters stellen die Bücherhandschriften das dauerhafteste dar. Trotz der Verluste durch Umsturz, Krieg und zeitweilige Vernachlässigung sind sie zu Tausenden erhalten, authentische Zeugen, die nicht erst von der Hand des Restaurators zurechtgeflickt werden mußten.

1 »Gib ihnen den ewigen Frieden« – *Requiem aeternam dona eis* –, die Worte der Totenmesse in einem Stundenbuch des 15. Jahrhunderts. Die zugehörige Miniatur, ein Leichenbegängnis darstellend, ist mit bemerkenswertem Realismus gemalt – die Chorsänger, die dem Sarg vorangehen, wirken heiter und ungerührt, die schwarzgekleideten Trauernden zeigen echten Schmerz. Der Totengräber im Vordergrund schaufelt das Grab und fördert dabei die Gebeine früher Verstorbener zutage. Stundenbücher, in denen Illuminationen dieser Art häufig auftauchen, sind Gebetbücher für Laien, die Gebete für die einzelnen Tageszeiten enthalten

6

König Tod

Sterben, Jüngstes Gericht und Auferstehung

»Diese ganzen Zeremonien, den Tod betreffend, die Sorge um das Begräbnis, die Form der Grabstätte, das Gepränge des Leichenbegängnisses – all das spendet eher den Lebenden Trost, als daß es den Toten dienlich ist ...
Die Familie des reichen Prassers bereitete ihm ein prächtiges Leichenbegängnis vor den Augen der Menschen: aber ein weit prächtigeres haben die Schutzengel dem armen, schwärenbedeckten Bettler im Angesicht Gottes bereitet; sie trugen ihn nicht in ein Marmorgrab, sondern betteten ihn in Abrahams Schoß.«

Augustinus, »Gottesstaat«, Buch I, Kapitel IX

Das Sterben im Mittelalter – ohne die Möglichkeit der Schmerzlinderung, ohne Betäubung bei operativen Eingriffen – war schwer und schrecklich und die vielzitierte Bitterkeit des Todes furchtbare Wirklichkeit. Die Diagnose der Krankheiten gründete sich damals lediglich auf Erfahrung und war unsicher. Die Heilkunst des Ostens war der des Westens überlegen, aber nach und nach beeinflußte sie die im Abendland üblichen Behandlungsmethoden, die von den fortschrittlichen Arabern verachtet wurden. Zweifellos bedeutete der Schmerz damals eine ständige Bedrohung, und von ihr haben uns erst die Fortschritte der Medizin weitgehend befreit (Abb. 2).
In der Schlacht mochte ein Schwertstreich oder ein Speerstich schnell zum Tode führen, vermutlich aber verursachten die wuchtigen Schläge eher Verstümmelungen als tödliche Wunden, weil die lebenswichtigen Körperteile durch die Rüstung geschützt waren (Abb. 3). Die Brutalität der Kriegführung zeigen zahlreiche Illustrationen, ob sie nun die Schlacht von Hastings oder die von Gilboa oder Hektors Tod zum Inhalt haben.

»Ein schweres Strafgericht erwartet dich«

Jenseits der Todesangst lauerten die Drohungen weit größerer Qualen und die alles überschattende Furcht vor dem Jüngsten Gericht. Jeder hoffte und wünschte mit den Worten Christi auf den Lippen zu sterben: »In deine Hände, Herr, befehle ich meinen Geist.« (Abb. 5.) Die Todesstunde war von höchster Bedeutung, denn von der Bereitschaft der Seele in dem Augenblick, da der Mensch seinen Geist aufgab, hingen Heil oder Not in der Ewigkeit ab. Im 12. Jahrhundert wurde das Jüngste Gericht, der Tag, an dem die Seligen ins Paradies eingehen, die Bösen aber zur ewigen Verdammnis hinabfahren würden, zu einem beherrschenden Thema in der Kunst des Abendlandes (Abb. 4, 6). Hier war ein Stoff von höchster Bedeutung für den Künstler wie für den Betrachter, ein unbegreifliches Mysterium, dem man eine endgültige Form von zeitloser Aussagekraft verlieh.
Ein Beispiel byzantinischer Darstellung des Themas bietet das Mosaik an der Westwand des Domes von Torcello aus dem 12. Jahrhundert. Eine konkretere Darstellung des Jüngsten Gerichtes hat die abendländische Kunst entwickelt. Die Auferstehung der Toten, die in Torcello fehlt, steht im Vordergrund. Eine frühe, meisterhafte Verwirklichung des Themas bietet das Tympanon von Conques, das um 1030 entstanden sein dürfte (Abb. 7). Hier haben wir ein vollständiges Bild vom Leben nach dem Tode, und zwar nicht nur des Jüngsten Gerichtes, sondern auch der Zeit zwischen dem Tod und dem Tag des Schreckens. Zu Christi Füßen erheben sich die Toten aus ihren Gräbern. Die Bösen werden nach dem Tode unverzüglich in die Hölle befördert; sie sind noch an ihren irdischen Attributen erkennbar: ein Ritter, der vom Pferd fällt, ein Wucherer, der eine Geldtasche um den Hals hängen hat. Ihnen wird die Auferstehung des Leibes und das Gericht nur eine Vermehrung der Leiden bringen. Für die Gerechten jedoch gibt es eine Zeit der Erquickung, ehe der Tag des Herrn die volle Offenbarung der seligmachenden Vision bringen wird. Inmitten der Gestalten unter den Bogen sitzt ein ehrwürdiger Greis, der Patriarch Abraham, der die Arme um zwei kleinere Gestalten gelegt hat, die die Blumen in den Händen halten.
In dem ungewissen Dunkel jenseits des Grabes schien es eine tröstliche Gewißheit zu geben, wie dies die Geschichte vom reichen Mann und dem armen Lazarus aus Lukas 16 erhellt, der nach seinem Tode in Abrahams Schoß getragen wird. Dies Bild wurde schon frühzeitig übernommen. Tertullian, der Kir-

2

2 Ein chirurgischer Eingriff stellte stets den letzten Ausweg dar. Er war mit furchtbaren Schmerzen verbunden und immer von zweifelhaftem Erfolg. Noch heute existieren eine Anzahl mittelalterlicher medizinischer Lehrbücher, in denen solche Eingriffe beschrieben werden. Die Zeichnung aus dem frühen 12. Jahrhundert demonstriert das Brennen der Schläfen mit Eisenstäben. Untere Bildhälfte: Ein Gehilfe erhitzt die Instrumente

3 Gemetzel in der Schlacht: Mittelalterliche Waffen verursachten, vor allem dann, wenn eine Rüstung die lebenswichtigen Teile des Körpers schützte, häufiger Verstümmelungen als den Tod. Die Szene aus dem 13. Jahrhundert zeigt Ritter in Kettenpanzern und Helmen, bewaffnet mit Schwertern – mit denen man zuschlug, nicht zustach –, Streitkolben, Streitäxten, Pfeil und Bogen. Mit dem Katapult schleuderte man Felsbrocken auf den Feind

chenvater aus dem 2. Jahrhundert, drückt das um 207 in einer Schrift so aus: »Es gibt eine Vorstellung von einem Raum, der zwar nicht himmlisch ist, aber doch über den unteren Regionen anzusetzen und den man als Abrahams Schoß bezeichnen kann. Er nimmt die Seelen aller Menschen auf, um die Seelen der Gerechten zu erquicken bis zur Erfüllung aller Dinge in der allgemeinen Auferstehung.«

Die Szene vom armen Lazarus, zuerst auf der Schwelle des reichen Mannes und dann in Abrahams Schoß, wo er den Blick von dem bittenden Reichen abwendet, findet sich an sehr vielen Orten und war auch ein beliebtes Thema für Buchillustrationen. »Abrahams Schoß« war das Symbol für jenes selige Zwischenreich, wohin die Seelen der Gerechten unmittelbar nach dem Tode gebracht werden. »Diese Rast«, schrieb Thomas von Aquin, »die dem Menschen nach dem Tode vergönnt ist, heißt Abrahams Schoß.« An der Kathedrale von Reims erscheint Abraham im untersten Band des Tympanon neben Engeln von einzigartiger Schönheit, während auf der Gegenseite die Bösen zur Hölle geführt werden (Abb. 9). Darüber sitzen auf der einen Seite die Auserwählten, auf der andern leiden nackte Seelen Höllenqualen. Hierauf folgt die Auferstehung der Toten, und zuoberst knien im Bittgebet die Jungfrau und der heilige Johannes. Diese wohldurchdachte Gestaltung muß von unten nach oben betrachtet werden. Im Tode ruhen die Auserwählten in Abrahams Schoß, die Bösen sind in der Hölle. Beim Jüngsten Gericht ändert sich diese Verteilung nicht vollständig: Die Auserwählten, in ihrer früheren Gestalt, erreichen eine neue Stufe der Glückseligkeit, die Verdammten eine Stufe der Qual, die jedoch Hoffnung auf Erlösung läßt.

Sehr häufig wird in der bildenden Kunst das Wägen der Seelen dargestellt, gute Taten gegen schlechte, Schutzengel gegen Teufel. Auf dem Antependium aus Katalonien (Abb. 10) wird die Seele, den Dämonen zum Trotz, gerettet und wohlbehalten dem heiligen Petrus an den Toren zum Paradies übergeben.

»Welch anderen Ort gibt es?«

Damals wie heute war der Durchschnittsmensch weder besonders tugendsam noch durch und durch schlecht. Wenn Auserwählte wie Verdammte einen Ort hatten, an dem sie das Gericht erwarteten, was geschah dann mit jenen, die weder hierhin noch dorthin gehörten? Die Lehre von der Läuterungs- und Sühnequal zwischen Tod und Jüngstem Gericht geht auf Augustinus zurück. Ob alle durch das Fegefeuer hindurch müssen oder nur jene, die auf Erden nicht in angemessener Weise gebüßt hatten, blieb offen. Über seinen verstorbenen Freund Nebridius schrieb Augustinus: »Nun lebt er in Abrahams Schoß, wie auch immer dieser Zustand geartet sein mag, der mit Schoß bezeichnet wird, dort lebt Nebridius, mein lieber Freund ... – denn welch andern Ort gibt es für eine solche Seele.«

3

Nach dem heiligen Bernhard von Clairvaux aber gibt es drei Bereiche: die Hölle, in der keine Erlösung winkt, das Fegefeuer, wo Hoffnung besteht, und das Paradies, in dem man die ewige Seligkeit vor Augen hat. Die Mehrzahl bestimmte ihre menschliche Natur für den Weg ins Fegefeuer. Diese Lehre von der Stätte der Läuterung wurde nachdrücklich unterstützt durch die Werke des Thomas von Aquin. Auf dem Konzil von Lyon 1274 nahm man das Fegefeuer und die Wirksamkeit der Fürbitte für die Toten in ein gemeinsames Glaubensbekenntnis auf. Unbeantwortet blieb jedoch die Frage, bis zu welchem Ausmaß Buße bereits auf Erden und ein makelloses Leben eine Umgehung des Fegefeuers ermöglichten. Papst Johannes XXII. versetzte 1331 theologische Kreise in heftigen Aufruhr durch eine Reihe von Predigten, in denen er verkündete, daß niemand, und sei er noch so würdig, sich vor dem Jüngsten Gericht des Anblicks der Seligkeit werde erfreuen können.
Johannes' Nachfolger, Benedikt XII., widersprach 1336 dieser Auffassung in aller Form. Nunmehr hielt man weithin die Lehre vom Schatz der guten Werke, die unendlichen Verdienste Christi und den Hort an Tugenden der Heiligen und Märtyrer, über den die Kirche verfügen konnte, für Mittel zur Erlösung. Durch Teilnahme an einem Kreuzzug, durch eine Pilgerfahrt zu einem bestimmten Heiligtum, durch den Bau einer Kirche konnte man Ablaß erlangen und schließlich einfach kaufen. Da Buße auf Erden die Leiden im Fegefeuer vermindern konnte, war diese Ersatzbuße von großer Bedeutung. Die reiche Phantasie Dantes vermochte dem Fegefeuer eine tiefe religiöse Bedeutung zu verleihen. Außer in Italien, wo Dantes Göttliche Komödie einige bildliche Darstellungen anregte, wurden jedoch kaum Versuche unternommen, das Fegefeuer malerisch oder bildhauerisch zu gestalten. Offenbar hatte sich die Phantasie der Künstler bei den Höllen-Darstellungen er-

◁ **4** »Und alsdann … werden [sie] sehen kommen des Menschen Sohn in den Wolken des Himmels mit großer Kraft und Herrlichkeit. Und er wird senden seine Engel mit hellen Posaunen, und sie werden sammeln seine Auserwählten von den vier Winden, von einem Ende des Himmels zum andern« (Matth. 24, 30–31).
»Und er wird sie voneinander scheiden, gleich als ein Hirte die Schafe von den Böcken scheidet, und wird die Schafe zu seiner Rechten stellen und die Böcke zur Linken: Da wird dann der König sagen zu denen zu seiner Rechten: Kommet her, ihr Gesegneten meines Vaters, ererbet das Reich, das euch bereitet ist von Anbeginn der Welt …« (Matth. 25, 32–34). »Dann wird er auch sagen zu denen zur Linken: Gehet hin von mir, ihr Verfluchten, in das ewige Feuer, das bereitet ist dem Teufel und seinen Engeln …« (Matth. 25, 41) »Und sie werden in die ewige Pein gehen« (Matth. 25, 46).
Die Schilderungen der Evangelien vom Tage des Gerichts wurden von Philosophen, Dichtern und Künstlern des Mittelalters zu einer gewaltigen Ikonographie des Jüngsten Gerichts erweitert, die sich dem Denken und Fühlen unauslöslich eingeprägt haben muß. Die Miniatur illustriert einen Teil des Requiems – *Dies irae, dies illa* (»Tag des Zornes, jener Tag«). Diese Sequenz *Dies irae,* aus älteren Traditionsschichten entstanden, hat vielleicht der geistliche Dichter Thomas von Celano vollendet, einer der ersten Jünger des heiligen Franziskus von Assisi. Sie wurde von der römisch-katholischen Kirche in die Totenmesse übernommen

5 Jene Schrecken, aber auch die Hoffnung auf Gnade, sprechen unmittelbar aus vielen mittelalterlichen Kunstwerken. Die Illumination aus dem Stundenbuch des Herzogs von Rohan entstand im ersten Viertel des 15. Jahrhunderts. Thema ist das Schicksal des Menschen. Der sterbende Christ befiehlt seine Seele – symbolisiert durch eine winzige nackte Gestalt – in die Hand Gottes. Der Teufel, der immer auf der Lauer liegt, hat sie bereits gepackt. Aber Gott gewährt ihr die Erlösung. Der heilige Michael, das Schwert schwingend, stürzt zu ihrer Rettung herbei, andere Engel der himmlischen Heerscharen, auf dem dunkelblauen Hintergrund fast unsichtbar, greifen den Teufel mit Speeren an. Gott (der französisch spricht, während der Sterbende das Latein der Psalmen benutzt) verspricht dem Sünder: »Tu Buße für deine Sünden, und du wirst bei mir sein am Tage des Gerichts« ▷

In manus tuas domine commendo spiritum meum. Redemisti me domine deus veritatis.

schöpft. Auf einem Fresko von etwa 1200 in der Kirche von Chaldon in Surrey ist eine Seelenleiter dargestellt, auf der Seelen hinaufsteigen und andere hinabstürzen. Hier mögen Vorstellungen vom Fegefeuer wirksam sein.

Gebete für die Toten

Im selben Maße, in dem die Vorstellung vom Fegefeuer sich ausbreitete, erlangten Gebete für das Seelenheil der Toten größere Bedeutung als bisher. Fromme Gründer von Spitälern und Armenhäusern, Stifter von Kathedralen oder Pfarrkirchen erwarteten, daß für ihr Seelenheil vor und nach ihrem Tode regelmäßig Fürbitte eingelegt werde. Später gesellten sich auch die Kollegien den Fürbittern zu, und hier erwies sich die häufige Erwähnung des *fundator noster* in den Bitt- und Tischgebeten als sehr dauerhaftes Gedenken. Bruderschaften schlossen sich zur Sicherung ihres Seelenheils zusammen. In ihrem Dienste standen im allgemeinen Geistliche, die Messen für die Seelen ihrer lebenden oder toten Mitglieder zu lesen hatten. Wohlhabendere Gemeindemitglieder gründeten in einigen Fällen kleine Kapellen für die Abhaltung von Gedächtnisgottesdiensten am Grabe.

Um den Beginn des 14. Jahrhunderts scheint die Vorstellung vom Fegefeuer keine so große Rolle mehr gespielt zu haben. Die Seelen der Gerechten wurden unmittelbar in Abrahams Schoß oder sogar vor Christus gebracht, wie dies eine Seite aus einer Handschrift aus Boulogne zeigt, auf der der Tod des frommen Abtes Lambert zu sehen ist, dessen Seele von den Engeln unmittelbar zu Christus emporgetragen wird. Auf den Flügeln eines Altaraufsatzes von etwa 1459 in der Abteikirche von Saint-Bertin in Saint-Omer tragen Engel die Seele des heiligen Bertin, des Abtes von Saint-Omer, über das Kirchendach hinweg zu Gottvater, der in einer Glorie von Engeln sitzt (Abb. 12). In einem Psalter für ein Nonnenkloster in Shaftesbury bringt der Erzengel Michael in einem Tüchlein Seelen vor Christus (Abb. 11). Auf einer Grabplatte in Ely hält ein Engel, wahrscheinlich der Erzengel Michael, ebenfalls die Seele des Toten in einem Tuch.

Gedächtniskapellen

Zu den prachtvollsten englischen Gedächtniskapellen für Seelenmessen gehört die, die für Sir Richard Beauchamp, Graf von Warwick, 1439 in der Kirche von Warwick erbaut wurde. Sie hat die Zeiten fast unversehrt überdauert (Abb. 13, 14). »Ich will«, heißt es im Testament des Grafen, »daß in der Mitte dieser Kapelle mein Grab angelegt wird. Ich will auch ... daß jeden Tag, solange die Welt besteht, drei Messen gelesen werden sollen.« Auf einem Sarkophag von Purbeck-Marmor liegt eine Porträtstatue des Grafen im Plattenpanzer, die Augen sind auf die Jungfrau gerichtet, die auf einem Feld der geschnitzten Holzdecke dargestellt ist (Abb. 15). Die Gesichtszüge des Grafen sind großflächig, die Hände so sorgfältig gear-

6 »So wird's auch am Ende dieser Welt gehen: Des Menschen Sohn wird seine Engel senden; und sie werden sammeln aus seinem Reich alle Ärgernisse und die da Unrecht tun, und werden sie in den Feuerofen werfen; da wird sein Heulen und Zähneklappern« (Matth. 13, 40–42). Die Apokalypse sagt über die Sünder: »Lebendig wurden diese beiden in den feurigen Pfuhl geworfen, der mit Schwefel brannte« (Offenbarung 19, 20). Das Bild ist ein Ausschnitt aus dem Jüngsten Gericht von Stefan Lochner, gemalt um 1430. Die Verdammten im Mittelteil werden an den Ketten, mit denen sie gefesselt sind, vorwärts gezerrt. Oben rechts speit ein Geizhals sein Gold aus. Von Entsetzen gepackt, sträubt sich die Gruppe am äußersten rechten Bildrand dagegen, von scheußlichen Teufeln in die Tiefe des Höllenschlunds hinabgezogen zu werden. Wir erkennen einen König, einen Bischof, einen Kardinal und sogar einen Papst – jeder konnte der ewigen Verdammnis anheimfallen

7

8 ▷

beitet, daß sogar die hervorstehenden Adern sichtbar sind. Das Bildnis in seiner stilisierten Vereinfachung ist mit jener Sicherheit geschaffen, wie sie für die florentinischen Künstler kennzeichnend ist.

Grabdenkmäler haben immer schon etwas über die Taten und Aufgaben des Toten ausgesagt. Die ältesten mittelalterlichen Grabplastiken, in der Hauptsache Geistliche darstellend, weisen eine sorgfältige Behandlung des geistlichen Gewandes auf. Im Dom von Mainz, der besonders schöne Grabskulpturen enthält, krönt Erzbischof Siegfried III. von Eppstein, eine Gestalt von freundlich-behaglichem Äußeren – er starb 1249 –, die beiden Gegenkönige von Friedrich II., Heinrich von Raspe und Wilhelm von Holland, die kaum zum Genuß ihrer Thronrechte kamen. Erzbischof Siegfried III. von Eppstein wollte spätere Zeiten vor allem wissen lassen, wie mächtig sein Einfluß auf die kaiserliche Politik war.

Für die nichtgeistlichen Toten waren neue Darstellungsformen nötig. Bei der Suche nach angemessenen Haltungen für die Grabstatuen hatte die Phantasie einen weiten Spielraum. Heinrich der Löwe hält auf seinem Grabmal in Braunschweig – wahrscheinlich um 1240 entstanden – ein Modell des Domes, in dem er beigesetzt wurde, in der Hand. Die ungeordneten Gewandfalten, die kraftvoll herausgearbeiteten Gesichtszüge, der sichtbare Eindruck des Kopfes auf dem Kissen künden von einem bisher nicht gekannten Realismus, von dem Versuch, den Charakter des Dargestellten zu deuten und möglichst hohe Porträtähnlichkeit zu erreichen.

Beinah gleichzeitig mit dem Werk in Braunschweig entstand in der Zisterzienserabtei Royaumont ein Grabmal – heute in Saint-Denis – für den ältesten Sohn Ludwigs IX. Der junge Mann ist völlig lebensecht dargestellt, das eine Knie leicht angewinkelt, die Hände zum Gebet zusammengelegt. Heiter-gelassene Gläubigkeit spricht aus der Gestalt (Abb. 16). Statt des fürchterlichen Drachens, der sich früher zu Füßen der Grabstatuen ringelte, sitzt dort ein kleiner Hund, ein freundlicher Begleiter des Menschen, der aber vielleicht auch heraldische Bedeutung hat. Das Gesicht ist bestimmt porträtähnlich. Die Plastik hat neue Wege beschritten.

Die Statue eines unbekannten Ritters in Dorchester vom Ende des 13. Jahrhunderts mutet eigenartig modern an. Grimmigen Blicks will er sein Schwert aus der Scheide reißen, will er sich vom Boden erheben, aber die Glieder scheinen ihm nicht zu gehorchen. Was hier für alle Zeiten festgehalten ist, ist ein Leben der Tat, nicht der Sehnsucht nach dem Frieden in Gott.

Dem Motiv des Trauerzuges, wie er erstmals am Grabmal des jungverstorbenen französischen Prinzen erscheint, begegnen wir später noch häufig. In ihm drückt sich das Gefühl des Verlustes, des Reißens der Familienbande aus (Abb. 18). In den Arkaden, die den Sarkophag der Gräfin von Joigny schmükken, sind ihre vier Kinder dargestellt, nach der Mode der Zeit gekleidet. Eine der Töchter hat mit der Hand die Falten ihres Gewandes gefaßt und blickt voll Trauer zu Boden (Abb. 17). Das Hereinnehmen persönlicher Bezüge gestattete zahlreiche Variationen. Auf einem Grabmal in Bodenham in Herefordshire hat eine Dame schützend ein Kind in den Falten ihres Gewandes geborgen. Der junge John Stanley hält auf seinem

7 Das Jüngste Gericht war das Thema einiger der großartigsten Kunstwerke des Mittelalters. Es wurde über den Hauptportalen der Kirchen, im Gewölbe des Altarraums, auf Fresken, Glasfenstern oder Mosaiken dargestellt. Auf dem Tympanon von Conques ist seine Botschaft in Worten niedergeschrieben, die nach der lateinischen Vulgata formuliert sind. Die Schriftrolle in der rechten Hand Christi lautet: »Kommet her, Ihr Erwählten meines Vaters, nehmt das Königreich als das Erbe in Besitz, das für Euch bereitet ist«, die in seiner Linken: »Weicht von mir, Ihr Verdammten!« Die weitere Aufschrift steht auf vier Hauptbändern. Über den Seligen ist zu lesen: »Die Gemeinschaft der Heiligen wird in Christus, dem Weltenrichter, gesegnet.« Über den Verdammten steht: »So werden die Bösen in die Hölle hinabgeworfen.« Christus zu Füßen: »So wird den Auserwählten, die in den Freuden des Himmels vereint sind, Herrlichkeit, Frieden, Ruhe und ein ewiges Leben verliehen. Die Bösen müssen die Qualen erdulden, werden im Feuer verbrannt und zittern und wehklagen immerfort in der Gewalt der Dämonen.« Auf dem schrägen Dach oberhalb der Seligen steht die Inschrift: »So stehen die Reinen, die Friedensstifter, die Freunde der Frömmigkeit ruhig da und frohlocken und haben nichts zu befürchten.« Über den Verdammten: »Diebe, Lügner, falsche, lüsterne und habgierige Menschen werden zusammen mit den Bösen verdammt.« Entlang dem unteren Rand steht: »O Ihr Sünder, wisset, daß Euch ein schweres Strafgericht erwartet, wenn Ihr nicht umkehrt und Euer Leben ändert«

8 »Hier ist die Hölle und der Engel, der das Tor verschließt«, so lautet schlicht und unmißverständlich die altfranzösische Inschrift über der schrecklichen Vision des Höllenschlundes: *Ici est enfers e li angels ki enferme les portes.* Das Bild entstand um die Mitte des 12. Jahrhunderts

9
10

11

9 Das Weltgerichtstympanon von Reims entstand über ein Jahrhundert nach dem von Conques, aber die Botschaft und der größte Teil der Ikonographie sind gleichgeblieben. Christus als Weltenrichter ist auch hier wiederum der Gipfelpunkt der ganzen Komposition. Unter ihm stehen die Toten aus ihren Gräbern auf – nackte Gestalten von erstaunlichem Naturalismus. Auf der nächsten Stufe sind die thronenden Seligen und die Verdammten dargestellt (fast zerstört), während unten die erretteten Seelen zu Abrahams Schoß gebracht und die Verdammten von Teufeln in den Höllenkessel geschleppt werden. Am Gewände wird das Thema mit Reihen sitzender Engel fortgesetzt, von denen einige die Posaunen des Jüngsten Gerichtes blasen

10 Das Wägen der Seelen – gute Taten gegen schlechte, Schutzengel gegen den Teufel – wird sehr häufig in der bildenden Kunst dargestellt. Auf diesem Antependium aus Katalonien wird die Seele gerettet (trotz der List der Dämonen, die versuchen, die Waagschalen nach unten zu ziehen) und wohlbehalten dem heiligen Petrus an den Toren zum Paradies übergeben

11 Der Erzengel Michael bringt in einem Tüchlein Seelen vor Christus. Die streng stilisierte, aber sehr anmutige Malerei ist einem Psalter entnommen, der um die Mitte des 12. Jahrhunderts für ein Nonnenkloster in Shaftesbury in Dorset geschaffen wurde. Die hieratische Gestalt Christi, mit weitgeöffneten Augen starr geradeausblickend, weist byzantinische Züge auf. Der Engel, dessen Füße auf einer schneckenförmig gewundenen Wolke stehen, ist völlig linear, mit betontem Umriß, gezeichnet. Man beachte, wie der eine seiner Flügel durch die ornamentale Randleiste weitergeführt ist

12 Engel tragen die Seele von der Erde zum Himmel empor, wo Gott sie empfängt, der umgeben von Cherubim auf seinem Throne sitzt. Theologen hatten wohl eine vergeistigtere Interpretation der Glaubenswahrheiten anzubieten, dem Volk aber machte zweifellos die einfachste bildliche Darstellung tieferen Eindruck. Auf dem einen Flügel eines um 1480 entstandenen Altarbildes ist dargestellt, wie die Seele des heiligen Bertin vor aller Augen über das Dach der ihm geweihten Abteikirche in Saint-Omer hinweg in den Himmel getragen wird

Grab in Elford in Staffordshire den Ball in Händen, der ihm bei einem Unfall den Tod brachte. Sir Ralph Green – gestorben 1417 – und seine Frau, deren Grabmal sich in Lowick in Northamptonshire befindet, haben ihre Hände ineinandergelegt, ein rührendes Symbol ehelicher Treue. Der Auftrag für dieses Grabmal, der bereits zwei Jahre vor Sir Ralphs Tod gegeben wurde, ist erhalten. In ihm wird dies Händehalten ausdrücklich bestimmt (Abb. 19).

Der Rahmen für das Grabmal
Besondere Kunstfertigkeit wurde auf jene Schreine verwendet, die Heiligenreliquien bargen. Allerdings fielen sie ihres kostbaren Materials wegen sofort den Plünderungen während der englischen Reformation und der Französischen Revolution zum Opfer. Die »Entblößung« des Schreins des heiligen Thomas von Canterbury brachte Heinrich VIII. einige Fuhren Edelsteine und Edelmetalle ein. Deutschland besitzt den herrlichen Schrein des Peter Fischer in der Sebalduskirche in Nürnberg, der zwischen 1508 und 1519 vollendet wurde. Das Grabmal des ermordeten Edward II. von England, der von seinem Sohn inoffiziell heiliggesprochen wurde, ist ein Meisterwerk englischer Grabplastik. Den Höhepunkt unter den verschwenderisch ausgestatteten Grabmälern bildeten die Ruhestätten der Herzöge von Burgund. Die Grabstätte Philipps des Kühnen, deren Bau er schon zwanzig Jahre vor seinem Tod beginnen ließ, ist aus Alabaster, Gesicht und Hände sind bemalt. Die erstaunlich naturalistischen Plastiken der Trauernden in den gotischen Bogen stammen von Claus Sluter und Claus de Werve (Abb. 21).
Die kunstvollsten Schreine sind jedoch in Italien erhalten: die Scaligergräber in Verona, das Grabmonument des Mastino II. della Scala, über dem Portal von S. Maria Antica das stolze Reiterdenkmal des Cangrande I. della Scala (Abb. 20). Diese und andere reichverzierte freistehende Denkmäler blieben nicht ohne Einfluß auf das weltliche Grabmal. Im Gegensatz zu den Reliquienschreinen stehen die meisten italienischen Grabmäler an den Kirchenwänden, haben aber mit den Schreinen den gegiebelten gotischen Baldachin und den von Karyatiden oder Pfeilern getragenen Sarkophag gemeinsam. Das Grabmal der Maria von Valois in Santa Chiara in Neapel, das im Zweiten Weltkrieg teilweise zerstört wurde, war dafür ein besonders verschwenderisch ausgestattetes Beispiel. Freistehende Sarkophage mit liegenden Statuen, wie sie nördlich der Alpen gang und gäbe sind, finden sich in Italien selten. Der italienische Realismus ist maßvoll, im Norden dagegen brachte das spätere Mittelalter eine naturalistische Darstellungsweise von abschreckender Grausigkeit hervor.

Die grausige Wirklichkeit
Auf einem der schönsten gotischen Grabmäler in England, dem der Herzogin von Suffolk in Ewelme, ist die Verstorbene betend dargestellt. Die feingezeichneten Gesichtszüge einer alternden Frau sind ziemlich sicher als Porträt anzusehen. Darunter erblickt man durch Maßwerk hindurch, lang ausgestreckt auf dem Leichentuch, einen verwesenden Leichnam, dem das lange Haar vom Schädel fällt. Trotz seiner verborgenen Lage, die eine eingehende Betrachtung nahezu unmöglich macht, ist das Relief bis in die letzten Einzelheiten ausgearbeitet (Abb. 22). Die Herzogin – sie starb 1475 – war eine Enkelin des Dichters Geoffrey Chaucer und zweimal verheiratet. Ihr zweiter Mann, Guillaume de la Pole, angeblich ein Liebhaber der Margarete von Anjou, wurde 1450 ermordet.
Immer häufiger befaßte sich die menschliche Phantasie mit der physischen Seite des Todes. Neben Krieg und Gewalt war es

12

13

15

14

von jeher die Pest gewesen, die man fürchtete. Die unerhörte Schrecklichkeit, mit der der Schwarze Tod im 14. Jahrhundert gehaust hatte, empfand man als unüberhörbare Mahnung, zu bedenken, wie schnell der Mensch vor seinen Richter gerufen werden konnte (Abb. 23, 24). Phantastische Todesdarstellungen wurden in den Pestjahren häufiger (Abb. 25, 26). Auf dem Grabmal des Schwarzen Prinzen in der Kathedrale von Canterbury (Abb. 27) – er starb, als die Erinnerung an die Pest in England noch sehr lebendig war – steht in französischen Versen folgende Mahnung:

»So wie du bist, so war ich einst,
So wie ich bin, wirst du einst sein.
Viel dacht' ich nicht an Todesstund',
So lange atmete mein Mund …
Ein elend armes Wesen bin ich nun,
Tief in der Erd' hier muß ich ruhn.
Mein' große Schönheit ist dahin,
Mein Fleisch mir von den Knochen fiel.«

Der Prinz war der älteste Sohn König Edwards III. von England. Die Porträtstudie auf Edwards Grabmal in der Westminsterabtei wurde wahrscheinlich nach einer Totenmaske geschaffen. Trotz der stilisierten Behandlung von Haar und Bart ist der Tote realistisch gesehen (Abb. 28).
Gekleidet in die reichen Gewänder ihrer Zeit, so ruhen die Statuen auf ihren Sarkophagen, aber unter kunstvollem Maßwerk verborgen werden in grausiger Realistik die verfallenden Leiber dargestellt. Auch in Frankreich verweilte man mit Ausführlichkeit bei der Darstellung des Verfalls (Abb. 22). Die

13, 14 »Ich will, daß, wenn es Gott gefällt, meine Seele von dieser Welt abzuberufen … eine Kapelle Unserer Lieben Frau, schön und wohlgefügt, erbaut werden soll, und ich will, daß in der Mitte dieser Kapelle mein Grabmal errichtet wird …« Alles wurde nach seiner Anordnung ausgeführt. Das Grabmal ist aus Purbeck-Marmor, mit Engeln und Trauernden aus Bronze an den Seitenwänden. Unter einem gewölbten Trauergerüst liegt die Porträtstatue des Grafen

15 Genau an der Stelle, auf die die offenen Augen des Grafen von Warwick gerichtet sind, befindet sich im Zentrum des Gewölbes eine kleine Statue der Jungfrau als Himmelskönigin. Ihre Füße ruhen auf der Mondsichel, ihr Haupt ziert ein Perlendiadem, in den Händen hält sie Reichsapfel und Zepter

16 Heiter-gelassene Gläubigkeit spricht aus der Gestalt Ludwigs von Frankreich, des Sohnes König Ludwigs des Heiligen, der 1260 starb und in der Abtei von Royaumont beigesetzt wurde. Das Gesicht ist mit Sicherheit porträtähnlich – die Plastik hat damit neue Wege beschritten. Von nun an wurde es üblich, die Gesichter von Grabstatuen nach der Totenmaske zu modellieren

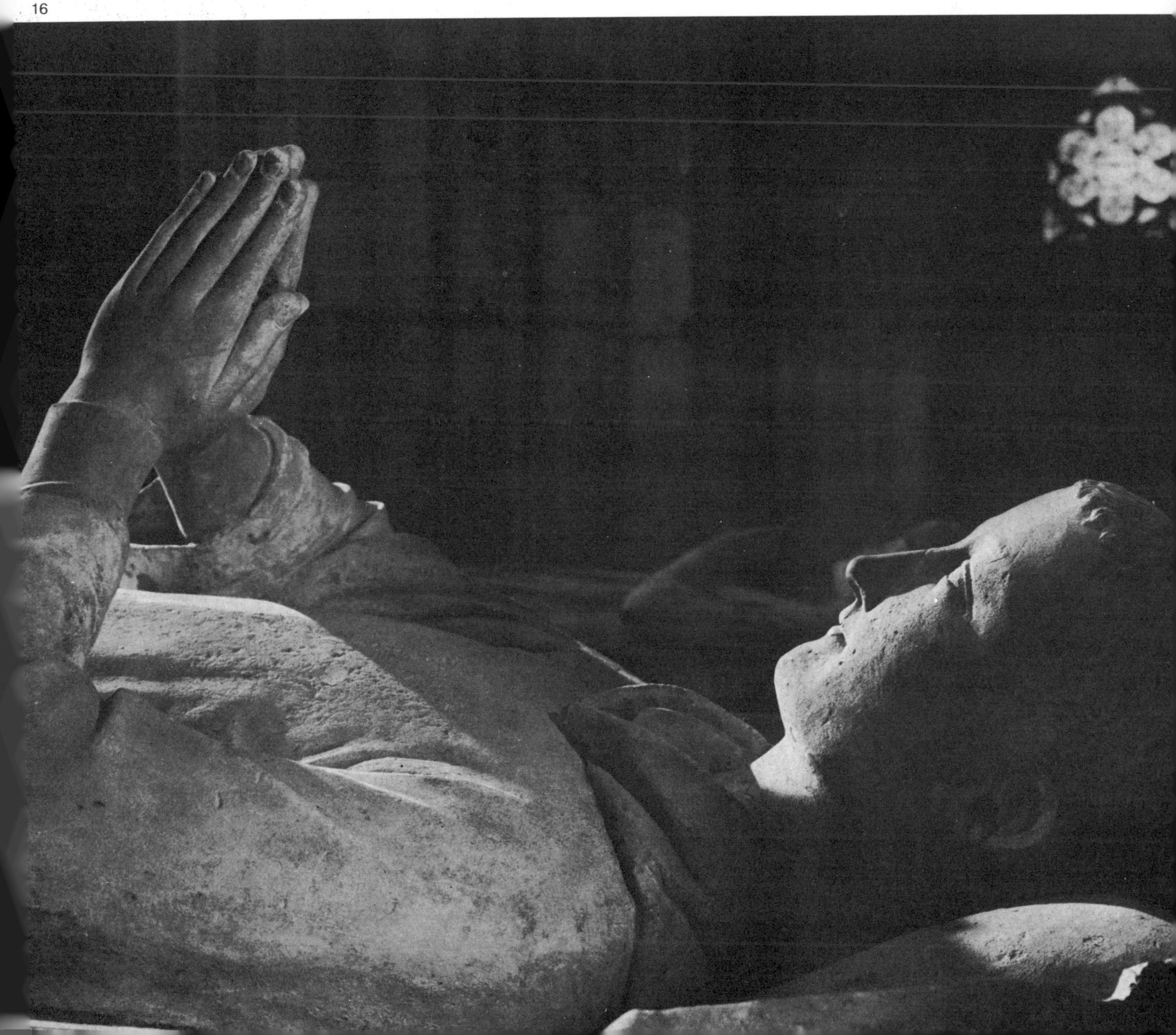

17

18

19

20

21 ▷

17, 18 Ein Trauerzug folgte dem Abgeschiedenen zum Grabe und betete für sein Seelenheil. Eine Tochter der Komtesse von Joigny (Abb. 17; spätes 13. Jahrhundert). Sie rafft mit der einen Hand ihr Gewand – ein Reisekleid – und blickt schmerzerfüllt zu Boden. Abb. 18: Trauernde, Plastiken vom Grabmal Ludwigs IX., des Heiligen, von Frankreich; sie stellen die Teilnehmer am Leichenbegängnis dar, unter ihnen auch die Söhne Heinrichs III. von England. Diese ›Trauernden‹, Statuetten, die sich als Prozession an den Seitenwänden mittelalterlicher Grabmäler entlangziehen, erinnern an die Darstellungen schmerzlicher Trauer in der antiken Kunst

19 Hand in Hand, so erwarten Sir Ralph Greene († 1417) und seine Frau den Jüngsten Tag. Ihre Lieblingshunde liegen ihnen zu Füßen; Engel halten das Kopfkissen der Lady

20 Könige und Fürsten besaßen im Tod eine ebenso prachtvolle Wohnstatt wie im Leben. Die Scaligergräber in Verona. Über der Kirchentür das stolze Reiterdenkmal des Cangrande della Scala († 1329), links davon Sarkophag und Baldachin von Mastino III. († 1351)

21 Einen Höhepunkt unter den verschwenderisch ausgestatteten Grabmälern bildeten die Ruhestätten der Herzöge von Burgund im späten 14. Jahrhundert. Philipp der Kühne ließ mit dem Bau seines Grabmals bereits zwanzig Jahre vor seinem Tode beginnen. Die Grabstatue ist aus Alabaster, Gesicht und Hände sind bemalt. Die Engel zu ihren Häupten haben Flügel aus vergoldeter Bronze. Um den Sockel des Grabmals schlingt sich ein Zug von Trauernden, in schwere Umhänge gehüllt, durch ein Labyrinth gotischer Bogen. Die erstaunlich naturalistischen Plastiken stammen von Claus Sluter und Claus de Werve

22

23

24

22 Unter dem prächtigen Grabmal lag der verwesende Leichnam. Von dieser düsteren Wahrheit zeigte sich das Spätmittelalter in eigentümlicher Weise fasziniert. Grabstatue der Herzogin von Suffolk in Ewelme (Oxfordshire), in friedlicher Todesruhe dargestellt. Unter Maßwerk verborgen aber (photographisch nicht wiederzugeben) liegt die Leiche mit den gräßlichen Zeichen des Verfalls

23 Die Pest: Papst Gregor I., der Große, an der Spitze einer Prozession. Bittgebete sollten das Ende der Pest des Jahres 590 erflehen. Kardinäle, Mönche, ein Eremit und viel Volk ziehen mit – aber ein Mönch fällt während der Prozession tot zu Boden (Miniatur aus dem späten 15. Jahrhundert). Die Beulenpest hatte Europa im Jahre 1348 erreicht und raffte ein Drittel der Bevölkerung hin

24 Bestattung der Pestopfer in Tournai im Jahre 1349, als die Seuche das Abendland entvölkerte. In Tournai hatte man noch Zeit gehabt, Särge anzufertigen. Als das große Sterben immer mehr um sich griff, setzte man die Toten einfach in Massengräbern bei. In Erfurt wurden der Überlieferung nach im Jahr 1350 12000 Leichen in offene Gruben geworfen

Leichname Ludwigs XII. und der Anna von der Bretagne unter den knienden Grabplastiken weisen zwar noch keine Merkmale des Verfalls auf, aber die Leiber zeigen die Stiche des Einbalsamierers. Über das Gesicht des François de Sarra fallen Kröten her, und riesige Würmer bohren sich in die Haut seiner Arme (Abb. 29, 30). Hier ist die Grenze des Erträglichen erreicht. Ganz allmählich schwindet der Kult mit der Darstellung des menschlichen Verfalls. Von einzelnen Ausnahmen abgesehen, zog das 17. Jahrhundert schicklich mit dem Leichentuch bedeckte Gestalten einer allzu naturalistischen Wiedergabe der Auflösung vor.

Der Totentanz

Das geradezu krankhafte Interesse an allem, was mit dem Tode zusammenhing, fand seinen ungewöhnlichsten Ausdruck im Totentanz. Die Totentanzdarstellungen gehen vermutlich – wenn auch nicht nur – auf ein französisches Gedicht aus

25

26

25 Phantastische Todesdarstellungen wurden in den Pestjahren häufiger – bizarre Produkte einer entarteten Vorstellungskraft. Vielleicht aber konnte man sich von dem ständig lastenden Alpdruck nur dadurch befreien, daß man ihm Gestalt verlieh. Der gekrönte Leichnam, bereits vom Verfall gezeichnet, stammt aus einem Stundenbuch, das um 1475 für König René von Anjou geschaffen wurde. Das Banner mit den drei Feldern ist das seine, und die Gestalt soll wahrscheinlich ihn selbst darstellen. Ein ähnliches Motiv erscheint in einem anderen Manuskript von Renés eigener Hand. So ist es durchaus möglich, daß auch diese Miniatur von ihm entworfen wurde

26 »Und ich sah, und siehe, ein fahles Pferd. Und der darauf saß, des Name hieß Tod« (Offenbarung 6,8). Der ›Sieger Tod‹, aus einem früheren Hospital in Palermo, wurde um 1445 gemalt. Der Künstler ist unbekannt. Das Pferd besitzt noch Mähne und Schweif, im geöffneten Maul sind Zunge und Zahnfleisch zu sehen, der Schädel selbst ist aber nur noch ein augenloses Gerippe. Nicht etwa auf die, die ihn sehnlich erwarten – die Armen, die Krüppel und die Alten, die sich am linken Bildrand zusammendrängen –, schießt der Tod seine Pfeile ab, sondern auf Männer und Frauen in der Blüte ihrer Jugend, die, bunt und prächtig gekleidet, den Klängen der Musik lauschen. Unter den Hufen des Pferdes liegen in wirrem Haufen die schon vom Tode Geschlagenen – edle Herren und Damen, Bischöfe, Päpste und Mönche

27 Edward, der Schwarze Prinz, Prince of Wales, der älteste Sohn Edwards III., errang ersten Kriegsruhm, als er im Alter von sechzehn Jahren in der Schlacht von Crécy 1346 den rechten Flügel der Armee befehligte. Er starb jedoch vor seinem Vater und kam nicht zur Regierung. Seine Grabplastik in der Kathedrale von Canterbury zeigt mehr den Soldaten als den Menschen. Über dem Grabmal wurden sein Schwert, seine bronzenen Panzerhandschuhe, sein hölzerner Schild, sein Helm und sein Samtmantel, der mit den Wappen Frankreichs und Englands bestickt war, aufgehängt

dem späten 13. Jahrhundert zurück: »Die Geschichte von den drei Lebenden und den drei Toten«, die auf Anordnung von Jean de Berry an der Fassade der Kirche der Unschuldigen Kindlein in Paris in Stein gehauen wurde. Das Thema verbreitete sich schnell über ganz Europa und drang sogar in Italien ein, dessen ganzer Geisteshaltung derart makabre Vorstellungen gar nicht entsprachen. Eine bildliche Darstellung der Geschichte von den drei Lebenden und den drei Toten findet sich auf den Mauern des Campo Santo in Pisa (Abb. 31). In England erscheint das Thema auf Wandmalereien in Dorfkirchen, außerdem in illuminierten Handschriften wie dem »Psalter von Lisle« aus dem Anfang des 14. Jahrhunderts. Der Begriff *macabre, danse macabre,* Totentanz, tauchte erstmals um 1378 in Frankreich auf.

Bisweilen wurde der Totentanz als Maskenspiel aufgeführt, so 1422 in Paris und 1449 in Brügge: Als Gerippe verkleidete Männer tanzten mit Gestalten, die die verschiedenen Gesellschaftsstände darstellten. Die Wandgemälde in La Chaise Dieu und in Kermaria Nesquit in der Bretagne (Abb. 32, 33) sind die am besten erhaltenen Darstellungen des Totentanz-Motivs. Holzschnitte sorgten für Verbreitung des Themas, so die Arbeiten von Guyot, Marchant oder das weit umfangreichere Werk von Holbein. Villon und andere haben es dichterisch gestaltet. »La Grant Danse Macabre«, der Große Totentanz, 1499 in Lyon erschienen und eines der frühesten gedruckten Bücher, bringt eine interessante Erweiterung des bisher üblichen Themas von Szenen aus dem Alltagsleben, in denen plötzlich der Tod erscheint. Dort reißt der Tod Drucker und Buchhändler mit sich fort. Zwar hatte die Kirche von jeher die Vergänglichkeit alles Sterblichen gepredigt, im 15. Jahrhundert aber findet man im nördlichen Europa ein geradezu krankhaftes Schwelgen im Ekel, das einem schwer verständlichen Bedürfnis entsprungen sein muß. Die Schrecken der Verdammnis, die dem frühen Mittelalter gepredigt worden waren, verloren allmählich ihre Macht.

War es auch noch zu gefährlich, die orthodoxe Lehre überhaupt in Frage zu stellen, so muß es doch viele gegeben haben, die Primitivität und Grausamkeit einer solchen Lehre verwarfen und deren krassen Realismus durch die Mächte des Unbekannten ersetzt sehen wollten, die die Seele nicht mit so fürchterlichen Schrecknissen bedrängte. Eine dem Wohlleben zugewandte Gesellschaft mit verfeinertem Geschmack richtete nunmehr ihr Augenmerk auf den physischen Verfall der Leiber. In einem Stundenbuch für Maria von Burgund und ihren Gemahl Maximilian, das wahrscheinlich erst 1482 nach beider Tod vollendet wurde, zeigt eine der Illuminationen den triumphierenden Tod, der seine Beute fortträgt.

Südlich der Alpen hat man sich, wie schon erwähnt, weniger mit dem Sterben beschäftigt. Giottos Hölle am östlichen Ende der Arenakapelle in Padua zeigt nichts von der handfesten Wirklichkeit, die er seiner Prozession der Auserwählten verleiht. Fra Angelico ist weit mehr von den Freuden seines Para-

27

28

28 Die Regierungszeit Edwards III. von England dauerte fünfzig Jahre lang (1327–77), eine Epoche des Friedens im Innern und der Kriege auf dem Kontinent. Die Porträtstatue auf seinem Grabmal wurde wahrscheinlich nach einer Totenmaske geschaffen, die stilisierte Behandlung von Haar und Bart verleihen dem im übrigen realistisch gesehenen Toten Würde und königliches Aussehen

29, 30 Kardinal Lagrange, gestorben 1402, in seinem Testament ordnete er an, daß sein Leichnam ›entbeint‹, das Skelett in Avignon und das Fleisch in Amiens beigesetzt werden sollte. Abb. 30: Hier ist der Höhepunkt des Grausigen erreicht. Kröten fallen über das Gesicht des François de Sarra her († 1360, Grabmal aber erst um das Jahr 1400 errichtet), und riesige Würmer bohren sich in die Haut.

29

diesgartens überwältigt als vom Schrecken vor Höllengreueln gepackt. Natürlich blieb auch Italien von dieser Hinwendung zum Grausigen nicht ganz verschont, wie das Fresko auf der Mauer des Campo Santo in Pisa beweist (Abb. 31), aber der klare und gesunde Geist der Renaissancekunst hielt sich im wesentlichen von der Grausamkeit nordischer Alpträume frei.

Die Grabstätte

Die Beisetzung erfolgte in der Erde oder in Grüften. Der Leichnam wurde in ein Leichentuch gehüllt, das am Kopf- und Fußende zusammengeknotet war. In vielen Fällen wurde er unmittelbar ins Grab gelegt, doch wurden schon frühzeitig Särge aus Holz, Stein oder Blei verwendet. In den Darstellungen von der Auferstehung des Lazarus wird der Deckel des Sarges im allgemeinen von Handwerkern aufgestemmt, wie etwa auf einem Relief in Chichester. Diese Form der Darstellung steht im Widerspruch zur östlichen Überlieferung, nach der Lazarus aus einer Höhle hervortritt. Ein Bild von der Grablegung des Judas Makkabäus in der Winchesterbibel, auf dem die in ein Leichentuch gehüllte Leiche in einen Sarg gelegt wird, läßt vermuten, daß dies im 12. Jahrhundert zumindest für Leute von Stand die übliche Form des Begräbnisses darstellte. Ein Bild aus dem Stundenbuch Philipps des Guten aus der Mitte des 15. Jahrhunderts zeigt eine häusliche Szene: eine Schlafkammer, in der der Leichnam eben in Tücher gewickelt wird, während die Witwe trauernd danebensitzt (Abb. 34).
Dem Begräbnisplatz wurde große Bedeutung beigemessen. Wo Grundbesitz und Rang so eng miteinander verbunden waren, wollte man möglichst auf eigenem Grund und Boden begraben werden und dort die Auferstehung allen Fleisches abwarten. Aber gerade dies schuf unerwartete Konflikte. Die Leichen großer Männer, die in der Ferne starben, wurden häufig zerstückelt; manchmal wurde das Fleisch von den Knochen gelöst, die in die heimatliche Erde zurückgebracht wurden, während man die anderen Überreste am Sterbeort beisetzte. Manchmal wurde auch das Herz vom Körper gesondert begraben, wobei zweifellos der Wunsch, eine Reliquie von einem großen Mann oder Wohltäter zu besitzen, eine Rolle spielte. Die Theologen jedoch betrachteten diese Praktiken mit Mißtrauen. In einem Zeitalter, das so sehr daran gewöhnt war, die aus den Gräbern Auferstehenden bildlich zu sehen, mußten solche Zerstörungen des Leibes Probleme aufwerfen. Papst Bonifaz VIII. hielt das für einen immerhin so bemerkenswerten Mißstand, daß er Gesetze dagegen forderte.
Totenmessen waren Anlässe zu großen Feierlichkeiten, Leichenbegängnisse Anlaß zu außerordentlicher Prachtentfaltung. Wurde ein König oder ein Bischof begraben, so legte man manchmal den Leichnam in vollem Ornat auf die Totenbahre. Üblicher allerdings war es, die Leiche einzusargen und nur eine Wachs- oder Holzplastik auf den Deckel zu legen (Abb. 36). Noch häufiger bedeckte den Sarg ein Bahrtuch, einfach schwarz mit einem Kreuz geschmückt oder aus kostbarem goldbesticktem Samt (Abb. 1). Während des Requiems stand der Sarg, von den Trauernden umgeben, im Schiff oder im Chor der Kirche. Auf der Miniatur Abb. 35 überragt ihn ein kunstvolles hölzernes Gerüst, die »herse« (französisch: herse, Egge), das mit Kerzen besteckt wurde. Auf der Illumination aus dem Stundenbuch des Amadé de Saluces unterscheidet die Darstellung sehr genau zwischen der Ungerührtheit der Chorknaben, die der Bahre vorangehen, und dem Gram der Trauernden, die ihr folgen.
Ein seltsames und bewegendes Bild in einem Stundenbuch Philipps des Schönen, Sohn Kaiser Maximilians I. und der Maria von Burgund, zeigt in einer Kirche einen nackten Leichnam auf einem Sarkophag ausgestreckt. Die Art der Darstellung läßt erkennen, daß es sich um ein Phantasiebild und nicht um ein wirkliches Ereignis handelt. Ein Medaillon in der Randleiste des Stundenbuches zeigt ein Totengerippe, das eine Dame an der Hand führt, wieder ein Hinweis darauf, was die damalige Zeit am tiefsten bewegte.

Die Kunst des Sterbens

Illuminationen und Holzschnitte unterstreichen die Bedeutung der Reue auf dem Sterbebett, die sogar im allerletzten Augen-

◁ 31

32

33

31 Eine der Wurzeln für diese Totentanzdarstellungen dürfte ein Gedicht aus dem 13. Jahrhundert sein, die ›Drei Lebenden und die drei Toten‹. Drei reiche Männer stoßen auf der Jagd plötzlich auf drei Gerippe oder, wie in der hier gezeigten Version, auf drei offene Särge, in denen verwesende Leichen liegen. Entsetzt weichen sie zurück; da erscheint ein alter Einsiedler und erklärt ihnen, daß die drei Leichname – sie selbst seien! Das Fresko von der Mauer des Campo Santo in Pisa verwendet bei der Darstellung der Legende die üblichen Symbole für das *memento mori* und die Eitelkeit aller irdischen Freuden

32, 33 Der Tod beherrschte den ganzen Erdkreis, das menschliche Leben mit seinem ehrgeizigen Streben und Ringen war nur ein Totentanz, der zum Grabe führte. Im späten Mittelalter erhielt diese immerwährende Beschäftigung mit dem Tod phantastische, ja nahezu lästerliche Züge. Bei Maskenspielen verkleideten sich die Männer als Gerippe und tanzten mit Gestalten, welche die verschiedenen Stände repräsentierten. Ein Fresko in La Chaise Dieu in Frankreich zeigt eine solche Szene

34

35

36 ▷

blick den Sünder vor der Hölle bewahren und die Zeit des Fegefeuers abzukürzen vermochte. Auf einer prachtvollen Illumination im Stundenbuch des Herzogs von Rohan liegt eine nackte Leiche zwischen Totengebein. Das Schriftband aus ihrem Munde befiehlt die Seele Gott und bittet um Erlösung (Abb. 5). Ein Teufel hat die Seele des Abgeschiedenen bereits ergriffen, aber der Erzengel Michael will sie ihm entreißen. Aus den Wolken blickt die riesige Gestalt Gottes mit dem Schwert herab. Während der Sterbende das Latein der Psalmen benutzt, antwortet Gott auf Französisch, »Tu Buße für deine Sünden, und du wirst bei mir sein am Tage des Gerichts.«

In einem französischen Werk, das Abhandlungen über Askese enthält – heute in der Bayerischen Staatsbibliothek, München –, zeigt eine Illumination zu *La Science de bien mourir* einen Teufel von besonderer Scheußlichkeit, der über dem Bett eines Sterbenden mit einem Engel ringt. Ein in vielen Versionen bekanntes Werk war die *Ars moriendi,* die Kunst zu sterben. Der Meister E. S. schuf für sie eine Reihe von Kupferstichen, die in dramatischer Bewegtheit gegensätzliche Szenen zeigen. Auf sie gehen die Holzschnitte in einem Blockbuch um 1450 zurück, von denen eine Tafel die Sünde der Ungeduld zeigt (Abb. 37). Der sterbende Mann, den ein Teufel versucht, hat den Tisch umgeworfen und vertreibt seinen Arzt mit einem Fußtritt. Auf einem der Kupferstiche des Meisters E. S. umgeben Teufel das Krankenbett und weisen eifrig auf Bilder von Hurerei, Mord und Raub. Auf dem Stich auf der gegenüberliegenden Seite bezeugen der heilige Petrus mit seinem Hahn, Maria Magdalena, der reuige Dieb und der bekehrte Paulus die Wirksamkeit wahrer Reue. »Was sorgst du nicht für den Tag des Gerichts vor«, schrieb Thomas von Kempen, »da keiner durch keinen entschuldigt oder verteidigt werden kann? Jetzt ist deine Mühe noch fruchtbar, dein Weinen vernehmlich, dein

34 Der Leichnam wird ins Leichentuch gehüllt, etwas abseits sitzt die Witwe

35 Während des Requiems stand der Sarg, umgeben von den Trauernden, im Schiff oder im Chor der Kirche. Auf der Miniatur überragt ihn ein kunstvolles hölzernes Gerüst, die ›herse‹ (Trauergerüst), die mit Kerzen besteckt wurde

36 Die Totenmesse – das feierliche Offizium für die Toten – war eine ergreifende und beeindruckende Zeremonie, vor allem dann, wenn sich persönliche Trauer und fromme Gläubigkeit mit dem symbolischen Pomp des Staatsbegräbnisses verbanden. Diese Miniatur zeigt die Leichenprozession König Karls VI., des Wahnsinnigen, von Frankreich im Jahre 1422. Im Hintergrund sind einige Gebäude von Paris zu sehen. Auf dem Sarg liegt eine Wachsplastik, was damals nicht selten war, ausgestattet mit allen Attributen der königlichen Macht des Verstorbenen. Die Trauernden tragen schwarze Kleidung, mit Ausnahme der Mitglieder des Hofgerichts, die in scharlachrote Gewänder gehüllt sind, denn nach der Reichsauffassung »stirbt der König niemals«. Karl fand, so wie fast alle französischen Könige seit dem 7. Jahrhundert, in der königlichen Abtei Saint-Denis, am nördlichen Rand von Paris gelegen, seine letzte Ruhestätte

37 Handbücher über die ›Kunst des Sterbens‹ (Ars moriendi) hatten im Mittelalter besonderen Erfolg. Das war nur natürlich in einer Zeit, da man glaubte, daß der Zustand der Seele im Augenblick des Todes von ausschlaggebender Bedeutung für ihr künftiges Geschick in einem Leben nach dem Tode sei. Diese Tafel aus einem Blockbuch aus der Zeit um 1450 veranschaulicht die Sünde (und zugleich Torheit) der Ungeduld. Der sterbende Mann, den ein Teufel versucht, hat den Tisch umgeworfen und vertreibt seinen Arzt mit einem Fußtritt. Diese Holzschnittreihe geht vermutlich zurück auf eine Folge von Kupferstichen des Meisters E. S., regte diese aber möglicherweise auch an

38–41 Ein frommes Leben ließ ein gottseliges Sterben erhoffen. Die sogenannten ›Sieben Werke der Barmherzigkeit‹ sollten dem Christen Vorbild sein. Die Miniaturen auf dieser Seite stammen aus einer katalanischen Version der *Breviari d'Amor,* einem provenzalischen Gedicht, das um 1280 entstanden ist. Dies sind die Pflichten des gläubigen Christen: den Sünder ermahnen; die Kranken besuchen; die Hungernden speisen; die Dürstenden tränken; die Gefangenen aufsuchen. Den Heimatlosen Obdach gewähren; die Toten begraben; die Blöße der Nackten bedecken. Das letzte Bild zeigt, welcher Lohn dem frommen Mann winkt: seine Seele wird erlöst und ins Paradies getragen

37

Si mal as fet tos afers noti vulles tornar
fe axi con bon crestia deu fer. confessa e conbrega:—
ages en deu bona es perança:—

Seufzen hörbar, dein Schmerz genugtuend und läuternd ... Du sollst jetzt sorgsam sein und Leid tragen um alle deine Sünden, auf daß du dann am Tage des Gerichts sicher lebest mit den Seligen.«

Weit naiver war die Vorstellung, man könne den Tod durch gute Vorsätze hinausschieben. Als die Kaiserin Mathilde nach der schwierigen Geburt ihres Sohnes, des späteren Heinrich II., schwer krank daniederlag, »verteilte die kluge Mutter«, so wird berichtet, »ihre Schätze an Witwen, Waisen und die Armen, und entkam so der Todesgefahr.« Der Weise jedoch übt sich sein Leben lang in der Tugend. Ein frommes Leben ließ ein gottseliges Sterben erhoffen. Die sogenannten »Sieben Werke der Barmherzigkeit« sollten dem Christen Vorbild sein. Die *Breviari d'Amor*, ein provenzalisches Gedicht, das um 1280 entstanden ist, zeigen die sieben Werke der Barmherzigkeit: Den Sünder ermahnen, die Kranken besuchen, die Hungernden speisen, die Dürstenden tränken, die Gefangenen besuchen, den Heimatlosen Obdach gewähren, die Toten begraben, die Blöße der Nackten bedecken. Das letzte Bild zeigt, welcher Lohn dem frommen Manne winkt: Seine Seele wird von Engeln zum Himmel emporgetragen. Die Miniaturen entstammen einer katalanischen Version des Werkes (Abb. 36–41).

Die Reformation spaltete in Europa auch die Auffassungen vom Sterben. Manche Richtungen des Protestantismus entwikkelten Theorien der Vorherbestimmung, deren Konsequenzen für die Vorstellungen von Tod und Verdammnis sich an Schrecklichkeit mit jeder mittelalterlichen Höllenvision messen können. Damit, daß sie das Fegefeuer verneinten, geriet zugleich die Gewißheit des Lebens nach dem Tode ins Wanken. Und schließlich zerstörten die Bilderstürmer die exakten bildlichen Vorstellungen, die einst die christliche Welt in Entsetzen gestürzt hatten.

Die Vorstellung vom Leben nach dem Tode besaß von nun an nicht mehr ihre volkstümliche Allgemeingültigkeit. Nun kam die Zeit, in der die Grabinschriften Tugenden und Werke der Nächstenliebe rühmten. Neu war auch, daß persönliche Trauer Ausdruck finden konnte. Auf Roubilliacs Denkmal von 1761 für Lady Elizabeth Nightingale in der Westminsterabtei steigt ein in ein Leichentuch gehülltes Gerippe, Nachkomme vieler spätmittelalterlicher Phantasiegebilde, aus einer Gruft herauf, doch der unheimliche Besucher wird durch eine Gebärde des Ehemanns zurückgewiesen, der seine sterbende Frau stützt. Was hier sichtbar wird, ist menschliche Zuneigung, die sich gegen den Tod auflehnt, keinesfalls aber Erinnerung an den Staub, zu dem wir alle werden müssen.

Von wenigen Ausnahmen abgesehen (Abb. 17, 19) fehlt mittelalterlichen Denkmälern diese menschliche Wärme; allerdings verfallen sie auch nie der Sentimentalität. Dem unvermeidlichen Sterben stellte man sich auf verschiedene Weise, bisweilen wohl in einem Rahmen von unangemessenem Prunk, nie aber, ohne die völlige Ergebung in eine göttliche Absicht erkennen zu lassen, deren letztliche Gerechtigkeit außer Frage stand. Zum Unglück für die Christenheit verlieh man dieser Gerechtigkeit in den allzu konkreten Begriffen von Himmel und Hölle sichtbaren Ausdruck und stellte sie mit einer solch genialen Schöpferkraft dar, daß sie jahrhundertelang alle Gedanken über das künftige Leben prägten und beherrschten. Die mittelalterliche Hölle mag als Abschreckungsmittel ihren Zweck erfüllt haben, ganz sicher aber bedeutet sie unter all den Versuchen, das im Grunde nicht Darstellbare, den Bereich des Supranaturalen, durch irdische Vorstellungen auszudrücken, eine der ungeheuerlichsten Entgleisungen.

1 Gerade bezahlt ein Kunde den Schuster, der Tuchhändler daneben hat Stoffballen ausgelegt, zwei Kaufleute halten Goldgeschirr feil

Handel und Gewerbe

Kaufleute und Geldwirtschaft

2

4

3 ▷

2 Schwere Arbeit war noch immer das Los von drei Viertel aller Menschen. Die meisten Gebiete konnten sich selbst versorgen; Einfuhren waren Luxus.
Die hier abgebildeten Fischer mit den Netzen, eine Miniatur aus dem frühen 14. Jahrhundert, stammen aus einem englischen Psalter. Schottischer Lachs war auch damals schon eine teure Delikatesse. Salzheringe aus der Nord- und Ostsee dagegen konnten sich auch die weniger Wohlhabenden leisten

3 Die Abbildung (aus dem 15. Jahrhundert), eine Miniatur aus dem *Livre des proprietez des Choses,* zeigt auf einem einzigen Bild die Arbeiten, die der Bauer im Wechsel der Jahreszeit zu leisten hat – das Pflanzen von Apfelbäumen, das Ernten der Äpfel, das Zerhacken der abgestorbenen Äste zu Brennholz. Im Vordergrund wird Weizen gesät und geerntet; ein Schnitter wetzt seine Sichel

4 Die Bienenzucht lieferte Honig, und aus Honig wurde Met gebraut, ein berauschendes Getränk, das in den nördlichen Ländern beliebt war, wo kein Wein gedieh. Zucker war knapp, er mußte aus dem Nahen Osten eingeführt werden. Honig dagegen exportierte man sogar in die Länder des Islam. Die hier abgebildete Illumination aus einer Handschrift des späten 15. Jahrhunderts ist eine Illustration zu den *Georgica* des Vergil. Das Schlagen auf die Metallbecken sollte das Schwärmen der Bienen verhindern

5 »Das Milchmädchen«, so verlangt ein Schreiber aus dem 13. Jahrhundert, der über die Landwirtschaft berichtet, »muß treu sein, einen guten Ruf haben und auf seine Sauberkeit achten«. Die Abbildung zeigt eine Miniatur aus einem Bestiarium

6 Eine Windmühle aus dem 14. Jahrhundert, damals eine verhältnismäßig neue Erfindung. Sie war in England wohl kaum vor dem 13. Jahrhundert bekannt

»Im Namen Gottes und des Profits«

Inschrift auf der ersten Seite des Hauptbuchs von Francesco Datini, Kaufmann in Prato

Wenige geschichtliche Entwicklungen haben das Schicksal des Abendlandes so entscheidend beeinflußt wie die ständige Ausweitung des Handels seit dem 12. Jahrhundert. Der Ansporn, den das Gewerbe erhielt, seine Arbeitsmethoden zu verbessern, die Notwendigkeit, das Finanzwesen auf eine neue Basis zu stellen, neue Wege für die Beziehungen der Staaten untereinander zu suchen – alles das sollte das politische und das ideologische Gerüst der feudalen Gesellschaftsordnung verändern und schließlich überwinden.
Handel und Gewerbe hängen eng zusammen. Der Handel beliefert einerseits das Gewerbe mit den wichtigsten Rohstoffen und verkauft andererseits dessen Fertigerzeugnisse. Sie können demnach mit Recht als der statische und der dynamische Aspekt eines einzigen Zweckes und Bestrebens betrachtet werden: nämlich die Menschheit mit materiellen Gütern zu versorgen.

Essen und Trinken ...

Ein großer Teil der Bevölkerung im mittelalterlichen Europa erzeugte zwar seine Lebensmittel selbst, doch waren die Besitzer kleiner wie größerer Bauerngüter bestrebt, Überschüsse zu erzielen, die sie verkauften, um sich mit dem Erlös zu verschaffen, was sie selbst nicht hervorbringen konnten, seien es nun

5
6

Waren oder spezielle Dienstleistungen (Abb. 2–6). Kauf und Verkauf gingen auf den Märkten und in den Städten vor sich, und dort lebten auch Händler und Gewerbetreibende. Neben den Produzenten von Grundnahrungsmitteln beschäftigten sich auch zahlreiche Fachleute mit Speise und Trank: Metzger, Fischhändler, Müller, Bäcker, Brauer, Weinhändler, Schankwirte und viele andere. Zweifellos war das Gewerbe, das sich mit Erzeugung und Verkauf von Nahrungsmitteln befaßte, weit umfangreicher als jede andere Gruppe. Dabei produzierten die meisten Erzeuger nur kleine Mengen, und gehandelt wurde nur über geringe Entfernungen, meist zwischen den Marktorten und dem umgebenden Land. Manche Gemeinwesen waren allerdings genötigt, einzelne Grundnahrungsmittel von weither kommen zu lassen, wie etwa Venedig, dessen Bewohner in der Mehrzahl Kaufleute waren, oder Gegenden mit überwiegend gewerbetreibender Bevölkerung wie Flandern, oder solcher mit spezialisiertem Anbau wie die Weinbaugebiete der Gascogne, und schließlich Länder mit geringer landwirtschaftlicher Anbaufläche wie Norwegen.

Glücklicherweise gab es Gebiete, die einen Getreideüberschuß erzielten, so daß sie exportieren konnten. So belieferten Nordfrankreich und Westdeutschland Flandern und die Niederlande, England schickte Weizen nach Skandinavien, in die Gascogne und gelegentlich sogar nach Italien. Russisches Getreide gelangte entweder über die Ostsee oder das Schwarze Meer nach Westen, Reis wurde aus Spanien und aus der Levante importiert. Fleisch, Geflügel und Eier gab es fast überall in ausreichenden Mengen. Vieh wurde manchmal verschifft, im allgemeinen aber nicht für Schlachtzwecke, sondern als Zugtiere oder für Zuchtzwecke. Nach edlen Pferden und Falken bestand beim Adel immer Nachfrage. Die italienischen Galeeren beförderten exotische Tiere, die unter anderm zum Zeitvertreib vornehmer Damen bestimmt waren, Meerkatzen und Papageien zum Beispiel. Gewinnbringender jedoch war menschliche Fracht: Pilger, Kaufleute und andere Reisende, aber auch Sklaven, die von italienischen Kaufleuten aus den slawischen Ländern in islamische Häfen gebracht wurden.

Butter wurde aus Polen, Skandinavien, Holland und England exportiert, englischer Käse in beträchtlichen Mengen nach Kontinentaleuropa. Weit bedeutender aber war der Handel mit Fischen, die an allen Küsten Europas gefangen und über weite Strecken ins Inland transportiert wurden. Von außerordentlicher Bedeutung als Handelsartikel war das Salz, zum Würzen, vor allem aber als Konservierungsmittel, denn Fisch und Fleisch für den Winterbedarf wurden eingesalzen. Hauptexportgebiet war die französische Atlantikküste mit ihren großen natürlichen Salzpfannen, zum Beispiel in der Nähe der Loiremündung. Von dort holten die Flotten der Hanse alljährlich die Salzladungen für die Ostseehäfen.

In den Weiten Osteuropas herrschte chronischer Salzmangel. Da das Mittelalter stark gewürzte Speisen liebte, war der Handel mit Pfeffer und anderen Gewürzen wie Zimt, Nelken, Ingwer, Muskatblüte und Muskatnuß sehr gewinnbringend, auch wenn die Preise wegen der riesigen Transportkosten außeror-

7 Die Küfer fertigten hölzerne Tonnen und Fässer an, in denen man Wein und andere Flüssigkeiten transportierte. Es erforderte großes Können, Fässer und Tonnen so zu arbeiten, daß sie vollständig luftdicht waren und einen oftmals beträchtlichen Innendruck aushalten konnten. Die Faßdauben waren aus Eichenholz und erhielten durch Erhitzen oder Dampfbehandlung ihre gewölbte Form, die Faßreifen waren aus Eisen. Auf dem Relief (von Antelami, aus dem 12. Jahrhundert) hämmert der Küfer die Faßreifen fest, damit das Faß für die Weinernte bereit ist

8 Spinnen und Weben: Der Rohflachs (im Vordergrund) wird zu Bündeln gerauft, gekämmt und auf einen Spinnrocken gesteckt, den man unter dem linken Arm festhielt. Aus diesem Rocken zieht die Spinnerin mit der linken Hand einige Fasern und zwirnt sie, unterstützt von der Drehbewegung der Spindel, mit der Rechten zum Faden. Im Hintergrund wird das Leinengarn auf einem Handwebstuhl verwoben

9 Seidenraupen wurden im Abendland nicht vor dem 14. Jahrhundert in großem Umfang gezüchtet. Auf der Miniatur ist dargestellt, wie die Raupen von Maulbeerbäumen eingesammelt und die von den Kokons abgewickelten Seidenfäden zum Spinnen vorbereitet werden

10, 12 Das herrliche Tuch des späten Mittelalters war von so ausgezeichneter Qualität, daß sie nie wieder erreicht, geschweige überboten wurde. Wenig ist von diesem vergänglichsten aller handwerklichen Erzeugnisse erhalten geblieben. Einen Abglanz seiner Pracht lassen erhaltene Wandteppiche und einzelne Handschriftenilluminationen erkennen. Abb. 12: Ein in kostbare Gewänder gekleidetes Paar auf einem französischen Wandteppich des späten 15. Jahrhunderts. Abb. 10: Färber bei der Arbeit. Die leuchtenden Farben werden in einem riesigen Bottich erhitzt

11 Das kostbare Material wird zu einem Gewand verarbeitet

7

9

8

10

dentlich hoch waren, denn die Waren aus Ostindien wurden in die Levantehäfen verschifft und dort von abendländischen Kaufleuten erworben. Viele Arzneimittel, die man im mittelalterlichen Europa verwandte – Aloe, Kampfer, Rhabarber, Sennesblätter und auch Duftstoffe wie Ambra, Balsam, Weihrauch, Moschus, Myrrhe, Rosenwasser –, kamen ebenfalls aus Asien und wurden aus den Levantehäfen importiert.

Das Abendland produzierte auf diesem Gebiet verhältnismäßig wenig: Spanien führte Lakritze aus, Chios lieferte Mastix in die islamischen Länder. Ein großer Teil des im Abendland verbrauchten Zuckers wurde aus dem Nahen Osten eingeführt, andererseits exportierte das Abendland – Rußland, Spanien und Portugal vor allem – Honig und Bienenwachs in die Länder des Islams.

Gemüse und Obst baute man überall im Abendland an, aber England zum Beispiel importierte dennoch zusätzlich Kohl, Knoblauch, Zwiebeln und Zwiebelsamen aus Frankreich und den Niederlanden sowie eine besondere Sorte Äpfel aus der Normandie.

Spanien und Portugal führten Orangen, Zitronen, Granatäpfel und konserviertes Obst in kleinen Mengen aus. Weit bedeutender war der Handel mit getrockneten Früchten: Korinthen aus dem östlichen Mittelmeerraum, Rosinen, Datteln, Feigen aus Nordafrika. Aus demselben Gebiet kamen Mandeln, die die mittelalterliche Küche in erstaunlichen Mengen verwendete. Olivenöl, eine wichtige Handelsware im Mittelmeergebiet, exportierten Spanien, Nordafrika, Italien und Griechenland.

Malz- und Hopfenbier braute und trank man im nördlichen Abendland in großen Mengen. Weitaus der größte Anteil im internationalen Handel mit Getränken fiel jedoch auf den Wein, wofür Frankreich und Deutschland die Hauptausfuhrländer waren und England das Haupteinfuhrland. Auch Weine aus Portugal, Spanien, Italien und Griechenland – Südweine also – wurden lebhaft gehandelt (Abb. 7).

...und Kleidung ...

Neben Essen und Trinken brauchten die Menschen am notwendigsten Kleidung. Textilhandel und -gewerbe standen deshalb im Mittelalter an Bedeutung nur dem Nahrungsmittelhandel nach. Von allen Rohstoffe verarbeitenden Gewerben war das Textilgewerbe das bedeutendste, denn einerseits war die Nachfrage sehr groß, andererseits waren die bei der Herstel-

11

12 ▷

lung der Textilien angewendeten Verfahren sehr kompliziert. Wolle, Flachs, Baumwolle und Seide erforderten langwierige Vorbehandlung, bis sie zum Faden verarbeitet werden konnten. Die gereinigten Woll-, Flachs- oder Baumwollfasern wurden auf der Handspindel oder dem Spinnrad versponnen (Abb. 8), Seidenfäden zu mehreren zu einem einzigen Faden verzwirnt (Abb. 9). Manchmal färbte man schon den Faden, manchmal auch erst das fertige Tuch (Abb. 10).

Gewebt wurde auf dem Webstuhl, von dem das Mittelalter bereits komplizierte Exemplare kannte. Wolltuche unterzog man nach dem Weben noch einem besonderen Verfahren, dem Walken: ein Verfilzen der Wollhärchen an der Oberfläche bewirkte eine Verdichtung des Gewebes. Das geschah in Walkmühlen, die man mit Wasserkraft betrieb oder mit Menschenkraft, indem man mit den Füßen das in einer Mischung aus Wasser und Walkerde liegende Stück stampfte. Dann folgte das Trocknen und Spannen, das Aufrauhen durch Karden und zuletzt das Scheren der Oberfläche. Die Vielzahl der Arbeitsgänge sowie die hohen Kosten von Material und Maschinen begünstigten das Entstehen von Fabrikationsbetrieben, die nach – wie wir heute sagen würden – kapitalistischen Grundsätzen aufgebaut waren: Der Unternehmer finanzierte alle Produktionsstufen und beschäftigte eine Schar von Handwerkern, die als Heimarbeiter gegen Lohn für ihn arbeiteten.

Schafe züchtete man wegen der Wolle. Wolltuche wurden zwar im ganzen Abendland hergestellt, die bedeutendsten Schafzuchtgebiete befanden sich jedoch in Spanien, in Mittelfrankreich und in England, wo die Schafzucht sogar die Haupteinkommensquelle für den Großgrundbesitz, darunter auch für viele Klöster bildete. Die hervorragende Qualität der englischen Wolle war im Abendland und sogar in der islamischen Welt berühmt, Käufer der englischen Wolle waren die Zentren der europäischen Wollweberei in Flandern, Nordfrankreich und Italien, dort insbesondere Florenz. Vom 14. Jahrhundert an wurde jedoch Englands aufstrebendes Tuchgewerbe der Hauptabnehmer der englischen Rohwolle, und sehr bald hatte der Tuchexport die Ausfuhr an Rohwolle überflügelt. Das herrliche Tuch des späten Mittelalters war von so ausgezeichneter Qualität, daß sie nie wieder erreicht, geschweige denn überboten wurde (Abb. 12). In der Hauptsache stellten die abendländischen Weber einfache, ungemusterte Woll- und Leinentuche her.

Seidenstoffe importierte das Abendland im frühen Mittelalter aus den nahöstlichen Ländern. Die italienische Seidenweberei

13

14

in Lucca, Florenz, Venedig und Genua war erst im 14. oder 15. Jahrhundert in der Lage, den Bedarf annähernd zu decken. Aber auch dann war die europäische Seidenweberei von asiatischen Rohseidenimporten abhängig, weil die Seidenraupenzucht im Abendland bei weitem nicht ausreichte (Abb. 9). Auch Rohbaumwolle und Baumwollstoffe bezog man aus dem Osten, ebenso Farbstoffe, besonders das aus der Kermesschildlaus gewonnene Rot und das Indigoblau sowie das in der Färberei benötigte Alaun. Krappfarbstoff aus der Wurzel der Färberröte kam aus Flandern, andere rote, aus Flechtenarten gewonnene Farbstoffe kamen aus Norwegen. Der Färberwau, eine Resedenart, lieferte gelben Farbstoff, der Färberwaid ein Blau. Kardendisteln bezog man aus Flandern. Spanien exportierte Segeltuch, die Ostseeländer Hanfseile und Hanftaue. Gewirkte Wandteppiche mit heraldischen, biblischen oder mythologischen Darstellungen wurden hauptsächlich in Nordfrankreich und Flandern hergestellt. Knüpfteppiche kamen aus Spanien, Nordafrika und dem Nahen Osten.

... und das Dach über dem Kopf

Das dritte der elementaren menschlichen Bedürfnisse ist das Dach über dem Kopf. Stein und Holz zum Hausbau gab es in allen europäischen Ländern (Abb. 13), Weich- und Langholz bezog man aus Skandinavien und Osteuropa, wo weite Strekken mit Nadelwäldern bedeckt waren. Als Nebenprodukt lieferten die osteuropäischen Länder Teer, Pech und Pottasche. Backsteine und Dachziegel importierten in größerem Umfang nur Flandern und Holland. Irdenes Geschirr wurde in allen Ländern zum Eigengebrauch angefertigt, bemaltes Geschirr lieferten Spanien und Italien. Glashütten gab es überall dort, wo die entsprechenden Rohstoffe, zum Beispiel Sand, vorhanden waren (Abb. 14). Künstlerisch wertvolles Glas kam aus Venedig und dem Nahen Osten. Zum Heizen verwendete man im Mittelalter Holz und Holzkohle, in manchen Gegenden auch Torf. Gewerbebetriebe jedoch verwendeten immer häufiger Steinkohle. In den meisten europäischen Ländern wurde Eisenerz abgebaut und verhüttet.
Deutschland mit seinen reichen Vorkommen an metallhaltigem Gestein war führend im Bergbau und in verschiedenen Verfahren der Metallbearbeitung. Seine Eisen- und Stahlwaren, insbesondere Waffen und Rüstungen, waren berühmt. Ein bedeutendes Zentrum der Waffenindustrie befand sich in Lüttich, und Harnische aus Mailand schätzte man im ganzen Abendland. Die verschiedenen Verfahren der Eisenverarbeitung, vor allem das Schmieden, waren überall bekannt. Für Silber waren die Hauptfundorte das Erzgebirge und der Harz, Österreich, Böhmen und Siebenbürgen. Edelsteine und Perlen kamen aus dem Osten, Bernstein von der Ostseeküste; aus Nordafrika und Süditalien kamen Korallen, aus Ostafrika stammte das Elfenbein für die Werkstätten der abendländischen Elfenbeinschnitzer.

Die Struktur des internationalen Handels

Der wichtigste Erwerbszweig im mittelalterlichen Abendland war, wie schon gesagt, die Landwirtschaft. Daneben befaßte man sich jedoch in manchen dichter besiedelten Gebieten mit der Herstellung von Textilien, Metallgegenständen und Töpferwaren: so in den Niederlanden, in Nordfrankreich, später in Nordwestdeutschland und im südöstlichen England. Auch in Norditalien blühte das Gewerbe, und zwischen diesen Schwerpunkten im Norden und im Süden entwickelte sich im Spätmittelalter eine Reihe von Städten – in Süddeutschland, in der Schweiz und Südfrankreich – zu Zentren von Handel und Gewerbe.
Schon der flüchtige Blick auf eine Landkarte zeigt, daß die Toskana und Norditalien infolge ihrer Lage aus dieser Struktur des internationalen Handels besonderen Nutzen ziehen mußten. Im Herzen des Abendlandes, im Mittelpunkt des Netzes uralter Römerstraßen gelegen, produzierte dieses Gebiet nicht nur selbst – ihm standen auch die Erzeugnisse eines ausgedehnten Hinterlandes zur Verfügung. Überdies beherrschten

13 Die Zahl der gewerblichen Unternehmen, wenn auch noch von verhältnismäßig geringer Größe, wuchs ständig; gleichzeitig damit stieg das Ansehen der Kunsthandwerker. Zimmerleute bei der Arbeit, um 1430 – ein anschauliches Bild von den mittelalterlichen Handwerkszeugen und ihrer Handhabung: Eisennägel, mit denen die Bretter am Dachstuhl befestigt wurden, Holznägel für die Balken des Fachwerks. Ein Hobel, der für heutige Begriffe ungewöhnlich groß ist, Bohrer, Äxte, Sägen und (im Vordergrund) eine Bohrwinde, die beinahe ebenso aussieht wie die heute gebräuchliche

14 Zum Glasblasen gehörten lange Übung und große Geschicklichkeit. Vielfach war die Glasbläserei eine Spezialität bestimmter Gegenden. Auf der aus Böhmen stammenden Zeichnung wird einer der wichtigsten Rohstoffe für die Glasherstellung, der Sand, eben herausgeschaufelt. Am unteren Bildrand Schmelzofen und Glasbläser, links werden die fertigen Gefäße von einem Arbeiter geprüft und verpackt

die Toskana und Norditalien ihrer günstig gelegenen Häfen wegen den Seehandel mit den islamischen Ländern, mit Griechenland und dem Schwarzmeergebiet. Nord- und Mittelitalien bildeten gewissermaßen einen Doppeltrichter, in den die Produkte sowohl des Abendlandes als der Mittelmeerländer, Nordafrikas und Asiens einströmten, in dem sich dann Austausch und Weiterbeförderung der Waren in entgegengesetzten Richtungen vollzogen.
Italienische Handelshäuser errichteten mit der Zeit Zweigunternehmen und Stapelplätze in allen Teilen dieses Handelsgebietes, damit keine Stockungen im Warennachschub eintreten konnten. Einzelne italienische Unternehmer, denen die Erträge aus dem Transithandel nicht mehr genügten, versuchten ihre Gewinne weiter zu erhöhen, indem sie Waren, nach denen besonders rege Nachfrage herrschte, selbst herstellten. Auf diese Weise entwickelte sich eine bedeutende Tuch- und Seidenindustrie, und die entsprechenden Einfuhren konnten verringert werden. So nimmt es denn nicht wunder, daß im 14. und 15. Jahrhundert Nord- und Mittelitalien zu den wohlhabendsten und kulturell höchststehenden Gebieten des Abendlandes gehörten und daß Italiener die Bankiers Europas waren – ein historisches Faktum, das noch in einem Straßennamen der Londoner City, der Lombardstreet, nachklingt.
Ähnliche geographische Vorzüge wie Nord- und Mittelitalien genossen Südfrankreich und das östliche Spanien. Im Norden beherrschte im späten Mittelalter der Bund der Hanse – erst ein Kaufmanns-, dann ein Städtebund – den gesamten nordeuropäischen Handel (Abb. 16). Wie die italienischen Unternehmer, so gründete auch die Hanse Auslandsniederlassungen, die sogenannten Hansekontore. Die bedeutendsten befanden sich in London – der Stahlhof –, in Flandern, Norwegen (Bergen) und Rußland (Nowgorod). Diese Struktur der internationalen Handelsbeziehungen blieb das ganze Mittelalter hindurch erhalten. Eine grundlegende Änderung bahnte sich erst an, als Amerika entdeckt und der Seeweg nach Indien um die Südspitze Afrikas gefunden wurde, wodurch Norditalien an den Rand der Handelswege geriet. Die Länder dagegen, die bisher an der Peripherie gelegen hatten, Portugal, Spanien, Frankreich, Holland und England, befanden sich mit einem Schlage im Zentrum der neuerschlossenen Handelswege zwischen Europa und den wichtigsten überseeischen Märkten.

15 In Salisbury ist nur noch ein einziges der vier Marktkreuze erhalten, das Poultry Cross. Es ist sechseckig, die geschwungenen Rippen bilden einen baldachinartigen Aufbau, der von einer Fiale gekrönt ist

16 Die Buchmalerei auf der gegenüberliegenden Seite stammt aus einer Handschrift mit den Gesetzen der Hansestadt Hamburg. Im Hafen drängen sich Schiffe jeder Art und Größe – seegehende Schiffe, Segeljollen und Ruderboote. Links im Bild reckt der Kran seinen Ausleger übers Wasser; an der Kette hängen Fässer. In dem Bau rechts sitzen die Zollbeamten, der Kai wird von Bürgern, Kaufleuten und Matrosen bevölkert

15

Märkte und Messen

Nach heutigen Begriffen waren die mittelalterlichen Städte sehr klein. Wenige nur zählten mehr als 10000 Einwohner, und sogar Städte mit mehr als 5000 Einwohnern waren selten. Die meisten Städte bildeten ein Handelszentrum im kleinen: Die Bewohner des umliegenden Landes brachten den Überschuß an landwirtschaftlichen Produkten in die Stadt und tauschten dafür Gewerbeerzeugnisse ein. Viele Städte dienten nur als Umtauschplatz für die unmittelbare Umgebung. In eine Stadt wie London dagegen mit seinen 40000 Einwohnern strömten die Gewerbeerzeugnisse des ganzen Landes, und zugleich bildete London den Hauptumschlagplatz für überseeische Importe. Ebenso groß wie London oder noch größer waren Brügge, Brüssel und Gent, während die italienischen Handelsstädte Bologna, Florenz, Genua, Mailand, Neapel und Venedig zwischen 50000 und 100000 Einwohner hatten.
Da die bäuerliche Bevölkerung den größten Teil ihres Bedarfs an Lebensmitteln, Textilien und allem anderen selbst deckte und auch die Bewohner von Kleinstädten einen Teil ihrer Lebensmittel mühelos selbst erzeugen konnten, da zudem die Bedürfnisse des mittelalterlichen Durchschnittshaushaltes gering waren, spielte Kaufen und Verkaufen lange nicht die Rolle von heute. Der Markttag, einmal wöchentlich abgehalten, genügte durchaus (Abb. 15). Das Marktrecht war seit dem frühen Mittelalter im allgemeinen ein vom König verliehenes Privileg; die Marktzölle, die man von den Händlern erhob, bildeten unter Umständen eine recht bedeutende Einnahmequelle für die kirchliche oder weltliche Obrigkeit.
Der Fernhandel jedoch bedurfte eines größeren Rahmens: der halbjährlich oder jährlich in bestimmten Städten stattfindenden Messen (Abb. 17–21). Auch das Recht, Messen abzuhalten, wurde durch königliches Privileg verliehen. Im späteren Mittelalter verloren Märkte und Messen an Gewicht, weil immer mehr Geschäfte von ansässigen Kaufleuten abgeschlossen wurden und reiche Handelshäuser danach strebten, in Städten, an denen sie besonders interessiert waren, örtliche Vertretungen zu errichten.
Fremden Kaufleuten gelang es zwar häufig, die Gunst der Stadtverwaltungen zu erlangen, aber sie hatten gegen den Neid der ortsansässigen Kaufmannschaft zu kämpfen und waren auch vor tätlichen Ausschreitungen nicht immer sicher. So erwies es sich als zweckmäßig, daß die fremden Kaufleute samt ihren Waren in eigenen Gebäuden untergebracht waren, von denen manche, wie etwa das Hansekontor in Nowgorod, festungsähnlichen Charakter hatten. Auch zum Stahlhof in London gehörten außer Speichern und Lagern Wohnhäuser. Stahlhof kommt vom niederdeutschen *staal* = Muster. Eine gewisse Kontrolle der fremden Kaufleute erreichte man dadurch, daß man sie verpflichtete, bei allen Handelsgeschäften ortsansässige Kaufleute oder Makler zuzuziehen. 16

◁17 18

20

17 Der Hamburger Viehmarkt war, wie auch andere abendländische Märkte, nicht nur ein lebhaftes Handelszentrum, sondern auch ein einträgliches städtisches Privileg. Gebühren mußten entrichtet, Konzessionen erworben werden, außerdem waren die Ortsstatuten zu beachten; im Hintergrund tagt das Marktgericht

18, 19 Aus allen Ländern kamen Kaufleute, Handwerker und Käufer auf den großen internationalen Messen zusammen. Zeitweise beherrschten die sechs großen Messen der Champagne den gesamten abendländischen Handel. Daneben gab es auch nationale Messen, wie die von Northampton, St.-Ives, Boston und Winchester in England.
Viele dieser Messen hatten ihren Ursprung in religiösen Festen. Die Messe von Lendit zum Beispiel, die in der Nähe von Paris abgehalten wurde (Abbildungen), begann so. 1109 erwarb die Kathedrale von Notre-Dame einen Splitter vom wahren Kreuze Christi, der den Gläubigen einmal im Jahr gezeigt wurde, und zwar am zweiten Mittwoch im Juni. Man wählte dafür einen großen offenen Platz zwischen Montmartre und Saint-Denis. Die riesigen Pilgerscharen lockten die Händler an, doch blieben nach wie vor die Prozession mit der Reliquie und der Segen des Bischofs Mittelpunkt des festlichen Ereignisses. Die Miniatur (Abb. 19) zeigt den Bischof von Paris, wie er den Gläubigen seinen Segen spendet. Ringsherum haben die Kaufleute ihre Messebuden und Stände aufgeschlagen. Abb 18: Händler mit Schuhen, den damals zur Männertracht gehörenden Strumpfhosen, Goldgefäßen und Kleidern. Im Jahre 1156 wurde die Messe nach Saint-Denis verlegt, doch hatte sie damals bereits an Bedeutung verloren

20, 21 Szenen aus dem städtischen Leben in Frankreich und Italien. Abb. 21: Eine gepflasterte Straße mit Läden – einer Kürschnerwerkstatt, einem Barbierladen und einer Apotheke. Verkaufsstände in einer Markthalle. Abb. 20: Schenke in Genua. Im Keller Fässer mit rotem und weißem Wein; im Raum darüber zechende Gäste

19 ▷

21

Transporte zu Lande und zur See

Im ganzen westlichen romanisierten Abendland waren die Römerstraßen im wesentlichen erhalten. Auf die Ausbesserung verwandte man allerdings nicht viel Mühe, so daß viele Straßen besonders im Winter sehr schlecht waren. Immerhin war das abendländische Straßennetz im großen und ganzen brauchbar. Sogar schwierige Gelände wie die Alpen wurden neu erschlossen, was den Verkehr zwischen dem Norden und Italien beträchtlich erleichterte. Von den Kleinhändlern abgesehen, die ihre Packen mit Kurzwaren von Dorf zu Dorf trugen, benutzte man für den Warentransport Packtiere, in erster Linie Pferde, und für größere Warenmengen über weite Strecken Wagen, meist vierrädrige, von Pferden, seltener von Ochsen gezogen (Abb. 22, 23). Ein Wagen konnte am Tag zwanzig bis dreißig Meilen zurücklegen. In London und wohl auch in anderen großen Städten gab es berufsmäßige Wagenmakler, die als Vermittler zwischen Kaufleuten und Fuhrleuten auftraten.

Die Transportkosten waren recht bescheiden, lagen aber doch beträchtlich höher als beim Wassertransport. Ein einziges Flußschiff, und erst recht ein Seeschiff, konnte Dutzende von Wagenladungen und mehr aufnehmen. Bei Massengütern zog man daher, wenn möglich, den Wassertransport dem Landtransport vor. So überrascht es denn nicht, daß nahezu alle europäischen Städte von Bedeutung an der Küste oder an schiffbaren Flüssen lagen. Man sorgte gewissenhaft dafür, daß die Wasserwege benutzbar blieben, errichtete Dämme, bag-

22

24

23

gerte die Flüsse aus und suchte zu verhindern, daß sie etwa durch Mühlen oder Fischreusen unpassierbar wurden.
Für die Benutzung von Straßen, Brücken (Abb. 24) und Flüssen wurden Zölle erhoben, die für den Handel natürlich eine Belastung und Behinderung bedeuteten. Am billigsten war eben der Seetransport, und mit zunehmender Größe wurden die Schiffe immer rentabler. Seit die Verwendung des Kompasses allgemein üblich geworden war, wagte man auch den Schritt von der Küstenschiffahrt zur Hochseeschiffahrt. Vom frühen 14. Jahrhundert an segelten italienische Schiffe, die früher kaum je das Mittelmeer verlassen hatten, regelmäßig nach Nordeuropa, wobei sie Brügge, London, Southampton und andere Häfen anliefen. Die Hafengebühren, die Kosten für das Umladen auf Leichter und dergleichen waren bescheiden im Verhältnis zu den Straßen- und Flußzöllen. Recht hoch waren manchmal die Zölle, mit denen Staaten bestimmte Waren belegten, wie die englischen Ausfuhrzölle auf Wolle, die sich im 14. und 15. Jahrhundert auf etwa zwanzig Prozent des Warenwertes beliefen.

Seeräuberei, Schiffbruch, Krieg

Wie zu allen Zeiten, so war das Handeltreiben auch im Mittelalter keine gefahrlose Angelegenheit. Abgesehen von den normalen kaufmännischen Risiken gab es die großen Gefahren, die von den Naturgewalten drohten. Da die Segler häufig nur mit einem einzigen Rahsegel ausgerüstet waren, konnte man nicht gegen den Wind kreuzen. Land- und Seekarten sowie Navigationsinstrumente kannte man noch kaum. So gab es natürlich oft Schiffbrüche (Abb. 25). Gelang es den Schiffbrüchigen, die Küste zu erreichen, so konnten sie in die Hände von Küstenbewohnern geraten, die Schiffbrüchige einfach totschlugen und sich das Strandgut aneigneten.
Eine Gefahr für den Überlandverkehr bildeten die Straßenräuber, die zwischen Fremden und Landsleuten keinen Unterschied machten. Die englischen Wegelagerer des 15. Jahrhunderts (Abb. 26) galten denen anderer Länder sowohl an Zahl als an Kühnheit für überlegen. Ein ernsteres Problem aber bildeten die Seeräuber. Seeleute waren oft wilde und gesetzlose Gesellen; wenn ihnen ein kleines Schiff, noch dazu ein

25

26

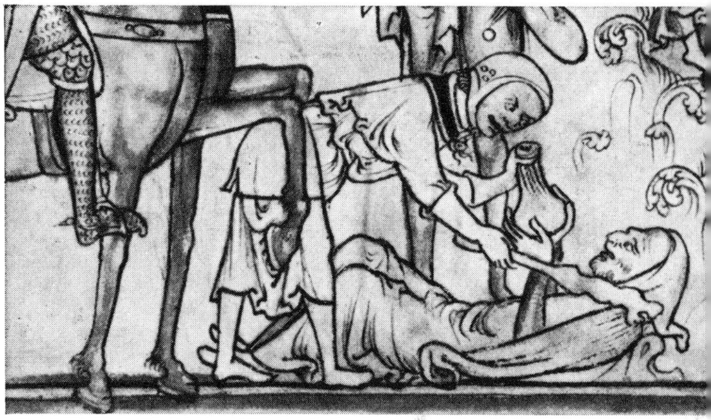

22, 23 Auf den Straßen und Flüssen des mittelalterlichen Abendlandes herrschte ein überraschend dichter Verkehr. Viele Leute befanden sich auf der Pilgerfahrt; Geistliche waren auf Reisen, um an kirchlichen Zusammenkünften teilzunehmen oder Rechtsangelegenheiten zu regeln; Handwerker gingen auf Wanderschaft. Reiche Leute umgaben sich auf Reisen mit beträchtlichem Luxus. Abb. 22: Wagen aus dem 14. Jahrhundert; der Wagenkasten ist an Lederriemen aufgehängt. Im Hintergrund eine Straßenkarte aus der Chronik des englischen Historiographen Matthäus Paris, entstanden um 1250. Abb. 23: Reisende von höchstem Stande, Illumination aus dem Luttrell-Psalter

24 So sah eine Brücke im Paris des 14. Jahrhunderts aus. Ein Pilger schreitet darüber, Männer ziehen einen Karren mit einem Weinfaß darauf. Auf dem Fluß werden zwei Schiffe mit Kohlen entladen

25, 26 Schiffbruch und Räuberei bedrohten neben anderen Gefahren den Reisenden. Ein Sturm auf dem Meer, aus einer italienischen Handschrift des 15. Jahrhunderts. Lieber gab man einem Straßenräuber das Geld als das Leben

ausländisches, in den Weg kam, zögerten sie nicht, die Situation zu nutzen.

Nicht nur die Lust am Plündern veranlaßte solche Piratenüberfälle, bisweilen spielten auch politische und kommerzielle Realitäten oder religiöse Feindschaft eine Rolle wie im Fall der türkischen und nordafrikanischen Piraten, die das Mittelmeer unsicher machten. Einem durch Piraten geschädigten Kaufmann konnte unter Umständen ein Kaperbrief bewilligt werden, der ihn berechtigte, nun selbst eine entsprechende Anzahl von Schiffen zu kapern. Kaufleute, die wertvolle Ladungen zu befördern hatten, zogen große, schnelle, gut bewaffnete Schiffe nach Art der venezianischen Galeeren oder der Hanseflotte vor, wenn sie nicht im Konvoi segelten. Allerdings waren auch schnelle, gut bestückte Segler wohlorganisierten Angriffen nicht immer gewachsen. Aber damals wie heute bildete der Krieg die größte aller Gefahren für Handel und Gewerbe. Er blockierte die Handelswege und brachte das Preisgefüge ins Wanken. Einzelnen Kaufleuten gelang es dann, riesige Vermögen anzuhäufen, andere verloren alles.

Immerhin wurden Schiffbau und Navigation im Mittelalter ständig verbessert, die Benutzung von Seekarten und Kompassen bürgerte sich ein. Leuchttürme wurden gebaut, und man versuchte, durch genaue Vorschriften Unglücksfälle auf ein Mindestmaß zu beschränken. Man legte fest, wie weit die Verantwortlichkeit von Kapitän und Passagieren im Normalfall und bei drohender Gefahr ging. Schon 1312 gab es in Dover eine Zunft der Fährschiffer, die abwechselnd, nach festen Sätzen, Reisende über den Kanal beförderten.

Geld, Maße und Gewichte

Da bei der Vielzahl der mittelalterlichen Maß- und Gewichtseinheiten beide am Verkaufsort erheblich von denen am Herstellungsort abweichen konnten, mußte sich der Kaufmann einer Umrechnungstabelle bedienen. Versuche, Maße und Gewichte zu vereinheitlichen, scheiterten zumeist daran, daß man vom Gewohnten nicht lassen wollte. Von ebenso unvorstellbarer Vielfalt wie Maße und Gewichte war das gemünzte Geld (Abb. 17–21, 27). Zahlreiche Staaten und Fürsten hatten eigene Prägestätten, auch war der Feingehalt der Münzen unterschiedlich und wechselte von Zeit zu Zeit. Zur Ausrüstung eines Kaufmannes gehörte eine kleine Goldwaage, mit der er die Münzgewichte nachprüfen konnte.

Große Summen auf Reisen mitzuführen war unbequem und gefährlich. Daher wurden viele Geschäfte in der Form von Kredittransaktionen abgewickelt. Das Prinzip der Kreditgewährung wurde von fast allen Zweigen des Handels übernommen. Schulden verzeichnete man häufig auf Holzstäben, sogenannten Kerbhölzern. Daher die Redensart, »etwas auf dem Kerbholz haben«. Die eine Hälfte des Kerbholzes behielt der Gläubiger, die andere bekam der Schuldner. Auch für den bargeldlosen Verkehr verwendete man Kerbhölzer, die eine Art Scheck darstellten.

Eine schon damals übliche Einrichtung war der Kreditbrief. Ein Kaufmann, dessen Kreditwürdigkeit bekannt war, konnte auf diese Weise auswärtige Geschäftsfreunde bitten, der im

Kreditbrief genannten Person, die meist in seinem Auftrag reiste, eine bestimmte Geldsumme auszuzahlen, für deren Rückzahlung er sich verbürgte. Eine bedeutsame Rolle im internationalen Handel spielte der Wechsel, insbesondere im späten Mittelalter, als alle bedeutenden Firmen Zweigniederlassungen in ganz Europa gegründet hatten. Wollte etwa ein Kaufmann in Brügge florentinische Waren beziehen, so leistete er der Zweigniederlassung einer Florentiner Firma eine Zahlung in bestimmter Höhe und erhielt dafür eine Zahlungsanweisung, den Wechsel, den er an seinen Vertreter in Florenz sandte. Der legte ihn einer Florentiner Firma vor, bekam dafür Bargeld und tätigte die erforderlichen Käufe. So brauchte kein Bargeld von einer Stadt in die andere transportiert zu werden. Auch von Reisenden wurden Wechsel benutzt, die hier die Funktion unseres Reiseschecks hatten. Die Übertragung von Wechselrechten war eine der Hauptaufgaben des mittelalterlichen Bankwesens, eine andere war das Bereitstellen von Darlehen (Abb. 30).
Hier stoßen wir auf ein sittliches Problem. Gestützt auf die Heilige Schrift betrachtete die Kirche jeden finanziellen Gewinn, der keine Arbeit zur Voraussetzung hatte, mit Argwohn. Sie duldete Gewinne aus Finanzgeschäften, die unter Umständen ja auch Verluste einbringen konnten, dagegen verdammte sie den Zinswucher, die Berechnung überhöhter Zinsen für risikolos ausgeliehenes Kapital, als Todsünde. Aus diesem Grunde lag das Geschäft des Geldverleihens im frühen Mittelalter weitgehend in den Händen der Juden, für die die kirchliche Verdammung des Zinswuchers nicht galt (Abb. 28, 29).

27 Geld, für den Handel unentbehrlich, gab es in den verschiedensten Prägungen, Maße und Gewichte waren nicht allgemein genormt, so daß das Umrechnen oft Schwierigkeiten bereitete. Geldwechsler, bemaltes Glasfenster in Le Mans (1240)

28, 29 Geldgeschäfte lagen zum größten Teil in den Händen von Juden, weil für sie die kirchliche Verurteilung des Zinswuchers nicht galt. Die Miniatur aus dem 14. Jahrhundert zeigt Geldverleiher in Genua: Auf dem Tisch häufen sich die Münzen; die Höhe der Leihsummen wird in das Schuldbuch eingetragen, im Hintergrund stapeln sich die verpfändeten Gegenstände. Abb. 29: Da das Vertragsrecht noch in den Kinderschuhen steckte, wurden geschäftliche Streitigkeiten oftmals einer privaten schiedsrichterlichen Entscheidung überlassen, wie die Miniatur aus dem 15. Jahrhundert veranschaulicht. Im oberen Bildfeld hat man sich bereits geeinigt; im Bild darunter wird die Angelegenheit in Gegenwart derselben Zeugen zu Ende gebracht

Die zunehmende Konzentration von Kapital in den Händen der Großkaufleute und die ständige Nachfrage nach Kapital im Abendland zwangen jedoch die Kaufleute beinahe zu Geldgeschäften. Schließlich lockerte sich auch die kirchliche Haltung so weit, daß sogar der Franziskanerorden Darlehen zu einem Zinsfuß von zehn Prozent ausgab.
Das Gewähren von Darlehen war zwar theoretisch ohne Risiko, anders sah die Sache allerdings dann aus, wenn der Empfänger ein Fürst war. So wurde einer der größten finanziellen Zusammenbrüche der Geschichte, der Bankrott der großen Florentiner Firmen Peruzzi und Bardi, hauptsächlich dadurch verursacht, daß der englische König Edward III. nicht in der Lage war, das Kapital oder zumindest die Zinsen der riesigen, ihm gewährten Darlehen zurückzuzahlen. Deshalb fanden zahlreiche Kaufleute, die sich mit dem Finanzgebaren der Fürsten auskannten, solche Geschäfte auf die Dauer unrentabel.

Schutzmaßnahmen

Eine sehr brauchbare Einrichtung, insbesondere für Seefrachten, war die Prämienversicherung, die im 14. Jahrhundert in Gebrauch kam. Die Prämien waren hoch – bis zu achtzehn Prozent des Wertes der Ladung –, schwankten aber nach den Risiken der Reise. Mittelalterliche Kaufleute, die gewohnt waren, mit hohen Risiken zu rechnen, versicherten eine Ladung selten für mehr als die Hälfte ihres Wertes.
Sorgfältige Aufzeichnungen über alle geschäftlichen Vorgänge waren unerläßlich. Bei kleinen Händlern genügte ein einfaches Geschäftsjournal, für große Firmen jedoch mit zahlreichen Zweigniederlassungen war eine komplizierte Buchführung unerläßlich. Die Medici-Bank verlangte von jeder ihrer Zweigniederlassungen die Vorlage einer Jahresbilanz. Florentiner Firmen mußten außerdem ihrer Einkommensteuererklärung eine Bilanz beifügen. Seit dem 14. Jahrhundert war in Italien die doppelte Buchführung im Gebrauch, die in Genua ausgebildet worden war und durch die Beziehungen der großen deutschen Handelshäuser in Augsburg und Nürnberg zu Oberitalien auch in Deutschland Eingang gefunden hat. Handbücher unterstützten die Verbreitung der neuen Kunst. Es gab übrigens eine ganze Anzahl von Werken, aus denen der Kaufmann sich unterrichten konnte. Sie stellen noch heute eine bedeutende Informationsquelle für den Historiker dar. Seine Ausbildung allerdings erhielt der Kaufmann in der Praxis, nicht durch Bücher.

27

28

Da es damals noch keinen amtlichen Postdienst gab, richteten die Kaufleute sich ihren eigenen Postdienst ein. Auch einen regelmäßigen Kurierdienst zwischen den Haupthandelszentren gab es, der versiegelte Postsäcke beförderte. Zweimal im Monat ging von Brüssel ein Kurier mit einem Postsack nach Barcelona ab. Er brauchte für die Reise etwa drei Wochen.
Erstaunlich zahlreich sind die materiellen Zeugnisse mittelalterlichen Handels und Gewerbes, die heute in Museen, Archiven und Privatsammlungen aufbewahrt werden: eine unerschöpfliche Quelle für Einzelinformationen. Allein das Archiv der Firma Francesco Datini, das beinahe vollständig erhalten ist, enthält einige hunderttausend Dokumente. Gewichte und Hohlmaße sind in beträchtlicher Anzahl erhalten. Münzen haben naturgemäß die weiteste Verbreitung gefunden. Die meisten Münzsammlungen von Bedeutung besitzen Exemplare jener Münzen, die im europäischen Handel im Umlauf waren: den italienischen Dinar, den byzantinischen *nomisma,* den venezianischen Dukaten, den Florentiner Gulden, den französischen *écu,* den englischen *noble* und viele andere.

Genossenschaften

Meist arbeitete ein Kaufmann allein und auf eigene Rechnung. Wegen der zahlreichen Gefahren einer Reise hielt man es aber häufig für ratsam, das Risiko mit einem Partner oder mehreren zu teilen. Vom späten 13. Jahrhundert an, als der Handel in den großen Handelsstädten eine gewisse Kontinuität erlangt hatte, begannen die italienischen Kaufleute sich zu Handelsgesellschaften zusammenzuschließen und in den bedeutendsten Handelszentren Niederlassungen zu gründen. Nach dem Bankrott der Firmen Bardi und Peruzzi änderte man das bisherige System: Damit eine finanzielle Katastrophe, die eine Niederlassung betroffen hatte, nicht den Zusammenbruch des Stammhauses nach sich ziehen konnte, machte man die Zweigniederlassungen weitgehend selbständig.
Gemeinsame Interessen und die Notwendigkeit, mit vereinten Kräften zu handeln, ließen eine Anzahl von Genossenschaften entstehen, Bünde oder Korporationen von ständisch und rechtlich Gleichgestellten. Am weitesten verbreitet waren die Handwerkerzünfte.
Diesen Zusammenschlüssen der Handwerksmeister standen Vereinigungen von Handwerksgesellen gegenüber, die Lohnforderungen durchsetzten und bisweilen sogar Streiks organisierten. Wer es in einem Handwerk zum Meister bringen wollte, brauchte eine siebenjährige Lehr- und Gesellenzeit und mußte ein Gesellen- und ein Meisterstück anfertigen (Abb. 31).
Eine Entsprechung zu den Handwerkerzünften bildeten die Zusammenschlüsse der Kaufleute, die mit denselben Waren handelten. Manchmal – so beispielsweise in London – führten Gilden und Zünfte erbitterte Kämpfe um die Vorherrschaft im Stadtrat.
In den autonomen Städten des 13. Jahrhunderts hatte sich aus den wohlhabendsten und angesehensten Familien ein Patriziat, eine Art von Stadtadel, gebildet, aus deren Mitte man die Ratsmitglieder wählte. Bisweilen, so in Venedig, gelang es den Patrizierfamilien, ihre politische Vorherrschaft über Jahrhunderte hinweg zu behalten. In Florenz hatte im 14. Jahrhundert das durch Bankgeschäfte zu großem Reichtum gelangte Geschlecht der Medici die Führung des Florentiner Volkes gegen die übrigen Geschlechter übernommen. Auch Städte schlossen sich zum Schutz ihrer Handelsinteressen zusammen. Die bedeutendste dieser Vereinigungen war die schon erwähnte Hanse, der auf dem Höhepunkt ihrer Macht im 15. Jahrhundert rund 160 Städte angeschlossen waren. Die Hanse beherrschte mehrere Jahrhunderte lang den nordeuropäischen Handel und wußte ihre Vorrangstellung durch die hervorragende Staatskunst ihrer führenden Persönlichkeiten und durch siegreiche Kriege zu behaupten.

Bedeutende Kaufleute und Kaufmannsfamilien

Die Geschichte des mittelalterlichen Handels und Gewerbes ist reich an bedeutenden Persönlichkeiten, von denen wir nur einige wenige nennen können.
Die Brüder Niccolò und Matteo Polo (Abb. 32), Mitglieder einer vornehmen venezianischen Familie, beschlossen nach einer erfolgreich verlaufenen Reise nach Konstantinopel, ihre Geschäfte auch auf die Krim und die Hauptstadt der Nordwesttataren an der Wolga auszudehnen. Da ein Krieg der Tataren ihnen den Rückweg abschnitt, stießen sie nach Buchara, der Hauptstadt der Osttataren, vor, wo sie drei Jahre blieben. Dann zogen sie weiter in die Hauptstadt des Großkhans der Mongolen, Kublai. Dort wurden sie wohlwollend empfangen, blieben mehrere Jahre und kehrten 1269 nach Italien zurück.
1271 reisten sie zum zweitenmal nach Asien und nahmen diesmal Niccolòs Sohn Marco mit, einen Jüngling von siebzehn

◁30

31

32

33

Jahren. Wieder erreichten sie Kublais Hauptstadt Kambaluk – 1275 –, Marco Polo gewann die Gunst des Großkhans, machte in dessen Auftrag Reisen im Chinesischen Reich und wurde sogar Statthalter einer Provinz. 1292 verließen die drei Polos den Khan, fuhren durch das Südchinesische Meer, besuchten die Sundainseln und Vorderindien und kehrten 1295 über Persien und Armenien zurück nach Venedig, mit Schätzen reich beladen. Venedig trug damals eine Fehde mit Genua aus, und während eines Seetreffens vor Curzola 1298, bei dem die venezianische Flotte geschlagen wurde, geriet Marco, der eine Galeere befehligte, in die Gefangenschaft der Genuesen. In dieser Zeit diktierte er seinem Mitgefangenen Rustichello von Pisa, einem Bearbeiter französischer Abenteuerromane, seinen Reisebericht: eines der berühmtesten Reisebücher und bis ins 18. Jahrhundert die Hauptgrundlage unserer Kenntnisse über Asien. 1299 kehrte Marco Polo nach Venedig zurück, wo er 1324 starb.

Sir William de la Pole, Sohn eines Kaufmanns aus Hull, war seit 1319 Kaufmann in seiner Vaterstadt. Mit Wollhandel und anderen Unternehmungen verdiente er ein riesiges Vermögen, so daß er um 1330 König Edward III. ein großes Darlehen gewähren konnte. 1340 beschuldigte man ihn der finanziellen Mißwirtschaft und setzte ihn gefangen, doch wurde die Anklage 1344 vom Parlament für ungültig erklärt. Um 1350 gründete er außerhalb von Hull ein Hospital, das er später in ein Clarissenkloster umwandelte. Seine Töchter heirateten in die Adelsfamilien der Scrope und Neville, sein Sohn Michael wurde Earl of Suffolk. Sir William starb 1366. Er war der erste englische Kaufmann, der zum Stammvater eines englischen Adelshauses wurde.

Francesco Datini, der um 1335 in Prato bei Florenz geboren wurde (Abb. 33), war der Sohn eines Gastwirts. Mit achtundzwanzig Jahren gründete er eine kleine Handelsgenossenschaft, in die er die Hälfte des Kapitals selbst einbrachte. Er handelte mit Rüstungen, Seidenstoffen und Wolltuchen, Stik-

30 Das Bankwesen entstand im Spätmittelalter in Italien, und zwar zum Teil deshalb, weil die Währungen der italienischen Handelsstädte zu den stabilsten im Abendland gehörten. Florenz, Venedig, Siena und Genua waren auf diesem Gebiete führend. Die beiden Miniaturen entstanden wahrscheinlich in Genua. Oben: Geldtruhen im Kontor einer Bank. Unten: Kunden und Kontenbücher

31 Wollte man im Mittelalter einen Beruf ausüben, so mußte man Angehöriger einer Zunft oder Gilde sein. Wer es in einem Handwerk zum Meister bringen wollte, brauchte dazu eine siebenjährige Lehr- und Gesellenzeit, mußte sein handwerkliches Können beweisen und der Zunft, in die er eintreten wollte, einen Beitrag entrichten. Auf der Miniatur, aus einer Handschrift des 15. Jahrhunderts, fertigen ein Steinmetz und ein Zimmermann vor dem Zunftmeister ihr Meisterstück an

32 Niccolò, Matteo und Marco Polo, bei ihrem Aufbruch aus Venedig im Jahre 1271. Sie hielten sich siebzehn Jahre lang in China auf, als hochgeschätzte diplomatische Gesandte des Kublai Khan

33 Francesco Datini war der Sohn eines Schenkwirts aus Prato. Dreißig Jahre seines Lebens verbrachte er in Avignon, der damaligen Papstresidenz. Im Jahre 1382 kehrte er als reicher Mann nach Prato zurück: Zu seinem riesigen Handelsimperium gehörten Zweigniederlassungen und Handelsagenturen im ganzen westlichen Abendland und im Nahen Osten

34 Englische Alabasterskulpturen wurden in viele europäische Länder ausgeführt. Bisweilen sind die exportierten Stücke besser erhalten als die in England verbliebenen. Diese herrliche Plastik stammt aus dem frühen 15. Jahrhundert. Die ursprüngliche farbige Fassung ist noch teilweise erhalten. Dargestellt ist der heilige Michael beim Wiegen der Seelen. Die Heilige Jungfrau versucht, mit ihrem Rosenkranz die eine Waagschale zum Niedersinken zu bringen. Ein Teil der Skulptur auf dieser Seite fehlt ▷

kereien, religiösen Bildern und anderen Waren. Als er 1382 nach Prato zurückkehrte – er hatte dreißig Jahre lang in Avignon, der damaligen Papstresidenz, gelebt –, war er schon ein reicher Mann. Sein Geschäft florierte. Neben seinem Hauptsitz in Prato besaß er Zweigniederlassungen in Avignon, Florenz, Pisa, Genua, Barcelona, Valencia und Mallorca, außerdem Handelsagenturen in ganz Westeuropa und im Nahen Osten. Datini war ein kühl rechnender Geschäftsmann, dem vor allem daran lag, sein irdisches Gut zu mehren, der aber dennoch nach einem Guthaben im Himmel trachtete. Auf der ersten Seite seines Hauptbuches standen die Worte: »Im Namen Gottes und des Profits.« Als er 1410 starb – »Es erschien ihm sehr seltsam, daß er sterben mußte und daß seine Gebete nutzlos gewesen sein sollten« –, hinterließ er den Großteil seines riesigen Vermögens zur Gründung einer karitativen Einrichtung in Prato. Von dem Archiv der Firma war schon die Rede.

Der mittelalterliche Kunsthandel

Bedeutende Kunstwerke entstanden meist im Auftrage eines Mäzens, doch gab es im späten Mittelalter auch einen blühenden Handel mit Kunstgegenständen und Antiquitäten, und zwar zumeist im Umkreis bedeutender adeliger Kunstkenner wie des Duc de Berry, auf dessen »Stundenbuch« in Kapitel 4 und 8 hingewiesen wird. In gewissem Umfang wurden auch Bilder geringerer Qualität – religiöse Darstellungen – hergestellt. Ende des 14. Jahrhunderts ging man dazu über, die Holzschnitt-Technik zur Herstellung auf Papier gedruckter Bilder anzuwenden: Andachtsbilder mit Heiligen und Passionsszenen, aber auch Spielkarten. Die bedeutendsten Zentren der Bilderproduktion und später des Buchdrucks lagen in Deutschland, Italien und den Niederlanden. Von den Kleinplastiken wurde ein großer Teil für gewerbliche Zwecke angefertigt.

Unter den Steinplastiken gibt es bemerkenswerte englische Arbeiten aus dem 14. und 15. Jahrhundert, Heiligenfiguren (Abb. 36) und Reliefs aus Alabaster (Abb. 34). Man stellte kunstvoll aus Bein oder Elfenbein geschnitzte Heiligenstatuetten, Flügelaltärchen und Rosenkränze her – alle für Privatandachten bestimmt. An weltlichen Dingen gab es elfenbeinerne Dolchgriffe, Figuren für Schach- und Damespiele, Büchsen und Schmuckkästchen, Spiegelumrahmungen und Toilettengegenstände, mit anmutigen Reliefdarstellungen verziert. Elfenbeinschnitzereien dieser Art wurden in vielen Ländern hergestellt, aber im 13. und 14. Jahrhundert waren Frankreich – und hier insbesondere Paris –, im 14. und 15. Jahrhundert Norditalien die bedeutendsten Zentren. In großem Umfang für den Handel angefertigt wurden auch Kästen, Truhen und Möbelstücke, die bemalt, mit Holzschnitzereien oder Gipsreliefs verziert waren.

Größere Metallarbeiten wie verzierte Rüstungen und kostbare Goldschmiedearbeiten wurden im allgemeinen nur auf Bestellung angefertigt. Emailarbeiten, also mit farbiger Schmelzmasse überzogene oder in der sogenannten Grubenschmelztechnik verzierte Metallgegenstände wurden vielerorts und besonders in der französischen Stadt Limoges hergestellt. Zahlreiche Stücke – Kästchen, Schüsseln, Leuchter und Reliquiare – sind noch erhalten (Abb. 36), ebenso billigere Handelsware wie Löffel, Ringe, Broschen und anderer Schmuck. Gemmen, die in der Mehrzahl aus Asien kamen, handelte man im ganzen Abendland. Die Familie der berühmten Polo in Venedig zum Beispiel hatte sich darauf spezialisiert.

Die Fayencefliesen, die in der islamischen Baukunst des Mittelalters von so außerordentlicher Bedeutung waren, wurden seit dem 15. Jahrhundert auch in Italien hergestellt – zunächst in Mallorca, daher der Name Majolika für diese Tonware – und gelangten im 16. Jahrhundert in die Länder nördlich der Alpen. Auch mit Bleiglasur überzogene Tongefäße, manchmal mit einfachen Reliefornamenten verziert, waren im Abendland weit verbreitet. Bemalte Fayencen aus den muslimischen Ländern finden sich in die Fassaden mancher italienischer Kirchen eingelassen. Einfaches Fensterglas, bemalte Glasfenster und einfache Glasgefäße stellte man in einer ganzen Anzahl europäischer Glashütten her, dagegen waren mit Emailfarben verzierte Glasgefäße (Abb. 35) seit dem 15. Jahrhundert eine venezianische Spezialität. Die Herstellung von Behältern oder Etuis aus gekerbtem und gepreßtem Leder waren im mittelalterlichen Abendland ein weitverbreiteter Zweig des Kunstgewerbes. Zentren der Gold- und Seidenstickerei waren London, Florenz, Venedig und verschiedene niederländische Städte; von der Teppichweberei war schon an anderer Stelle die Rede.

Gemusterte Seidenstoffe wurden von weither eingeführt, zum Teil sogar aus China und Zentralasien, weit größer jedoch waren die Seidenimporte aus Byzanz, den muslimischen Ländern und aus Spanien. Die fremdartigen Motive auf den Seidenstoffen haben die mittelalterliche Kunst beeinflußt. So finden wir etwa die seltsame Tierwelt der frühislamischen Seidengewebe, die mesopotamischen Ursprungs ist, als Vorbilder für romanische Steinplastiken. Im 14. Jahrhundert importierte chinesische Seidenstoffe machten das Abendland mit der ostasiatischen Ornamentik bekannt. Erst im späten 14. Jahrhundert war die Produktion der in Lucca, Florenz, Genua und Venedig ansässigen Seidenwebereien so groß, daß die Nachfrage nach Seidenstoffen befriedigt werden konnte. Gleichzeitig entwikkelte sich ein eigenständiger Stil der Ornamentik (Abb. 36). Flämische Leinenweber verwendeten im ausgehenden Mittelalter diese Ornamente, zusammen mit heraldischen und figürlichen Darstellungen, für Damasttischtücher und Servietten. Orientalisches Formengut brachten auch die aus dem Nahen Osten eingeführten Knüpfteppiche mit ihren phantasievollen Tier- und Flechtmustern ins Abendland.

Förderung der Künste durch die Kaufleute

Fabrikanten von gemusterten Samt- und Seidenstoffen brauchten Entwerfer, die den modischen Geschmack der Käu-

35

35 Mit Emailmalerei verzierte Gläser kamen aus Syrien, wo man seit der Antike Glas herstellte. Das abgebildete Glas (Mitte des 13. Jahrhunderts) wurde bald nach seiner Herstellung nach Europa gebracht. Das verzierte Lederetui, das im 14. Jahrhundert dafür angefertigt wurde, existiert noch heute. Die englische Familie, in deren Besitz sich das Glas lange Zeit befunden hat, betrachtete dieses als Talisman. Man nannte es ›Das Glück von Edenhall‹

36 Gläubige Frömmigkeit, aber auch Freude an Schmuck und Prunk waren der Anlaß dafür, daß die Nachfrage nach Kunstwerken ständig wuchs. Einzelne Typen von Kunstwerken, zu denen alle auf dieser Seite gezeigten Gegenstände gehören, gelangten durch den abendländischen Handel überall hin. Mit Email überzogenes Reliquiar aus Limoges, 13. Jahrhundert; glasierter Steinguttopf zum Aufbewahren von Arzneien, Florenz, Mitte des 15. Jahrhunderts; vergoldeter Wasserkrug aus Bronze in Tierform, um die Mitte des 12. Jahrhunderts im Moselgebiet geschaffen; Jungfrau mit dem Kind, Elfenbeinstatuette aus Paris, frühes 14. Jahrhundert. Das Tuch, das den Hintergrund bildet, ist ein italienischer Seidensamt mit einem Brokatmuster aus vergoldeten Silberfäden, vermutlich in Venedig zwischen 1425 und 1450 hergestellt

39

37 Der neue stolze Kaufmannsstand wurde nun zusammen mit dem Adel zum Förderer der Künste. Seit dem 15. Jahrhundert war es üblich geworden, daß sich reiche Kaufleute porträtieren ließen. Giovanni Arnolfini stammte aus Lucca in Italien, lebte aber im Norden, in dem bedeutenden Handelszentrum Brügge. Dort malte Jan van Eyck sein Hochzeitsbild

38 Detail von einem der Meisterwerke der Bildwirkerei, den für die Kathedrale von Angers bestimmten Bildteppichen mit Darstellungen aus der Apokalypse. Der Entwurf stammt von Jean de Bondolf, einem Pariser Maler des 14. Jahrhunderts. Der Ausschnitt zeigt das Erschallen der zweiten Trompete

39 Tommaso Portinari aus Florenz trat im Jahre 1439 in die Bank der Medici ein und verbrachte sein ganzes Leben als ihr Bevollmächtigter in Flandern. Sein Porträt ist ein Detail von einem Altarbild des Hugo van der Goes, dem sogenannten Portinari-Altar

40 Georg Gisze, ein Bürger der Hansestadt Danzig, Kaufmann des Stahlhofs in der Londoner City. Gisze, geboren 1497, kam 1522 als Mitglied der Hanse nach London. Holbeins bekanntes Porträt zeigt ihn in seinem Kontor. Auf dem Regal hinter ihm eine Waage und an langer Kette ein Siegel. Die Geschäftsbriefe auf der Leiste rechts im Hintergrund sind mit solch peinlicher Genauigkeit gemalt, daß die Unterschriften zu lesen sind: ›Thomas Bandz‹, ›Georg von Basel‹, ›Hans Stolten‹

37

38

fer kannten und zu beeinflussen wußten, zugleich aber auch mit den technischen Möglichkeiten eines Webstuhls vertraut waren. Werkstätten für feine Stickereien bedienten sich der Entwürfe von Berufsmalern, die manchmal Künstler ersten Ranges waren. Unter den erhaltenen Stickereien finden sich von Veneziano, Pollaiuolo, Botticelli und anderen bedeutenden Künstlern entworfene Arbeiten. Dasselbe gilt für die Gobelinwerkstätten (Abb. 38). Die Entwürfe der großartigen, für die Kathedrale von Angers bestimmten Bildteppiche mit Darstellungen aus der Apokalypse stammen von dem zu seiner Zeit sehr berühmten Maler Jean de Bondolf, der sich dabei auf bildliche Darstellungen in älteren Manuskripten stützte.
Im frühen Mittelalter waren hauptsächlich Könige, Fürsten und die Kirche Auftraggeber und Mäzene der Künstler gewesen. Hier vollzog sich im 13. und 14. Jahrhundert ein grundlegender Wandel: In immer höherem Maße traten nun Angehörige des wohlhabenden Kaufmannsstandes als Förderer der Künste auf, besonders in Italien, wo die Künstler fast ausschließlich im Dienst reicher Unternehmer, Kaufleute und Bankiers arbeiteten. Auch im Bau prächtiger und aufwendiger Geschäftshäuser fand das wachsende Ansehen des Kaufmannsstandes seinen Niederschlag. Selbst reine Zweckbauten sollten repräsentativ wirken, wie etwa die Seidenbörse in Valencia, die *Lonja de la Seda,* mit den anmutig gewundenen Säulen, die die Decke des Innenraums stützten. Reichtum und Stolz des Kaufmannsstandes finden ihren Ausdruck in den Guildhalls von London und York, prächtigen Zunfthäusern, in den *Fondachi,* den Kauf- und Lagerhäusern in Venedig, in den riesigen Tuchhallen von Brügge und Ypern.
Um ihre politische Macht zu demonstrieren, entfalteten die bedeutenden Handelsstädte einen unerhörten architektonischen Prunk, wie noch heute zahlreiche Rathausbauten in Italien, Deutschland und Flandern bezeugen; die stolzen Patrizierpalazzi – etwa in Florenz – und an erster Stelle natürlich der Dogenpalast in Venedig. Auch zahlreiche Sakralbauten wurden im Spätmittelalter von Kaufleuten finanziert. Die Innenausstattung der Kirchen, Gemälde, geschnitzte oder bemalte Chorschranken, wurde häufig von Kaufleuten gestiftet. Die malerische Ausschmückung der Kapellen der Bardi und Peruzzi in Santa Croce in Florenz war von den beiden Kauf-

mannsfamilien Giotto übergeben worden. Im Auftrag von Francesco Sassetti, Hauptgeschäftsführer der Medicibank, hat Ghirlandajo die Fresken aus dem Leben des heiligen Franz in Santa Trinità geschaffen.

Eine Art Gilden oder Zünfte waren auch die religiösen Bruderschaften, denen zahlreiche Kaufleute angehörten. Von ihrer Tätigkeit zeugen Bauten wie die Kirche Orsanmichele in Florenz, die zunächst als Kornmarkthalle erbaut und 1336 zur Kirche eingerichtet wurde. Auch der Wohnsitz der großen Kaufleute mußte von ihrem Wohlstand künden. Die Ca' d'Oro, der Palazzo Pisani in Venedig, der Mediceerpalast und der Palazzo Pitti in Florenz sind ungewöhnlich prachtvolle Bauwerke, von heiterer Eleganz die venezianischen Paläste, streng und wuchtig die florentinischen. Auch diesseits der Alpen gibt es Beispiele prächtiger Kaufmannshäuser, aber es fehlt ihnen das palastartige Aussehen der italienischen Bauten. Eine Ausnahme bildet das herrliche Haus des Jacques Cœur in Bourges mit seinen sieben Wendeltreppen und seinem reichen Skulpturenschmuck.

Eine solche Zurschaustellung des Reichtums, wie sie in den unabhängigen Städten Italiens selbstverständlich war, konnte im Norden für den Untertan eines Souveräns gefährlich werden. Jacques Cœur wurde auf Grund falscher Beschuldigungen gefangengesetzt, sein ganzes Vermögen beschlagnahmt und er überdies zur Zahlung einer riesigen Summe verurteilt. 1454 gelang ihm die Flucht, nach zwei abenteuerreichen Jahren ereilte ihn 1456 auf Chios der Tod.

Die Häuser der großen Kaufleute waren mit unerhörtem Luxus ausgestattet – mit Wandteppichen, Gemälden, kostbarem Geschirr. Es ist interessant, festzustellen, wie erlesen der Kunstgeschmack der großen Kaufleute und Bankiers war. Der Mediceerpalast in Florenz war mit flämischen Gobelins ausgestattet, die Vertreter der Medici in Flandern, etwa Tommaso Portinari, waren Kenner der flämischen Malerei. Portinari gab bei Hugo van der Goes ein Altargemälde in Auftrag, den berühmten Portinari-Altar, der sein Porträt enthält (Abb. 39). Auch Memling arbeitete für Portinari und für Jacopo Tani, einen anderen bedeutenden Kaufmann. Das Altarblatt, das er für Tani malte, wurde per Schiff nach Florenz gesandt, von einem Segler der Hanse gekapert, denn Florenz und die Hanse befanden sich im Krieg miteinander – und als Beute nach Danzig gebracht.

Ein bemerkenswertes Phänomen in der Geschichte der Malerei ist das Auftauchen von Kaufmannsporträts nach 1430. Frühere Porträts – von Stifterporträts auf religiösen Gemälden abgesehen – stellten ausnahmslos Personen königlichen Geblütes dar. Zu den frühesten Auftraggebern gehörten italienische Kaufleute, die im Norden tätig waren. Eine der zauberhaftesten Schöpfungen ist das Hochzeitsbild des in Brügge ansässigen Kaufmanns Giovanni Arnolfini aus Lucca und seiner Braut Giovanna Cenami, gemalt von Jan van Eyck, heute in der National Gallery in London (Abb. 37). Das vielleicht schönste dieser Porträts aus dem späten Mittelalter ist Holbeins Bildnis des hanseatischen Kaufmanns Georg Gisze (Abb. 40). Reich und vornehm gekleidet, selbstbewußt, die Augen ruhig und prüfend auf den Betrachter gerichtet, so sitzt er in seinem Londoner Kontor hinter seinem Arbeitstisch – ein wahrhaft königlicher Kaufmann (Staatliche Museen, Berlin-Dahlem).

Der Kaufmann in der Gesellschaft

Umfangreiche Untersuchungen darüber anzustellen, wie denn nun der mittelalterliche Kaufmann als Persönlichkeit beschaffen war, wäre müßig. Wie in allen Ständen, so gab es auch hier sympathische und weniger sympathische Typen. Die Tatsache freilich, daß sie alle ihr Leben damit verbrachten, immer höheren Gewinnen nachzujagen, schuf gewisse Gemeinsamkeiten: Diese Männer suchten vor allem ihren Vorteil, viele bedienten sich übler Schliche, einige waren sogar skrupellose Verbrecher, Seeräuber und Mörder. Die meisten aber wurden durch ihre tiefe, aufrichtige Frömmigkeit vor Materialismus und Zynismus bewahrt, abgesehen davon, daß die Kirche gewisse kaufmännische Praktiken mit dem Verdammungsurteil belegte. Die karitative Haltung dem notleidenden Mitmenschen gegenüber ist ein auffälliger Zug dieser Frömmigkeit, der wir schon bei den religiösen Bruderschaften begegnet sind, die sich dem Gebet für ihre verstorbenen Mitglieder und der praktischen Unterstützung der verarmten lebenden widmeten. Dieselbe Haltung tritt auch in den Testamenten vieler Kaufleute zutage: Da werden den Gemeinden großzügige Vermächtnisse gemacht für die Errichtung neuer Gebäude, da gab es Stiftungen für die Kollegien, für Schulen, Hospitäler und Armenhäuser. Ein Kaufmann wie Francesco Datini machte sich Gedanken darüber, wie er sein riesiges Vermögen in Projekten investieren könne, die der Allgemeinheit zugute kämen.

Ihr Beruf brachte es mit sich, daß Kaufleute einfallsreich und allem Neuen gegenüber aufgeschlossen sein mußten und daher in ihrer Haltung nicht sehr konservativ sein konnten. Auf diese Weise trugen sie nicht nur zur Verbesserung des Lebensstandards bei, sie halfen auch mit, obwohl sie oft keine Männer von Bildung waren, die Grenzen des menschlichen Wissens zu erweitern, insbesondere auf den Gebieten der Produktionstechnik, der Wirtschaft und der Geographie. Wenngleich das ausgeprägte Gewinnstreben häufig zu erbittertem Konkurrenzkampf und manchmal sogar zu Handelskriegen führte, so verhalfen doch die Auslandsreisen vielen Kaufleuten zu großem Weitblick und zu einer toleranten Einstellung gegenüber fremden Gewohnheiten. Marco Polo zum Beispiel betrachtete die Kultur des Fernen Ostens völlig unvoreingenommen und erkannte an, daß sie in mancher Hinsicht der europäischen überlegen war.

Kaufleute und Handwerker waren das dynamische Element in einer im wesentlichen statischen Umgebung. Nicht nur durchquerten sie die damals bekannte Welt von einem Ende zum andern, sie durchbrachen auch die ständische Struktur der Gesellschaft: indem sie die Macht von Kirche und Staat mit Hilfe neuer Mächte – der Macht des Kapitals und des Bürgers – ins Wanken brachten. Natürlich blieben sie bei alledem Männer ihrer Zeit. Einige der erfolgreichsten Kaufleute kehrten am Ende ihres Lebens in den überkommenen ständischen Rahmen zurück. Aber sie kannten ihre Macht, und das Bewußtsein, daß selbst Könige von ihnen abhängig waren, verlieh ihnen ein Selbstvertrauen, das seinen Ausdruck ebenso in einer zunehmenden Kultivierung der Lebenshaltung fand wie in dem geradezu königlichen Pomp ihrer bürgerlichen Zeremonien. Einige der weitsichtigeren unter ihnen mögen sogar schon erkannt haben, daß sie es waren, die die Zukunft der Menschheit bestimmten. Denn zweifellos verdankt die nachmittelalterliche wie die moderne Gesellschaft nicht den Fürsten, den Adeligen und Geistlichen ihren Aufstieg, sondern den Handwerkern, Bankiers und Kaufleuten.

1 Karl V. (1364–80) von Frankreich wird von Jean de Vandetar, einem seiner Höflinge, eine illuminierte Bibel überreicht. Der Maler der Miniaturen war Jean Bandol, *pictor regis,* der ein Jahresgehalt von 200 Livres bezog. Karl trägt Kappe und Talar eines Magisters der Freien Künste

8

Aufstieg der Künstler

Der Wandel in der Stellung des Handwerkers

»Jeder, der genugsam Sorgfalt und Mühe aufwendet, kann sich die Fähigkeit für alle Künste und Kunstfertigkeiten aneignen …
Was Gott den Menschen als ein Erbe mitgegeben hat, danach lasset die Menschen streben und, um es zu erreichen,
mit allem Eifer arbeiten.«

Theophilus, Beschäftigung mit den verschiedensten Künsten

Im Jahre 1323 schrieb der französische Gelehrte Johannes von Jandun eine Abhandlung zum Lobe der Stadt Paris. Ein Kapitel daraus heißt »Über die Handwerker«. Ein wohlunterrichteter Mann zählt in recht kunstvollem Latein die handwerklichen Berufe auf, die seiner Meinung nach eine Zierde der Stadt bildeten: »Wir haben auch daran gedacht, etwas über jene … hinzuzufügen, die mit ihren Händen arbeiten, wenn es dem Leser nicht mißfällt, sie zu betrachten. Unter ihnen werdet Ihr in der Tat die genialsten Schöpfer von Bildwerken aller Art, ob Plastik, Gemälde oder Relief, finden. Unter ihnen werdet Ihr auch die tüchtigsten Hersteller von Kriegsgerät erkennen … weiterhin werdet Ihr Männer darunter entdecken, die mit äußerster Sorgfalt Kleidung und Schmuck anfertigen.
Wir schämen uns nicht, hier auch die Erzeuger von Brot … und die Gestalter von Metallgefäßen zu erwähnen … Je eifriger die Pergamenthersteller, die Schreiber, Buchmaler und Buchbinder sich im Dienste des Wissens der Ausschmückung ihrer Werke widmen, desto reicher werden die wunderbaren Quellen der Weisheit aus jenem unergründlichen Brunnen hervorsprudeln, der Ursprung alles Wertvollen ist.«
Diese Vorstellung vom Künstler als einem Handwerker unter vielen – er wird ja in einem Atem mit Bäcker und Schreiber genannt – erhält durch eine Pariser Steuerliste noch weit präzisere Züge. Die älteste erhaltene Liste aus dem Jahr 1292 – also nicht lange vor der Beschreibung des Johannes von Jandun aufgestellt – zeigt, daß die Anzahl von Künstlern im engeren Sinne gering war: Unter den 15200 Steuerzahlern von 1292 bezeichneten sich nur 33 als »Maler«, 24 nannten sich »Bilderhersteller« und 13 »Buchmaler«. Über 350 der Steuerzahler waren Schuhmacher, über 350 Schneider. Es gab 214 Kürschner, 104 Hersteller von Backwaren und Konfekt, 157 besaßen Speisehäuser und Schenken, 120 waren Krämer. Unter den Händlern und Handwerkern waren die steuerlich am höchsten Veranlagten zwei Töpfer, zwei Kaufleute, die mit Edelsteinen und Halbedelsteinen handelten, zwei Tuchhändler sowie eine beträchtliche Anzahl anderer Geschäftsleute. Ein einziger Maler namens Nikolaus erreichte deren Steuerklasse, die überwiegende Mehrzahl leistete geringere Beiträge, sogar Meister Honoré, der hervorragendste Buchmaler seiner Zeit (Abb. 2) in Paris. Er dürfte reich oder mindestens wohlhabend gewesen sein, denn er besaß ein eigenes Haus. Da er für den königlichen Hof arbeitete, mag er mit königlicher Einwilligung »Steuerhinterziehung« begangen haben.

2

Berufsordnungen

Die meisten mittelalterlichen Handel- und Gewerbetreibenden waren innerhalb ihrer Stadt in Gilden und Zünften organisiert. Maler und Bildhauer machten keine Ausnahme (Abb. 3). Um 1300 hatten die Zünfte vor allem dafür zu sorgen, daß die ortsansässigen Handwerker vor unbilliger auswärtiger Konkurrenz geschützt wurden und die Qualitätsarbeit ihrer Mitglieder gewährleistet war. Neben diesen Schutzmaßnahmen übten die Zünfte auch eine gewisse Wohlfahrtspflege: So wurden kranke und mittellose Mitglieder von Wohlhabenden unterstützt.
Hier muß nun darauf hingewiesen werden, daß es so gut wie unmöglich ist, durch die Berufsbezeichnung allein eine exakte Unterscheidung zwischen dem gelernten Handwerker und dem Künstler vorzunehmen. Sehr bedeutende Künstler führten unter Umständen Aufträge aus, die nach heutigen Maßstäben weit eher handwerklichen als künstlerischen Charakter aufwiesen. Von Melchior Broederlam aus Ypern, dem tüchtigen und angesehenen Maler des Herzogs von Burgund, wurde erwartet, daß er Standarten und Dekorationen bemalen, aber auch Altargemälde anfertigen konnte.

2 Meister Honoré, der Buchmaler, bewohnte im Jahre 1292 ein eigenes Haus in der Rue Erembourc-de-Brie zu Paris. Die Grundsteuer betrug einen Denier, an Einkommensteuer bezahlte er zehn Sous. Aus Aufzeichnungen geht hervor, daß er 1296 für die Illumination eines Breviariums vom König 107 Livres 10 Sous erhalten hat. Damals lag das Kopieren und Illuminieren von Handschriften nicht mehr ausschließlich in den Händen von Mönchen; auch Laien befaßten sich damit und erhielten für ihre Arbeiten erhebliche Beträge. Bei besonders kostbaren und prächtigen Werken wurden wohl auch mehrere Künstler herangezogen. Die Miniatur stammt aus der *Somme le Roy*, einer Abhandlung über die verschiedenen Tugenden und Laster, zu der die Illuminationen 1279 in der Werkstatt Meister Honorés im Auftrag König Philipps III. von Frankreich entstanden. In den unteren Feldern: *Fortitudo* und *Justitia*. Darüber: *Prudentia* und *Temperantia*

3 Höfische Gesellschaft in einem Maleratelier in Gent. Flandrische Miniatur des 15. Jahrhunderts. Der Maler hat eine Episode aus dem Leben des berühmten antiken Malers Zeuxis als Gegenstand gewählt, stellt sie allerdings im Kostüm seiner eigenen Zeit dar. Eine süditalische Stadt bat Zeuxis, ein Porträt der Helena zu malen, die als Inbegriff vollkommener menschlicher Schönheit galt. Er verlangte ein Modell. So zeigte man ihm zunächst die Kinder, dann die jungen Frauen. »Weil es ihm jedoch nicht gelang, bei einer einzigen Person alle die körperlichen Reize zu finden, die er suchte«, wählte er sich fünf der schönsten Jungfrauen aus und vereinigte die Vorzüge einer jeden zu einem unübertrefflichen Gemälde ▷

4

5 ▷

4 Philipp der Gute, Herzog von Burgund, erhält die *Chroniques de Hainault* aus der Hand des Simon Nockart. Rechts neben dem Herzog sein Sohn, der spätere Karl der Kühne, zu seiner Linken der Kanzler Nicolas Rolin, Mäzen des Jan van Eyck. Das souveräne Herzogtum Burgund stieg unter der Regierung Philipps (1419–67) zu höchster Macht empor und war der Mittelpunkt der abendländischen Kultur. Philipp war ein großzügiger Förderer der bildenden Künste, der Dichtkunst und der Musik. Er gründete die Universität Dôle

5 »Vertrag für das Malen eines Altarbildes für den Dominus Jean de Montignac.« Das hochinteressante Dokument wurde 1810 entdeckt. Die Vertragspartner sind Enguerrand Quarton, ein Maler, und Jean de Montignac, ein Kartäuserpriester aus der Kartause Villeneuve-lès-Avignon. Das Altarbild, eine Marienkrönung, war für seine eigene Kirche bestimmt. Der Vertrag, abgeschlossen am 25. April 1453, legt die Einzelheiten des darzustellenden Gegenstandes bis ins Detail fest. Wenn auch dem Maler eine gewisse Freiheit in der Ausführung zugestanden wurde, so wird doch deutlich, daß in Fällen wie diesem, in dem der Auftraggeber ein Theologe mit ganz präzisen eigenen Vorstellungen war, der künstlerischen Initiative wenig Spielraum blieb. Hier folgt eine gekürzte Fassung des Vertrages: »Auf dem Bilde soll das Paradies erscheinen, und in diesem Paradies die Heilige Dreieinigkeit, und soll zwischen Vater und Sohn kein Unterschied sein; und der Heilige Geist in Gestalt einer Taube; und Unsere Liebe Frau im Vordergrund, so, wie dies Meister Enguerrand am besten erscheinen mag; die Heilige Dreieinigkeit soll der Jungfrau die Krone auf das Haupt setzen.
Auf der einen Seite Unserer Lieben Frau soll der Erzengel Gabriel, auf der anderen der heilige Michael stehen. Zu ihrer Rechten sollen Sankt Petrus und Sankt Paulus mit anderen Aposteln ihren Platz haben; auf der anderen Seite Johannes der Täufer mit anderen Patriarchen und Propheten. (Es folgen die Namen der Heiligen, die auf beiden Seiten dargestellt werden sollen.)
Auf der Seite der untergehenden Sonne sollen die St.-Peter-Kirche in Rom, ein Teil der Mauern Roms, die Engelsburg und eine Brücke über den Tiber zu sehen sein; in der besagten Stadt außerdem die Kirche Santa Croce, in welcher der heilige Gregor die Messe zelebrierte.
Im rechten Teil des Bildes soll das Fegefeuer sein, wohin die Engel all jene Glückseligen führen, denen das Paradies verheißen ist. Auf der linken Seite ist die Hölle. Im Fegefeuer und in der Hölle sollen alle Stände vertreten sein, nach dem Ermessen des Meisters Enguerrand. Der genannte Meister Enguerrand wird sein ganzes Können und seine ganze Geschicklichkeit bei der Darstellung der Heiligen Dreieinigkeit und der seligen Jungfrau Maria aufbieten und wird sich dabei von seinem Gewissen leiten lassen.«
Quarton erhielt ein Jahr Zeit zur Vollendung des umfangreichen Werks. Sein Honorar betrug 120 Gulden

Die ältesten Ordnungen der Londoner Malergilde von 1283 bestehen aus nur neun Paragraphen. Davon behandeln die ersten vier das Bemalen von Sätteln. Der erste Paragraph verbietet das Zusammenflicken und Bemalen brüchig und schlecht gewordener Sättel, was etwa einem Verbot entspräche, ein defektes Auto neu zu lackieren und damit einen in Wirklichkeit nicht vorhandenen Erhaltungszustand vorzutäuschen. Im 13. Jahrhundert teilten die Zunftordnungen von Paris die Maler in zwei Gruppen ein: solche, deren Hauptaufgabe es war, Sättel, und vermutlich Pferdegeschirre überhaupt, zu bemalen, und andere, die in erster Linie Gemälde schufen. Die Vermengung von Kunst und Kunstgewerbe ist für das Mittelalter kennzeichnend.

Aussicht auf Erfolg

Ein »Bilderhersteller« – die oben zitierte Steuerliste erwähnt 24 – konnte ein Maler sein, war jedoch häufiger ein Steinmetz, der sich auf Skulpturen spezialisiert hatte. Die Berufsbezeichnung umfaßte einen weiten Tätigkeitsbereich und alle Grade des Könnens. Um 1292 gab es in Paris 104 zur Steuer veranlagte Steinmetzen, von denen die meisten zum Baugewerbe gehört haben dürften. Die sogenannten *imagiers* kamen dem heutigen Bildhauer am nächsten. Claus Sluter, der berühmte Bildhauer des Herzogs von Burgund, wurde im allgemeinen *imagier* genannt. Häufig unterschied man bei den »Bilderherstellern« auch noch zwischen *marbriers,* Marmorarbeitern, und *tombiers,* Grabmalgestaltern.

Zunächst einmal sei darauf hingewiesen, daß nicht alle künstlerischen Berufe dasselbe Ansehen genossen. Das größte Ansehen verschaffte zweifellos die Stellung eines Steinmetzmeisters, der die Leitung einer Bauhütte hatte. Die erfolgreiche Vollendung vielleicht einer königlichen Kapelle, die ungeheure Verantwortung, die der Meister für Finanzierung und Materialbeschaffung trug und nicht zuletzt seine Fachkenntnisse hoben einen solchen Steinmetz naturgemäß weit über die anderen Künstler hinaus. Für einen Steinmetz war die Stufenleiter des Erfolges klar vorgezeichnet, denn es gab eine große Zahl von bezahlten Dauerstellungen als »Aufseher am Bau« bei Kathedralen und öffentlichen Gebäuden. Solche Posten sind aus der Notwendigkeit erwachsen, auch fertige Bauwerke ständig zu beaufsichtigen und zu überwachen, was bei Gemälden überflüssig ist, und so gab es für Maler und Bildhauer so gut wie nie die öffentliche Anerkennung einer solchen Stellung. Die Pariser Verordnungen für Maler von 1391 enthielten die Bestimmung, daß Wandmaler die alten Farben jeder früheren Wandausschmückung, die sie zu übermalen hatten, abkratzen sollten, eine für die Haltung gegenüber älteren Kunstwerken recht aufschlußreiche Anordnung.

Selten scheint man es für nötig erachtet zu haben, sich nach einem geeigneten Mann umzutun und ihm dafür, daß er im Auftrage der Stadt neue Gemälde schuf, ein regelmäßiges Gehalt auszusetzen, noch seltener, ihn für die Instandhaltung der alten zu bezahlen. So beschloß zwar 1271 der Rat der Stadt Gimignano, die Gemeinde solle einen Maler auswählen, der bereit wäre, ständig in der Stadt zu bleiben. Es sollten ihm ein Haus und ein Arbeitsraum zur Verfügung gestellt werden, »damit er seine Kunst ausüben kann«. Unter normalen Umständen war ein solcher Schritt jedoch vollkommen unnötig, wie es scheint. Paris besaß 1292 eine Art »Interessenverband« von dreiunddreißig Malern unterschiedlicher Begabung. In anderen Städten dürfte es vergleichbare Einrichtungen gegeben haben. So bestand denn keine Veranlassung, einen Maler einzustellen, weil man genügend ortsansässige Künstler hatte, die man von Fall zu Fall beschäftigen konnte.

Offizielle Anerkennung

Es gab keinen Grund, die Dinge, so wie sie waren, zu ändern. Wer ein Ehrenamt wie das eines Dombaumeisters einnehmen wollte, mußte sich – fast ausnahmslos – schon in verantwortungsvollen Stellungen bewährt haben. Hatte ein Maler diese Möglichkeit aber nicht, dann war es unwahrscheinlich, daß er kraft eigener Leistung jemals ein Ehrenamt erlangen konnte. Der Fall Giotto zeigt die Situation um 1330. Als es der Stadt Florenz 1334 geglückt war, den Künstler in ihren Mauern zu halten, bewies sie ihre Dankbarkeit durch einen besonderen Akt der Anerkennung: Der bedeutendste Florentiner Maler wurde zum Dombaumeister ernannt. Es will uns zunächst nicht einleuchten, daß Giotto, in dem wir heute den Begründer der italienischen Malerei sehen, kein Ehrenamt als Maler erhielt. Das Malen jedoch galt nur als ein Handwerk unter andern, und in Florenz gab es den Posten eines Stadtmalers nicht. Hätte der Rat der Stadt Florenz versucht, ihn für Giotto zu schaffen, so hätte dies eher wie eine Notlösung gewirkt, keineswegs aber als Ehrung. Giotto hatte, soweit bekannt, keinerlei Vorbildung zum Steinmetz; dennoch stand er nach seiner Ernennung etwa im Range eines Steinmetzobermeisters. Denn als einzige unter den mittelalterlichen Künstler-Handwerkern gelangten die Steinmetzen zu mehr als nur lokalem Ansehen, und eben dies genoß Giotto, auch wenn er nur Maler war.

Gegen Ende des Mittelalters tritt das Amt eines Stadtmalers vereinzelt in Erscheinung – allerdings so selten, daß daraus nicht auf die allgemeinen Verhältnisse geschlossen werden kann. Im Jahre 1400 reichte in Ypern ein Maler namens Jacques Cavael, der ein Jahr lang städtische Aufträge zur Zufriedenheit des Rates ausgeführt hatte, ein Gesuch ein, in dem er darum bat, daß man ihm als Entgelt für die kostenlose Bemalung von Fahnen und Wimpeln sowie für das Entwerfen von Trachten den Titel eines Stadtmalers verleihen möchte. Sein Wunsch wurde ihm erfüllt, und man gestattete ihm, die Amtstracht eines städtischen Beamten zu tragen. Ob mit diesem Amt auch ein regelmäßiges Gehalt verbunden war, wird nicht deutlich. Cavael fand einen Nachfolger, aber offiziellen Aufzeichnungen zufolge scheint das Amt später nicht mehr besetzt worden zu sein.

Rogier van der Weyden war um 1436 Stadtmaler von Brüssel. Auch ihm gestand man das Recht zu, die Amtstracht der städtischen Beamten zu tragen. Er scheint auch eine Art Gehalt empfangen zu haben, denn die Abschaffung des Amtes wurde in Verbindung mit einer Reihe von Sparmaßnahmen erörtert. Sehr wahrscheinlich entstand das Amt des Stadtmalers weder aus Gründen der praktischen Notwendigkeit, noch weil man damit einen bestimmten Künstler ehren wollte. Ausschlaggebend war wohl allein der Gedanke, die Stadt selbst auszuzeichnen, indem man ihr ein zusätzliches Statussymbol verlieh. Der *peintre de la ville* wurde vielleicht nach dem Vorbild des *peintre du roi* oder des *peintre de monseigneur le duc* ernannt, die im Verlauf des 14. Jahrhunderts immer häufiger in Erscheinung traten. Beweisen läßt sich das allerdings nicht. Im allgemeinen

6 Die Republik Siena hatte sich unter den göttlichen Schutz der Heiligen Jungfrau gestellt. Die Gemeinde beschloß daher, für den Palazzo Pubblico eine ›Maestà‹, eine Darstellung der thronenden Madonna, umgeben von Engeln und Heiligen, in Auftrag zu geben. Mit der Ausführung dieses Werkes wurde der junge, damals dreißigjährige sienesische Maler Simone Martini betraut. Zweifellos waren Entwurf und Aufbau dem Künstler von der Obrigkeit genau vorgeschrieben.
Die Jungfrau, auf einem kunstvollen gotischen Thronsessel, ein Diadem auf dem Haupt, hält auf ihren Knien den stehenden Jesusknaben. Engel zu ihren Füßen bieten ihr Blumenschalen dar, zu beiden Seiten umgibt sie die Schar der Heiligen

COME VORRATE VOI FARO CÕTENTI · MA SE IPOTENTI A DEBILI FIEN MOLESTI · GRAVANDO LORO

7

scheint jedoch der mittelalterliche Künstler von seiner Heimatstadt keine formelle Anerkennung seiner Kunstfertigkeit erwartet oder eine offizielle Stellung dort erstrebt zu haben. Seine Erfolge wurden offenbar nicht nach Rangtiteln, sondern nach dem Ansehen seiner Gönner bewertet. An erster Stelle stand der Hof, und die Art und Weise, wie man dem Künstler dort begegnete, läßt Rückschlüsse auf den gesellschaftlichen Status seines Standes zu.

Größere Kunstwerke wurden fast stets auf Bestellung ausgeführt. So erlangten Mäzene und Auftraggeber, ob es sich nun um weltliche oder kirchliche Würdenträger handelte, einen recht beträchtlichen Einfluß, und dieser Einfluß war um so größer, je höher der Rang des Auftraggebers war (Abb. 1, 4, 5, 6, 7).

Königliche Gäste

Nicht jeder mittelalterliche Herrscher hielt es für nötig, Künstler in seine unmittelbare *entourage,* also seinen Haushalt, aufzunehmen, wofür die Könige von England ein Beispiel sind. Weder Heinrich III. noch Richard II. – zwei der kultiviertesten Könige des mittelalterlichen England – scheinen sich einen Maler oder Buchmaler gehalten zu haben. Ähnlich liegen die Dinge um 1300 auch in Frankreich. Keinerlei Anzeichen sprechen für engere Beziehungen der beschäftigten Künstler zum Hof. Der schon erwähnte Meister Honoré hat vermutlich Bücher für die königliche Kapelle illuminiert, anscheinend aber nicht in offizieller Stellung. Bei einem Seitenblick auf die königliche Hofhaltung im Mittelalter verwundert es nicht, daß Künstler offenbar nicht dazugehörten. Der königliche Haushalt war in erster Linie ein Verwaltungsbetrieb, und zwar eine verhältnismäßig umfangreiche und komplizierte Organisation. Pflichten und Entlohnung der Mitglieder vom Koch bis zum Hofnarren wurden durch Haushaltsordnungen genau festgelegt. Es läßt sich schwer vorstellen, in welchem »Ressort« ein Künstler, falls er überhaupt an den Hof berufen worden wäre, hätte untergebracht werden können.

Daß bisweilen doch Künstler in die Hofhaltung aufgenommen wurden, zeigen zwei Beispiele: In Neapel wurde 1310 ein Maler namens Montano von Arezzo am Hofe der Anjou der königlichen Hofhaltung eingegliedert, und in Paris lebte 1313 im Haushalt Philipps des Schönen ein Buchmaler Macitot. Macitot erhielt eine höfische Funktion in der Kategorie jener Mitglieder der königlichen Hofhaltung, die weder adelig noch geistlich, noch Ritter, noch juristisch gebildet waren, der *valeti et alii hospitii* oder *valeti et familia hospitii* oder *familiaris.* Offensichtlich wurden in diese Kategorie auch überzählige Handwerker eingestuft. Zum Mitglied der *familia hospitii* wurde beispielsweise auch Giotto ernannt, als er Neapel besuchte. Der Text der königlichen Anordnung von 1330, mit der die Ernennung bestätigt wird, ist noch erhalten (Abb. 9). Aus England gibt es in dieser Zeit nichts Vergleichbares zu berichten, wohl aber aus dem übrigen Abendland. 1367 wurde am kaiserlichen Hof zu Prag der Maler Theoderich (Abb. 8) von Kaiser Karl IV. in einer Verleihungsurkunde als »geliebter Meister ... unser Maler und familiaris« bezeichnet. Der römische Maler Pietro Cavallini wurde 1308 an den Hof der Anjou nach Neapel berufen. Man gewährte ihm ein Jahresgehalt und bot ihm ein Haus, er scheint aber keine offizielle Stellung bei Hof eingenommen zu haben (Abb. 10).

Eigenartige Bestallungen

Fragt man sich nun, warum manche Künstler für den Hof arbeiteten, dafür ein Gehalt oder ein Haus oder beides erhielten, und warum andere, wie Macitot und Giotto, in den königlichen

8

9

10

7 Zwei geschnitzte Altarretabeln des flandrischen Bildhauers Jacques de Baërze hatten Philipp den Kühnen so beeindruckt, daß er dem Künstler den Auftrag gab, für die Chartreuse de Champmol einen Flügelaltar mit Schnitzereien zu arbeiten. Die Außenseiten der beiden Flügel sollten mit gemalten Darstellungen versehen werden. Die Abbildung zeigt einen Ausschnitt von der Innenseite des rechten Flügels (vgl. Abb. 13) mit fünf Heiligenfiguren, in sehr hohem Relief gearbeitet. Der Mittelteil des Altars zeigt eine Anbetung, eine Kreuzigungsszene und eine Grablegung. Im Jahr 1391 war der Schnitzaltar vollendet, nur waren die Figuren noch nicht farbig gefaßt

8 Kaiser Karl IV. (1346–78), ein hochgebildeter Herrscher, machte Prag zu einer der schönsten Städte im Reich, durch die Stiftung der Universität, der ersten im Deutschen Reich, zur geistigen Hauptstadt. Das Tafelbild wurde von dem kaiserlichen Hofmaler Theoderich um 1370 geschaffen

9 Robert von Anjou herrschte fast vierzig Jahre lang (1309–43) über das Königreich Neapel. Er war der Mäzen Giottos, mit dem ihn persönliche Freundschaft verbunden haben soll. Das Porträt dürfte um das Jahr 1340 entstanden sein

10 Der römische Maler Pietro Cavallini wurde 1308 an den Hof der Anjou nach Neapel berufen. Man gewährte ihm ein Jahresgehalt und bot ihm ein Haus, doch scheint er keine offizielle Stellung bei Hofe gehabt zu haben. Kopf des Apostels Jakob, Ausschnitt aus einem Fresko in Santa Cecilia in Rom

Haushalt aufgenommen wurden, so bleibt nur die Folgerung, daß der Herrscher es ausdrücklich gewünscht habe. Von Giotto berichtet Vasari, »daß Giotto oftmals bei seiner Arbeit vom König persönlich unterhalten wurde, dem es Vergnügen bereitete, dem Künstler zuzusehen und seiner Rede zu lauschen. Und Giotto, der immer einen Scherz auf der Zunge und eine witzige, schlagfertige Antwort bereit hatte, unterhielt ihn mit seiner Hand, wenn er malte, und mit vergnüglicher Rede, wenn er scherzte.« Das legt den Gedanken nah, daß der König eine engere Beziehung deshalb wünschte, weil er den Künstler schätzen gelernt hatte. Zu berücksichtigen ist hier allerdings noch, daß jene Zeit den Künstler als Persönlichkeit, wie die Renaissance ihn hervorgebracht hat, nicht kennt. Erst im 16. Jahrhundert erfahren wir aus Berichten, daß Raffael und Leonardo bei Hofe Ansehen genossen.

Das Verlangen der Verwaltung, die Künstler in einem ihrer »Ressorts« unterzubringen, führte zu eigenartigen Bestallungen. Ein königlicher Maler namens Girart d'Orléans war von 1328–50 gelegentlich mit Arbeiten für den König beschäftigt. Nach der Thronbesteigung Johanns des Guten (1350–64) wurde er plötzlich als »unser lieber *familiaris* ... Maler und Türhüter unserer Königshalle« bezeichnet. Ein für einen Maler recht ungewöhnliches Amt. Was die Entlohnung anbetraf, war das Amt des Türhüters keine besonders gehobene Stellung. Girart hatte jedenfalls als königlicher Maler ein Gehalt von sechs Sous pro Tag, und das war weit mehr, als ein Türhüter als Barentlohnung erhielt. Girart wurde also für eine andere Tätigkeit bezahlt. Um 1356 besaß er in Paris ein Haus. Allem Anschein nach war seine Ernennung zum Türhüter rein nominell.

Noch merkwürdiger mutet ein anderes Amt für einen Maler an, das des *sergent d'armes*. Die *sergents d'armes* waren die persönlichen Leibwächter des Königs und mußten Wache stehen, während der König beim Male saß oder in der Messe war. War er auf Reisen, so bildeten sie eine berittene Eskorte. Zwei Maler erhielten diesen Titel: Jean Coste, der dem König seit mindestens 1349 diente; und, wie aus einem Dokument von 1395 hervorgeht, der Leiter der im Auftrag des Königs vorgenommenen Arbeiten am Louvre, Raymond du Temple. Für diese Ernennungen gibt es eine einleuchtende Erklärung: Es gab dreißig *sergents d'armes* – wenigstens nach der Verordnung von 1317 –, und in ihren Reihen gab es vermutlich häufig Lükken. Als Karl V. von Frankreich Jean Coste an seinen Hof ziehen wollte, war das verwaltungstechnisch vielleicht nur so möglich, daß man ihn als *sergent* unterbrachte, in der ganz richtigen Erwartung, daß Karl sich nicht daran stoßen würde, wie man seinen Maler nannte, wenn er nur überhaupt zur Verfügung stand.

Der Maler als Kammerdiener

Noch ein drittes Hofamt gab es, das weit häufiger als die zuvor genannten mit Malern und anderen Handwerkern besetzt wurde. 1356 wurden die Franzosen von den Engländern in der Schlacht von Maupertuis besiegt, und König Johann der Gute kam als Gefangener nach London. Der oben erwähnte »Türhüter« Girart d'Orléans ging mit ihm. Da unter diesen Umständen seine Stellung als »Türhüter der königlichen Halle« bedeutungslos geworden war, finden wir Girart 1356 als »Bediensteten der Kammer« und 1359 als *valet de chambre,* als Kammerdiener. Die Kammerdiener erhielten eine Entlohnung, die etwa der der Köche oder der Kürschner entsprach, nur genossen sie ein weit höheres Ansehen, da sie zum persönlichen Gefolge des Königs gehörten. Persönliche Bedienstete des Königs waren außerdem sein Schneider, sein Apotheker und sein Barbier.

Die ganzen Jahre der Gefangenschaft über hatte der König einen Hofstaat von ausgesuchten Leuten um sich. In die wichtigsten Hofbediensteten teilte er sich mit seinem Sohn Philipp, dem späteren Herzog von Burgund, ebenfalls Gefangener der Engländer, was aus den noch erhaltenen Rechnungsauszügen hervorgeht. Erwähnt werden fünf Kammerdiener, kein Barbier darunter, da Johann sich aus dem Gefolge seines Sohnes einen Barbier auslieh. Einer war Schneider, zwei Apotheker. Der einzige aber, der in den Jahren der Gefangenschaft nicht wie die andern ausgetauscht wurde, war der Maler Girart d'Orléans, der offensichtlich den Hof nie verließ. Er schuf in dieser Zeit eine Anzahl Gemälde für König Johann und schnitzte ein Schachspiel. Er war wohl nicht nur ein guter Maler, sondern vermutlich auch ein umgänglicher und liebenswürdiger Mensch, der seiner Unterhaltsamkeit wegen geschätzt wurde, ähnlich wie der Hofnarr.

Nachdem nun einmal Künstler zu den königlichen Gemächern zugelassen waren, kamen solche Ernennungen häufiger vor. Die königlichen Herzöge beschäftigten zahlreiche begabte Künstler als Kammerdiener – darunter Claus Sluter, Melchior Broederlam und die Brüder von Limburg. Wie es scheint, war es gegen Ende des 14. Jahrhunderts am französischen Hofe üblich geworden, Handwerker und Künstler aller Art – Goldschmiede, Teppichweber, Buchmaler, Sticker, Musiker – zu Kammerdienern zu ernennen, vorausgesetzt, sie standen in der Gunst eines hohen Gönners.

Dieser persönliche Aspekt bei den Ernennungen muß unserer Ansicht nach immer berücksichtigt werden. Sehr berühmte Künstler des 14. Jahrhunderts, so André Beauneveu und Jacquemar de Hesdin, der für den Duc de Berry arbeitete, werden nirgends als Mitglieder einer höfischen Haushaltung aufgeführt. Noch völlig ungeklärt ist die Frage, welche Verpflichtungen ein Künstler durch die Annahme eines solchen Amtes auf sich lud. Daß Türhüter und Leibwächter diese Tätigkeit auch wirklich ausübten, ist nicht anzunehmen. Mußten Künstler tatsächlich jemals Dienst im Schlafgemach tun? Darauf gibt es vorerst noch keine genaue Antwort.

Wagnis und Lohn

Die Pflichten eines königlichen Malers – der für den König arbeitete, aber nicht der Hofhaltung angehörte – sind leichter festzustellen. 1374 erhielt Jean Bandol, damals bereits *pictor regis,* ein Jahresgehalt von 200 Livres »unter der Bedingung, daß er gehalten sei, bei allen vom König angeordneten Malerarbeiten ohne zusätzlichen Verdienst für sich oder seinen Gehilfen tätig zu sein«. Gelegentlich waren die den Künstlern auferlegten Beschränkungen recht einschneidend. Ein Dokument aus dem Jahre 1365 beurkundet, daß der Maler Jean de Hasselt von dem Grafen von Flandern an seinen Hof aufgenommen wurde, um »in unserer Kapelle in Gent und anderswo zu arbeiten, wo immer es uns gefallen mag, und sich ohne unsere Zustimmung und Erlaubnis keinen anderen Arbeiten zu widmen als den unserigen«. Die Formulierung der Ernennungsurkunde für Jan van Eyck von 1426 war weniger streng. Ihm wurde nicht ausdrücklich untersagt, andere Aufträge zu übernehmen. Bisweilen wurden den Künstlern, wie wir schon hörten, von ihren Gönnern Häuser zur Verfügung gestellt. Die Brüder von Limburg – Pol von Limburg bekamen vom Duc de Berry (Abb. 11) ein Haus in Bourges zum Geschenk – scheinen es zu beträchtlichem Wohlstand gebracht zu haben, da Pol 1415 in der Lage war, dem Duc de Berry 10000 écus zu leihen, eine stattliche Summe für einen Handwerker.

Nur ganz gelegentlich machen die Künstler-Handwerker den Versuch, den sozialen Stand ihrer Familie zu erhöhen: Drouet de Dammartin, Steinmetzmeister des Duc de Berry, hatte 1413 seinen zweiten Sohn zum Studium nach Paris geschickt. Sein ältester Sohn blieb zwar dem Familienhandwerk treu, bestimmte jedoch ebenfalls seinen zweiten Sohn zum Studium der Rechte. Eine ungewöhnliche, wenn auch schwer deutbare Auszeichnung wurde einem anderen Steinmetzen, Jean de Cambrai, zuteil. 1375 war er nur »Hauer von freien Steinen« in Cambrai, 1397 war er Kammerdiener des Duc de Berry in

Bourges, und 1403 wurde er durch einen Erlaß Karls VI. formell zum *esquire* ernannt und dazu ermächtigt, die Ordenskette des heiligen Genest zu tragen.
Die größten Nachteile im Dienst eines Fürsten waren finanzieller Natur. Bezahlung oder Rückzahlung konnten sehr unregelmäßig erfolgen. Der größte Einzelposten im Testament des oben erwähnten Drouet de Dammartin von 1413 war die Schuld des Duc de Berry über 2000 Livres, eine außergewöhnlich hohe Summe, die dem Lohn entsprach, den ein tüchtiger Steinmetz in zehn bis vierzehn Jahren erhielt. Die Brüder von Limburg hatten sich bei dem erwähnten Darlehen vom Herzog als Sicherheit einen Rubin zu verschaffen gewußt, der mehr als das Dreifache ihres Darlehens wert war. Bei Drouet findet sich jedoch keinerlei Hinweis auf eine Sicherheit. (Auch der Bruder des Baumeisters, Guy de Dammartin, arbeitete für den Herzog.)
Ausbleibende Lohnzahlungen stürzten einen Buchmaler des Herzogs von Burgund in Armut; Henri de Bellechose, der 1415 offiziell nach Dijon an den Hof des Herzogs berufen worden war, erhielt allem Anschein nach von 1429 bis zu seinem Tode kurz nach 1444 keinen Lohn. Daß Herzog Philipp für Kunst und Künstler Interesse gehabt hat, steht außer Frage, er kam aber nach 1425 nur noch selten nach Dijon, was besonders für die Künstler nachteilig war; doch in den Niederlanden beschäftigte er in dieser Zeit drei weitere Maler und »Kammerdiener«, unter ihnen Jan van Eyck. Bellechose in Dijon war in solch tiefe Armut geraten, daß seine Frau einen Marktstand aufmachen mußte.

11 Jean Duc de Berry hat viele Handschriften in Auftrag gegeben, von denen die *Très Riches Heures* der Brüder von Limburg die berühmteste ist. Das Bild unten zeigt ihn mit Pelzmütze und blauem Gewand, umgeben von dem Luxus, der ihm Lebensbedürfnis war

»Vorsteher der Vergnügungsmaschinen«

Die Arbeit der Hofmaler mag zeitweise recht eintönig gewesen sein. Die Palastdekoration bestand häufig nur im Wiederholen konventioneller Motive, wenn auch gelegentlich Historienbil-

der vorkommen. Dagegen scheint der Maler und Kammerdiener Hugo von Boulogne, Kollege und Zeitgenosse Jan van Eycks im Dienste des Herzogs von Burgund, gezwungen gewesen zu sein, mit einer Gruppe von Gehilfen praktisch Tag und Nacht zu arbeiten, um die Riesenaufträge termingerecht fertigzustellen. Dazu gehörten Tausende von Wimpeln sowie viele Wappenschilder und Banner.

Zum Abschluß dieser kleinen Übersicht über die Stellung des Künstlers am Hofe sei noch eine groteske Ernennung erwähnt. Die Grafen von Artois hatten in ihrer Burg zu Hesdin zum Zeitvertreib für ihre Gäste und zur Ergötzung der Hofhaltung eine Galerie mit Maschinen errichten lassen. Diese Maschinen waren ständig reparaturbedürftig und brauchten unentwegt Wartung. Die meisten waren so konstruiert, daß jeder, der das Mißgeschick hatte, zu ihrer Besichtigung eingeladen zu werden, mit irgendeiner Unannehmlichkeit bedacht wurde. Der »Spaß« bestand entweder darin, daß man naßgespritzt oder mit Mehl oder mit Ruß bestäubt wurde, es konnte einem aber auch noch Unangenehmeres widerfahren. Und nun stößt man plötzlich auf den Namen des berühmten Malers Melchior Broederlam (Abb. 13), der zum »Vorsteher der Vergnügungsmaschinen und der Maler« ernannt und 1386 mit einer Generalüberholung der Maschinen betraut wurde.

Eigentlich neigt man zu der Annahme, ein Künstler, der sich auf seine eigenen Fähigkeiten verlassen kann, müsse auf jeden Fall sein Auskommen finden. Dabei darf man aber nicht vergessen, daß nach Ansicht der Zeit Malereien zu den Luxusartikeln gehörten. Denkt man an die phantastischen Summen, die ein Hof damals für Luxus ausgab, dann kann man sich ohne weiteres vorstellen, daß für den Künstler die Verbindung zu einem Hof eine Existenzfrage war.

Künstler im Kloster

Ordensregel und Kunst waren nicht von vornherein unvereinbar. Die Regel des heiligen Benedikt von Nursia, Grundlage des Mönchtums abendländischer Prägung, sah vor, daß ein Kloster unter Umständen Handwerker aufnehmen könne, denn bestimmte Stunden des Tages waren der Handarbeit vorbehalten. Der heilige Benedikt verstand genug von der menschlichen Natur, um die Vorzüge schöpferischer Tätigkeit zu erkennen: Vor allem bedeutete sie eine Waffe gegen den »Feind der Seele«, die Trägheit, und überdies ließen sich dadurch materielle Bedürfnisse des Klosters befriedigen (Abb. 12). Benedikts einzige Sorge war, daß eine Tätigkeit – gleich welcher Art – niemals zur Quelle der Sünde würde, weder für den Schöpfer eines Werks noch für die, durch deren Hände diese Arbeiten später gehen mochten.

Ein künstlerisch tätiger Mönch, der sich Theophilus nennt und wahrscheinlich zu Beginn des 12. Jahrhunderts gelebt hat, schrieb eine Abhandlung, eine Art technisches Handbuch über seine Handwerkspraxis – Malerei, Goldschmiedekunst, Orgelbau und anderes. Für unseren Zusammenhang ist es von Interesse, daß Theophilus in den drei Vorworten zu seiner Abhandlung versucht, die Vorstellungen des heiligen Benedikt in die Praxis umzusetzen. Er fordert den Leser auf, die nützlichen Künste zu studieren, und zwar besonders wegen der »Ehre und dem Nutzen, der darin liegt, sich vom Müßiggang fernzuhalten und Faulheit und Trägheit zu verschmähen«. Leider existieren nur wenige Hinweise, wieweit diese Einstellung unter den Künstlern im Kloster verbreitet war.

Gelegentlich stehen dieser Haltung Äußerungen selbstbewußten Eigenlobs gegenüber. Ein Buchmaler namens Hildebertus, der im 12. Jahrhundert eine Ausgabe des »Gottesstaates« von Augustin illuminierte, hat seinen Namen der Nachwelt hinterlassen, indem er sich in einer entzückenden kleinen Szene darstellt, wie er gerade im Begriff ist, einen Schwamm nach einer großen Maus zu werfen, die auf seinem Tisch – *mensa Hildeberti* – an einem Stück Käse knabbert. Was er dabei gesagt hat, steht, auf Latein versteht sich, in dem vor ihm liegenden Buch: »Elende Maus, die du so oft meinen Zorn herausgefordert hast, möge Gott dich verderben.«

Eingehende Berichte über Handwerker in der klösterlichen Gemeinschaft sind spärlich. Die als Handwerker arbeitenden Mönche hatten in erster Linie den Bedarf an notwendigen Gütern zu decken. Da ein Teil des mönchischen Tageslaufs dem Lesen vorbehalten war, wurden ständig neue Texte gebraucht. Es war deshalb ein Vorteil, wenn ein Kloster ein eigenes scriptorium, eine Schreibstube, besaß. Für die Gottesdienste waren Gefäße und Geräte erforderlich, von denen manche im Kloster selbst hergestellt wurden. Die Kirchen waren häufig mit Wand- und Tafelbildern ausgestattet. Es wurde jedoch zu keiner Zeit verlangt, daß nur die Mönche diese Tätigkeiten verrichteten. Jedes Kloster wollte von der »Welt draußen« kaufen, wenn

12

12 Zu den üblichen Aufgaben der Künstler gehörten das Malen von Bildern und die bildhauerische Ausgestaltung von Grabmälern. Zahlreiche Kunstwerke entstanden auch in Mönchszellen

13 Mit der Bemalung der Außenseite der Altarflügel sowie dem Fassen und Vergolden des Schnitzaltars von Jacques de Baërze (vgl. Abb. 7) betraute Herzog Philipp den in Ypern lebenden, von ihm außerordentlich geschätzten Maler Melchior Broederlam. Die Arbeiten waren 1399 beendet, der Altar wurde in Champmol aufgestellt. Broederlams Aufgabe war schwierig: Auf zwei Flächen von ungewöhnlicher Form, die eine malerische Komposition ungemein erschwerten, sollte er Szenen aus dem Marienleben bzw. dem Leben Jesu unterbringen – eine Verkündigung, eine Heimsuchung, eine Darstellung im Tempel und eine Flucht nach Ägypten (die beiden letztgenannten Szenen sind hier wiedergegeben). Broederlam löste das Problem, indem er die Räume am linken und rechten Bildrand mit dem kuppelbedeckten Turm des Tempels und einem burggekrönten Felsen füllte

dies zweckdienlich war. Steinplastiken zum Beispiel wurden schon im 12. Jahrhundert allgemein von kunstfertigen Fachleuten außerhalb des Klosters hergestellt. Buchmalerei, Malerei und Metallplastik dagegen sind mit Sicherheit von Mönchen ausgeführt worden, was auch aus dem erwähnten Werk des Theophilus hervorgeht: Die einzelnen Teile seines Werkes befassen sich mit der Malerei, mit dem Bemalen und Färben von Glas und mit den Metallarbeiten, wozu der Glockenguß gehört. Aus verstreuten Hinweisen läßt sich entnehmen, daß alle Mönche eines Ordens diese Handfertigkeiten beherrschten und auch ausübten.

Klösterliche »Schulen der Kunst«

Wenn es um die Frage geht, warum die Künste gerade in bestimmten Klöstern zu höchster Blüte gediehen, sind wir immer noch auf Vermutungen angewiesen. Gewiß war Wohlstand der Ausübung der Künste förderlich. Es wäre jedoch falsch, zu glauben, daß die Entwicklung einer Kloster»schule« einzig von solchen Fakten bestimmt war. Der schriftlichen Überlieferung nach darf man annehmen, daß der Mittelpunkt einer solchen »Schule« immer eine bedeutende Persönlichkeit gewesen ist, wie etwa Fra Angelico im Kloster San Marco in Florenz. Die mittelalterlichen Quellen nennen nur hin und wieder Namen, gelegentlich läßt sich auch nachweisen, daß ausgebildete Künstler von außerhalb herangezogen wurden.

Die großen Handschriften des 12. und 13. Jahrhunderts sind mit Sicherheit nicht die Werke eifriger Amateure. Es war gewiß nie einfach, zum Mönchsleben Berufene zu finden, die darüber hinaus noch künstlerisch begabt oder bereits als Künstler erfahren waren. Das offensichtliche Desinteresse der Klosterchroniken an der Kunst verwehrt uns einen tieferen Einblick in die Gründe für das Entstehen größerer Kunstwerke, zudem sind große Teile des authentischen Belegmaterials mit den bedeutenden Klosterbibliotheken verschwunden.

Die persönliche Dimension

Häufig wird die Anonymität der mittelalterlichen Kunst den Leistungen der italienischen Renaissancekunst gegenüberge-

13

14

14 Die meisten der erhaltenen mittelalterlichen Skizzenbücher waren einst Eigentum einer Werkstätte und dienten als Vorlagen und Musterbücher, aus denen man sich Anregungen holen konnte, wenn ein Auftrag dies erforderte. Eines der interessantesten Skizzenbücher ist jenes des Giovannino de Grassi, der Maler, Miniaturist, Baumeister und Bildhauer zugleich war. Wir wissen, daß er beim Bau des Mailänder Doms (1380–91) und der Kartause von Pavia (1396) mitgewirkt hat und im Jahre 1398 gestorben ist. Das Skizzenbuch, das auch Entwürfe aus späterer Zeit enthält, befand sich offenbar im Besitz einer Werkstätte, die Giovannino de Grassi leitete. Es enthält eine Vielzahl von Gegenständen – gut beobachtete Säugetiere und Vögel, ein phantastisches Alphabet, dessen Buchstaben aus grotesken Gestalten geformt sind und Architekturstudien. Eine der Zeichnungen (eine Hundemeute hat sich auf einen Eber gestürzt) ist nahezu identisch mit dem Detail einer Miniatur in den *Très Riches Heures* (vgl. Kap. 4, Abb. 27) der Brüder von Limburg. Bei keinem der beiden Bilder scheint es sich um den Originalentwurf zu handeln. Sie veranschaulichen aber recht gut die Praktik der mittelalterlichen Künstler, einmal Gesehenes, das sie für bemerkenswert erachteten, in ihren Skizzenbüchern festzuhalten

15 Die hier abgebildeten Vögel, gezeichnet nach Vorbildern in einem englischen Skizzenbuch, dienten nicht nur als Muster für Miniaturen und Fresken, sondern auch als Stickereivorlagen. Offenbar befand sich das Skizzenbuch im Besitz einer Werkstätte, deren Mitglieder sich in den verschiedensten Zweigen der Kunst betätigten. Übrigens sind die Bilder nicht nach der Natur gezeichnet, sondern nur sorgfältige Kopien von Naturstudien

15

stellt, die stark von der Persönlichkeit des Künstlers geprägt waren. Vertritt der Renaissancekünstler, so heißt es, die Individualität, so verkörpert sein mittelalterlicher Vorfahr die Anonymität (Abb. 14, 15, 18). Das Moderne wird dem Archaischen gegenübergestellt, Fortschrittlichkeit der Rückschrittlichkeit und so fort. Vergleicht man jedoch die Werke miteinander, dann scheinen diese Hypothesen plötzlich nicht mehr zu stimmen. Die erhaltenen Werke von Claus Sluter in der Chartreuse von Champmol in Dijon stellen die Arbeitsleistung von etwa zehn Jahren dar. Kann man hier wirklich sagen, daß diese Werke in irgendeiner Hinsicht weniger »individuell« geprägt seien als die von Donatello, die er im gleichen Alter schuf? Oder: Warum sollte etwa Gislebertus, der Meister der Kathedrale von Autun aus dem 12. Jahrhundert, weniger Individualität besitzen als der Florentiner Ghiberti?

Es gibt darauf eine sehr einfache Antwort: Zufällig wissen wir über Ghiberti eine ganze Menge, weil sein Leben dokumentarisch belegt ist, während wir über Gislebertus nichts wissen. Ebenso verhält es sich im Falle von Claus Sluter und Donatello. Der mittelalterliche Künstler war wohl zu keiner Zeit mit der Aura des Geheimnisvollen umgeben, ja, es gibt nicht einmal Beweise dafür, daß ein Nichtkünstler sachliches Interesse für die Kunst zeigte. Diese offensichtliche Gleichgültigkeit gegenüber der Kunst ist erstaunlich. Wird einmal ein Künstler zum Gegenstand einer Legende oder Geschichte, wird sie keineswegs im Ton ehrfürchtigen Staunens erzählt.

So ist die Geschichte eines Malers aus dem 12. Jahrhundert überliefert, der die Kapelle des heiligen Erconwald in der St.-Pauls-Kathedrale ausmalen sollte. Am Festtag des Heiligen weigerte er sich, die Arbeit zu unterbrechen und verschloß deshalb die Kapellentür vor denen, die vor dem Schrein des Heiligen ihre Andacht verrichten wollten. Uns Heutigen kommt es durchaus nicht befremdlich vor, daß Michelangelo sich während der Arbeit in der Sixtinischen Kapelle eingeschlossen haben soll. Dem Londoner Maler nahm die Legende den Wunsch nach ungestörter Arbeit sehr übel. Denn der Heilige erschien höchstpersönlich und züchtigte den Maler mit seinem Bischofsstab, wobei er ihm vorhielt, daß er um seiner Arbeit willen die Leute vom Schrein ausgeschlossen habe! Über diese Vision und die Schläge hat der Maler vielen Leuten berichtet, nachdem er von seiner Krankheit genesen war.

Daß man dem Leben des Künstlers Beachtung schenkte, entspricht der veränderten Denkweise der Renaissance. Die Kunst war nun nicht mehr lediglich Handwerk oder Gewerbe, sondern fand das verständnisvolle Interesse der Gebildeten. Es dauerte lange, bis Einstellung zur Kunst und zum Künstler sich wandelte. Im *Libro del cortegiano* des Baldassare Castiglione, das 1528 erschien – eine in Gesprächsform abgefaßte Darstellung des idealen Hofmannes –, wird auch die Stellung der Künste erörtert. An einer Stelle dieser erdachten Dialoge äußert ein Sprecher, daß der Höfling auch das Malen erlernen solle. »Ihr solltet nicht überrascht sein«, fährt er fort, »daß ich empfehle, sich eine Tätigkeit anzueignen, die heutzutage als mechanisch und einem Edelmanne eigentlich nicht angemessen gilt. Doch erinnere ich mich daran, gelesen zu haben, daß die Alten, besonders in Griechenland, wünschten, daß den Kindern der Vornehmen in den Schulen das Malen beigebracht werden solle, als eine Tätigkeit, die gleichermaßen heilsam, ehrbar und notwendig sei, und ihr wurde unter den Künsten ein hoher Rang eingeräumt. Denn das Gesetz untersagte, die Sklaven darin zu unterrichten.«

Die sich anschließende Unterhaltung ist höchst aufschlußreich, weil aus ihr hervorgeht, weshalb überhaupt die Adelsgesellschaft nun über die Kunst zu sprechen bereit ist. Diese Rehabilitierung der Kunst resultiert fast ausschließlich aus der Bewunderung, die man den Gedanken und Taten der Alten entgegenbrachte. Hauptsächlich durch das Studium der antiken Schriften überzeugte sich die höfische Gesellschaft selbst davon, daß es unter den Künstlern so etwas wie Ehre geben konnte. Nicht sein handwerkliches Können allein öffnete dem Künstler den Zugang zur Gesellschaft der Edelleute, sondern die Annahme, daß der vollkommene Künstler auch Geist und Ingenium besitze. Im Verlauf des 15. Jahrhunderts wurde dieser Anspruch des Künstlers mehrmals mit aller Entschiedenheit geltend gemacht.

Der Florentiner Bildhauer Ghiberti schrieb am Ende seines Lebens drei *Commentarii* nach antikem Vorbild, eine sehr zuverlässige Betrachtung der italienischen Kunst des Trecento. Das Werk ist ein Zeugnis für den wahrhaft universalen Geist Ghibertis. Sein Verdienst war es, als erster Autor die antike Methode nachgeahmt und Einzelheiten über Kunst und Künstler eines Zeitalters für die Nachwelt aufgezeichnet zu haben. Ghibertis Werk war sozusagen ein Produkt der völlig neuen Einstellung Kunst und Künstlern gegenüber. Und daß Kunst und Künstler nicht nur der Diskussion für würdig befunden, sondern auch Gegenstand dokumentarischer Aufzeichnung wurden, bedeutete die Geburtsstunde der kunsthistorischen Betrachtung in Italien. Seit der Antike hatte es das im Abendland nicht mehr gegeben, daß man Anekdoten, Erinnerungen und Berichte über bedeutende Künstler sammelte. Beinahe gleichzeitig gewann die italienische Kunstgeschichte eine persönliche Dimension, die sich nirgends sonst in Europa findet. Vor allem aber erscheinen die Künstler des 15. Jahrhunderts durch diese Aufmerksamkeit, die man ihnen zuwandte, als unverwechselbare und einmalige Individualitäten.

Ohne die unwiderstehliche Faszination der Antike wäre diese Entwicklung freilich undenkbar. Gewiß hatten die Schriften des Vitruv und des Plinius, auf die die neue Haltung sich hauptsächlich gründete, schon im Mittelalter in den Klosterbibliotheken zur Verfügung gestanden, nur wenige aber dürften sich die Mühe gemacht haben, sie auch zu lesen. Die Namen antiker Maler tauchen nur ganz vereinzelt auf. Erst das 15. Jahrhundert war aufgeschlossen genug, die Anekdoten des Plinius ernst zu nehmen und sich zustimmend oder bewundernd darüber zu äußern, daß Alexander der Große seinem Hofmaler Apelles den Preis vor allen anderen Meistern zuerkannt und angeblich nur ihm gestattet habe, ihn zu malen. Solche Themen wurden im oben erwähnten *Libro del cortegiano* auf eine Weise diskutiert, die am Hofe des Duc de Berry noch unvorstellbar gewesen wäre. Die neue Auffassung von

16 Das Sakramentshaus ist nahezu 20 Meter hoch und befindet sich an der Nordseite des Chors. Die Spitze ist leicht geneigt, um sich der Gewölbekrümmung anzupassen. Wie der Vertrag dies vorschrieb, sind die oberen Teile des Aufbaus nicht mit derselben Exaktheit ausgearbeitet wie die unteren. Am Sockel hat sich Krafft selbst mit seinen beiden Obergesellen, in der Arbeitskleidung und mit den Werkzeugen des Steinmetzen, als Tragfiguren dargestellt. Nach alledem scheint Adam Krafft ein typischer Vertreter des mittelalterlichen Handwerks gewesen zu sein. Nur fünfzig Jahre später aber sieht man ihn bereits unter dem Blickwinkel der Renaissance – als einen ›großen Künstler‹, dessen Namen man im Gedächtnis bewahrt, dessen Werke man aufsucht und bewundert. 1547 verfaßt der Nürnberger Schreibmeister und Künstlerbiograph Johann Neudörfer seinen ›Bericht über die bedeutendsten Künstler und Handwerker, die in Nürnberg gelebt haben‹. Wir lesen: »Was für ein geschickter, fleißiger und genialer Steinmetz Meister Adam war, das zeigt sich an seinem Sakramentshaus in der St.-Lorenz-Kirche ... darunter hat er sich selbst völlig lebensecht dargestellt und hinter sich seine beiden Gesellen ... Er konnte ebenso gut mit der linken wie mit der rechten Hand arbeiten. Er hatte die Eigenheit, immer einen kräftigen Bauernburschen als Gehilfen zu beschäftigen ...« ▷

17

18

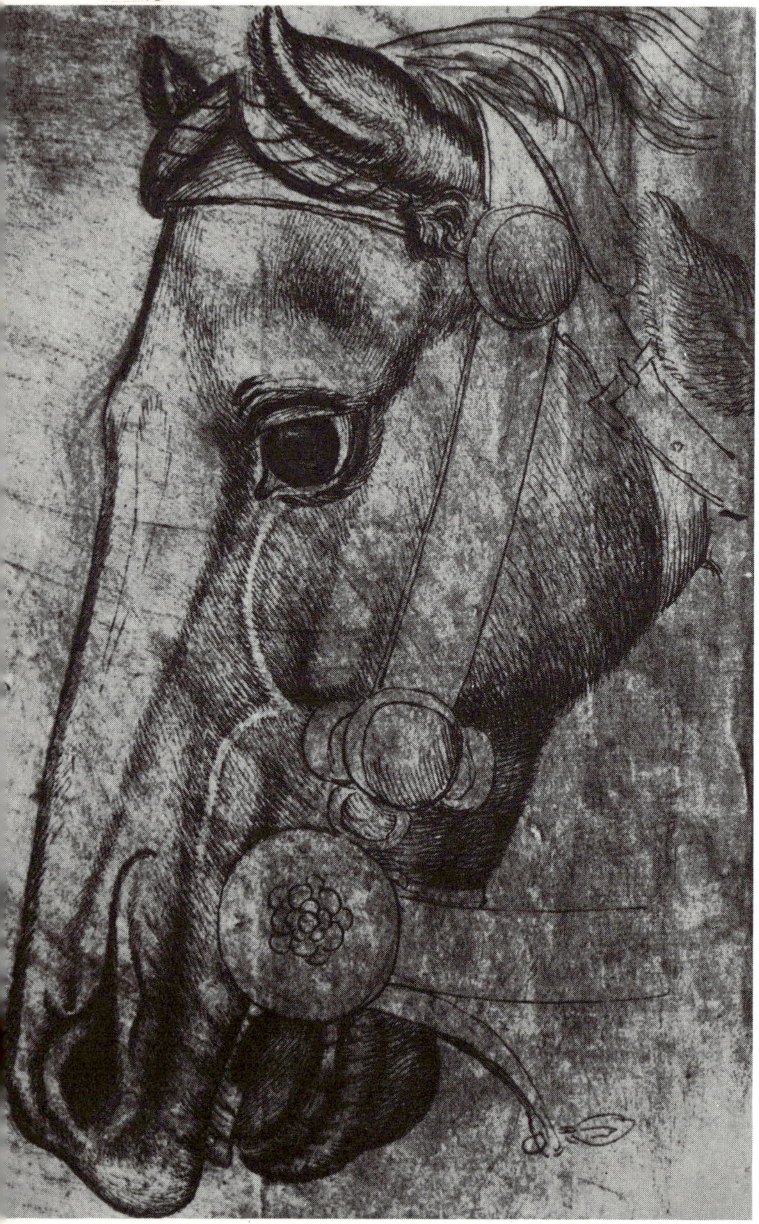

17 ›Hugo pictor‹, Hugo der Maler war, im Gegensatz etwa zu Eadwine von Canterbury (vgl. S. 59, Abb. 55), der Schreiber und Buchmaler zugleich war, nur Miniaturist. In dem Hieronymus-Kommentar über Jesaja hat er sein Selbstporträt hinterlassen (entstanden um 1100). Hugo, im Mönchshabit, taucht die Schreibfeder ins Tintenfaß. Das Messer, das er in der anderen Hand hält, dient zum Spitzen des Federkiels. Die Inschrift lautet: *Imago pictoris et illuminatoris huius operis*

18 Pisanello (1395–1455) benutzte das Skizzenbuch bereits wie ein moderner Künstler – es diente ihm zum Festhalten eines ersten flüchtigen Eindrucks, eines interessanten Details, das dann später vielleicht in einem Bild Verwendung fand. Es genügte Pisanello nicht mehr, sich immer wieder derselben alterprobten, von jedem benutzten und daher abgebrauchten Motive zu bedienen. Skizze eines Pferdekopfes

der Würde des Künstlers war allerdings vorwiegend den Anschauungen der Antike entlehnt.

In gesteigertem Maße wurden die Künstler der italienischen Renaissance sich ihrer individuellen Leistung bewußt. Aber den Stolz auf ihr Werk hatten natürlich auch schon die Künstler des Mittelalters gekannt. Um das zu erkennen, braucht man nur die Inschriften zu betrachten, mit denen die Künstler ihre vollendeten Werke versahen. Dieser Brauch läßt sich bis ins 12. Jahrhundert zurückverfolgen. In Italien wurde er besonders häufig geübt, aber auch nördlich der Alpen finden sich Beispiele. Manche italienische Inschrift zeichnet sich durch beträchtliche Länge aus und strotzt von Eigenlob. Ein Gislebertus von Autun begnügte sich damit, sein Meisterwerk mit der Inschrift *Gislebertus hoc fecit* zu versehen.

Einen Höhepunkt erreichte die prahlerische Manier in der zweiten Hälfte des 13. Jahrhunderts in der Toskana bei einer Anzahl von Kanzeln, die Niccolò Pisano und sein Sohn Giovanni geschaffen haben. Dem heutigen Betrachter entlocken diese Widmungen meist ein Lächeln, immerhin drückt sich in ihnen ganz deutlich aus, wie sehr auch die mittelalterlichen Künstler ihre Schöpfungen als persönliches Verdienst empfanden, so daß sie Sorge trugen, ihren Namen der Nachwelt zu hinterlassen (Abb. 17). Ebenso wie Adam Krafft (um 1460–1508), der Schöpfer des Sakramentshauses für die Lorenzkirche in Nürnberg, der sich und seine beiden Obergesellen in der Arbeitskleidung und mit den Werkzeugen des Steinmetzen als Tragfiguren dargestellt hat (Abb. 16), so stand auch Peter Vischer (1455–1529) auf der Schwelle zwischen Mittelalter und Renaissance. Viele seiner Plastiken sind deutlich antiken Vorbildern nachempfunden. Sein berühmtes Sebaldusgrab ist in Kap. 9 (Abb. 15) wiedergegeben. Am Sockel brachte er sein Selbstporträt an, das ihn, angetan mit Lederschurz, Hammer und Meißel in den Händen, zeigt.

Es ergäbe ein falsches Bild, wollte man annehmen, daß die Künstler des Mittelalters sich grundlegend von denen der Renaissance unterschieden haben. Dennoch werden zahlreiche hervorragende Werke für alle Zeit anonym bleiben müssen, weil das Quellenmaterial allzu dürftig ist. Der Blick für das Individuelle ging dem Mittelalter noch ab. Adam Krafft erschien seiner Zeit als typischer Vertreter des mittelalterlichen Handwerks, aber nur fünfzig Jahre später sah ihn der Nürnberger Schreibmeister Johann Neudörfer als einen »großen Künstler«, über den er persönliche Einzelheiten berichtet.

1 Buxheimer St. Christophorus. Kolorierter Holzschnitt, süddeutsch, gegen Mitte des 15. Jahrhunderts

9

Das Erbe

Das Ende des Mittelalters

»Plus me plaist le sejour qu'ont basty mes ayeux,
Que des palais Romains le front audacieux:
Plus que le marbre dur me plaist l'ardoise fine,

Plus mon Loyre Gaulois que le Tybre Latin,
Plus mon petit Lyré que le mont Palatin,
Et plus que l'air marin la doulceur Angevine.«

Joachim du Bellay, »Regrets«

Das Mittelalter hat eine Kultur von außerordentlicher Einheitlichkeit und Geschlossenheit hervorgebracht. Wenn unsere Kenntnisse und Fähigkeiten ausreichten, das Gefüge des mittelalterlichen Lebens in seiner Gesamtheit heraufzubeschwören – wir hätten ein so komplexes Kunstwerk vor uns wie Dantes Göttliche Komödie (Abb. 3). Symbolisch verkörpert der Reichsapfel das Wesentliche des mittelalterlichen Lebens: die Weltkugel, das Abbild des Universums, unter dem Zeichen des Kreuzes (Abb. 2). Zwischen weltlicher und geistlicher Autorität waren die Gewichte gleich verteilt. Der Einfluß der Kirche war nahezu allmächtig: Durch Theologie und Sittenlehre beherrschte sie Geist und Seele, eine Tatsache, die sich in Erziehungswesen und Kunst spiegelt.
Der mittelalterliche Mensch lebte in einem festgefügten Rahmen, er kannte seinen Platz in der Gesellschaft, und dies verlieh ihm eine Sicherheit, die spätere Gesellschaften nicht mehr gewährten. Natürlich zeigten auch im Mittelalter Leben und Kunst die vielfältigsten Aspekte, aber diese Vielfalt konnte sich nur im streng abgegrenzten Raum von festliegenden Vorstellungen und Verhaltensweisen entwickeln. Die hochgiebeligen Häuser der Städte (Abb. 4–6) lehnen sich gleichsam schutzsuchend an eine große Kirche an, wie sich die Küken unter der Glucke verstecken. Wie Bekundungen der Frömmigkeit erheben sich die Klöster in der Stille ländlicher Gegenden. Die Universitäten richteten ihren Tageslauf nach den Stunden des Gebetes und der heiligen Messe. An den Straßen standen Kreuze und Muttergottesbilder. Jede Burg und jedes Schloß hatte eine Kapelle, einen Kaplan und oftmals ein Priesterkollegium. Selbst der heraldische Schmuck des Burgsaals und der Ritterrüstungen hatte seinen Ursprung im heiligen Krieg der Kreuzzüge. Die Ritterorden waren das weltliche Gegenstück zu den geistlichen Ordensgemeinschaften.

Bejahung des Todes

Pest und Mord, Krieg und Krankheit ließen den Menschen im Mittelalter nie vergessen, wie allgegenwärtig und unvermeidlich der Tod war. Tod, Auferstehung, Jüngstes Gericht und Fegefeuer waren für das Mittelalter die Ecksteine des christlichen Fundaments, auf dem der Turm der Erlösung errichtet werden konnte. Für jede Krankheit war ein Heiliger zuständig, jedes Hospital besaß eine Kapelle, und bis ins Spätmittelalter waren die Hospitäler mit Kunstwerken ausgestattet, die die Gedanken der Kranken wie der Pflegenden in eine bestimmte Richtung lenken sollten. Eine der schönsten Grablegungsgruppen in Frankreich befindet sich im Hospital von Tonnerre und ist 1454 von einem Bürger gestiftet worden. Die Eremiten von Saint-Antoine in Isenheim pflegten Menschen, die an schrecklichen, unheilbaren Krankheiten litten. Für ihre Kirche malte Matthias Grünewald jenes erhabene und erschreckende Bild der Kreuzigung Christi vor einem Himmel von schwarzer Hoffnungslosigkeit.
Zu allen Zeiten war der Tod mitten im Leben, der christliche Glaube im Mittelalter jedoch bezog ihn in einem Ausmaß ins Leben ein, wie dies zuvor wohl nie geschehen war. Aber mochten auch im Tode die Gläubigen alle gleich sein – im Leben wurden die Unterschiede zwischen arm und reich im späteren Mittelalter immer krasser. Aber die individuellen und sozialen Unterschiede wurden offenbar als etwas Natürliches hingenommen (Abb. 7).

Eine Männerwelt

Trotz aller Verehrung, die man der heiligen Jungfrau und den weiblichen Heiligen entgegenbrachte, war die christliche Welt eine Männerwelt. Kriegführung, Verwaltung, Rechtsprechung und Wissenschaft – alles das war Männersache. Wohl gab es Äbtissinnen mit hervorragenden Fähigkeiten, da sie aber nicht, wie Äbte, in den Dienst eines Königs oder Herzogs treten konnten, spielten sie auf der mittelalterlichen Bühne keine große Rolle. Heloïse, die Geliebte des Abaelard, ist nahezu die einzige romantische Heldin des hohen Mittelalters wie im Spätmittelalter die Jungfrau von Orléans.
Die Hälfte der Last dieser Welt aber wurde wie immer von den Frauen getragen: In unbequemen Wohnungen, ob Hütte oder Burg, brachten sie ihre Kinder zur Welt, manchmal auch während eines Kreuzzuges, auf dem sie den Gatten begleiteten. Frauen mußten die Verteidigung einer Burg leiten, wenn der Burgherr abwesend war, Frauen mußten die Feldarbeit tun und bei der Weinlese helfen. Als Mütter, Ehefrauen, Bedienstete und Nonnen mußten sie Kranke pflegen oder Kinder unterrichten. Und einige wenige Frauen gab es auch, die sich, wie Christine de Pisan, als Schriftstellerinnen einen Namen machten. Im allgemeinen aber bleiben die Frauen des Mittelalters anonym. Jedoch standen sie fest im Leben, füllten ihren Platz aus und waren keineswegs wohlbehütet und empfindsam. Sie waren nicht viel mehr als bewegliche Habe, über die verfügt wurde. Eltern oder Vormund bestimmten über sie bei der Gattenwahl und in allen anderen Angelegenheiten. Die höfische Liebe – eine romantische *amitié amoureuse* – stellte das Gegengewicht zu einem System dar, das erstaunlich viele glückliche Ehen zuwege brachte (Abb. 8), daneben natürlich auch eine stattliche Anzahl unharmonischer Verbindungen. Wie eh und je fanden die Männer außer Haus Trost. Die Leidenschaften des Mittelalters waren durchaus menschlich und

2 Der Reichsapfel auf der gegenüberliegenden Seite wurde um die Zeit der Kaiserkrönung Heinrichs geschaffen. Einzelteile aus Goldblech sind zu einer Hohlkugel zusammengelötet, die mit Harz gefüllt ist, damit das weiche Gold nicht eingedrückt wird. Die schmalen Bänder, die die Kugel in vier Segmente unterteilen, sind mit Amethysten, Saphiren, Granaten, Smaragden und Halbperlen in Filigranfassungen besetzt. Das edelsteinverzierte Kreuz – Symbol für den Sieg des Kreuzes Christi – ähnelt den byzantinischen Vorbildern. Der riesige Saphir in der Mitte trägt ein – vermutlich byzantinisches – Monogramm.
Diese Einheit und Beständigkeit, im Reichsapfel symbolisch verkörpert, machte das Wesentliche des mittelalterlichen Lebens aus. Zwischen weltlicher und geistlicher Autorität waren die Gewichte gleich verteilt. Der mittelalterliche Mensch lebte in einem festgefügten Rahmen, er kannte seinen Platz in der Gesellschaft. Dies verlieh ihm eine Sicherheit, die spätere Jahrhunderte nicht mehr gewährten. Der Einfluß der Kirche war nahezu allmächtig: Durch Theologie und Sittenlehre beherrschte sie Geist und Seele, eine Tatsache, die Erziehungswesen und Kunst widerspiegeln; ihre Bischöfe oder der Papst selbst salbten aber auch Könige und Kaiser – und die kirchliche Herrscherweihe schien der Kirche den Anspruch zu verleihen, auch in die weltliche Politik einzugreifen. Die mittelalterliche Welt war ein einheitliches Ganzes. Natürlich zeigten auch im Mittelalter Leben und Kunst die vielfältigsten Aspekte. Aber diese Vielfalt konnte sich nur entwickeln im streng abgegrenzten Raum von Vorstellungen und Verhaltensweisen, die durch Übereinkommen festgelegt waren. Jeder hatte sich anzupassen, einen Individualismus im heutigen Sinn gab es nicht. Armut, Unwissenheit, Ungerechtigkeit, Bigotterie und Leid gab es zwar im Übermaß – sich aber von einer Gesellschaft zu distanzieren, die dies zuließ, und dadurch zum Außenseiter zu werden, war nahezu unmöglich

verständlich, wenn man sich vor Augen hält, daß es keine Scheidung gab, daß es äußerst schwierig war, eine Ehe für ungültig erklären zu lassen, und daß die höfische Liebe strengen Regeln unterworfen war.

Höhepunkt der Gotik

Frankreich war das Mutterland der Gotik. Machtströmungen und Mäzenatentum, das Fortwirken der immer noch lebendigen romanischen Bautradition, die befruchtende Wirkung, die von den französischen und burgundischen Höfen sowie von den Klöstern ausging, dies alles vereinigte sich zu dem großartigen Ausdruck einer reifen Kultur. Aus heutiger Sicht war es ein Zeitalter erstarrter Formen, aber es waren Formen, die man ohne viel Nachdenken als etwas Gewohntes, Überkommenes hinnahm. Sogar die Almosenempfänger lebten in einer geprägten Form – sie hatten ihre bestimmte Kleidung, bekamen die ihnen zustehenden milden Gaben und besuchten die Messen in ihrer Kapelle, wie es ihre Pflicht und ihr Recht war.

Wir können heute kaum mehr ermessen, wieviel die Kunst durch das Fehlen von Mäzenen verloren hat. Nach unsern heutigen Anschauungen hätte das Mäzenatentum des 14. und 15. Jahrhunderts das schöpferische Element eigentlich unterdrücken müssen, weil jede Kunstäußerung einen bestimmten Zweck erfüllen sollte. Genau das Gegenteil war jedoch der Fall: Es regte die Künstler an. Die prachtvollen illuminierten Stundenbücher, die im Auftrag des Herzogs von Berry, des Herzogs von Orléans und vieler anderer geschaffen wurden, gehören gleichermaßen der abendländischen Kunstgeschichte an wie die Fresken, die in Italien auf Anregung von geistig ebenso hochstehenden Männern entstanden. Aber nicht allein die bildende Kunst blühte im Spätmittelalter. Die lateinischen Vagantenlieder der fahrenden Scholaren waren von der Troubadourdichtung abgelöst worden. Diese Liebeslyrik wurde gesungen. Die Polyphonie, die sich in der Kirchenmusik erstaunlich früh durchsetzte, entwickelte sich dann in der ersten Hälfte des 15. Jahrhunderts zur *Ars nova* (im Gegensatz zur *Ars antiqua,* der Blütezeit der Mensuralmusik im 13. und 14. Jahrhundert).

Literatur auf neuen Wegen

Das Drama wurde zu einer der charakteristischen Kunstformen der Zeit. Erstmals waren die Bühnenwerke nicht von griechischen oder römischen Vorbildern abhängig. Aus den Tropen der Ostermesse (der melodischen Ausschmückung von Texten im Gregorianischen Choral) hatte sich in den Klöstern und Kathedralen das liturgische Drama entwickelt. Das Kirchenlatein war in die Volkssprachen übersetzt worden. In England hatte man die Spiele von der Geburt, der Kindheit und der Auferstehung Christi als Zyklen zusammengefaßt: etwa in den Mysterienspielen von Chester. In Frankreich schuf um 1452 Arnoul Greban sein großangelegtes und prächtiges Werk *Mystère de la Passion* für Notre-Dame in Paris, deren Chormeister Greban eine Zeitlang war. Es erweckt die Bildwerke einer großen Kathedrale zum Leben; bemerkenswerterweise

3 Dante Alighieri (1265–1321) ist zweifellos der bedeutendste Repräsentant der mittelalterlichen Literatur. Sein Hauptwerk, die ›Göttliche Komödie‹, stellt, in allegorischer Einkleidung, den Weg dar, der die sündige Seele zum ewigen Heile führt. ›Dante vor Florenz‹, die ›Göttliche Komödie‹ in der Hand, ein Bild des Domenico Michelino (Mitte des 15. Jahrhunderts), das sich noch heute im Dom von Florenz befindet. Im Hintergrund die Vision des Läuterungsberges, links die Hölle, rechts die Kuppel des Domes von Florenz, Dantes Heimatstadt, die er, 1302 aus politischen Gründen verbannt, bis zu seinem Tode nicht mehr betreten hat

CHAMINO
DINOSTRA
VITA MI
STASILVA
ASMARI

4

5

6 ▷

geschieht dies aber nicht in einer Prozession oder einem historischem Aufzug, obwohl das Werk eine Besetzung von 220 Rollen aufweist, sondern mit den Gestaltungsmitteln eines echten Dramas. Wie ein Stück von Shakespeare enthält es Szenen aus dem Leben des einfachen Volkes und auch komische Einlagen, die dem wirklichen Leben abgelauscht waren.
Grebans Mysterienspiel ist nur eines unter vielen, denn jede größere Stadt setzte ihren Stolz darein, eines dieser prächtigen Spiele aufzuführen. Im allgemeinen waren es die Zünfte, die diesen Spielen – künstlerischen Manifestationen des Bürgerstolzes wie manche Sakralbauten – den finanziellen Rückhalt gaben und auch selbst die Spieler stellten. Die Anschauung, die mittelalterliche Kunst habe auch dazu gedient, die des Lesens und Schreibens Unkundigen zu belehren, ist keine romantische Erfindung des 19. Jahrhunderts. In einem Gedicht von Eustache Mercadé, der um 1440 ein Mysterienspiel von der Passion schrieb, heißt es:

»Eine große Hilfe vielen Leuten,
Die keine Bücher lesen können,
Sind Malerei, Exempel und Geschichten,
Gestaltet in den Klöstern und Palästen,
Das sind die wahren Bücher für den Laien.«

4–6 Im 14. und 15. Jahrhundert nahm die Einwohnerzahl der meisten Städte gewaltig zu – eine Folge des rasch aufstrebenden Bürgertums. Wie sich eine mittelalterliche Stadtszenerie darbot, zeigen die Bildausschnitte auf dieser und der gegenüberliegenden Seite: Eine deutsche Stadt – Köln (oben). Rechts der Chor des Doms, ungefähr in der Bildmitte St. Martin.
Links: Florenz. Am rechten Bildrand der achteckige Bau des Baptisteriums mit schwarzweißer Marmorverkleidung.
Rechts: Durch das Fenster der Werkstatt des heiligen Joseph blickt man auf den Marktplatz einer flämischen Stadt, vermutlich Tournai. Die Mausefalle ist eine Anspielung auf die Worte des heiligen Augustin: »Das Kreuz des Herrn war des Teufels Mausefalle.« Detail vom rechten Flügel des Merode-Altars

Heute leistet vermutlich der Film für die Analphabeten in Afrika und Asien dasselbe.

Denkt man an die Autobiographie des Benvenuto Cellini, so neigt man dazu, die Renaissance als die Zeit anzusehen, in der erstmals die Persönlichkeit geschätzt wurde und der einzelne lernte, auch sich selber zu schätzen. In Wahrheit aber war es das Mittelalter, das die Literaturgattungen der Biographie und der Autobiographie hervorbrachte. Die Biographie hat ihre Wurzeln in den lateinisch geschriebenen Viten heiligmäßiger Persönlichkeiten. Die Verfasser waren in der Regel Männer, die die Beschriebenen persönlich gekannt hatten und die oft mit ihrem Werk deren Heiligsprechung unterstützen wollten. In den Klöstern waren indessen nicht nur Heiligenviten entstanden, sondern auch Annalen, Jahrbücher. Diese Aufzeichnungen gingen zusammen mit den halb legendenhaften Geschichten aus den Kreuzzügen in die großen Chroniken des Spätmittelalters ein. Adel und Ritterstand konnten nun lesen und schreiben und sich in Berichte über Ereignisse vertiefen, an denen sie oder ihre Väter teilgenommen hatten. Chroniken wie die von Jean Froissart und Georges Chastellain setzen eine solche Leserschaft voraus.
Die lateinische Literatur des Mittelalters war in der Hauptsache geistlicher Natur. Als aber im Spätmittelalter immer mehr Adelige und Ritter Lesen und Schreiben lernten, wurden diese lateinischen Texte und besonders die, die wir heute zu den wissenschaftlichen rechnen würden, in wachsender Zahl in die Volkssprachen übersetzt. Gleichzeitig entstand eine neue Klasse von Prosaschriftstellern: Männer, die in den geistlichen Stand getreten waren, eine Universitätsausbildung genossen hatten und nun ein kirchliches Amt versahen, das ihnen wenig Mühe machte, sie aber finanziell einigermaßen sicherstellte. Typisch für Frankreich waren die Historiker Froissart und Chartier, Langland für England. Greban war *Magister artium* der Universität Paris und lehrte an der Kathedralschule von Notre-Dame. Chaucer, der Verfasser der berühmten »Canterbury Tales«, war Staatsbeamter, Villon war Vagabund, der Verwandte jedoch, in dessen Haus er erzogen wurde, war Kaplan und Dozent an der Juristenschule von Paris.

Renaissance

»Das Mittelalter endete mit dem Einsetzen der Renaissance«, kann man zuweilen bei Historikern lesen, die sich um Gemeinverständlichkeit bemühen. Das erweckt den Eindruck, als habe die Renaissance eingesetzt wie etwa die Französische Revolution, als ein Ereignis, nach dem nichts mehr war wie vorher. In Wirklichkeit handelt es sich natürlich nicht um ein Ereignis, sondern um einen recht langsamen Prozeß, der durch bestimmte Geschehnisse gefördert wurde. Die Entdeckung Amerikas brachte – außer für Geographen, Dichter und goldimportierende Monarchen – kaum mehr Veränderungen mit sich als die Erforschung der afrikanischen Küste. Der Fall von Konstantinopel 1453 brachte griechische Gelehrte nach Florenz und griechische Handschriften in jeden Mittelmeerhafen. Zwar »verursachte« auch dies die Renaissance nicht, jedoch deutlicher als jedes andere historische Ereignis markiert der Fall Konstantinopels eine Trennlinie zwischen zwei Kulturen. Anfang des Jahres 1492 fiel dann Granada, und damit war die Zeit der Maurenherrschaft in Spanien abgeschlossen. Nach diesen beiden Ereignissen tritt eine Verlagerung der Schwerpunkte nach Westen ein: Spanien und Portugal gewinnen weiter an Bedeutung, ein Charakteristikum der Renaissance, das nicht immer deutlich genug erkannt wurde.
Die Schätze der Bibliotheken von Konstantinopel, griechische Schriften in reicher Zahl strömten ins Abendland und förderten und belebten das Studium der Sprache. Vertraut mit der klassischen Literatur war man schon im Mittelalter. Die »Renaissance« des 11. und 12. Jahrhunderts war zwar in der dialektischen Theologie des 13. Jahrhunderts untergegangen, dennoch glaubte man auch im 15. Jahrhundert, daß die menschliche Vernunft ein Spiegelbild der göttlichen sei, und noch immer las man klassische Texte. Christine de Pisan hatte in ihrer »Epistel der Othea an Hektor« klassische Gestalten wie Perseus, Herkules und Bacchus auftreten lassen, um die ritterlichen Tugenden und die ritterlichen Versuchungen zu symbolisieren. Der schon erwähnte Alain Chartier gibt den Lesern seines 1428 erschienenen Buches *Espérance* (Hoffnung) den Rat, Homer, Vergil, Livius, Demosthenes und verschiedene andere Klassiker zu lesen. Kaiser Friedrich II. hatte zwischen 1232 und 1240 einen Triumphbogen errichten lassen, der mit Flachreliefs in antiker Manier geschmückt war (Abb. 9). Niccolò Pisano (etwa 1225–87) ließ sich von antiken Vorbildern anregen (Abb. 11). In Reims wurden im 13. Jahrhundert Statuen nach eindeutig römischen Mustern geschaffen (Abb. 10).

Italien

Die Fassade der neuen Kathedrale in Como wurde, außer mit den Gestalten der Schutzheiligen, mit den Statuen des älteren und des jüngeren Plinius geschmückt. Leda und der Schwan zierten das Portal des Petersdoms. David, der den Riesen Goliath getötet hatte, zog die Bildhauer stärker an als alle christlichen Heiligen.
Auch die italienische Baukunst zeigte eine Sonderentwicklung. Hier errichteten nur die Zisterzienser und die Franziskaner ihre Kirchen im gotischen Stil, aber sogar die Zisterzienserabtei Chiaravalle bei Mailand zeigt einen Baustil, der weit von der Gotik im heimischen Burgund entfernt ist. Die »Venezianische Gotik« trägt im selben Maße östliche wie französische Züge. Die einzige gotische Kirche in Rom – Santa Maria sopra Minerva – wirkt geradezu wie ein Eindringling. Am schönsten tritt die italienische Gotik in einzelnen Baugliedern oder beim Dekor in Erscheinung; manche Grabmäler zeigen Fialen und gotische Spitzbogen.
Zu viele Werke der Architektur und der bildenden Kunst werden in Italien schon der Renaissance zugerechnet, obwohl sie in Wirklichkeit noch dem Mittelalter angehören. Fra Angelico zum Beispiel ist in der Wahl seiner Stoffe und in seinem Stil immer noch ein mittelalterlicher Maler; und selbst Michelangelos großartige Pietà im Petersdom weist ebenso viele gotische wie renaissancehafte Züge auf; typisch für die Renaissance daran sind eher die Jugend und Schönheit der Jungfrau als der bildhauerische Stil der ganzen Komposition. Wirklich ein Mann der Renaissance ist Botticelli mit seiner Ablehnung der Erdenschwere. Donatello und Brunelleschi hatten in Rom die Antike erlebt. Nach der Rückkehr in ihre Heimatstadt Florenz schuf der eine unter diesem Eindruck Bronzeplastiken, die zu den bedeutendsten Werken der italienischen Frührenaissance gehören, der andere versuchte die architektonischen Vorstellungen des Vitruv in Bauten von edlen und strengen Proportionen zu verwirklichen: in den Palazzi Rucellai und Strozzi. Die mittelalterliche Ikonographie wurde von der Renaissance übernommen. Neuerungen waren in der Hauptsache stilistischer Art.

Natur

Eine unerschöpfliche Quelle der Inspiration bildete für die mittelalterliche Kunst die Liebe zur Natur, insbesondere zu

7

8

9

7 Hungernde Bettler. Eine der wenigen nichtidealisierten Darstellungen vom Leben der Allerärmsten

8 Das Leben des Durchschnittsbürgers als malerisches Thema existierte kaum für den mittelalterlichen Künstler. Wir begegnen dergleichen nur in Nebenszenen auf religiösen Bildern oder in Stundenbüchern. Bildnis eines verlobten Paares des Meisters von Sterzing, entstanden um die Mitte des 15. Jahrhunderts, eines der seltenen Gemälde jener Zeit mit einem nichtreligiösen Gegenstand. Das junge Paar, in einer Laube von blühenden Obstbäumen, trägt kostbare Kleidung nach dem neuesten Schnitt. Mit minuziöser Genauigkeit sind Einzelheiten – das Muster der Brokatärmel, die Brosche am Ausschnitt der jungen Frau – wiedergegeben

9, 10 Der Strom antiker Kunst war auch im Mittelalter nicht völlig versickert. Friedrich II. (1194–1250), in seinem Wunsch, eine große Vergangenheit wieder zum Leben zu erwecken, förderte dabei auch die Entstehung eines neuklassischen Stils. Abb. 9: Der Kopf vom Triumphbogen Friedrichs II. in Capua ähnelt einer römischen Kaiserbüste. Abb. 10: Heilige Jungfrau aus der Kathedrale von Reims, um 1220, ebenfalls stark von römischen Skulpturen beeinflußt

11 Gottvater, Detail von der Marmorkanzel des Niccolò Pisano im Baptisterium zu Pisa (entstanden um 1260). Ein wesentliches Merkmal der Kunst Pisanos ist die enge Anlehnung an antike Vorbilder, die er in Einzelheiten teilweise auch frei kopierte

11

10

Bäumen und Wäldern (Abb. 12). Goldschmiedearbeiten, Wandteppiche, Stickereien und Illuminationen lassen die Anregungen erkennen, die man sich aus der Natur holte. Auch die Renaissancekunst griff gern nach diesem Vorbild. Ein sehr deutlicher Wandel jedoch vollzog sich auf einem anderen Gebiet. Die mittelalterlichen Künstler hatten den nackten Menschen nur mehr oder minder zufällig dargestellt. Die Wiedergabe des unbekleideten Körpers war für die damalige Kunst unwesentlich. Der christliche Glaube an die Auferstehung des Fleisches hatte zu einem Verbot der Sektion menschlicher Leichen geführt, was sich nicht nur für die Ärzte, sondern auch für die Bildhauer negativ auswirkte. Die Chirurgen von Bologna und unter den Künstlern Leonardo da Vinci brachen als erste mit diesem Tabu. Sie waren Menschen, die das Mittelalter hinter sich gelassen hatten.

Die Humanisten waren willens, bei der wissenschaftlichen Forschung empirisch vorzugehen, sich auf Beobachtungen zu stützen. Für den mittelalterlichen Geist stand alles Wissen in einem harmonischen Zusammenhang, und das ist auch der Grund für die – modernem Denken so fremden – Kriterien, nach denen die Fakten ausgewählt und auf Grund theologischer Systeme interpretiert wurden.

Das Mäzenatentum spielte auch in der Renaissance noch eine große Rolle, aber nun bezeugte man der Person des Künstlers größere Achtung als zuvor. Franz I. von Frankreich beispielsweise erwarb den Pinsel Tizians und bot Leonardo da Vinci im hohen Alter ein Asyl. Der mittelalterliche Mäzen gab ein Werk in ganz bestimmter Absicht in Auftrag. Die Renaissance schuf die Vorstellung der an keinerlei Zweck gebundenen »schönen Künste«.

Ein Zeitalter endet

Wenn sogar in Italien, dem Geburtsland der Renaissance, das Mittelalter nur allmählich überwunden wurde, so darf es nicht überraschen, wenn es auch in Frankreich langsam starb. Zwischen 1445 und 1447 besuchte Jean Foucquet, französischer Maler und Miniaturist, Italien. Zehn Jahre später zeigten seine Miniaturen für das Stundenbuch von Etienne Chevalier italienische Marmorarchitekturen als Hintergrund (Abb. 13). Italienische Künstler kamen nach Frankreich und schufen dort Werke in dem neuen Stil. Nach der Niederlage Burgunds 1477 verlagerte sich das Zentrum höfischen Lebens und höfischer Kunst ins Tal der Loire. Italienische Künstler, die Ende des 15. Jahrhunderts dort wirkten, beeinflußten die einheimische Kunst, die sogenannte »Schule von Amboise«, ganz erheblich. Eine weitere Generation italienischer Künstler berief Franz I. Die großen Abteien dagegen gaben bis ins 16. Jahrhundert hinein Werke im alten Stil in Auftrag. Das Konkordat von 1516 zwischen Franz I. und dem Papst schwächte jedoch den Einfluß der Tradition ab: Als Hector Sohier zwischen 1518 und 1545 Saint-Pierre in Caen erbaute, brachte er an einem gotischen Bauwerk mit Strebepfeilern, Wasserspeiern und Wimpergen üppigen Renaissanceschmuck im lombardischen Stil an. Was sich nach 1545 an mittelalterlichen Resten noch findet, sind wirklich nur noch Reste.

In Deutschland wurde das gotische Erbe noch langsamer überwunden, und so wirkt die Kunst des 16. Jahrhunderts bisweilen uneinheitlich. Conrad Meit aus Worms (etwa 1480–1550), Schöpfer des Grabmals von Philibert le Beau in Brou, schmückte sein Werk mit Aktfiguren und geflügelten Putten im reinsten Renaissancestil. In den Nischen am Sockel jedoch finden sich Statuetten, die, wie die Verkörperung einer Tugend (Abb. 14), noch den ganzen Zauber spätgotischer Grazie ausstrahlen. Und das Gehäuse des Sebaldusschreins in Nürnberg ist spätgotisch, die figürlichen Kleinplastiken am Sockel dagegen zeigen bereits die Hinwendung zu den Ausdrucksformen der Renaissance (Abb. 15).

Jenseits des Kanals erschien der neue Stil später. Eine Ahnung vom Wesen der Renaissancekunst vermittelte jedoch das von Torrigiani geschaffene Grabmal Heinrichs VII. – ein Beispiel reinster florentinischer Renaissance inmitten des gotischen England.

Gegen 1530 hatte sich die norditalienische Ornamentik in der niederländischen Kunst allgemein durchgesetzt. Um 1535 arbeiteten italienische Baumeister auch in Landshut und Prag.

Ein neuer Werkstoff: Papier

Eine gewisse industrielle Umwälzung bewirkte die Ausbreitung der Papierfabrikation: Leinenlumpen, die man zur Herstellung des Papiers benötigte, gab es reichlich, seitdem sogar die Bauern sich angewöhnt hatten, Hemden zu tragen. Als Erfinder des Papiers gelten die Chinesen, von denen es im 8. Jahrhundert die Araber kennenlernten. Die erste Papiermühle auf europäischem Boden entstand 1340 in Italien, in Fabriano bei Ancona. Auf deutschem Boden ist die erste sicher bezeugte Papiermühle die 1389 erbaute Gleismühle bei Nürnberg. Im 15. Jahrhundert wurde das Papier allgemein verwendet. Jetzt konnte man ohne den Kostenaufwand und die Sachkenntnis, die das Schreiben auf Pergament erfordert hatte, Aufzeichnungen machen und Briefe austauschen. Die Verwendung des Papiers veränderte das Nachrichtenwesen beinah ebenso grundlegend wie in den vergangenen achtzig Jahren das Telephon.

Buchdruck: Verbreitung des Wissens

Die eigentliche Bedeutung des Papiers lag jedoch darin, daß es den Buchdruck überhaupt erst ermöglichte. Druckstöcke aus Buchsbaumholz wurden bereits Ende des 12. Jahrhunderts von Zisterziensermönchen für Initialen benutzt. Der einzige noch erhaltene dieser ältesten Druckstöcke ist der *Bois Protat* – nach seinem Besitzer Protat, einem berühmten Buchdrucker aus Mâcon – mit einer Kreuzigungsdarstellung auf der einen und einer Verkündigungsdarstellung auf der anderen Seite.

Um 1430 kam in Deutschland und den Niederlanden das sogenannte Blockbuch auf, zusammengehörende Folgen von Holzschnitten erbaulichen Inhalts, die von Text begleitet waren. Reiche Leute ließen sich auch weiterhin Stundenbücher mit kostbaren Miniaturen anfertigen. Das einfache Volk aber erfreute sich an einem Holzschnittblatt mit religiösem Thema. Weltliche Gegenstände sind selten (Abb. 1).

Schon um 1440 wurden in Deutschland und den Niederlanden Druckstöcke geschnitten, die nur noch Text enthielten. Wie die zeitlich etwas früher liegenden Blockbücher hatten auch alle Texte religiöse Inhalte, mit Ausnahme einer Abhandlung über die Handlesekunst und der Grammatik des Donatus.

12 Von der Mitte des 14. Jahrhunderts ab bis zum Einsetzen der Renaissance weist die mitteleuropäische Malerei einen so einheitlichen Stil auf, daß diese letzte Phase der Gotik bisweilen als ›Internationaler Stil‹ bezeichnet wird. Die Bilder dieser Zeit zeichnen sich durch eine helle und heitere Farbigkeit aus, die Männer- und Frauengestalten sind adelig in der Haltung und im Ausdruck, die Gesamtwirkung ungemein reizvoll und äußerst dekorativ. Einige sehr geglückte Beispiele dieses Stils befinden sich in Avignon, wohin sich die Päpste während der sogenannten Babylonischen Gefangenschaft der römischen Kirche zurückgezogen hatten. Im Jahre 1343 beauftragte Papst Clemens VI. den Maler Matteo Giovanetti aus Viterbo, einen Teil der Papstresidenz mit Fresken auszuschmücken. Französische Künstler vollendeten das Werk; bruchlos und harmonisch fügen sich ihre Arbeiten denen ihres italienischen Vorgängers ein. Das Detail im *Chambre de Cerf* zeigt zwei Falkner im Walde

Der Schritt vom geschnittenen Druckstock zur beweglichen Letter wurde folgerichtig getan, und damit war die Kunst des Buchdrucks, des Druckverfahrens also, das Einzeltypen für den Druck verwendete, geboren – eine Kunst, die stärker als jede andere Erfindung Mittelalter und Neuzeit voneinander trennt. Ob nun Lourens Janzoon Coster aus Harlem als Erfinder der Buchdruckerkunst anzusehen ist oder Johannes Gutenberg aus Mainz – jedenfalls wurde die Erfindung zwischen 1450 und 1455 gemacht. In dieser Zeit entstand die zweiundvierzigzeilige Gutenberg-Bibel. Das erste datierte Buch ist das Mainzer Psalterium von 1457. Der Übergang zur beweglichen Metall-Letter scheint sich vor 1473 vollzogen zu haben. Sehr rasch verbreitete sich die neue Drucktechnik über ganz Europa, und zwar fast immer durch ausgewanderte holländische oder deutsche Drucker. Im Jahre 1476 wurden von Ulrich Hahn in Rom zum erstenmal auch Notenblätter mit Typen gedruckt. 1525 erfand ein französischer Drucker, Pierre Haultin aus Paris, Drucktypen, mit denen man Noten und Notenlinien gleichzeitig drucken konnte.
Nun würde man annehmen, daß die jetzt relativ zahlreich hergestellten Bücher den Ideen der Humanisten zu weiter Verbreitung verholfen hätten. Sich mit diesen Schriften zu befassen war jedoch das Privileg einer Gelehrtenschicht, die sich nach wie vor auf Handschriften verließ. Gewiß übten die ersten in Italien erschienenen Bücher, darunter Ovids *Metamorphosen,* die 1497 erschienen, sowohl in Italien als in Frankreich beträchtlichen Einfluß aus (Abb. 16, 17) – sie waren nach Renaissancemanier prächtig illustriert – ganz allgemein aber bestand das Verdienst der Buchdrucker in erster Linie darin, daß sie mittelalterliche und antike Schriften billiger und in größerer Menge auf den Markt brachten. Um 1485 führte Jean Molinet unter den Wundern seiner Zeit Folgendes auf:

»Gedruckte Bücher, reich an Zahl,
Hab' ich gesehn mit Freuden,
Die Leuten, deren Beutel schmal,
Zum Studium verhelfen.
Bibeln, Dekret, Gesetzbuch gar,
Ohne viel Geld zu besitzen,
Kann nun erwerben so mancher Scholar,
Durch die neuen und guten Methoden.«

Das Werk des großen François Villon ist in sechs verschiedenen Handschriften und in zwei Druckausgaben von 1489 und 1501 überliefert. Erstaunlich ist, daß von der größten mittelalterlichen Dichtung, Dantes Göttlicher Komödie, keine Hand-

13 Gegen Ende des 15. Jahrhunderts fanden, von Italien kommend, Renaissancemotive auch in Frankreich Eingang. Jean Fouquet, Hofmaler Ludwigs XI., verwendet bereits um 1460 als Hintergrund Pilaster mit Akanthuskapitellen

14, 15 In Deutschland wurde das gotische Erbe nur langsam überwunden, und so wirkt die Kunst des 16. Jahrhunderts bisweilen uneinheitlich. Conrad Meit aus Worms (um 1480–1550/51), Schöpfer des Grabmals von Philibert le Beau in Brou, schmückte sein Werk mit Aktfiguren und geflügelten Putten in reinstem Renaissancestil. In den Nischen am Sockel jedoch finden sich Statuetten, wie diese Verkörperung einer Tugend (Abb. 14), die noch den ganzen Zauber spätgotischer Grazie ausstrahlen. Abb. 15: Sebaldus-Schrein in Nürnberg. Das Gehäuse ist spätgotisch, die figürlichen Kleinplastiken am Sockel dagegen zeigen bereits die Hinwendung zu Ausdrucksformen der Renaissance

16 Unter allen literarischen Formen war die Allegorie vermutlich die volkstümlichste. Der *Roman de la Rose* des altfranzösischen Dichters Guillaume de Lorris, ein Musterbeispiel allegorisch-didaktischer Poesie, fand zahlreiche Nachahmer. Szene aus König Renés *Livre de Cœur d'Amour épris*

17 Die Sage von Troia gibt es in einer Anzahl mittelalterlicher Versionen. Das Troianische Pferd aus einer Aeneis-Ausgabe des 15. Jahrhunderts. Das Mittelalter und auch noch die Renaissance sahen in Vergil den größten aller Dichter, die ›Aeneis‹ galt als das klassische Epos schlechthin

14

13

schrift existiert, sondern daß sie aus gedruckten Ausgaben bekannt ist (Abb. 3), die 1472 in Mantua und Foligno anscheinend gleichzeitig gedruckt wurden. Für ein Weiterwirken des mittelalterlichen Geistes sorgten auch die englischen Druckereien. Caxton druckte Chaucer (Abb. 18), Karl den Großen und übersetzte und druckte auch Christine de Pisans *Livre de la Paix.*

Eine wirklich bedeutende Rolle spielte der Buchdruck erst, als er die Lehren der Kritiker der Kirche und der Reformer verbreitete. Ohne den Buchdruck wäre die Reformation wohl anders verlaufen. Der Buchdruck erst schuf auch die literarische Persönlichkeit im modernen Sinn. Im Mittelalter, als ein Buch nur in wenigen Exemplaren existierte, konnten literarische Erfolge nicht ohne weiteres errungen werden. Als Giraldus Cambrensis – er starb 1223 – sein großes Werk über Irland abgeschlossen hatte, nahm er es mit nach Oxford, mietete dort eine Wohnung und verbrachte drei Tage damit, es drei verschiedenen Gruppen von Zuhörern vorzulesen, die er außerdem großzügig bewirtete. Nur so konnte er hoffen, ein Publikum zu gewinnen. Das hohe Ansehen hingegen, das drei Jahrhunderte später Erasmus von Rotterdam genoß, gründete sich in erster Linie auf der Verbreitung seiner Schriften durch den Buchdruck.

Zur Verbreitung des Formenschatzes der italienischen Frührenaissance trug die Kunst des Kupferstichs viel bei. Der neue Stil der Buchillustration brachte bald neue Meisterwerke hervor, auch unter den Holzschnitten. Dürer besaß während seiner Lehrjahre in Nürnberg Stiche von Pollaiuolo und Mantegna. Renaissanceornamente, auch einmal ein Ausschnitt aus einer der vatikanischen Fresken Raffaels, mit denen die Druckereien in Paris, Lyon und andernorts die Titelseiten vieler Bücher schmückten, dienten den Bildhauern jenseits der Alpen als Muster, wenn sie ein mittelalterliches Relief mit einer Umrahmung im neuen Stil versehen wollten. Beispiele dafür finden sich beispielsweise an den Chorschranken in Chartres und am Chorgestühl der Schloßkapelle von Gaillon, das 1509 entstand.

Römische Profile

Medaillons mit Profilköpfen nach dem Muster römischer Münzbilder wurden zur Dekoration von Fassaden benützt. Der französische König Karl VIII. bewunderte während seines erfolgreichen Feldzuges in Norditalien diese Medaillons nach römischem Vorbild in Pavia und an anderen Orten, und bei seiner Rückkehr nach Frankreich nahm er ein ganzes Gefolge italienischer Künstler mit. Paganino, einer von ihnen, kopierte

15

16

17

18 Geoffrey Chaucer (um 1340–1400) schrieb im südostenglischen Dialekt und schuf aus der Londoner Geschäftssprache seiner Zeit eine wirkliche Kunstsprache. Unübertroffen sind seine volkstümliche Erzählkunst, seine lebendigen Sittenschilderungen, sein gesunder Humor, vor allem in seinem Hauptwerk, den ›Canterbury Tales‹. Titelblatt zu ›Troilus und Cressida‹. Der Dichter liest einer auserwählten Zuhörerschar aus seinen Werken vor

diese Medaillons bei der Ausschmückung des Schlosses Gaillon. Um 1504 tauchen sie in Toledo auf, bald darauf am irischen Collegium in Salamanca. Nicht lange danach erscheinen Medaillons auch auf Kupferstichen in Petrarca- und Boccaccioausgaben. 1521 finden sie sich an der Fassade von Hampton Court, während die große Halle des Schlosses, obwohl zeitlich später, noch alle Merkmale der englischen Spätgotik aufweist. In Heidelberg erscheinen die Medaillons 1556, in den Musterbüchern des Lucas van Leyden schon 1527. Wo immer wir sie auch antreffen, bekunden sie den »klassischen Geschmack« sowohl der Künstler wie der Auftraggeber. An ihrem Auftauchen außerhalb Italiens läßt sich ablesen, wohin überall der Renaissancestil importiert worden war.

Symptome des Verfalls

Eine neue Kultur – und mit gewissen Einschränkungen hat die Renaissance tatsächlich eine neue Kultur gebracht – kann nur mit Waffengewalt eingeführt werden, es sei denn, die Kultur, die sie abzulösen im Begriffe ist, befinde sich bereits im Verfall.

Von 1304–1421 dauerte das »babylonische Exil« in Avignon und das große abendländische Schisma. Selbstverständlich mußten das päpstliche Amt und seine Autorität in Mißkredit geraten, wenn jeweils verschiedene Anwärter auf den Stuhl Petri vorhanden waren. England und Frankreich erschöpften sich im Hundertjährigen Krieg und in den Kriegen der Rose. Söldnerheere brachten die Grundlagen des Feudalsystems ins Wanken, und in beiden Ländern wurde die Macht der Monarchie durch eine Anzahl unfähiger und schwacher Könige untergraben. Überall, vor allem aber in Frankreich und England, waren die Pest, Seuchen und Hungersnot die Begleiterscheinungen des Krieges.

Der Gedanke an den Tod beherrschte Frankreich das ganze 15. Jahrhundert. Villon ist von Todesvorstellungen geradezu besessen, ebenso die meisten seiner dichtenden Zeitgenossen. Solche Todesbesessenheit mußte notwendigerweise die Lebenskraft eines Volkes schwächen. Weil die Gedanken vieler Menschen nur noch um den Tod kreisten, gewann die Lehre vom Fegefeuer und die Möglichkeit, sich durch Ablaß eine Verkürzung der Qualen zu erkaufen, neue Bedeutung, und solcher Mißbrauch schwächte wiederum den Glauben. Der Geist des Mittelalters wurde nur langsam überwunden. Dürers großartige Interpretation zum Beispiel der Vision des Johannes – inspiriert und doch buchstabengetreu, mystisch und doch präzise – ist in ihrer geistigen Konzeption durch und durch mittelalterlich, wenngleich Details wie etwa die mit Blattornamenten reich verzierten Leuchter formal bereits der Renaissance angehören. Auch die Stiche »Melancholie« und »Ritter, Tod und Teufel«, 1513–14 entstanden, gehören eigentlich noch ins 15. Jahrhundert.

Dieses immer wieder von Krieg und Plagen heimgesuchte Zeitalter war mit innerer Schwäche geschlagen und daher anfällig. Frankreich zerfleischte sich in endlosen Religionskriegen, in England und in Frankreich war die Zeit reif für kirchliche Reformen. Zweifellos haben wir hier das Verfallsstadium einer Epoche vor uns, und das ermöglichte das Eindringen einer neuen, wesentlich italienisch geprägten Kultur in die übrigen Länder Europas. Einen grundlegenden Wandel in den Vorstellungen, was heilig und Christenpflicht sei, führte die Renaissance indessen nicht herauf, wenn es auch scheinen mochte, als sei die Herrschaft der Kirche geschwächt.

Die Vergangenheit lebt weiter

Die englische Literatur war konservativ, wie wir schon gesehen haben. Selbst Shakespeares Dramen bewahren noch mehr vom Geist des Mittelalters, als die Sprache seiner großen Monologe vermuten läßt. Die mittelalterliche Idee der höfischen Liebe ist in »Troilus und Cressida« bewahrt. Titania, Oberon und Puck sind keine Renaissancegestalten. Wenn auch Söldnerheere den Platz der Ritterheere eingenommen hatten, so blieben doch nach wie vor die ritterlichen Tugenden bestimmend bei der Erziehung der Knaben aus vornehmen Familien. Holinsheds Berichte über die Turniere zur Zeit Heinrichs VIII. sind ganz und gar mittelalterlich. Ritterorden wurden weiterhin mit allem mittelalterlichen Pomp gegründet, wenn auch der Geist nicht mehr der des Mittelalters war. In den Colleges von Oxford und in den französischen Benediktinerabteien wurde bis ins 17. Jahrhundert hinein im gotischen Stil gebaut. Und zumindest in England sind das Zeremoniell bei offiziellen Anlässen und die historischen Festzüge noch heute mittelalterlich. Immer noch lebt das Mittelalter in Kultur und Zivilisation unserer eigenen Zeit weiter, auch wenn es auf den ersten Blick nicht erkennbar wird.

In seinem »Großen Testament« schrieb François Villon, der zweimal zum Tode verurteilt war und von dessen Ende man nichts weiß:

»Ihr Menschenbrüder, die ihr nach uns lebt,
Verhärtet euer Herz nicht gegen unsere Pein.
Denn wenn erbarmend ihr den Blick zu uns erhebt,
Wird Gott euch desto eher gnädig sein.«

Bibliographie

Adhémar, J., Influences antiques dans l'art du moyen âge français (London, 1939)
Anthony, E. W., Romanesque Frescoes (Princeton, 1951)
Aubert, M., French Sculpture at the beginning of the Gothic Period, 1140–1225 (Florenz & Paris, 1929)
L'Architecture cistercienne en France (2 Bde.; Paris, 1943)
La Sculpture française au moyen âge (Paris, 1947)
Aubert, M., Schmoll, J. A., und Hofstätter, H. H., Le gothique à son apogée (Paris, 1964)

Beckwith, J., Early Mediaeval Art (London, 1964)
Benesch, O., Art of the Renaissance in Northern Europe (Cambridge, Mass., 1945)
Boase, T. S. R., English Art, 1100–1216 (Oxford, 1953)
Braun, H. S., The English Castle (London, 1936)
Brehier, L., Le style roman (Paris, 1941)
Brieger, P. H., English Art 1216–1307 (Oxford, 1957)
Brown, R. A., English Medieval Castles (London, 1954; dchges. Aufl. English Castles, London, 1962)
Brunet, A., Paré, G., und Tremblay, P., La Renaissance du XIIe siècle (Paris u. Ottawa, 1933)

Cagnat, R., La Château Espagnol du Moyen Age (Madrid, 1949)
Carus-Wilson, E. M., Medieval Merchant Venturers (London, 1954)
Chenu, M. D., Introduction à l'étude de Saint Thomas d'Aquin (Montreal u. Paris, 1950)
Clapham, A. W., Romanesque Architecture in Western Europe (Oxford, 1936)
Clapham, J. H., Power, E. E., und Postan, M. M. E., The Cambridge Economic History of Europe, Bd. I–III (Cambridge, 1941–63)
Clark, J. M., The Dance of Death in the Middle Ages and the Renaissance (Glasgow, 1950)
Clasen, K. H., Die mittelalterliche Kunst im Gebiete des Deutschordensstaates Preußen. Bd. I, Die Burgbauten (Königsberg, 1928)
Colombier, P. du, Les Chantiers des Cathédrales (Paris, 1953)
Colvin, H. M., Brown, R. A., und Taylor, A. J., The History of the King's Works, Part I, The Middle Ages (2 Bde.; London, 1963)
Conant, K. J., Carolingian and Romanesque Architecture 800 to 1200 (Harmondsworth, 1959)
Cook, G. H., Medieval Chantries and Chantry Chapels (London, 1963)
Coulton, G. G., Five Centuries of Religion, 4 Bde. (Cambridge, 1923–50)
Courajod, L. C. J., Leçons professées à l'Ecole du Louvre 1887–1896, 3 Bde. (Paris, 1899–1903)
Crossley, F. H., English Church Monuments, A. D. 1150–1550 (London, 1921)
Curtius, E. R., Europäische Literatur und Lateinisches Mittelalter (Bern, ^{2}1954)

Decker, H., L'Italie gothique (Paris, 1964)
Dehaisnes, C. C. A., Documents et extraits divers concernant l'histoire de l'art dans la Flandre, l'Artois et le Hainaut avant le XVe siècle (Lille, 1886)
Histoire de l'art dans la Flandre, l'Artois et le Hainaut avant le XVe siècle (Lille, 1886)
Denholm-Young, N., History and Heraldry, 1254 to 1310 (Oxford, 1965)
Denifle, H. S., La Désolation des églises, monastères et hôpitaux en France pendant la guerre de cent ans. 2 Bde. (Paris, 1897/99)
Deschamps, P., French Sculpture of the Romanesque Period, Eleventh and Twelfth Centuries (Florence–Paris, 1930)
Destrez, J. A., La Pecia dans les manuscrits universitaires du XIIIe et du XIVe siècle (Paris, 1935)

Eschapasse, M., L'architecture bénédictine en Europe (Paris, 1963)
Evans, Joan, Life in Medieval France (London, 1925; dchges. Aufl., 1957)
Monastic Life at Cluny, 910–1157 (London, 1931)
Art in Mediaeval France 987–1498 (London–New York, 1948)
The Romanesque Architecture of the Order of Cluny (Cambridge, 1938)
English Art 1307–1461 (Oxford, 1949)
Cluniac Art of the Romanesque Period (Cambridge, 1950)

Fagniez, G., Documents relatifs à l'histoire de l'industrie et du commerce en France (Paris, 1898)
Fedden, R., Crusader Castles (London, 1957)
Focillon, H., Art d'occident: le moyen âge roman et Gothique (Paris, 1938)
Fossa, F., Le Château Historique de Vincennes à travers les âges (Paris, 1908)
Frank, P., Gothic Architecture (Harmondsworth, 1962)
Friedländer, M. J., Die frühen niederländischen Maler von van Eyck bis Bruegel (Köln, o. J.)

Gardner, A., Medieval Sculpture in France (Cambridge, 1931)
Gay, V., Glossaire archéologique du Moyen Age et de la Renaissance, 2 Bde. (Paris, 1882–1928)
Gaye, G., Carteggio Inedito, etc. Bd. II f. d. 1355 Statuten der sienesischen Maler (Florenz, 1840)
Gilson, E. H., History of christian philosophy in the Middle Ages (London, 1955)
Gimpel, J., The Cathedral Builders (London–New York, 1961)
Godefroy, T., Le Cérémonial français, 2 Bde. (Paris, 1649)
Grimschitz, B., Hanns Puchspaum (Wien, 1947)
Grundmann, H., Vom Ursprung der Universität im Mittelalter (Berlin, 1957)

Hahn, H., Die frühe Kirchenbaukunst der Zisterzienser (Berlin, 1957)
Hahnloser, H. R., Villard de Honnecourt (Wien, 1935)
Harvey, A., The Castles and Walled Towns of England (London, 1925)
Harvey, J. G., Henry Yevele, c. 1320 to 1400. The life of an English architect, 2. Aufl. (London, 1946)
Gothic England. A survey of national culture, 1300–1550, 2. Aufl. (London, 1948)
The Gothic World, 1100–1600. A survey of architecture and art (London, 1950)
The Cathedrals of Spain (London, 1957)
English Cathedrals, dchges. Paperbackausgb. (London, 1961)
Haseloff, A., Die Bauten der Hohenstaufen in Unteritalien (Leipzig, 1920)
Haskins, C. H., The Normans in European History (Harvard, 1915)
The Renaissance of the Twelfth Century (Cambridge, Mass., 1927)
Studies in the History of Mediaeval Science, 2. Aufl. (Cambridge, Mass., 1927)
Heer, F., Aufgang Europas. Eine Studie z. d. Zusammenhängen zwischen politischer Religiosität, Frömmigkeitsstil u. d. Werden Europas im 12. Jahrhundert (Wien, o. J.)
Hempel, E., Geschichte der deutschen Baukunst (München, 1949)
Heyd, W. von, Histoire du commerce du Levant au moyen-âge (Leipzig, 1885–86)
Holt, E., A Documentary History of Art, Bd. I (New York, 1957)
Huizinga, J., Herbst des Mittelalters, deutsch v. Mönckeberg (^{2}1928)

d'Irsay, S., Histoires des universités françaises et étrangères des origines à nos jours, 2 Bde. (Paris, 1933–5)
Jeuneau, E., La philosophie médiévale (Paris, 1963)
Jope, E. M. (Hsgb.), Studies in Building History (London, 1961)

Kingsford, C. L., The Stonor Letters and Papers, 1290–1483 (London, 1919)
Knowles, D., The Religious Orders in England, 3 Bde. (Cambridge, 1948–59)
The Monastic Order in England, 2 Aufl. (Cambridge, 1963)
The Historian and Character and other essays, hsg. v. C. N. L. Brooke und G. Constable (Cambridge, 1963)
Koechlin, R., Les Ivoires gothiques français, 2 Bde. (Paris, 1924)
Krautheimer, R., Die Kirchen der Bettelorden in Deutschland (Köln, 1925)

Laborde, L. de, Les Ducs de Bourgogne, Etudes sur les lettres, les arts et l'industrie pendant le XVe siècle, 3 Bde. (Paris, 1849–52)
Lambert, E., L'Architecture des Templiers (Paris, 1955)
Lasteyrie du Saillant, R. de, L'Architecture religieuse en France à l'époque gothique, hsg. v. M. Aubert, 2 Bde. (Paris, 1926)
L'Architecture religieuse en France à l'époque romane, 2. Aufl. (Paris, 1929)
Leber, J., Salgues, J. B., u. Cohen, J., Collection des meilleurs dissentations, notices et traités particuliers relatifs à l'histoire de France, Bd. 19, S. 451, für die 1391 Statuten der Pariser Bildhauer und Maler (Paris, 1826–38)
Lemaître, H., Châteaux en France (Paris, 1948)
Leroux de Lincy, A., und Tisserand, L. M., Paris et ses historiens aux XIVe et XVe siècles für Jean de Jandun, Tractatus de Laudibus Parisiis, 1323 (Paris, 1867)
Lethaby, W. R., Mediaeval Art from the peace of the Church to the eve of the Renaissance 312–1350 (London u. New York, 1904; dchg. Aufl. D. Talbot Rice, London, 1949)
Westminster Abbey and the Kings' Craftsmen (London, 1906)
Westminster Abbey Re-examined (London, 1925)
Lewis, C. S., The Discarded Image. An introduction to medieval and renaissance literature (Cambridge, 1964)
Lipson, E., The Economic History of England, Bd. I The Middle Ages, 12. Aufl. (London, 1959)
Longhi, L. F. de, L'Architettura delle chiese cisterciensi italiane (Mailand, 1958)

Mâle, E., L'Art religieux de la fin du moyen âge en France, 2. Aufl. (Paris, 1922)
L'Art religieux du XIIIe siècle en France, 6. Aufl. (Paris, 1925)
L'Art religieux du XIIe siècle en France, 3. Aufl. (Paris, 1938)
Matt, L. von, und Hauser, W., Franz von Assisi (Würzburg o. J.)
Moes, E. W., und Sluyterman, K., Nederlandsche Kasteelen en hun historie Bd. I–III (Amsterdan, 1911 bis 1915)
Morted, V., Recueil de textes relatifs à l'histoire de l'architecture et à la condition des architectes en France, au moyen âge, XIe–XIIe siècles, 2 Bde. (Paris, 1911–29)
Musper, H. T., Der Holzschnitt in fünf Jahrhunderten (Stuttgart, 1964)

Nispen tot Sevenaer, E. O. M. van, Nederlandsche Kasteelen (Amsterdam, 1946–49)

O'Neil, B. H. St. J., Castles (London, 1953)
Oursel, C., La Miniature du XIIe siècle à l'abbaye de Cîteaux (Dijon, 1926)
L'Art roman de Bourgogne (Dijon u. Boston, 1928)
Owst, G. R., Literature and Pulpit in Medieval England, 2. Aufl. (Oxford, 1961)

Painter, S., Mediaeval Society (Ithaca, 1951)
Parker, J. H., und Turner, T. H., Some account of the Domestic Architecture in England from the Conquest to the end of the thirteenth century (Oxford, 1851 f.)
Pegolotti, F. B., La Praticy della Mercatura, hsg. v. A. Evans (Cambridge, Mass., 1936)
Pirenne, H., Les Villes du moyen âge (Brüssel, 1927)
Porter, A. K., Medieval Architecture: its origins and development, 2 Bde. (New York u. London, 1909)
Romanesque Sculpture of the Pilgrimage Roads, 10 Bde. (Boston, 1923)
Piug i Cadafalch, J., La Géographie et les origines du premier art roman (Paris, 1935)

Rashdall, H., The Universities of Europe in the Middle Ages. Neu hsg. v. F. M. Powicke und A. B. Emden, 3 Bde. (Oxford, 1936)
Renouard, Y., Les Hommes d'affaires italiens du moyen âge (Paris, 1949)
Rickert, M., Painting in Britain: the Middle Ages (Harmondsworth, 1954)
Ring, G., A century of French painting 1400–1500 (London, 1949)
Romanini, A. M., L'architettura gotica in Lombardia (Mailand, 1964)
Rosenfeld, H., Der mittelalterliche Totentanz (Münster und Köln, 1954)
Runciman, J. C. S., A History of the Crusades, 3 Bde. (Cambridge, 1951–4)

Sackur, E., Die Cluniacenser, 2 Bde. (Halle, 1892–4)
Salmi, M., Italian miniatures (London, 1957)
Salzman, L. F., Building in England down to 1540 (Oxford, 1952)
Sapori, A., Le Marchand italien au moyen âge (Paris, 1952)
Schmitz, Dom P., Histoire de l'Ordre de Saint Benôit, 7 Bde. (Gembloux, 1942–56)
Schultz, A., Das höfische Leben zur Zeit der Minnesinger, 2. Aufl., 2 Bde. (Leipzig, 1889)
Smalley, B., The study of the Bible in the Middle Ages, 2. Aufl. (Oxford, 1952)
Smith, A. L., Church and State in the Middle Ages, (Oxford, 1913)
Southern, R. W., The Making of the Middle Ages (London, 1953)
Stein, H., Les Architectes des Cathédrales gothiques (Paris, 1909)
Stone, L., Sculpture in Britain: the Middle Ages (Harmondsworth, 1955)
Street, G. E., Some Account of Gothic Architecture in Spain, 2. Aufl. (London, 1869)

Tierney, B., Medieval Poor Law (Berkeley u. Los Angeles, 1959)
Tuulse, A., Verzeichnis österreichischer Burgen und Schlösser (Wien, 1955)
Burgen des Abendlandes (Wien, 1950)

Ullmann, W., The Growth of Papal Government in the Middle Ages (London, 1955)

Vasari, G., Le Vite de' più eccellenti Architetti, Pittori, et Scultori Italiani da Cimabue insino a tempi nostri hsg. v. A. Venturi (Florenz, 1896)
Künstler der Renaissance, hsg. v. F. Schillmann (Wiesbaden, 1959)
Viollet-le-Duc, E. E., Dictionnaire raisonné de l'Architecture Française du XIe au XVe siècle, 10 Bde. (Paris, 1854–69)
Vitry, P., Michel Colombe et la sculpture française de son temps (Paris, 1901)

Webb, G. F., Architecture in Britain: the Middle Ages (Harmondsworth, 1956)
Weisheipl, J. A., The Development of Physical Theory in the Middle Ages (London u. New York, 1959)
Wirth, Z., und Benda, J., Burgen und Schlösser: Böhmen und Mähren (Prag, 1955)
Wulf, M. de, Histoire de la philosophie médiévale, 6. Aufl. Band I, S. 64–80, Bd. II, S. 25–28 Abschnitte v. A. Pelzer (Louvain, 1934–36)

Young, K., The drama of the Medieval Church, 2 Bde. (Oxford, 1933)

Bildnachweis

In der folgenden Aufstellung bezeichnen die Ziffern links außen die Seite, die Ziffern zu Beginn des Textes die Nummern der Abbildungen. Der Verleger ist zahlreichen Persönlichkeiten und Institutionen (in *kursiv* genannt) für die Überlassung von Bildmaterial zu Dank verpflichtet.

Folgende Abkürzungen werden für die Illustratoren und Photographen verwendet:

RCD R. C. Donovan; WAD W. A. Dodd; IMK Ian Mackenzie Kerr; RdeS Rosalind de Senneville; JS John Stengelhofen; MW Martin Weaver; JDW John D. Wilsher; JW John Woodcock.

1 Einleitung

13 1 Fresko von Giotto in der Oberkirche von S. Francesco, der Traum Innozenz' III.; Ende des 13. Jahrhunderts. Photo *Scala*

13 2 Detail einer Miniatur aus Jean de Vignays Übersetzung des ›Miroir Historial‹ von Vincent de Beauvais, kranke Bettler (vergrößert); französisch, 14. Jahrhundert. MS 5080, fol. 373r. Bibliothèque de l'Arsenal, Paris. Photo *Giraudon*

13 3 Randzeichnungen in einem Pontifikale, aussätzige Bettlerin; englisch, 14. Jahrhundert. MS Lansdowne 451, fol. 123r. *Trustees of the British Museum, London*

14 4 Miniatur aus einem Zyklus ›Leben der Heiligen‹, St. Martin und der Bettler; um 1280. MS 370, fol. 5v. *Wiedergegeben mit frdl. Genehmigung der Syndics of the Fitzwilliam Museum, Cambridge*

14 5 Randzeichnung aus der ›Topographia Hibernica‹ des Giraldus Cambrensis, ein Krüppel; englisch, Mitte des 13. Jahrhunderts. MS Roy. 13. B. VIII, fol. 30v. Britisches Museum, London

14 6 Miniatur aus den ›Grandes Heures du Duc de Berry‹, St. Peter geleitet den Herzog in den Himmel; französisch, 1409. MS lat. 919, fol. 96r. *Bibliothèque Nationale, Paris*

15 7 Saint-Parize-le-Châtel, Nièvre: Detail von einem Kapitell in der Krypta, Avaritia, der Geiz; 11. Jahrhundert. Photo *Auguste Allemand*

15 8 Ausschnitt aus dem Fresko ›Die Madonna des heiligen Franziskus‹ von Cimabue, Kopf des heiligen Franziskus; spätes 13. Jahrhundert, später überarbeitet. Unterkirche von S. Francesco, Assisi. Photo *Marzari*

16 9 Assisi: Außenansicht der Kirche S. Damiano von Westen; frühes 13. Jahrhundert. Photo *Mansell-Alingri*

16 10 Fresko von Giotto in der Oberkirche von S. Francesco, Assisi, ›Die heilige Klara betrauert den heiligen Franziskus‹; Ende des 13. Jahrhunderts. Photo *Marzari*

16 11 Moissac, Tarn-et-Garonne: Relief am linken Türpfosten der Vorhalle von Saint-Pierre, Lazarus und der reiche Mann; um 1125–30. Photo *Archives Photographiques*

18 12 Saint-Denis bei Paris: Detail eines farbigen Glasfensters in der Abtei, Abt Suger zu Füßen der Jungfrau; Mitte des 12. Jahrhunderts, neu gefaßt im 14. Jahrhundert. Fenster mit dem Leben der Heiligen Jungfrau. Photo *Jean Roubier*

18 13 Abendmahlskelch aus Sardonyx, mit Gold belegt, für Abt Suger angefertigt; aus Saint-Denis, um 1140. *National Gallery of Art, Washington D. C. Widener Collection*

19 14 Römische Porphyrvase mit Goldfassung in Gestalt eines Adlers, für Abt Suger angefertigt; aus Saint-Denis, Goldfassung um 1140. Louvre, Paris. Photo *Connaissance des Arts*

20 15 Ausschnitt aus einer Diptychontafel, ›Die Messe des heiligen Eligius‹; flämisch, vom Meister des heiligen Eligius, um 1495. Mit frdl. Genehmigung der Trustees of the National Gallery, London. Photo *John Webb*

21 16 Miniatur aus der Manessischen Handschrift, Heinrich VI.; Zürich, 14. Jahrhundert. Fol. 6r. *Universitätsbibliothek Heidelberg*

21 17 Miniaturen aus der Chronik des John von Worcester, der Alptraum Heinrichs I. (vergrößert); englisch, Mitte des 12. Jahrhunderts. MS 157, pp. 382 (oben und Mitte) und 383 (unten). *Mit frdl. Genehmigung von Master and Fellows of Corpus Christi College, Oxford*

22 18 Ausschnitt aus der Allegorie des Dominikanerordens, Fresko von Andrea di Buonaiuto (da Firenze); 1355. Spanische Kapelle, S. Maria Novella, Florenz. Photo *Scala*

23 19 Detail einer Miniatur aus den Dekretalen Bonifaz' VIII., der Papst mit dem Heiligen Kollegium; italienisch, 14. Jahrhundert. MS Add. 23923, fol. 2r. *Trustees of the British Museum, London*

23 20 Miniatur aus der ›Cronaca Villani‹, Wahl Papst Johannes' XXII.; italienisch, zweite Hälfte des 14. Jahrhunderts. MS Chigi L. VIII, 296, fol. 214v. *Biblioteca Apostolica Vaticana*

23 21 Miniatur aus der ›Cronaca Villani‹, Krönung Papst Clemens' VI. in Gegenwart der Könige Philipp von Frankreich, Karl von Valois und der Barone; italienisch, zweite Hälfte des 14. Jahrhunderts. MS Chigi L. VIII. 296, fol. 186v. *Biblioteca Apostolica Vaticana*

24 22 Detail einer Miniatur aus ›La estoire de Seint Aedward le rei‹, Krönung Edwards des Bekenners; englisch, Mitte des 13. Jahrhunderts, MS Ee. 3. 59, fol. 9r. *Universitätsbibliothek, Cambridge*

24 23 Krönungsstuhl, für Edward I. gearbeitet, mit dem Stein von Scone; 1300. Westminster-Abtei, London. Photo *Archiv Thames and Hudson*

25 24 Miniatur aus einer Krönungsordo, die Krönungszeremonie (vergrößert); französisch (?), frühes 14. Jahrhundert. MS 20, fol. 68r. *Mit frdl. Genehmigung von Master and Fellows of Corpus Christi College, Cambridge*

26 25 Ausschnitt aus dem ›Guten Regiment‹, Fresko von Ambrogio Lorenzetti, Personifikationen von Siena und den Tugenden; 1337 bis 1339. Palazzo Publico, Siena. Photo *Scala*

27 26 Miniatur aus dem Breviarum Sacrum, Tag der heiligen Reliquien (vergrößert); französisch, 1424–35. MS lat. 17294, fol. 497r. *Bibliothèque Nationale, Paris*

28 27 Silos, Burgos: Relief im Kreuzgang von S. Domingo, Christus auf der Straße nach Emmaus, als Compostelapilger gekleidet; spätes 11. Jahrhundert. Photo *G. Zarnecki*

28 28 Farbig gefaßte Steinstatue des heiligen Jakob von Compostela als Pilger; aus Semur-en-Auxois, Côte-d'Or, spätes 15. Jahrhundert. Louvre, Paris. Photo *Archiv Thames and Hudson*

29 29 Santiago de Compostela: Westteil des Kirchenschiffs; frühes 12. Jahrhundert. Photo *Mas*

29 30 Santiago de Compostela: Tympanon der Kathedrale, Santiago als ›Verderber der Mohren‹; zweite Hälfte des 12. Jahrhunderts, später restauriert. Photo *Mas*

29 31 Estella, Navarra: Kapitell im Palast der Herzöge von Granada, der legendäre Kampf zwischen Roland und dem maurischen Riesen Ferragut; zweite Hälfte des 12. Jahrhunderts. Photo *Mas*

30 32 Miniatur aus der *Descriptio Terrae Sanctae* des Burchardus Teutonicus, die Erstürmung Jerusalems; italienisch, spätes 13. Jahrhundert. MS 74, fol. 13v. *Biblioteca del Seminario, Padua*

30 33 Miniatur aus den ›Chroniques de France ou de Saint-Denis‹, Ludwig der Heilige bricht zum siebenten Kreuzzug auf (vergrößert); französisch, frühes 14. Jahrhundert, MS Roy. 16. G. VI, fol. 404v. *Trustees of the British Museum, London*

31 34 Fresko von Giotto in der Bardi-Kapelle von S. Croce, Florenz, ›Der heilige Franziskus vor dem Sultan‹; 1317–23. Photo *Scala*

32 35 Randzeichnungen aus dem Taymouth-Stundenbuch, der heilige Franziskus schneidet sein Habit zu; englisch, um 1325. MS Yates Thompson 13, fol. 180v. Britisches Museum, London

2 Die Welt der Klöster

33 1 Miniatur aus dem Psalter Heinrichs VI., Mönche im Chor (vergrößert); französisch, um 1430. MS Cotton Dom. A. XVI, fol. 122v. *Trustees of the British Museum, London*

35 2 Seite aus dem ›Leben des heiligen Benedikt‹ Gregors des Großen, Szenen aus dem Leben und der Legende Benedikts von Nursia (vergrößert); italienisch (Monte Cassino), 11. Jahrhundert. Cod. Vat. lat. 1202, fol. 80 r. *Biblioteca Apostolica Vaticana*

36 3 Florenz: Innenansicht einer Zelle im Dominikanerkloster San Marco, Fresko, Verklärung Christi von Fra Angelico; um 1437–45. Photo *Scala*

36–37 4–7 Medaillons auf dem Rand einer Seite eines Stundenbuchs, Karmeliter-, Franziskaner-, Dominikaner- und Benediktinermönche; französisch, um 1470. MS lat. 1176, fol. 132 r. Bibliothèque Nationale, Paris. Nach *The Horizon History of Christianity*

37 8 Medaillon aus einer ›Bible moralisée‹, Parallele zu Markus 9. 19ff. (Christus treibt einen Teufel aus), ein Jüngling tritt ins Kloster ein und treibt den Teufel der Weltlust aus; französisch, spätes 13. Jahrhundert. MS Harl. 1527, fol. 33 r. *Trustees of the British Museum, London*

37 9 Thornton, Lincolnshire: Torhaus der Augustinerabtei, Hofseite; spätes 14. Jahrhundert. Photo *National Monuments Record*

37 10 Moissac, Tarn-et-Garonne: Steinplastik, Abt Durandus, im Kreuzgang von Saint-Pièrre (cluniazensisch); um 1100. Photo *Archives Photographiques*

37 11 Bristol: Innenansicht des Kapitelhauses der Kathedrale (Augustiner-Chorherren); Mitte des 12. Jahrhunderts. Photo *National Monuments Record*

38 12 Fontevrault, Maine-et-Loire: Klosterkirche (Orden von Fontevrault); 12. Jahrhundert. Photo *Archives Photographiques*

38 13 Royaumont, Seine-et-Oise: Innenansicht des Refektoriums der Zisterzienserabtei; um 1250. Photo *Archives Photographiques*

38 14 Randzeichnung aus den ›Smithfield Decretals‹, einer Kopie mit Glossar der Dekretalien Gregors IX.; Kleriker und Frau im Stock; englisch (für die Augustiner-Chorherren von St. Bartholomews, Smithfield in London?), frühes 14. Jahrhundert. MS Roy. 10. E. IV, fol. 187r. *Trustees of the British Museum, London*

38 15 Detail einer eine Seite füllenden Zeichnung, der heilige Benedikt überreicht seine Regel einer Gruppe von Mönchen; italienisch, 12. Jahrhundert. Cod. VIII. C. 4. Biblioteca Nazionale, Neapel, RdeS

39 16 Miniatur aus dem ›Chronicon Cluniazense‹ von Saint-Martin-des-Champs in Paris, Einweihung von Cluny III; 12. Jahrhundert. MS lat. 17716, fol. 91r. *Bibliothèque Nationale, Paris*

40 17 Kapitell aus der Abtei Cluny. Saône-et-Loire, der dritte ›Ton‹ der Gregorianischen Kirchenmusik; um 1095. Musée Ochier, Cluny. Photo *Véronèse*

40 18 Kapitell aus der Abtei Cluny, Saône-et-Loire, der erste ›Ton‹ der Gregorianischen Kirchenmusik; um 1095. Musée Ochier, Cluny. Photo *Véronèse*

40 19 Saint-Benoît-sur-Loire (Fleury), Loiret: Chor der Kirche der Benediktinerabtei, vom Chorumgang aus; Ende des 11. Jahrhunderts. Photo *Archives Photographiques*

41 20 Paray-le-Monial, Saône-et-Loire: Innenansicht der Kirche der Cluniazenserabtei, nach Osten; erste Hälfte des 12. Jahrhunderts. Photo *Jean Roubier*

41 21 Zeichnung aus der ›Guthlac Roll‹, der heilige Guthlac empfängt die Tonsur in Repton Abbey; englisch, Ende des 12. Jahrhunderts. Harley Roll Y. 6. Britisches Museum, London. RdeS

42 22 Silos, Burgos: Kapitell aus dem Kreuzgang von San Domingo (Benediktinerkloster), Harpyien; spätes 11. Jahrhundert. Photo *YAN* 14. Payerne, Schweiz: Kapitell in der cluniazensischen Klosterkirche, St. Peter und Christus; um 1080. Photo *G. Zarnecki*

42–43 23 Saint-Génis-des-Fontaines, östliche Pyrenäen: Türsturz mit Reliefs, Kirche der Benediktinerabtei; 1020–21. Photo *Mas*

44 24 Cluny, Saône-et-Loire: Grundriß von Cluny III, Saint-Pierre, mit den Klostergebäuden von 1157. *Nach Conant*

44 25 Canterbury: Kapitell aus der Krypta der Kathedrale (benediktinisch), Löwe; um 1120. Photo *G. Zarnecki*

45 26 Plan des Benediktinerklosters Christ Church, Canterbury, hergestellt für die Anlage einer neuen

3 Die Kunst des Steinmetzen

83 48 Ely: Detail eines Jochs im Chor der Kathedrale. JOHN HARVEY

83 49 Ely: Wanddetail in der Lady Chapel der Kathedrale. JOHN HARVEY

83 50 London: Maßwerk im Kreuzgang der alten St.-Pauls-Kathedrale. JOHN HARVEY nach archäologischen Funden und einem Stich von Wenceslas Hollar

83 51 Wells, Somerset: Ostfenster der Kathedrale. JOHN HARVEY

83 52 Gloucester: Fenster im südlichen Querschiff der Kathedrale. MW

83 53 Gloucester: Ostfenster der Kathedrale. MW

84 54 Schwäbisch-Hall: Netzgewölbe in St. Michael; zweite Hälfte des 15. Jahrhunderts. Photo *Eugen Kusch*

84 55 Gloucester: Fächergewölbe im Kreuzgang der Kathedrale; um 1370. Photo *Edwin Smith*

84 56 Prag: Triforium und Lichtgaden des Veits-Doms; von Peter Parler, spätes 14. Jahrhundert. Photo *Helga Schmidt-Glassner*

84 57 Bristol: Schnitt durch den Chor der Kathedrale, zur Rechten die Berkeley-Kapelle. MW

85 58 Barcelona: Innenansicht des Tinell im Königspalast; von Guillem Carbonell, 1359–70. Photo *Mas*

86 59 Ely: Innenansicht des hölzernen Oktagons über der Vierung der Kathedrale; von William Hurley, 1328–40. Photo *A. F. Kersting*

86 60 Batalha, Portugal: Spitzbogenfenster im Königskreuzgang der Abtei; begonnen 1387, Maßwerk um 1500–10. Photo *Courtauld Institute of Art, Universität London*

87 61 Albi, Tarn: Außenansicht der Kathedrale, von Süden; 1282 bis 1390. Photo *A. F. Kersting*

87 62 Sevilla: Außenansicht der Kathedrale, von Süden: 1401 bis 1575 und später. Photo *A. F. Kersting*

88 63 Gent: Außenansicht der Kathedrale Saint-Bavon; 1274–1533. Photo *Scala*

89 64 Miniatur aus den ›Très riches heures du Duc de Berry‹, Weihnachtsmesse (vergrößert); von Jean Colombe, 1488–90. MS 65, fol. 158r. Musée Condé, Chantilly. Photo *Giraudon*

90 65 Brügge: Fassade des Rathauses; begonnen 1376. Photo *Feature-Pix*

90 66 Prag: Innenansicht der Vladislav-Halle im Hradschin; von Benedikt Ried, 1493, nach Einsturz 1502–3 wieder aufgebaut. Photo *Helga Schmidt-Glassner*

91 67 Braunschweig: Chor des nördlichen Seitenschiffs; um 1469. Photo *Marburg*

90 68 Beauvais, Cise: Kathedrale, Fassade des südlichen Querschiffs; von Martin Chambiges, 1499 bis 1549. Photo *Jeiter*

90 69 Canterbury: ›Bell Harry‹, Vierungsturm der Kathedrale; von John Wastell, 1493–1505. Photo *Martin Hürlimann*

91 70 Canterbury: Mittelschiff der Kathedrale, vom nördlichen Seitenschiff aus; von Henry Yevele, begonnen 1379. Photo *National Monuments Record*

91 71 London: Gewölbe mit Abhänglingen in der Kapelle Heinrichs VII., Westminster-Abtei; von Robert und William Vertue, 1503–19. Photo *Edwin Smith*

4 Könige und Burgen

93 1 Miniatur aus der ›Chronique d'Angleterre‹ des Jean de Wavrin, der König von Portugal und Johann von Gaunt beim Mahl; flämisch, spätes 15. Jahrhundert. MS Roy. 14. E. IV, fol. 224v. *Trustees of the British Museum, London*

94 2 Vergoldeter Kupferbecher, Deckel Miniaturstadt; deutsch, um 1500. *Viktoria-und-Albert-Museum, London. Crown copyright reserved*

95 3 Chepstow, Monmouthshire: Luftbild der Burg; Anfänge im 11. Jahrhundert. Photo *Aerofilms*

96 4 Bemalter Prunkschild, flämisch, 15. Jahrhundert. *Trustees of the British Museum, London*

96 5 Miniatur aus einem ›chanson de geste‹ des Guillaume-d'Orange-Zyklus, Vivien und zwei Gefährten werden in den Ritterstand erhoben; französisch, frühes 14. Jahrhundert. MS Roy. 20. D. XI, fol. 134v. *Trustees of the British Museum, London*

96 6 Initiale aus einer lateinischen Bibel, einem Ritter wird sein Schwert vom König verliehen; frühes 14. Jahrhundert. MS A. II. 3, fol. 225v. *Mit frdl. Genehmigung von Dekan und Kapitel der Kathedrale Durham*

97 7 Miniatur aus dem Luttrell-Psalter, Sir Geoffrey Luttrell mit Gattin und Schwiegertochter; englisch, um 1335–40. MS Add. 42130, fol. 202v. *Trustees of the British Museum, London*

98 8 Ausschnitt aus einer Miniatur in den ›Chroniques‹ des Jean Froissart, die Tjoste von Saint-Ingilbert; französisch, spätes 15. Jahrhundert. MS Harl. 4379, fol. 23v. *Trustees of the British Museum, London*

98 9 Zwei Tjostszenen, Angriff und Aus-dem-Sattel-Heben des Gegners. JDW nach einer Handschrift in der Bibliothèque Nationale, Paris

98 10 Zwei Zweikampfszenen: Angriff, der Unterlegene übergibt sein Schwert. JDW nach einer Handschrift in der Bibliothèque Nationale, Paris

99 11 Miniatur aus einer Bittschrift der Stadt Prato an Robert von Anjou, Ritter aus Prato zu Pferd; italienisch, um 1335–40. MS Roy. 6. E. IX, fol. 24r. *Trustees of the British Museum, London*

101 12 Kolorierte Zeichnung von Renè von Anjou aus seiner ›Traittié de la forme et devis comme on fait les tournois‹, das Zurschaustellen der Helme vor dem Turnier; französisch, 1460–65. MS fr. 2695, fols. 67v–68r. Handschrift nicht aus Pergament, sondern aus Papier. *Bibliothèque Nationale, Paris*

101 13 Miniatur aus der ›Traittié de la forme et devis comme on fait les tournois‹, Getümmel bei der Eröffnung des Turniers; französisch, um 1460–65. MS fr. 2692, fols. 67v–68r. *Bibliothèque Nationale, Paris*

102 14 Arles, Bouches-du-Rhône: die römische Arena mit Häusern bebaut, Aussehen vor der Restaurierung im frühen 19. Jahrhundert. IMK nach einem alten Stich

102 15 Nunney, Somerset: Luftbild der Burg; 1373. Photo *Aerofilms*

102 16 Goslar: Rekonstruktion der Kaiserpfalz. Anfänge Mitte des 12. Jahrhunderts, Abbildung Zeit um 1230. IMK nach Hoelscher, ›Die Kaiserpfalz Goslar‹

103 17 Castel del Monte, Apulien: Außenansicht der Burg; 1240. Photo *Prof. Carl A. Willemsen*

103 18 Gent: Burg der Grafen von Flandern; spätes 12. Jahrhundert. Photo *mit frdl. Genehmigung des Belgian State Tourist Office, London*

104 19 Goodrich, Herefordshire: schematische Darstellung des Schlosses, Zustand im 14. Jahrhundert. C. P. A. FAULKNER, RIBA

104 20 Warkworth, Northumberland: Luftbild der Burg; um 1400. Photo *Aerofilms*

105 21 Miniatur aus der ›Histoire du Roy d'Angleterre Richard II‹, Ankunft des Grafen von Salisbury in Conway; französisch, frühes 15. Jahrhundert. MS Harl. 1319, fol. 14v. *Trustees of the British Museum, London*

105 22 Miniatur aus Jean de Wavrins ›Chronique d'Angleterre‹, Belagerung der Burg Mortagne (vergrößert); flämisch, spätes 15. Jahrhundert. MS Roy. 14. E. IV, fol. 23r. *Trustees of the British Museum, London*

106 23 Marksburg, Rheinland: Rekonstruktion der Burg, erste Anfänge im 11. Jahrhundert. JMK nach Ebhardt, ›Deutsche Burgen‹

106 24 Caerlaverock, Lanarkshire: Luftbild der Burg; spätes 13. Jahrhundert. Photo *Aerofilms*

106 25 Ausschnitt aus einem Fresko des Simone Martini, ›Guidoriccio da Fogliano‹, italienische Hügelfestung; um das Jahr 1328. Palazzo Pubblico, Siena. Photo *Scala*

107 26 Ausschnitt aus einer Kalenderminiatur in den ›Très riches heures du Duc de Berry‹, das Schloß Poitiers (Juli); von den Brüdern von Limburg, 1413–16. MS 65, fol. 7v. Musée Condé, Chantilly. Photo *Giraudon*

107 27 Ausschnitt aus einer Kalenderminiatur in den ›Très riches heures du Duc de Berry, das Schloß Vincennes (Dezember); von den Brüdern von Limburg, 1413 bis 1416. MS 65, fol. 12v. Musée Condé, Chantilly. Photo *Giraudon*

108 28 Paris: Innenansicht der Oberkapelle von Saint-Chapelle, nach Osten; 1243–49. Photo *Giraudon*

108 29 Paris: Innenansicht der Unterkapelle der Sainte-Chapelle, nach Osten; 1243–49. Photo *Giraudon*

109 30 Vincennes bei Paris: Grundriß zweier Geschosse und Durchschnitt durch den Donjon. JS nach Fossa, ›Le Château historique de Vincennes à travers les âges‹

110 31 Ausschnitt aus einem der Hardwick-Teppiche, Ende einer Jagd auf Rotwild; flämisch, Mitte des 15. Jahrhunderts. *Viktoria-und-Albert-Museum, London. Crown copyright reserved*

112 32 Miniatur aus den ›Chroniques‹ des Jean Froissart, der Autor überreicht sein Werk dem Grafen von Foix; französisch, spätes 15. Jahrhundert. MS Roy. 14. D. V., fol. 8r. *Trustees of the British Museum, London*

112 33 Miniatur aus der ›Traité sur l'oraison dominicale‹, Philipp der Gute bei der Messe; flämisch, nach 1457. MS 9092, fol. 9r. *Bibliothèque Royale de Belgique, Brüssel*

112 34 Wachsabdruck des sechsten Siegels Edwards III.; 1340–72. *Trustees of the British Museum, London*

113 35 Miniatur aus den Werken der Christine de Pisan, die Verfasserin bringt ihr Buch Isabella von Bayern dar (vergrößert); französisch, frühes 15. Jahrhundert. MS Harl. 4431, fol. 3r. *Trustees of the British Museum, London*

114 36 Madonnenstatuette, Silber vergoldet mit Emailüberzug, von Jeanne d'Evreux der Abtei Saint-Denis gestiftet; 1339. Louvre, Paris, Photo *Giraudon*

115 37 Das Goldene Rössel, goldenes Altartabernakel, mit Perlen und Juwelen besetzt; französisch, vor 1404. Schatzkammer in der Wallfahrtskirche Altötting. Photo *Hirmer*

116 38 Detail der Statue Karls V. vom Portal der Chapelle des Quinze-Vingts, Paris; um 1375. Louvre, Paris. Photo *Giraudon*

116 39 Ausschnitt aus einer Miniatur aus den ›Grandes Chroniques de France‹, Krönung der Jeanne de Bourbon; französisch, 14. Jahrhundert. MS fr. 2813, fol. 439r. *Bibliothèque Nationale, Paris*

116 40 Ausschnitt vom ›Parement de Narbonne‹, bemalte seidene Altardecke mit dem Porträt der Jeanne de Bourbon; französisch, 1374–78. Louvre, Paris. Photo *Giraudon*

117 41 Goldene, juwelenverzierte Krone der Prinzessin Blanche; englisch, vor 1399. Schatzkammer der Residenz, München. Photo *Bayerische Verwaltung der staatlichen Schlösser, Gärten und Seen*

118 42 Detail einer Elfenbeinstatuette, Heilige Jungfrau mit Kind, aus der Sainte-Chapelle in Paris; frühes 14. Jahrhundert. Louvre, Paris. Photo *Giraudon*

5 Summa des Wissens

119 1 Miniatur aus Jean de Vignays Übersetzung des ›Miroir Historial‹ von Vincent de Beauvais, der Verfasser (Vincent) in seinem Studierzimmer, flämisch, spätes 15. Jh. MS Roy. 14. E. I (vol. I), fol. 3r. *Trustees of the British Museum, London*

120 2 Miniatur aus einer französischen Übersetzung der ›Chirurgia‹ des Roger von Salerno, mittelalterliche Apotheke (vergrößert); französisch, um 1300. MS Sloane 1977, fol. 49v. *Trustees of the British Museum, London*

120 3 Detail vom Grabrelief des Guittone Sinibaldi (Cino da Pistoia), im Dom von Pistoia; um 1360. Photo *Mansell-Alinari*

121 4 Miniatur aus den ›Chroniques de France ou de Saint-Denis‹, Ärzte flößen Ludwig dem Dicken Medizin ein; französisch, frühes 14. Jh. MS Roy. 16. G. VI, fol. 310v. *Trustees of the British Museum, London*

121 5 Miniatur aus den ›Chroniques de France‹, Herzog Johann von der Normandie mit Ärzten, die eine Urinprobe untersuchen; französisch. Ende des 14. Jh. MS Roy. 20 C. VII, fol. 78v. *Trustees of the British Museum, London*

121 6, 7 Detail einer Miniatur aus der französischen Übersetzung der ›Chirurgia‹ des Roger von Salerno, Behandlung von Wunden (vergrößert); französisch, um 1300. MS Sloane 1977, fol. 7r. *Trustees of the British Museum, London*

122 8 Initiale aus dem ›Omne bonum‹ des Jacobus, ein Knabe bekommt die Rute; englisch, Mitte des 14. Jh. MS Roy. 6. E. VI, fol. 214r. *Trustees of the British Museum, London*

123 9 Miniatur aus dem *Liber ethicorum* des Frater Henricus de Allemania, Vorlesung in einer Universität (vergrößert); deutsch, 14. Jh. Staatliche Museen, Berlin. Photo *Georg Westermann Verlag*

124 10, 11 Zwei Seiten mit Miniaturen aus den ›Ordonnances de l'Hôtel du Roy‹, Szenen aus dem studentischen Leben am Ave-Maria-Collegium, Paris; französisch; 14. Jh. Archives Nationales, Paris. Photo *Giraudon*

125 12 Oxford: Inneres der Divinity School; von Richard Winchcombe, 1426–88. Photo *National Buildings Record, Copyright Dr. Weaver*

125 13 Krakau: Hof des Collegium Maius; wieder aufgebaut 1494. Photo *J. Krieger*

126 14 Detail eines Freskos des Tommaso da Modena im Kapitelhaus von San Niccolò in Treviso, Darstellung des Albertus Magnus; um 1350. Photo *Mansell-Alinari*

126 15 Chartres: Detail vom Königsportal, Musik und Grammatik mit Pythagoras und Donatus; Mitte des 12. Jh. Photo *Marburg*

127 16 Detail vom ›Triumph des heiligen Thomas von Aquin‹, Fresko des Andrea da Firenze in S. Maria Novella, Florenz; spätes 14. Jh. Photo *Scala*

128 17 Zeichnung von Matthäus Paris aus dem ›Liber experimentarius‹ des Bernardus Silvestris, Platon und Sokrates; englisch, Mitte des 13. Jh. MS Ashmole 304, fol. 31v. Bodleian Library, Oxford. RdeS

128 18 Miniatur aus ›De consolatione philosophiae‹ des Boethius, der Verfasser in einer Bibliothek; flämisch, 1476. MS Harl. 4335 fol. 1r. *Trustees of the British Museum, London*

128 19 Detail einer Miniatur aus den ›*Gesta abbatum monasterii S. Albani*‹, Richard von Wallingford mit wissenschaftlichen Instrumenten; englisch, 14. Jh. MS Cotton Claud. E. IV (pt. 1), fol. 201r. *Trustees of the British Museum, London*

129 20 Detail einer Miniatur aus dem ›Psalter Ludwigs des Heiligen und der Blanche von Kastilien‹, Schreiber, Astronom und Mathematiker (vergrößert); französisch (a. d. Sainte-Chapelle, Paris), 13. Jh. MS 1186, fol. 1v. Bibliothèque de l'Arsenal, Paris. Photo *Bibliothèque Nationale, Paris*

130 21 Seite aus einem Pflanzenbuch des Dioskorides; arabisch, 1328. MS Arab. d. 138, fol. 102r. *Kuratoren der Bodleian Library, Oxford*

130 22 Seite aus einem lateinischen Pflanzenbuch des Apuleius Plato, Quecken, Amaryllis und Rosmarin; 11./12. Jh. MS Ashm. 1431, fol. 21r. *Kuratoren der Bodleian Library, Oxford*

131 23 Detail aus der Albukais, einem arabischen Werk über Chirurgie, zahnärztliche Instrumente; italienisch, Mitte des 14. Jh. MS e. Mus. 19, fol. 144r. *Kuratoren der Bodleian Library, Oxford*

131 24 Detail einer Miniatur aus den ›Chroniques de France ou de Saint-Denis‹, Amaury de Bène lehrt in Paris; französisch, frühes 14. Jh. MS Roy. 16. G. VI, fol. 368v. *Trustees of the British Museum, London*

132 25 Miniatur aus dem Alexanderroman, Alexander wird in einem gläsernen Faß ins Meer hinabgelassen; französisch (?), spätes 13. Jh. MS 11040, fol. 70v. Bibliothèque Royale de Belgique, Brüssel. RdeS

6 König Tod

133 1 Miniatur aus einem Stundenbuch, Trauerzug und Beginn der Totenmesse; französisch, um 1460. MS Add. 27697, fol. 194r. *Trustees of the British Museum, London*

134 2 Miniatur aus einer Sammlung kurzer medizinischer und astronomischer Abhandlungen, operativer Eingriff; englisch, frühes 12. Jh. MS Hunter 100, fol. 119r. *Mit Genehmigung des Dean und des Domkapitels der Kathedrale Durham*

135 3 Miniatur aus einer Ausgabe des Alten Testamentes, Kampf zwischen Juden und Philistern; französisch, um 1240. MS 638, fol. 23v. *The Pierpont Morgan Library, New York*

137 5 Miniatur aus dem Stundenbuch des Duc de Rohan, der tote Mann vor Gott; französisch, frühes 15. Jh. MS lat. 9471, fol. 159r. *Bibliothèque Nationale, Paris*

138–9 6 Detail vom ›Jüngsten Gericht‹ des Stefan Lochner, Mittelbild eines Altargemäldes, die Hölle; um 1430–50. Wallraf-Richartz-Museum, Köln. Photo *Hans Doppelfeld*

140 7 Conques, Aveyron: Tympanon vom Westportal der Kirche Sainte-Foy, das Jüngste Gericht; frühes 12. Jh. IMK

141 8 Miniatur aus dem Winchester-Psalter, Höllenschlund; englisch, gemalt in Winchester für den Bischof Heinrich von Blois; um 1150–60. MS Cotton Nero C. IV, fol. 39r. *Trustees of the British Museum, London*

142 9 Reims: Tympanon vom Portal des Jüngsten Gerichtes, in der Vorhalle des nördlichen Querschiffes der Kathedrale, frühes 13. Jh. RdeS

142 10 Detail vom Altar-Antependium einer Kirche in Soriguerola, Katalonien, eine Seele wird vom heiligen Michael gewogen und von Sankt Peter in den Himmel aufgenommen; katalanisch, vom Meister von Soriguerola, Ende des 13. Jh. Museo de Arte Cataluña, Barcelona. IMK

142 11 Miniatur aus dem Shaftesbury-Psalter, der heilige Michael bringt Seelen vor Gott; englisch, Mitte des 12. Jh. MS Lansdowne 383, fol. 168v. *Trustees of the British Museum, London*

142 12 Flügel von einem Polyptychon, dem Simon Marmion zugeschrieben, Die Seele des heiligen Bertin wird vor Gott gebracht; um 1480. Mit freundlicher Genehmigung der Trustees of the National Gallery, London; Photo *John Webb*

144 13 Kopf der Grabstatue (Kupfer vergoldet) des Richard Beauchamp, Grafen von Warwick; um 1450. Beauchamp-Kapelle in der Kirche St. Mary in Warwick. Photo *Peter Cannon Brookes*

144 14 Grabmal des Richard Beauchamp, Grafen von Warwick; um 1450. Beauchamp-Kapelle in der Kirche St. Mary in Warwick. Photo *Peter Cannon Brookes*

144 15 Gemälde im Gewölbe der Beauchamp-Kapelle in der Kirche St. Mary in Warwick, Maria als Himmelskönigin; um 1450. Photo *Peter Cannon Brookes*

145 16 Teilansicht der steinernen Grabstatue Ludwigs des Heiligen in der Abtei Royaumont, Seine-et-Oise; um 1260. Abtei Saint-Denis bei Paris. Photo *Archives Photographiques*

146 17 Trauernde am Sockel des Grabmals der Adelaïs de Champagne, früher in der Abtei Dilo, Yonne, die Tochter der Verstorbenen; das Grab wurde um 1290 errichtet, zum Ruhme der Gräfin († 1187), die die Abtei gestiftet hatte. Saint-Jean, Joigny, Yonne. Photo *Archives Photographiques*

146 18 Zug von Trauernden, Plastiken am Sockel des Grabmals Ludwigs des Heiligen in der Abtei Royaumont, Seine-et-Oise; um 1260. Abtei Saint-Denis bei Paris. Photo *Marburg*

146 19 Teilansicht der alabasternen Grabfiguren des Sir Ralph und der Lady Greene, auf ihrem Grabmal in der Kirche St. Peter in Lowick, Northamptonshire; um 1417. Photo *F. H. Crossley*

146 20 Skaligergräber, Verona: Grabmonument des Mastino II. della Scala († 1351) und, über dem Portal von S. Maria Antica, des Cangrande I. della Scala († 1329). Photo *Scala*

147 21 Grabmal Philipps des Kühnen, Herzogs von Burgund, aus der Chartreuse Champmol bei Dijon, Côte-d'Or; von Claus de Werve, Claus Sluter u. a.; 1383 – frühes 15. Jh. Grabstatue aus Alabaster, Engelsflügel Bronze vergoldet. Musée de Dijon. Photo *R. Remy*

148 22 Grabmal mit alabasterner Grabstatue der Alice de la Pole, Herzogin von Suffolk, in der Pfarrkirche in Eweline, Oxfordshire; um 1475. Photo *F. H. Crossley*

148–9 23 Miniatur aus den ›Très riches heures du Duc de Berry‹, Bittprozession gegen die Pest in Rom 590; von Jean Colombe, 1488–90. MS 65, fol. 71r. Musée Condé, Chantilly. Photo *Giraudon*

149 24 Miniatur aus den ›Annalen‹ des Gilles le Muisit, Bestattung von Pestopfern in Tournai 1349; flämisch, 1352. MS 13076–7, fol. 24v. *Bibliothèque Royal de Belgique, Brüssel*

150 25 Miniatur aus einem Stundenbuch des Königs René von Anjou, gekrönter Leichnam, vielleicht René, französisch, Mitte des 15. Jh. MS Egerton 1070, fol. 53r. *Trustees of the British Museum, London*

150 26 Wandmalerei, Enkaustik, ›Triumph des Todes‹, aus dem Palazzo Scalfani in Palermo, damals Hospital; katalanisch, um 1445. Galleria Nazionale da Sicilia, Palermo. Photo *Scala*

151 27 Detail der Grabstatue (Kupfer vergoldet) Edwards, des Schwarzen Prinzen, auf seinem Grabmal in der Kathedrale von Canterbury; um 1377–80. Photo *Elfincolor*

152 28 Kopf der Grabstatue Edwards III., Kupfer vergoldet, auf seinem Grabmal in der Westminster-Abtei, London; um 1380. Photo *A. F. Kersting*

152 29 Steinerne Grabstatue des Kardinals Jean de Lagrange, aus der Kathedrale von Avignon; um 1402. Musée Calvet, Avignon. Photo *Archives Photographiques*

153 30 Teilansicht der steinernen Grabstatue des François I. de la Sarra, in der Kapelle in La Sarraz, Vaud (Schweiz); um 1400. Photo *Gaston de Jongh*

154 31 Detail aus dem ›Triumph des Todes‹, Francesco Traini zugeschriebenes Fresko, die drei Lebenden und die drei Toten mit dem Eremiten St. Makarius; um 1350. Campo Santo, Pisa. Photo *Mansell-Alinari*

155 32, 33 La Chaise-Dieu, Haute-Loire: Ausschnitt aus einer Wandmalerei in der Abteikirche, Totentanz; um 1460. Photo *Archives Photographiques*

156 34 Miniatur aus dem Stundenbuch Philipps des Guten, der Leichnam wird ins Leichentuch gehüllt; flämisch, Mitte des 15. Jh. MS 76. F. 2, fol. 169r. *Koninklijke Bibliotheek, Den Haag*

156 35 Miniatur aus einem Stundenbuch, Totenmesse; französisch, um 1470. MS lat. 1176, fol. 132r. Bibliothèque Nationale, Paris. Aus *The Horizon History of Christianity*

157 36 Miniatur aus den *Chroniques de Charles VII*, Trauerprozession Karls VI.; französisch, 15. Jh. MS fr. 2691, fol. 11r. *Bibliothèque Nationale, Paris*

158 37 Detail aus einer ›Ars moriendi‹, Blockbuch mit lateinischem Text, fünfte Tafel, die Ungeduld; Niederlande, um 1450. Brit. Museum, London

159 38–41 Miniatur aus einem Breviari d'Amor, die sieben Werke der Barmherzigkeit und ein gottseliger Tod; katalanisch, spätes 14. Jh. MS Yates Thompson 31, fol. 109v. *Trustees of the British Museum, London*

7 Handel und Gewerbe

161 1 Miniatur aus der ›Ethik‹ des Aristoteles, Verkaufsstände in einer Markthalle (vergrößert); französisch, 15. Jh. MS I, 2 (927), fol. 145r. Bibliothèque de la Ville, Rouen. Photo *Giraudon*

162 2 Miniatur aus dem ›Queen Mary's Psalter‹, Fischen; englisch, frühes 14. Jh. MS Roy. 2. B. VII, fol. 73r. *Trustees of the British Museum, London*

162 3 Miniatur aus dem ›Livre des proprietez des choses‹, ländliche Szenen; flämisch, 1482. MS Roy. 15. E. II, fol. 247v. *Trustees of the British Museum, London*

162 4 Miniatur, Illustration zu den ›Georgica‹ des Vergil, aus einer Abschrift des Werkes, Bienenzucht (vergrößert); italienisch, spätes 15. Jh. MS King's 24, fol. 47v. *Trustees of the British Museum, London*

163 5 Miniatur aus einem Bestiarum, das Melken; französisch (?), 13. Jh. MS Bodl. 764, fol. 41v. *Kuratoren der Bodleian Library, Oxford*

163 6 Szene auf dem Rand einer Seite des Alexanderromans, Windmühle; französisch-flämisch, um 1340. MS Bodl. 264, fol. 81r. *Kuratoren der Bodleian Library, Oxford*

164 7 Steinrelief von Benedetto Antelami, Symbolisierung des Monats August, ein Küfer hämmert die Faßreifen fest; 1178–96. Baptisterium, Parma. Photo *B. Salvarani*

164 8 Miniatur aus dem ›Livre des femmes nobles et renommées‹, einer französischen Übersetzung des Boccaccio, Spinnen und Weben; französisch, frühes 15. Jh. MS Roy. 16. G. V., fol. 56r. *Trustees of the British Museum, London*

164 9 Miniatur aus dem ›Livre des femmes nobles et renommées‹, einer französischen Übersetzung des Boccaccio, das Sammeln der Seidenraupen und Vorbereitung des Fadens zum Weben; französisch, frühes 15. Jh. MS Roy. 16. G. V, fol. 54v. *Trustees of the British Museum, London*

164 10 Miniatur aus dem ›Livre des proprietez des choses‹, Färber bei der Arbeit; flämisch, 1482. MS Roy. 15. E. III, fol. 269r. *Trustees of the British Museum, London*

165 11 Miniatur aus einer ›Biblischen Geschichte der Juden‹, das Kleidermachen; italienisch, um 1400. MS Add. 15277, fol. 16r. *Trustees of the British Museum, London*

165 12 Detail aus der ›Tenture des Vendanges‹, reich gekleidetes Paar; französisch (Loiretal), spätes 15. Jh. Musée de Cluny, Paris. Photo *Giraudon*

166 13 Detail einer Miniatur aus ›Valerius Maximus‹, Gruppe von Arbeitern (vergrößert); französisch, 15. Jh. MS Harl. 4375, fol. 123r. *Trustees of the British Museum, London*

166–7 14 Miniatur aus den ›Reisen‹ des Sir John Mandeville, Glasherstellung; flämisch oder deutsch, frühes 15. Jh. MS Add. 24189, fol. 16r. *Trustees of the British Museum, London*

168 15 Salisbury: das Poultry Cross; 15. Jh. mit späteren Zufügungen. Photo *National Buildings Record*

169 16 Miniatur aus den Gesetzen der Hansestadt Hamburg, Hafenszene (vergrößert); deutsch, 1497. Staatsarchiv, Hamburg. Photo *Georg Westermann Verlag*

170 17 Miniatur aus den hamburgischen Stadtgesetzen, der Viehmarkt; deutsch, 1497. Staatsarchiv, Hamburg. Photo *Georg Westermann Verlag*

170 18 Miniatur aus den ›Grandes Chroniques de France‹, die Lendit-Messe in Saint-Denis; französisch, 14. Jh. Musée Goya, Castres. Photo *Giraudon*

170–1 19 Miniatur aus dem ›Pontificale Senonense‹, der Bischof von Paris spendet auf der Lendit-Messe den Segen; französisch, 1395–1426. MS lat. 962, fol. 264r. *Bibliothèque Nationale, Paris*

170–1 20 Miniatur aus ›De septem vitiis‹, Wirtshausszene; italienisch, spätes 14. Jh. MS Add. 27695, fol. 14r. *Trustees of the British Museum, London*

171 21 Detail einer Miniatur aus ›Le Gouvernement des Princes‹, Straße und Läden; französisch, spätes 15. Jh. MS 5062, fol. 149v. Bibliothèque de l'Arsenal, Paris. Photo *Giraudon*

172 22 Ausschnitt aus einer Miniatur, Wagen und Pferde; 14. Jh. MS Rh. 15, fol. 54r. *Graphische Sammlung der Zentralbibliothek, Zürich*

172 23 Ausschnitt einer Straßenkarte in den ›Historia Anglorum‹ des Matthäus Paris, London-Dover; englisch, 1250–59. MS Roy. 14. C. VII, fol. 2r. *Trustees of the British Museum, London*

172–3 24 Detail einer Miniatur aus dem ›Leben des heiligen Dionysius‹, Brücke in Paris mit Pilgrim, Transport von Wein und Kohle; französisch, 1317. MS fr. 2091–2, fol. 1r. *Bibl. Nationale, Paris*

173 25 Ausschnitt aus einer Miniatur, aus einem Werk des Vergil, Schiffswrack; italienisch, 15. Jh. MS Ricc. 492, fol. 63r. Biblioteca Riccardiana, Florenz. Photo *Scala*

173 26 Detail einer Miniatur aus ›La estoire de seint Aedward le rei‹, ein Reisender wird ausgeraubt; englisch, Mitte des 13. Jh. MS Ee. 3. 59, fol. 4r. *Universitätsbibliothek Cambridge*

174 27 Detail eines bemalten Glasfensters mit den Wundern der Jungfrau in der Kathedrale von Le Mans, Geldwechsler; um 1240. Photo *Archives Photographiques*

174–5 28 Miniatur aus ›De septem vitiis‹, Geldverleiher (vergrößert); italienisch, spätes 14. Jh. MS Add. 27695, fol. 7v. *Trustees of the British Museum, London*

175 29 Miniatur aus ›Valerius Maximus‹, ein geschäftlicher Streit wird geschlichtet; französisch, 15. Jh. MS Harl. 4375, fol. 135v. *Trustees of the British Museum, London*

176 30 Miniatur aus ›De septem vitiis‹, Bankszenen (vergrößert); italienisch, spätes 14. Jh. MS Add. 27695, fol. 8r. *Trustees of the British Museum, London*

176 31 Miniatur aus dem ›Livre des proprietez des choses‹, Steinmetz und Zimmermann vor dem Zunftmeister; flämisch, 1482. MS Roy. 15. E. II, fol. 265r. *Trustees of the British Museum, London*

176 32 Miniatur aus dem ›Livre des merveilles‹, die drei Polo verlassen Venedig; französisch, spätes 14. Jh. MS fr. 2810, fol. 4r. *Bibliothèque Nationale, Paris*

176 33 Ausschnitt aus dem Altarblatt für die Casa del Ceppo dei Poveri, Francesco di Marco, Francesco Datini und vier Buonomini aus Prato; 1453. Galleria Comunale, Prato. Photo *Scala*

177 34 Alabasterskulptur des heiligen Michael; englisch (Nottingham), 15. Jh. Viktoria-und-Albert-Museum, London. Photo *John Webb*

178 35 Syrisches Glas mit Emailmalerei, sog. ›Glück von Edenhall‹. Mitte des 13. Jh. *Viktoria-und-Albert-Museum, London*

179 36 Nach England eingeführte Kunstwerke: mit Email überzogenes Reliquiar aus Limoges, 13. Jh.; glasierter Steinguttopf aus Florenz, Mitte des 15. Jh.; Wasserkrug, Bronze vergoldet, aus der Gegend von Meuse, Mitte des 12. Jh.; Elfenbeinstatuette, Jungfrau mit Kind, Paris, frühes 14. Jh.; glasiertes Steingutgefäß aus Valencia, Mitte des 15. Jh.; italienischer Seidensamt mit Brokatmuster, Mitte des 15. Jh.; Viktoria-und-Albert-Museum, London. Photo *John Webb*

180 37 Ausschnitt aus der ›Verlobung des Arnolfini‹ von Jan van Eyck; 1434. Mit freundlicher Genehmigung der Trustees of the National Gallery, London. Photo *Eileen Tweedy*

180 38 Detail von einem Bildteppich mit Darstellungen aus der Apokalypse, das Erschallen der Zweiten Trompete; französisch (Angers), um 1379. Musée des Tapisseries, Angers. Photo *Giraudon*

180 39 Ausschnitt aus der ›Anbetung der Hirten‹ vom Portinari-Altar des Hugo van der Goes, Porträt des Tommaso Portinari; um 1476 bis 78, Uffizien, Florenz. Photo *Scala*

181 40 Porträt des Kaufmanns Georg Gisze, von Hans Holbein dem Jüngeren; 1532. *Gemäldegalerie, Staatliche Museen, Berlin-Dahlem*

8 Aufstieg der Künstler

183 1 Miniatur, Einfügung in die ›Bibel Karls V.‹, die Handschrift wird Karl V. von Jean de Vaudetar überreicht; Miniatur von Jean Bandol (Jean de Bruges), 1372. MS 10 B 23, Titelblatt. Rijksmuseum Meermanno-Westreenianum, Den Haag. Photo *A. Frequin*

184 2 Miniatur aus ›La Somme le Roy‹, vier Tugenden; von Meister Honoré, 1279. Aus einer Handschrift der La Somme le Roy, Roxburghe Club, *mit frdl. Genehmigung von Eric G. Miller, Esq.*

185 3 Miniatur aus der ›Rhetorik‹ des Cicero, der Maler Zeuxis in seinem Atelier; flämisch, spätes 15. Jahrhundert. MS 10, fol. 69v. *Bibliothek der Universität, Gent*

186 4 Miniatur aus Jacques de Guises ›Chronique de Hainault‹, Philipp der Gute erhält von Simon Nokkart die Handschrift; flämisch, 1448. MS 9242, fol. 1r. *Bibliothèque Royale de Belgique, Brüssel*

186–7 5 Marienkrönung, von Enguerrand Quarton; 1453–54. Geschaffen für die Kirche der Chartreuse du Val-de-Bénédiction in Villeneuve-lès-Avignon, Vaucluse, heute im Hospice Civil. Photo *Giraudon*

189 6 Detail der ›Maestà‹, Fresko von Simone Martini, thronende Madonna mit Heiligen; 1315. Palazzo Pubblico, Siena. Photo *Scala*

190 7 Rechter Flügel des Altars von Champmol (geöffnet), geschnitzt von Jacques de Baerze, vergoldet von Melchior Broederlam; geschaffen für die Chartreuse de Champmol bei Dijon, Côte d'Or, um 1391–99. Musée de Dijon. Photo *R. Remy*

191 8 Detail vom Votivbild des Bischofs Očko von Vlašim, Meister Theoderich, dem Hofmaler Kaiser Karls IV. zugeschrieben; um 1370. *Narodni Galerie, Prag*

191 9 Miniatur aus einer ›Adresse‹ der Stadt Prato an Robert von Anjou, Porträt Roberts von Anjou, Königs von Neapel; italienisch, um 1335–40. MS Roy. 6. E. IX, fol. 10v. *Trustees of the British Museum, London*

191 10 Rom: Detail vom Fresko des Pietro Cavallini in S. Cecilia, Kopf des heiligen Jakob; um 1293. Photo *Scala*

193 11 Detail einer Kalenderminiatur aus den ›Très riches heures du Duc de Berry‹, der Herzog bei der Tafel (Januar, vergrößert); von den Brüdern von Limburg, 1413 bis 16. MS 65, fol. 1v. Musée Condé, Chantilly. Photo *Giraudon*

194 12 Miniatur aus der ›Lambeth-Apokalypse‹, Benediktinermönch malt die Madonna, vermutlich Selbstporträt des Illuminators; englisch, drittes Viertel des 13. Jahrhunderts. MS 209, fol. 2v. Lambeth Palace Library. Photo *John Freeman*

195 13 Rechter Flügel des Altars von Champmol (geschlossen), gemalt von Melchior Broederlam; geschaffen für die Chartreuse de Champmol bei Dijon, Côte d'Or, um 1391–99. Musée de Dijon. Photo *Giraudon*

196 14 Zeichnung aus dem Skizzenbuch des Giovannino de' Grassi, Hunde greifen einen Eber an; italienisch, spätes 14. Jahrhundert. Bibliothek, Bergamo. Photo *Courtauld Institute of Art, Universität London*

196 15 Seite aus einem Skizzenbuch, Pfau, Krähe und andere Vögel; englisch, um 1400. MS 1916, fol. 13r. Pepysian Library. *Mit frdl. Genehmigung von Master und Fellows of Magdalen College, Cambridge*

198 17 Randzeichnung aus dem ›Kommentar zu Jesaja‹ des heiligen Hieronymus, Selbstporträt des Illuminators Hugo; anglo-normannisch, um 1100. MS Bodl. 717, fol. 287v. *Kuratoren der Bodleian Library, Oxford*

198 18 Doppelseite aus dem Vallardi-Codex, Pferdestudien, Antonio Pisanello zugeschrieben; italienisch, Mitte des 15. Jahrhunderts. Louvre, Paris. Photo *Archives Photographiques*

9 Das Erbe

199 1 Holzschnitt, mit Wasserfarbe koloriert, sogenannter Buxheimer St. Christophorus (natürliche Größe); süddeutsch, 1423, vielleicht auch erst Mitte des 15. Jahrhunderts. *The John Rylands Library, Manchester*

201 2 Kaiserlicher Reichsapfel aus Gold, mit Perlen und Edelsteinen besetzt; deutsch, spätes 12. Jahrhundert. Schatzkammer, Wien. Photo *Kunsthistorisches Museum, Wien*

202 3 Ausschnitt aus einem Fresko des Domenico di Michelina, Dante, die Göttliche Komödie in der Hand, zwischen Hölle und Läuterungsberg, im Hintergrund Florenz; 1465. Florenz, Dom. Photo *Scala*

204 4 Ausschnitt aus dem ›Martyrium der heiligen Ursula‹ vom Meister der heiligen Veronika, Ansicht von Köln; deutsch, 1411. *Wallraf-Richartz-Museum, Köln*

204 5 Ausschnitt aus dem Misericordia-Fresko, Ansicht von Florenz; italienisch, 1352. Bigallo, Florenz. Photo *Scala*

205 6 Detail vom rechten Flügel des Merode-Altars, flämische Stadt, Blick durch das Fenster der Werkstätte des heiligen Joseph; vom Meister von Flémalle, um 1425–28. *The Metropolitan Museum of Art, New York (The Cloisters Collection, 1957 erworben)*

207 7 Detail einer Miniatur aus den ›Grandes Chroniques de France‹, Bettler empfangen Almosen; französisch, 15. Jahrhundert. MS fr. 2609, fol. 230r. *Bibliothèque Nationale, Paris*

207 8 Ausschnitt aus dem ›Bildnis eines verlobten Paares‹ des Meisters von Sterzing; deutsch, um 1470. *Cleveland Museum of Art, Ohio. Delia E. und L. F. Holden Funds*

207 9 Büste des Pietro della Vigna, vom Triumphbogen Friedrichs II. in Capua; 1233–40. Museo, Capua. Photo *Courtauld Institute of Art, University of London*

207 10 Reims: Statue der heiligen Jungfrau an der Westseite der Kathedrale; um 1220. Photo *Martin Hürlimann*

207 11 Detail vom Relief ›Das Jüngste Gericht‹ von Niccolò Pisano, an der Kanzel im Baptisterium von Pisa, Gottvater; 1260. Photo *Alinari*

209 12 Detail des Freskos in der Chambre du Cerf im päpstlichen Palast zu Avignon, Vaucluse, Falkner; französisch-sienesisch, zweite Hälfte des 14. Jahrhunderts. Photo *Scala*

210 13 Detail einer Miniatur von Jean Fouquet auf einem beigelegten Blatt im Stundenbuch des Etienne Chevalier, Etienne Chevalier mit seinem Schutzpatron vor klassischem Hintergrund; um 1460. MS 71, ursprünglich vermutlich Titelblatt. Musée Condé, Chantilly. Photo *Giraudon*

210 14 Statuette, Verkörperung einer Tugend, am Grabmal des Philibert le Beau von Savoyen, von Conrad Meit; um 1530. Abteikirche Brou, Eure-et-Loire. Photo *Jean Roubier*

211 15 Sebaldusschrein, Bronze, in der Sebalduskirche in Nürnberg; von Peter Vischer und dessen Söhnen; 1508–19. Photo *Marburg*

211 16 Miniatur aus dem ›Livre du Cœur d'Amour épris‹ von König René von Anjou; Cœur, Vif-Désir und Largesse schiffen sich mit Fiance und Actente ein; französisch, 1475. Cod. 2597, fol. 51v. *Österreichische Nationalbibliothek, Wien*

211 17 Miniatur, Illustration zur ›Aeneis‹, aus einer Abschrift der Werke des Vergil, das Trojanische Pferd; italienisch, spätes 15. Jahrhundert. MS King's 24, fol. 73v. *Trustees of the British Museum, London*

212 18 Miniatur aus Chaucers ›Troilus und Cressida‹, der Autor liest einer vornehmen Hörerschaft vor; englisch, frühes 15. Jahrhundert. MS 61, Titelbild. *Mit freundlicher Genehmigung der Master und Fellows des Corpus Christi College, Cambridge*

Register